电子商务系列教材

信息组织

主　编　张自然
副主编　何　琳　范　炜　桂思思　王　晓

科学出版社
北　京

内 容 简 介

本书根据信息组织领域的实践进展和研究进展，对信息组织和知识组织的方法、技术和应用进行系统全面的介绍。本书内容分两大部分：信息组织和知识组织。第一部分主要内容包括信息组织发展的学科基础、文献信息描述、网络信息描述、分类标引、主题标引和信息组织的实践与应用。第 6 章从信息组织到知识组织是过渡章，承上启下，引入第二部分。第二部分主要内容包括基于资源描述框架的知识表示、基于本体的知识建模、基于实体和关系的知识抽取、知识关联网络和知识组织的实践与应用。本书尊重信息组织历史和现实发展，将信息组织传统核心内容和知识组织最新成果有机融合，注重技术、工具的介绍和应用案例的分析。

本书适合高等院校信息管理和计算机类专业本科生、图书情报与档案管理研究生及各类图书馆和信息机构的专业工作者使用，同时也适合对信息组织感兴趣的读者参考。

图书在版编目（CIP）数据

信息组织 / 张自然主编. —北京：科学出版社，2023.4
电子商务系列教材
ISBN 978-7-03-075303-8

Ⅰ. ①信… Ⅱ. ①张… Ⅲ. ①信息组织－高等学校－教材 Ⅳ. ①G254

中国国家版本馆 CIP 数据核字（2023）第 050781 号

责任编辑：闫　陶 / 责任校对：胡小洁
责任印制：彭　超 / 封面设计：苏　波

科学出版社 出版
北京东黄城根北街 16 号
邮政编码：100717
http://www.sciencep.com

北京天宇星印刷厂印刷
科学出版社发行　各地新华书店经销

*

2023 年 4 月第 一 版　　开本：787×1092　1/16
2024 年 9 月第三次印刷　印张：16 3/4
字数：397 000

定价：79.00 元
（如有印装质量问题，我社负责调换）

"电子商务系列教材"
编 委 会

丛 书 主 编： 卢新元

丛书副主编： 李玉海　曹高辉　易　明　董庆兴　池毛毛

编　　　委： 夏立新　王学东　娄策群　夏南强　段尧清
　　　　　　　吴建华　桂学文　熊回香　李延晖　谭春辉
　　　　　　　肖　毅　刘　刚　陈　静　胡伟雄　段　钊
　　　　　　　翟姗姗　胡　潜　张自然　王忠义　刘　蕤
　　　　　　　程秀峰

丛 书 序

近些年，国际竞争日益激烈，人才培养与人才争夺成为焦点。十八大以来，习近平总书记多次强调人才对创新的重要性，并指出创新是引领发展的第一动力。创新驱动实质上是人才驱动，要重视人才的培养。教育部"十三五"规划也提出，人才培养是国家可持续发展的重要驱动力，必须要优先发展教育，培养大批创新人才。

随着计算机、互联网及云计算技术的飞速发展，我国逐渐进入信息化社会。信息技术渗入到各行各业，对个人生活、企业与政府的管理和运行均产生重要影响，尤其对企业经营活动的选择与组织产生着越来越关键的作用。数据、信息和知识已成为社会的主要资源，如何应用该类资源创造价值成为当代社会的主要课题。

因此，根据当今时代的要求与社会的发展，信息化与学科知识结合，逐渐衍生出电子商务与信息管理类相关的专业。高校长久以来承担着人才培养、发展科技与服务社会的重要职责，如何培养出符合时代发展的人才是高校始终思考的问题。新型复合人才的培养对高校教育提出了更高的要求，其中，教材在人才培养中起着至关重要的作用。教材不仅体现了丰富的专业知识和教学方法，也从侧面折射出教育思想的变革。为此，我们以教育素质为核心组织相关教材，力求处理好知识、能力与素质三者的辨证统一关系，实现教材内容和体系的创新。

我们根据高校课程设置，编写了电子商务本科专业的系列教材，同时对本套教材也提出了较高的要求。①系统性。本套教材注重系统性，便于读者对各知识层次有准确的理解，以帮助读者更好地掌握相关知识模块，构建知识体系。②前沿性。本套教材不断与时俱进，及时地将新理论、新技术、新成果与新趋势补充在教材中，使读者能紧随社会发展的脚步，掌握前沿知识。③实用性。结合实际，注重案例教学，本套教材由教学经验丰富的高校教师编写，了解本科生的实际教学与专业需求，并通过案例教学，加深学生对相关理论知识的理解与掌握。

本套丛书共 21 本，其中《学会阅读》、《信息素养修炼教程》和《创新理论与方法》帮助读者为后续的专业学习奠定基础，其余教材大致可分为三类。

第一类为电子商务类基础课程，包括《电子商务概论》《电子支付与网络金融》《电子商务安全》《市场调查理论与方法》《客户关系管理》《管理学》《管理信息系统》，共 7 本教材，主要是帮助读者掌握信息技术在商业领域的应用，了解商务过程中的电子化、数字化和网络化。

第二类为电子商务与信息管理相结合类课程，包括《信息组织》《信息经济学》《信息分析与预测》《信息采集学教程》《数字图书馆》，共 5 本教材，主要是帮助读者掌握信息技术在管理学与经济学等领域的应用。

第三类为电子商务技术类课程，包括《数据库系统实验》《云数据管理与服务》《大数据技术与原理应用教程》《数据结构（C/C++）》《面向对象程序设计 Java》《数据分析技术》，共 6 本教材，主要帮助广大读者学习与掌握信息化的前沿技术。

本套教材在高校教师、专家学者、科学出版社的共同努力下，陆续出版并与读者见面。我们希望，凝聚我们多年教学成果的系列教材可以为我国信息化人才的培养贡献力量，推动我国信息化工程的建设。同时，对参与教材编写以及出版的各位专家学者表示感谢。

本套教材适用于电子商务、信息管理与信息系统、信息资源管理专业的本科生、研究生教学，也可供其他相关学科、专业教学使用，或作为有关人员的培训教材和自学参考书。我们的目标是尽善尽美，但限于我们的水平，书中难免有不足之处，恳请广大读者批评指正，帮助我们不断提高本套教材的质量。

编委会

于华中师范大学信息管理学院

2020 年 3 月

前　言

　　信息因其重要性而成为当今使用频率最高的词汇之一，如何有效组织、获取和利用信息一直是学界与业界关注的重要领域，而信息组织就是这一领域的基础。从多年前简单的目录思想开始，到如今利用各种新的手段、新的技术关注知识内容和用户利用需求，信息组织有效地推动了社会经济、科学研究、文化传承的发展并提升了个人生活的质量。大数据、人工智能、知识图谱等新概念和新技术的提出与应用，以及学科之间的交叉渗透，使得信息组织面临的环境更加复杂，这些也给信息资源管理、信息管理与信息系统、图书馆学、情报学及其他相关学科的专业人才培养及教学工作带来了挑战。

　　信息组织是信息管理的基础，也是信息管理类人才培养的核心课程之一，随时代与技术发展，其课程名字、内容等都发生了很大变化。早期的信息组织活动主要由图书馆等专业信息机构完成，课程名称多以《文献编目》《信息描述》《图书分类法》《分类语言与主题语言》《情报检索语言》等出现，内容也主要围绕图书馆、档案馆等机构核心信息管理流程和核心技术展开。进入 21 世纪，信息与技术环境的发展和信息生产交流方式的变化，给信息组织带来了全新课题，尤其是网络信息的大幅增长，国内外知名院校开始广泛设置《信息组织》课程，并对该课程内容进行了相应扩充和修订，尤其是增加了网络信息组织的内容，如元数据、搜索引擎技术、数字图书馆等。近 10 年来，网络环境经历了 Web 1.0 和 Web 2.0 的发展，现在已经进入 Web 3.0 时代。在 Web 1.0 时代，门户公司创造供人们阅读的信息，信息创造者负责编辑和生产信息，传统分类法与主题法得以改造并在网络上应用，如目录型搜索引擎、主题网站、导航门户等，这时的信息组织课程不仅关注传统领域信息组织方法和技术的应用，也开始关注网络信息资源组织的新手段。在 Web 2.0 时代，用户可以通过 Wiki、微博等新的社交媒体平台生产并编辑信息，之前的实体信息也逐步数字化并且进入网络交流，社交问答平台、知识社区大量产生，这时的信息组织实践更加关注资源共享、聚集和复用，关注用户参与及协作，关注用户体验提升，运用集体智慧为信息的深度揭示、交流与共享提供支撑，如大众标签、分众分类、网络自组织等新的组织方法出现，主题法也更加自动和智能，关键词式搜索引擎融合规范控制语言达到更好的检索效果。这时的信息组织课程内容也更加丰富，信息自组织、信息构建、分类主题一体化、智能标引、文本聚类等成为课程内容的重要构成。在 Web 3.0 时代，物联网、语义网、人工智能得到全方位应用，用户对知识内容的需求进一步提高，对信息获取利用方式也提出更高的要求，信息组织课程内容有望增加这些新内容，关注知识组织、知识揭示与知识服务。

　　另外，随着人才培养观念的变更，大学课程的教学学时有所缩减。早期，一门分类语言与主题语言课程就有 72 学时，而根据近期针对信息组织课程的调研结果来看，多数高校的信息组织课程只有 32~48 学时，这给信息组织课程的任课老师带来极大的困扰。本书主编自 2002 年起承担信息组织课程的教学任务,到目前 20 余年,先后为信息管理与信息系统、信息资源管理专业本科学生、图书情报专业硕士研究生讲授该课程,但在课程内容组织方面仍然存在困惑:在有限的课时分配下,究竟是该保留多一些的传统内容,还是应该增加更多新的内容。这种困惑在承担图书情报专业硕士课程《信息组织》和情报学学术硕士课程《知识组织系统》之后更加凸显。因为图书情报专业研究生大多是跨专业攻读,这些学生没有信息管理专业的相关基础知识,信息组织课程基本按照本科模式开展,只是内容稍微加深。而情报学学术研究生则需在掌握信息组织课程传统核心内容基础上,更多地了解知识组织的新发展。因此一直希望有这样一本教材:它既能精选传统信息组织课程的核心内容,满足 32 学时的授课需求,又能囊括信息组织新的发展内容,满足 48 学时的授课需求,同时还能兼顾部分硕士研究生教学的需要。通过向已有的信息组织教材借鉴与学习,本书力求做到下面三点。

(1) 对传统信息组织经典内容进行选编,注重理论与实践的结合。如前所述,有关信息组织的研究经历了从文献编目到信息组织再到知识组织的发展,对于教学,应该循序渐进,这就需要对传统信息组织经典内容进行选编,以帮助学生在有限的时间内快速入门。同时信息组织是实践性非常强的领域,需要理论联系实际,以帮助学生理解和应用理论来解决实际问题。本书围绕信息组织两个核心流程——信息描述和信息标引展开,先注重基本概念、原理、技术方法等经典内容的讲解,再结合应用实践深入分析。

(2) 对新兴知识组织重要内容进行选编,注重历史发展脉络的梳理。近年来,大数据、人工智能、知识图谱等新概念和新技术的提出与应用使信息组织领域产生了重大变化。本书结合信息组织与知识组织的发展,对两者关系进行深入分析,对历史发展脉络进行梳理。并在此基础上将知识组织技术中知识表示与知识建模、知识抽取与知识关联等核心内容引入本书,对其基本思想、技术、原理及应用实践进行介绍。

(3) 对读者对象需求进行深入分析,提供模块化教学内容。没有任何基础或者想要全面了解信息组织领域知识的读者,通过本书可以循序渐进地掌握信息组织的历史发展沿革,从传统信息组织的学习顺利过渡到对知识组织的学习。本科阶段的信息组织课程建议重点学习第 1~6 章,将第 6 章作为信息组织发展趋势进行讲解。有信息组织学习基础的研究生,建议重点学习第 6~9 章,以便在掌握信息组织知识基础上快速地掌握知识组织技术。授课老师也可以根据学生的基础,自由选择讲解内容,或侧重信息组织,或侧重知识组织,或两者兼顾。

本书编写者来自于华中师范大学信息管理学院、南京农业大学信息管理学院和四川大学公共管理学院,他们都是信息组织课程的一线授课老师,曾发表信息组织相关论文和参与编写其他信息组织教材,具有丰富的教学经验和研究积累。本书的写作大纲、全书统稿由张自然负责。第 1 章和第 2 章由张自然、李佳奇和黎影云编写;第 3 章由桂思思、张自然编写;第 4 章由何琳编写;第 5 章由张自然、邵菰甜编写;第 6 章由张自然、陈红丽编写;第 7 章由范炜、胡春晖编写;第 8 章由王晓编写;第 9 章由张自然、袁铮铮和张婷编写。

感谢华中师范大学夏立新书记及华中师范大学信息管理学院李玉海院长、王雨露书记、卢新元副院长、曹高辉副院长和王涛副书记对本书出版的大力支持与帮助。感谢华中师范大学信息管理学院可敬的同事们,他们为本教材的大纲和内容提出了宝贵建议。感谢我的研究生和本科生,他们从学生用户的角度为本书内容提出很好的想法。对本书引用的论著、教材的作者也一并表示感谢,是你们的研究和成果给了我们更多的启迪与启发。

由于作者水平有限,书中难免有不足之处,恳请广大读者批评指正。

张自然

2023 年 2 月

目 录

丛书序
前言
第1章 绪论 ··· 1
  1.1 数据、信息和知识 ·· 1
    1.1.1 数据 ··· 1
    1.1.2 信息 ··· 2
    1.1.3 知识 ··· 3
    1.1.4 三者之间的关系 ·· 3
  1.2 信息组织的定义与发展 ·· 5
    1.2.1 信息组织的定义 ·· 5
    1.2.2 信息组织的发展 ·· 6
  1.3 信息组织的主要内容 ··· 8
    1.3.1 信息描述 ·· 8
    1.3.2 信息标引 ·· 10
    1.3.3 信息存储与排序 ·· 11
第2章 信息组织的学科基础 ··· 13
  2.1 信息组织的理论基础 ··· 13
    2.1.1 有序化理论 ·· 13
    2.1.2 知识论 ··· 15
    2.1.3 本体论 ··· 16
  2.2 信息组织的方法基础 ··· 18
    2.2.1 语言学 ··· 18
    2.2.2 概念逻辑 ·· 21
    2.2.3 知识分类 ·· 23
  2.3 信息组织的技术基础 ··· 25
    2.3.1 数据库技术 ··· 25
    2.3.2 超文本技术 ··· 26
    2.3.3 自然语言处理技术 ··· 27
    2.3.4 深度学习技术 ·· 29
第3章 信息描述 ·· 31
  3.1 信息描述概述 ·· 31
    3.1.1 信息描述的概念 ·· 31

3.1.2　信息描述的基本功能和原则 ································· 34
3.2　文献信息的描述——文献编目 ·· 35
　　3.2.1　文献编目的发展 ·· 35
　　3.2.2　文献编目的内容规范 ·· 37
　　3.2.3　文献编目的格式规范 ·· 46
3.3　网络信息的描述——元数据 ·· 50
　　3.3.1　元数据概述 ·· 50
　　3.3.2　典型元数据标准 ·· 57
　　3.3.3　元数据置标 ·· 62
　　3.3.4　元数据利用中的相关问题 ······································ 69

第4章　信息标引 ·· 73
4.1　信息标引概述 ·· 73
　　4.1.1　信息标引的定义 ·· 73
　　4.1.2　信息标引标识 ·· 74
　　4.1.3　信息标引的类型 ·· 76
4.2　分类语言 ·· 77
　　4.2.1　相关概念 ·· 77
　　4.2.2　分类法的类型 ·· 78
　　4.2.3　文献分类法的结构 ·· 83
　　4.2.4　等级类目体系的构建 ·· 85
　　4.2.5　文献分类法典型代表 ·· 90
　　4.2.6　网络信息分类体系的构建 ······································ 94
4.3　主题语言 ·· 98
　　4.3.1　主题语言概述 ·· 98
　　4.3.2　标题词语言与元词语言 ·· 100
　　4.3.3　叙词语言 ·· 101
　　4.3.4　关键词语言 ·· 108
4.4　人工信息标引 ·· 109
　　4.4.1　主题分析 ·· 110
　　4.4.2　人工分类标引——以《中图法》为例 ················ 112
　　4.4.3　人工主题标引——以《汉语主题词表》为例 ···· 115
4.5　自动信息标引 ·· 117
　　4.5.1　中文自动分词 ·· 117
　　4.5.2　自动主题标引 ·· 121
　　4.5.3　自动分类标引 ·· 123

第5章　信息组织实践与应用 ·· 128
5.1　数字图书馆的信息组织——以中国国家数字图书馆为例 ············ 128
　　5.1.1　数字图书馆及中国国家数字图书馆简介 ············ 128

		5.1.2 中国国家数字图书馆的信息描述	129
		5.1.3 中国国家数字图书馆的分类组织	132
		5.1.4 中国国家数字图书馆的主题组织	133
	5.2	搜索引擎的信息组织——以百度为例	134
		5.2.1 搜索引擎及百度简介	134
		5.2.2 百度的信息描述	135
		5.2.3 百度的分类组织	136
		5.2.4 百度的主题组织	139
	5.3	电子商务网站的信息组织——以淘宝网为例	141
		5.3.1 电子商务网站及淘宝网简介	141
		5.3.2 淘宝网商品的信息描述	142
		5.3.3 淘宝网商品的分类组织	144
		5.3.4 淘宝网商品的主题组织	147
	5.4	Web 2.0 社区网站的信息组织——以豆瓣网为例	148
		5.4.1 Web 2.0 社区网站及豆瓣网简介	148
		5.4.2 豆瓣网的信息描述	149
		5.4.3 豆瓣网的分类组织	150
		5.4.4 豆瓣网的主题组织	151
第 6 章	从信息组织到知识组织		154
	6.1	知识组织的发展	154
		6.1.1 传统信息组织面临的挑战	154
		6.1.2 知识组织概念的提出	157
		6.1.3 语义网技术对知识组织的支持	158
	6.2	知识组织系统	161
		6.2.1 知识组织系统的定义与类型	161
		6.2.2 常用的知识组织系统	162
		6.2.3 知识组织系统的特点	163
	6.3	传统分类表和叙词表的改造	165
		6.3.1 知识组织体系 SKOS	165
		6.3.2 使用 SKOS 描述知识组织系统示例——以《中图法》为例	166
	6.4	知识组织技术	168
		6.4.1 知识表示	168
		6.4.2 知识建模	168
		6.4.3 知识抽取	169
		6.4.4 知识关联	169
第 7 章	知识表示与知识建模		170
	7.1	知识表示与知识建模概述	170
		7.1.1 知识表示概述	170

7.1.2 知识建模概述 … 172
7.2 基于 RDF 的知识表示 … 173
7.2.1 RDF 概述 … 173
7.2.2 RDF 图 … 176
7.2.3 RDF Schema … 177
7.2.4 RDF 序列化 … 179
7.2.5 RDF 存储 … 184
7.2.6 RDF 应用 … 185
7.3 基于本体的知识建模 … 185
7.3.1 本体描述语言 OWL … 185
7.3.2 本体构建方法 … 189
7.3.3 本体构建工具 … 194

第 8 章 知识抽取与知识关联 … 199
8.1 知识抽取与知识关联概述 … 199
8.1.1 知识抽取概述 … 199
8.1.2 知识关联概述 … 204
8.2 知识抽取的方法与工具 … 207
8.2.1 实体抽取的方法 … 207
8.2.2 关系抽取的方法 … 210
8.2.3 事件抽取的方法 … 214
8.2.4 知识抽取工具 … 215
8.3 典型知识关联结构与工具 … 218
8.3.1 知识关联的结构形式 … 218
8.3.2 典型知识关联网络 … 222
8.3.3 知识关联相关工具 … 223

第 9 章 知识组织实践与应用 … 225
9.1 知识库实践——以 DBPedia 为例 … 225
9.1.1 知识库简介及发展 … 225
9.1.2 DBpedia 知识库 … 226
9.2 关联数据实践——以上海图书馆家谱关联数据服务平台为例 … 232
9.2.1 关联数据简介及发展 … 232
9.2.2 上海图书馆家谱关联数据服务平台 … 233
9.3 知识图谱实践——以中医药知识服务平台为例 … 241
9.3.1 知识图谱简介及发展 … 241
9.3.2 中医药知识服务平台 … 243

参考文献 … 249

第1章 绪 论

信息，是当今使用频率最高的词汇之一。有人说物质、能量和信息是构成客观世界的三大要素，即世界万物都存在物质与能量，而万物之间的相互作用和相互联系就是信息，这种说法认为信息其实早就存在于客观世界，只不过人们是首先认识了物质，然后认识了能量，最后才认识了信息。也有人说信息是人们在适应外部世界，并使这种适应反作用于外部世界的过程中，同外部世界进行交换的内容。客观世界中存在各种各样的信息现象，尤其在信息时代，人们每天都在与信息打交道，信息就如同阳光、空气和水一样，在人类生活中必不可少。互联网的普及和利用把信息带到了人类社会生活的每一个领域、每一个方面和每一个角落，大量的数字、符号和资料通过网络这种媒介进行存储与传输，形成一个庞大的信息集合体，人们更是实实在在地感受到信息的普遍性和不可或缺性。因此利用信息的信息组织活动一直存在，从几千年前对图书文献的分类到近现代信息组织工具的应用，再到各种网络信息组织技术的出现，以及深入到知识层面的知识组织的发展都是例证。本章的学习目标主要包括：①全面认识信息及其相关概念；②掌握信息组织的定义，理解信息组织的重要作用；③分析信息的不同形式及类型对信息组织技术和方法的影响；④了解人类信息组织活动的发展历史。

1.1 数据、信息和知识

信息组织是对信息进行组织，但信息这个概念含义比较抽象，它和数据、知识等概念存在密切关联，在学习什么是信息组织之前，需要对数据、信息和知识等概念以及它们之间的关系进行梳理。

1.1.1 数据

数据一般是指对客观事物的真实记录或者对某一事件的统计性描述，可以是数字、图形、文字、音像、视频等符号的简单集合。不同领域对数据的定义各不相同。哲学家认为，数据是指人们为了描述客观世界中的具体事物而引入的一些数字、字符、文字等符号或符号的组合。计算机领域专家认为，数据是在科学研究、设计、生产管理及日常生活等各个领域中，用来描述事物的数字、字母、符号、图表、图形或其他模拟量，如试验数据、观测数据与统计数据等，它能够被计算、统计、传输及处理。管理学专家认为，数据是对客观事物、事件的记录和描述，是形成信息的基础。情报学专家认为，数据是事实（信息）的数字化、编码化、序列化和结构化。也有学者认为数据是对文本、图像或声音等最原始、无目的性且未经加工的表达，如果没有平台的支撑就没有任何意义。如单是数字 1 并不能代表任何内容，但是放在一定的平台环境中，如 1 本书，这里的数字 1 就传递出了书的数量信息。

1.1.2 信息

信息一般指客观事物的存在方式和运动状态的表现形式。不同领域对信息的认识也不尽相同。在生命科学领域，动物界与植物界的信号交换，如信号由一个细胞传递给另一个细胞，由一个机体传递给另一个机体的过程，都被看作信息的传递。哲学领域专家认为，信息是客观世界中各种事物的状态和特征的反映，客观事物的状态和特征的不断变化促使信息不断产生。也就是说，思维、人类社会、自然界，乃至宇宙中的一切事物的存在方式及运动状态都有其固有的规律和特征，信息就反映这些规律和特征。管理学专家认为，信息是经过处理后具有意义的数据，信息中的数据具有相关性。计算机及通信领域的专家认为，信息是指所有可以通过视觉、听觉、嗅觉、味觉、触觉等感官获取并以文本、图形图像、音视频等媒介形式记录的内容。情报学专家认为，信息是数据在信息媒介上的映射，是有意义的数据，即人们根据表示数据所用的约定而赋予的数据意义。可以看出，生命科学和哲学领域强调信息的本质，管理学、计算机和情报学领域则强调信息（尤其是社会信息）存在的媒介形式，以及这些媒介形式被人工或机器处理并利用的过程。

信息表征事物的存在和运动，但信息不是事物本身。这种表征可以通过人类创造的各种符号、代码和语言来实现，通过竹、帛、纸、磁盘、光盘等物质来记录和存储，通过光、声、电等能量来载荷和传递。离开这些物质载体，信息便无法存在，并且无论信息由哪种物质载体来表达、记录和载荷都不会改变信息的性质与含义。如"明天是否下雨"这则气象信息，可以用数字 0 和 1 表示，也可以用电流正和负来表示，还可以用硬币的正面和反面来表示；可以记录在纸张上，也可以记录在磁盘上，还可以记录在黑板上；可以用光来传递，也可以用声音来传递，还可以用电波来传递等，它们都不影响该信息的性质和内容。也就是说，载荷信息物质载体的转换并不改变事物的存在方式和运动状态的表现形式。

载荷有信息的物质载体被称为文献，常见的文献有图书、期刊、报纸、年鉴、会议论文、学位论文、科技报告、专利文献、标准文献、政府出版物、档案、产品资料等，它们的出版形式和规范各不相同。除了被传递的信息内容，这些载体也有自己不同的存在方式和运动状态，它们共同构成文献信息。文献信息是信息的重要类型，也是信息组织的核心对象，在对其进行信息组织时，不仅要对信息内容进行揭示，也要对物质载体进行表征。

这里需要提到的另一个概念是信息资源，综合国内外主流观点，信息资源有广义和狭义之分，广义的信息资源是指人类社会信息活动中积累起来的以信息为核心的各类信息活动要素（信息技术、设备、设施、信息生产者、信息管理者、信息服务者等）的集合。狭义的信息资源仅指广义信息资源最核心的部分，即信息。本书借鉴狭义定义，认为信息组织就是信息资源组织，二者可以相互替代。

1.1.3 知识

知识被普遍认为是信息接收者通过对信息的提炼和推理而获得的正确结论，是通过人的大脑对自然界、人类社会规律的认识与掌握而形成的系统化的信息集合。1999年版《辞海》解释说知识是人类认识的成果或结晶，包括经验知识和理论知识。又说，知识借助于一定的语言形式，或物化为某种劳动产品的形式，可以交流和传递给下一代，成为人类共同的精神财富。知识的概念随着社会实践、科学技术的发展而发展，不同学科对其的认知也不同。管理学专家认为，知识是基于人的经验、价值观等对信息进行推理、验证等思考和处理，并从中得出的系统化规律、概念和经验。计算机及通信领域专家认为，知识是人们从实践经验中总结出来且被新的实践所证实的规律及经验的总结，是可以用于推理的规则。情报学专家认为，知识是对信息进行加工、吸收、提取、评价的结果。

知识大致可以分为两大类，即显性知识和隐性知识。显性知识是记录在各种介质上的知识，如图书、档案、数据库、计划、总结、报表等。显性知识具有有形的物质载体，是被符号化了的知识。隐性知识是存在于人的头脑中的经验性知识，如个人的技术诀窍、直觉、想象与创意等，是高度个性化且难以格式化的知识，只能通过与专家直接合作和交流才能获得。也有学者认为，通过借助文字、图像、符号、音频、视频等人工编码手段记录的显性知识已经转化为信息了，因为它具有载体，属于客观存在的事物，有自己的状态。本书同意这种观点，因为想要利用借助信息载体符号化了的显性知识，不仅需要揭示其包含的知识内容，也需要表征信息载体本身呈现出的状态和特征，这也是对这类文献信息进行信息组织的重要工作。

知识具有普遍性，是相对稳定和可重复的，因此它能够成为解决问题的规则。近年来，随着知识处理、知识工程技术和方法的发展，人们已经能够通过抽取知识单元、挖掘知识之间的关联对信息载体中的显性知识进行处理，甚至还可以将知识作为模拟人的大脑思维能力的规则使用，这也是本书第7~9章的核心内容。

1.1.4 三者之间的关系

从前面的概念介绍可以看出，数据、信息和知识之间存在密切联系。对于三者之间的关系，学者提出的观点包括并列关系、转化关系、包含关系和层次关系等。本书借鉴信息链理论，认为数据、信息和知识呈现金字塔式的层次包含关系，即数据为金字塔的塔底，向上依次是信息和知识，同时层次间能够进行相互转化。

1. 数据转化为信息

数据向信息的转化主要是在数据与信息之间建立相关性。数据接收者想从数据中获得信息，只能通过对数据背景的解读来获得，数据背景是接收者针对特定数据准备的相关信息，即当接收者了解物理符号序列等数据的规律，并知道每个符号和符号组合的指向性目标或含义时，便可以获得一组数据所载荷的信息。上述转化过程可以表示为如下公式：

$$数据 + 背景 = 信息$$

如数字 95 是数据，如果接收者了解它是某位同学"信息组织"课程的成绩，这时数据就转化成了信息。数据加工也是数据转化为信息的过程，即运用相关规则将具有相关性的数据整合起来，并将其格式化、规范化。典型的加工方式包括数据清洗、数据滤重、信息检索、情境揭示、同名区分、别名归一、翻译等。

2. 信息转化为数据

信息向数据的转化主要是选择合适的方法和标识符号记录信息。信息作为一种社会现象，随人类社会的产生而产生。起初人类并不知道如何去描述身边的事物及事物之间的相互关系。在漫长的劳动实践中，人们为了便于交流，逐渐学会了利用一些特殊的符号来记录客观世界的状况，这些符号就可以看成最原始的数据。随着科学技术及数据管理工具的发展，如数据库的出现，进一步提高了信息向数据转化的效率，同时也推动了标准规范的发展。因为只有经过标准化和规范化，这些数据才能够在后续的分析、处理和利用过程中被附以原本相同的背景，展现原有信息的内容含义。

3. 信息转化为知识

信息向知识的转化体现在人类发展和社会生活中。人类在接受了来自社会及自然界的大量信息后，通过实践活动和大脑的思维活动，将这些信息进行分析与综合后，形成新的认识，这种经过人脑加工后的信息就成为知识。或者说知识是同类信息的深化、积累，是优化了的信息的总汇和结晶。信息能够转化为知识的关键在于信息接收者对信息的理解能力，而对信息的理解能力取决于接收者的信息与知识储备。上述转化过程可以表示为如下公式：

$$信息 + 经验 = 知识$$

由此可见，知识的获取只能通过学习和体验，而人的认识能力和理解能力为信息转化知识提供了必不可少的条件。

4. 知识转化为信息

知识向信息的转化也主要体现在人类发展和社会生活中，如上面所述人们的各种社会活动、实践都是对知识的运用，在知识运用过程中，传输者需要首先将头脑中的知识进行转化才能最终完成传输过程。如在教学活动中，教师将其大脑中存储的知识转化为口头信息或文本信息，学生接收这些信息后，再依赖自己大脑存储的知识、经验及个人的思维能力，对信息加工后将其转化为自己知识的一部分。此过程对教师而言，是知识转化为信息的过程，对学生而言，则是信息转化为知识的过程，不同学生对知识转化的效果是不同的，因为他们以往的知识储备和经验是不同的。隐性知识也可以通过"编写"这种人工编码活动转化为信息，例如图书信息就是这种转化的结果。

5. 对数据、信息和知识的利用

数据、信息和知识的存在状态有较大差异，因此对它们的利用过程也存在较大差异。数据多产生于信息处理软件平台的运行过程中，它存储在数据库中，需要借助软件工具来获取和分析。信息多依附有形的文献载体而存在，需要根据不同信息载体和信息记录形式选择合适的信息组织方法，将其转换为数据存储，再通过信息检索进行有效利用。知识则更多地存在于人的大脑中或者隐藏在大量有形的文献信息中，如何抽取和表示这些知识，并通过人工智能技术产生和发现新知识是知识是否被有效利用的关键。

同时许多应用场景中，数据、信息和知识不能简单分开。如目前常用的智能传感器设备，它们能够随时监控事物的状态并按照设定规则及时地将其转化为数据进行存储，后台的工作人员再通过赋予这些数据意义而获得信息，在此过程中信息和数据在不断地发生相互的转化。再如科技情报工作，海量的科技文献信息会通过使用适当的规范符号进行记录和处理，从而形成海量数据库，这个过程是科技文献信息向数据转化的过程。而进行科技情报服务时，则需要从海量数据库中检索出与问题相关的文献，这是对数据进行加工的过程，也是数据转为信息的过程。在上述过程中，如果想要获得较好的转化效果，既需要信息检索方面的知识，如数据库的收录范围、检索系统的信息组织标引方法、检索结果的排序机制等，也需要科技情报专业领域知识，如专业概念语词之间的关系、词汇的控制等。这些在人的大脑中存储的知识会被编码成计算机能够理解的规则，帮助计算机自动完成上述转化过程。因此对数据、信息和知识的利用过程，也是三者相互转化的过程。

1.2 信息组织的定义与发展

1.2.1 信息组织的定义

1. 学者的观点

马张华认为信息组织也称为信息资源组织，它是根据信息资源检索的需要，以文本及各种类型的信息源为对象，通过对其内容特征等的分析、选择、标引、处理，使其成为有序化集合的活动。

马费成认为信息组织是利用一定的规则、方法和技术对信息的外部特征与内容特征进行揭示和描述，并按给定的参数和序列公式排序，使信息从无序集合转换为有序集合，将信息转为信息资源或者将潜在信息资源转为显在信息资源的过程。其中信息的外部特征是指信息的物理载体直接反映的信息对象，如载体的物理形态、题名、作者和发表日期等；信息的内容特征就是信息包含的内容，它可以用关键词、主题词或者其他知识单元表达。

张帆认为信息组织是采用一系列的方法与手段使大量信息系统化和简明化的过程。它也是通过选择、著录信息内容，揭示信息之间的内在逻辑关系，按照某一规则整序、提炼，使之系统化和浓缩化，以方便快速传递与信息交流的活动。

周宁认为信息组织是对信息资源对象进行收集、加工、整合、存储，使之有序化、系统化的过程。

司莉认为信息组织就是根据信息检索与获取的需要，采用一定的规则、技术与方法，对信息进行揭示与序化的过程。其核心内容是对信息的描述、揭示及序化，包括三个要素：

一是采用一定的规则、方法和技术;二是揭示信息与序化信息联系在一起;三是信息组织目的是信息检索与获取。

2. 本书的定义

本书综合对数据、信息与知识之间关系的解读及学者对信息组织的定义,从信息组织的方法、对象、形式及功能等方面给出信息组织的定义。信息组织是根据用户信息利用的需求,以各类信息为对象,利用一定的科学规则和方法,通过对信息特征的分析、选择、描述、标引、存储、排序等活动,实现无序信息流向有序信息流的转换,从而保证用户对信息的有效获取和利用及信息的有效流通和组合。

3. 定义的解读

用户是信息利用的主体,了解用户的信息需求是开展信息组织活动的主要依据,可以通过用户信息需求形式化描述、用户信息行为偏好分析等获取用户信息利用需求。

科学的规则与方法是信息组织的重要基石,通过规范的表达和科学的符号系统对信息特征和信息需求进行对等表征,才能使二者匹配并完成信息检索和获取。科学的规则也称为信息组织规范,它贯穿整个信息特征揭示的过程,在具体信息组织实践中,主要有信息描述规范和信息标引规范。

信息组织的对象是信息,但信息是抽象的,同时也是多样的,因此实践工作中多针对用户需求对信息特征进行揭示和表征。对于具有规范出版格式的图书、期刊论文等文献信息,信息特征可以分为内容特征和形式特征,内容特征是其载荷信息的内容,形式特征则是物质载体直接反映出来的特征,也称为外部特征。而对于其他类型信息,如杯子等实物信息,其载荷的信息内容特征和载体形式特征很难区分,此时应该从用户需求和事物核心特征综合来选择。

对信息特征进行分析、选择、描述和标引,并以此为依据进行信息存储和排序是信息组织的主要内容,在具体的信息组织实践中,这些工作并不是简单分开的,也不是全部都需要使用,而是根据信息类型和用户信息需求进行综合安排。

无序信息流转化为有序信息流是信息组织的直接结果,通过信息特征的揭示,并按照某些信息特征的符号系统对信息进行排序,使得信息有序。在文献编目工作中,序化主要依赖目录组织,在计算机检索系统中,序化主要依赖数据库管理系统或者知识库系统提供的功能。

信息的有效获取和利用及信息的有效流通和组合是信息组织的功能,信息的有效获取和利用指信息能够被发现、被检索、被利用,信息的流通和组合指信息组织能够提升信息向目标用户流通的效率,并在此过程中关联和组合相关信息,对信息集合进行评价和优化。

1.2.2 信息组织的发展

作为社会活动的重要组成部分,信息组织是与人类社会同时产生并同步发展的,它历经了漫长的发展过程。在研究和应用实践中，可以用不同的方法来划分信息组织的发展阶段，本书借鉴周宁的观点，将信息组织按不同历史阶段的职能进行划分。

1. 清册职能时期

在古代信息管理时期，信息管理的着眼点不在于"用"而在于"管"，信息管理活动并不要求完备、科学的信息组织给予支持。这一时期的信息组织活动主要体现为一种清册职能，它主要通过对文献的整理，对信息进行记录和登载，如同"信息账房先生"，告诉人们有什么信息而已。中国古代的文献整理可以追溯到春秋时期孔子整理《六经》及以后各种图书目录的编制，其中清代乾隆年间编撰的《四库全书总目》是我国古代最全面的官修图书目录。国外古代信息组织也以清册职能为主，分类和目录是主要应用手段，知识分类思想被亚里士多德等哲学家提出，并应用于文献分类中。

这一时期的信息组织以手工编撰书目的形式为主流，信息组织活动以个人或统治集团个体劳动为主，信息组织目标着眼于文献的收藏管理，信息组织方法限于记录与登载文献的基本特征，信息组织的主要对象是图书和档案文献，信息排序多采用分门别类的方式。

2. 查检职能时期

一切信息机构存在的目的都不可能是单纯的收藏和保管，利用才是终极目的。要促进信息的利用就必须有完备、科学的信息组织活动作为基础。图书馆等文献信息机构的发展，特别是管理思想、技术和方法的发展也为信息组织的发展创造了有利条件。因此，信息组织活动不仅告诉人们有什么信息，还要告诉人们怎样找到信息，使得这一时期信息组织的主要职能就是查检职能。信息组织已经不再是一种记簿式处理，对信息的形式特征和内容特征的描述与揭示都得到不同程度的重视，尽管对信息的概念单元分析仍然存在不足。信息组织不仅能为用户提供更多的检索点，索引和文摘的出现还使书目组织形式一统天下的局面被彻底打破。信息组织的纯手工操作方式也不复存在，机械化、半机械化手段开始引入信息组织中，出现了穿孔卡片系统和缩微胶片系统等新的信息组织技术手段。这些新的技术手段使得信息描述的内容更加丰富，信息揭示方法更加多样化，信息特征的表征也更多地从载体单元向信息内容和知识单元倾斜。

这个时期的信息组织以人工、机械化、半机械化手段为主流，信息组织活动的开展以文献管理机构为主，信息组织目标着眼于文献的查检利用，出现了目录、索引、文摘等多种信息组织方式，信息组织的主要对象扩大到各类文献信息，信息排序特征更为灵活，主题揭示日益显示其优势，用户中心论的思想逐步得到认同。

3. 组织职能时期

以计算机技术、通信技术、网络技术为代表的现代信息技术的导入，把信息管理推上一个新的发展水平，也把信息组织带到一个新的境界。组织职能已经不满足于告诉人们有什么信息和怎样找到信息，还力求告诉人们其他地方有什么信息；人们不仅可以找到最需要的信息，还可以知道什么信息适合于自己；人们不仅可以利用一种途径获得信息，还可以多途径、多角度地查检信息；人们不仅可以获取和利用信息，也可以贡献大众力量来组织信息。信息组织的对象不仅有文献信息，而且有非文献信息；不仅有文字信息，而且有声音、图形、动画或视频信息。同时各种新的信息组织技术得到了应用，自动化的信息组织成为主要手段，自然语言处理、自动分类、自动主题标引技术得到充分的发展，知识处理技术将信息层面的组织职能提升到知识层面的组织职能。

这个时期的信息组织以自动化手段为主流，信息组织活动开展延伸到社会各个领域、机构、平台甚至个人，信息组织目标着眼于信息内容和知识关联的组织，信息组织的主要对象扩大到各类型信息，信息排序可以按照用户需求灵活调整。

1.3　信息组织的主要内容

从信息组织的定义可见，信息组织包括信息特征揭示及信息的存储和排序，科学的规则和方法贯穿整个信息特征揭示的过程，因此信息组织的主要内容包括：信息描述、信息标引以及信息存储与排序。

1.3.1　信息描述

1. 信息描述的含义

信息描述，也称信息著录，它是根据信息组织与检索的需要，依据特定的信息管理规则和技术标准，对存在于某一物理载体上的信息进行特征分析、选择并给予记录的过程。信息描述既是信息存储和排序的前提，也是用户识别信息特征、查询信息的重要依据。信息描述概念的提出有其历史渊源，文献编目可以看作其之前的表达。

在手工检索阶段，信息组织的对象主要是文献信息，手工编目是主要手段。文献编目是按照一定的规则，将根据文献的内容和形式特征编制的一条条款目组织成为目录的整个过程。文献编目包括文献著录和目录组织两方面的内容。文献著录是将诸如题名、责任者、出版事项、载体形态等形式特征和分类号、主题词等内容特征进行揭示，并将这些特征项按照一定的规则和格式组织起来，形成关于某文献的信息款目的过程。目录组织是将成千上万条信息款目再按一定的规则进行排列与组织，使无序的款目形成有序信息集合，如目录、题录、文摘索引和数据库等。文献著录针对内容特征揭示的环节需要遵循特定的标引语言规范，这个环节也称为信息标引，受技术手段的限制，当时的信息标引只能从整体进行，无法深入到信息内容单元，因此是浅层次、粗粒度的。

在计算机编目阶段，图书馆大量使用机器可读目录（MAchine-Readable Catalogue，MARC）替代传统目录。编目人员只需要按照文献编目和著录的相关规范，通过编目软件将文献信息特征逐一录入机读目录数据库中，软件就可以根据内置的、事先设定好的目录组织规则对记录进行自动的目录组织，这使得文献编目流程更加简化。

到了网络信息时代，就很难再用文献编目、信息著录这样的名称去概括信息特征揭示的过程了，主要的原因包括：①网络信息类型多样，很多关于事物的数字信息很难区分形式特征和内容特征；②计算机的参与使得形式特征和内容特征之间的界限更加模糊，因为计算机对信息特征的揭示往往是自动完成的，揭示出来的特征都可以成为用户检索的入口，也没有必要去区分是哪种特征；③元数据等新的结构化描述手段的采用，使得信息描述的对象从狭义的信息资源进一步扩大到广义的信息资源，描述的信息特征也从与信息相关扩大到信息管理全生命周期相关；④浅层次、粗粒度的文献信息标引方式无法满足用户对信息内容越来越高的要求，而计算机技术的应用使得内容特征的深层揭示成为可能，自动标引成为网络信息标引的主要手段，信息标引的地位进一步提升。

在这样的情境下，"信息描述"和"信息标引"的概念经常被同时提及。信息描述对应计算机编目环境下的信息著录，在网络环境中，信息描述也是一种资源转换方式，它可以实现非文献信息向文献信息的转换，使数字化信息更加便于管理和利用。如实物信息，可以通过拍照、扫描、录像等手段将其转换为照片、图像、视频等文献信息，也可以直接描述事物的名称、外形、性能、生产者等，按照规定格式记录下来，形成结构化记录，这样的结构化记录也称为元数据。

2. 信息描述规范

信息描述规范是对信息特征进行描述记录的依据。通常根据特定信息的特点和识别、组织的需要加以规定，一般需要详细规定描述的项目、描述的文字、描述的级别、描述的格式、详略程度等，以便以统一、有效的方式记录信息的特征。具体包括：①描述项目的控制。即根据信息特点选择具有组织和揭示价值的特征作为描述的项目，使得描述记录可以充分地反映信息的基本情况。②描述文字的控制。即规定描述项目采用的文字，如项目的名称界定、范围等。③描述级别的控制。根据检索系统的特点和需要，规定记录描述项目的不同详略程度，供不同的信息组织项目选择使用。④描述格式的控制。包括各种描述项目的次序、描述的标识、描述项目的表达形式等，以便于不同类型信息组织系统之间的交流。通过上述各方面的控制，就可以使描述记录涵盖各种组织和识别的基本要素，并以统一的、适合使用的方式保存。各种信息描述规范一般是依据上述各项控制要求建立的，是描述控制的具体体现。

信息描述标准化的进程中，欧美两大编目体系《英美编目条例》（Anglo-America Cataloging Rule，AACR）及著录标准《国际标准书目著录》（International Standard Bibliographic Description，ISBD）是重要的里程碑。随着两大编目体系的推广，我国的信息描述工作也逐渐进入了标准化时期。使用范围较广、影响力较大的信息描述规则包括《文献著录总则》及其分则、《中国文献编目规则》、《西文文献著录条例》和《中国机读目录格式》等。随着数字化和网络信息的不断增多，上述信息描述规范也与时俱进，进行了修订和改版。《资源描述和检索》（Resource Description and Access，RDA）通过对AACR的继承与创新，更好地支持数字环境下资源著录与检索的要求。我国的《文献著录总则》及其分则、《中国文献编目规则》等规范也几经更新修订，目前《信息与文献 资源描述》（GB/T 3792—2021）、《中国文献编目规则（第二版）》和《中国机读书目格式》（GB/T 33286—2016）是最新的规范。

近些年，网络信息迅速发展成为信息的重要组成部分。元数据、XML描述语言等成为学者关注的热点问题。各个领域都出现了元数据的相应标准，针对元数据制定的数据描述模型、语法、语义定义等均属于信息描述规范。本书第 3 章详细介绍信息描述和元数据的相关内容。

1.3.2 信息标引

1. 信息标引的含义

信息标引是针对信息的内容特征所进行的加工和整序，即依据一定的规则，在对信息内容特征进行分析的基础上，采用一个或若干内容标识（分类号、检索词或代码）表示或替代信息的过程。按使用的系统化代码或标识类型划分，信息标引分为分类标引和主题标引。分类标引依据一定的分类法和分类规则，按信息内容的范畴（或学科）性质及其他特征，分门别类地系统揭示与组织信息。主题标引直接使用规范化或未经规范的自然语言语词揭示和表征信息内容特征，并按照语词字顺组织信息。

这里的信息标引其实是沿用信息著录环节中信息标引的定义，如前面所述，网络信息环境下，信息标引已经成为完全独立的信息组织手段和技术。尤其是计算机自动标引，它利用计算机从信息中自动提取相关标引（检索）标识，针对数字化的文献信息，标引标识可以是标题、作者名、分类号、主题词、关键词和摘要等，针对图像、音乐等多媒体信息，标引标识可以是图片的分辨率、音乐的时长等。这些标识既有内容特征，也有形式特征，这突破了原有信息标引概念的内涵，使得信息标引和信息描述中的元数据一样，成为信息特征揭示的不同手段。但为了强调信息内容特征的重要性，也为了和其他相关教材内容的衔接，本书还是将信息标引界定为对信息内容特征的表征，并以分类标引和主题标引为主要讲解对象。

分类标引和主题标引从不同的角度揭示信息的内容特征，它们在满足用户信息需求方面的能力也不尽相同，在许多的信息组织实践案例中，两种方法都会被采用，也可以对它们进行有机融合而形成分类主题一体化。

2. 信息标引规范

标引语言是信息标引过程中使用的规范和工具，它是一种由表达信息主题概念及其相互关系的词汇和规则组成的人工语言系统，也称为检索语言。检索语言由词汇规范和语法规范两部分组成。词汇规范的表现形式是各种词表，包括分类表、标题表和叙词表等，它们是根据一定的知识结构预先建立的标识系统。在分类表中，词汇规范主要包括类目名称、类目等级、类目关系等的控制规范，在标题词表或叙词表中，词汇规范主要包括词形、词义、词间关系、词组、词量等的控制规范。语法规范则是分类标引和主题标引的规则系统，它们规定词表的使用方法，主要包括对组词造句的句法控制规则，如词汇组配的次序、标引使用的辅助符号、句式转换的方法等。自由标引与检索虽然属于自然语言应用，但在一定程度上仍需要遵守一定的语法规范。

在分类标引方面，我国学者先后编制了《中国图书馆图书分类法》《中国科学院图书馆图书分类法》等几十种分类法。1980 年 12 月，中国图书馆学会与中国情报学会初步确定《中国图书馆分类法》(以下简称《中图法》)为分类的统一推荐标准。《中图法》经过三次修订后，1999年，第 4 版及其使用手册得以出版。目前《中图法》最新版本是其第 5 版及使用手册，它的电子版和 Web 版也已经发行。在主题标引方面，《汉语主题词表》是我国第一部大型的综合性叙词表。它由中国科技信息研究所和北京图书馆负责编制，1980 年正式出版，1991 年又出版了自然科学领域的增订版，《汉语主题词表》收录正式主题词 91158 条，非正式主题词 17410 条，涵盖各个学科专业，收词量大，编制体例规范，对推动中国主题标引工作的开展和促进专业叙词表的编制起了重要作用，是我国图书馆进行主题标引的主要工具。《汉语主题词表》分 3 卷 10 册：第一卷（2 册）为社会科学部分，第二卷（7 册）为自然科学部分，两部分均包括字顺主表、范畴索引、词族索引和英汉对照索引，第三卷为附表，包括世界各国政区名称、自然地理区划名称、组织机构名称及人物名称。目前《汉语主题词表》正在进行新型《汉语主题词表》版本的建设，新型《汉语主题词表》是为适应网络环境下海量文本大数据形式化、结构化、语义化处理的需要，由中国科学技术信息研究所牵头组织的。目前已经完成工程技术卷和自然科学卷的编制工作，覆盖 31 个学科领域，术语词汇达 50 万条。新《汉语主题词表》在体系结构、词汇术语、词间关系等方面都进行了改进和创新。本书第 4 章详细介绍信息标引及规范的相关内容。

与标引语言密切联系的另一个术语是知识组织系统，它是在知识组织环境下使用的规范。知识组织系统通常指经过组织的知识结构表达的工具，它包含组织知识和促进知识管理的各种类型的词表，其范围从传统的地名表、同义词表，到新型的知识组织工具，如语义网、本体等。后者是为了适应数字环境的特点和使用需要开发的新型语义关系系统，对知识关系的揭示比传统的检索语言更加充分。

近年来，随着语义网的发展和用户对知识获取需求的增加，知识组织逐渐被业界关注，已有大量的知识组织产品得到应用。知识组织虽然是传统信息组织的延续和发展，甚至从广义的角度，信息组织包括知识组织，因为按照前述观点，显性知识其实就是信息。由于处理对象不同，信息组织和知识组织在技术和方法上还是存在显著差异。本书在关注传统信息组织方法的同时，也关注知识组织的核心技术。

1.3.3 信息存储与排序

信息描述和信息标引是揭示信息特征，信息存储将信息揭示得到的特征标识进行记录与保存。随着人类科学技术的发展，信息存储介质和存储技术都在不断改进。存储介质方面，古代多采用结绳记事，现代则以纸张、胶片、磁带、磁盘、光盘等介质为主；存储技术方面，印刷、照相、扫描、激光与数字化等存储手段成为主流。

信息排序是在信息特征揭示的基础上，依据一定的排序规则和方法，将所有的信息记录组织排列成一个有序的信息系统，以便用户检索使用。信息存储与排序的主要依据是表征信息特征的符号系统，除了信息描述和信息标引提供的形式特征与内容特征的符号，还可以从信息效用方面考虑信息的排序。信息排序有三种基本方法：形式特征排序法、内容特征排序法和效用特征排序法。形式特征排序法包括号码法、物名法、专用代码法、引证关系法、时序法、地序法等。内容特征排序法包括分类组织法、主题组织法等。效用特征排序法包括权值组织法、概率组织法、逻辑序化法、特色组织法、重要性递减法。

  信息存储与排序在手工检索工具时代尤其重要，因为人们需要选择合适的存储介质来保存信息，并依赖目录组织和排序的结果快速地获取信息。随着计算机及数据存储工具的广泛应用，磁盘等存储介质成为主流，数据管理系统具有的强大索引能力也能够按照用户需要对信息记录进行快速排序和检索，信息存储与排序就没有那么重要了，因此本书对此部分不再安排相关章节。

第 2 章 信息组织的学科基础

信息组织是对信息进行收集、加工、整合、存储使之有序化、系统化的过程,从学科基础看,信息组织学是介于自然科学和社会科学之间的一门研究范围十分广泛的综合性学科,它与其他学科有着密切关联。人们在长期的信息组织活动中,不断地从相关学科中汲取营养,形成了信息组织的理论、方法和技术基础,它们在信息组织的知识体系中发挥着基础性的关键作用。有序化理论、知识论、本体论等为信息组织学科发展提供了坚实的理论基础。语言学、概念逻辑和知识分类的研究成果为信息组织学科发展提供信息处理和规范控制的方法基础。传统的信息组织主要是对文献信息进行人工著录、分类和标引,而随着计算机技术的发展和进步,信息组织的技术也呈现出新的时代特征,数据库技术改变了信息产品的存储形式,超文本技术决定了网络信息组织的基本结构,自然语言处理和深度学习技术在知识组织中大显身手。本章的学习目标主要包括:①了解信息组织的理论、方法和技术基础的基本内容;②理解信息组织的学科基础与信息组织的内在关系;③能够结合信息组织的理论、方法和技术基础深入地分析信息组织的历史发展进程。

2.1 信息组织的理论基础

2.1.1 有序化理论

1. 有序化理论的基本思想

序是事物的一种结构形式,是指事物或系统的各个结构要素之间的相互关系及这种关系在时间和空间中的表现。有序是指事物内部的要素或事物之间有规则的联系和运动转化,当事物结构要素具有某种约束性且在时间序列和空间序列呈现某种规律性时,这一事物就处于有序状态;反之,则处于无序状态,即事物内部各种要素或事物之间混乱而无规则地组合和运动变化。有序与无序在一定的条件下统一形成事物的秩序。对于有序与无序的转化的研究,已成为现代科学中一个难点和热点问题,探讨这些问题有助于科学的进步和人类认识的深化。

一般认为有序化理论包括老三论和新三论。老三论是指系统论、控制论和信息论,它们主要关注系统结构、特点、行为、系统构成要素,以及要素之间、要素与环境之间的相互关系。系统论认为,整体性、关联性、等级结构性、动态平衡性等是所有系统共同的基本特征,系统内部各要素是相互关联并有机结合在一起的,正是由于系统要素之间这种有机的相互关系,其整体功能才会产生质的飞跃,远远超出各要素功能之总和。同时，系统需要动态开放，不断地与外部环境进行物质、能量或信息的交换。控制论研究生命体、机器和组织的内部或彼此之间的控制和通信。信息论则偏于研究信息的测度理论和方法，并在此基础上研究信息的有效传输、有效处理的相关方法和技术等。系统论、控制论、信息论三门学科密切相关，系统论提出系统概念并揭示其一般规律，控制论研究系统演变过程中的规律性，信息论则研究控制的实现过程。新三论是指耗散结构论、协同论、突变论，它们主要关注系统的动态开放、协同进化及渐变如何引起系统突变的普遍规律。耗散结构论用熵描述了开放系统由无序实现有序的过程，熵指系统混乱的程度，在信息论中用于测定某一事件的不确定度。由于系统内外随机因素的干扰，系统的状态、属性在其平均值附近的波动称为涨落。对于平衡态系统而言，涨落会被自动收敛，但在临界点附近，涨落则可能被放大，形成巨涨落，从而促使系统发生突变，导致有序。协同论研究不同事物共同特征及其协同机理，以及远离平衡态的开放系统在与外界有物质或能量交换的情况下，如何通过自己内部协同作用，自发地出现时间、空间和功能上的有序结构。

2. 有序化理论与信息组织的关系

1）信息组织的产品和信息组织的规范工具都是系统

信息组织的产品是系统。信息组织将大量分散而杂乱的信息组织成信息检索工具或系统，并建立起信息内在的关联，它具有系统的基本性质。如信息检索系统的总体目标就是最大限度地满足各类用户查询、浏览、咨询信息资源的需要。如何使系统内各要素相互协调，以实现其总体目标历来是系统管理的首要任务。信息检索系统内各要素，如信息描述、信息标引、信息存储和信息排序之间是相互独立的，但又相互作用、相互依赖。同时信息检索系统也是动态开放的，它可以根据组织的信息资源和用户的需求不断地动态调整。

信息组织规范也是系统。以我国等级体系分类法的典型代表《中国图书馆分类法》为例，它具备系统的整体性和动态性等基本特征。从宏观结构看，该分类法包括编制说明、分类表、使用说明、索引四大部分，它们共同构成了一个完整的分类系统。从微观结构看，类目由类号、类名、参照系统和注释系统四个部分构成，它们之间也是相互联系、共同发挥作用的。同时信息组织分类系统的历史演变也说明了它具有系统的动态性特征，从中国古代的七分法到四分法的发展，从国外的等级体系分类法到分面组配分类法，分类系统不断地随着外部环境的变化而变化。

2）新三论与信息自组织理论的提出

信息自组织是指作为信息系统组成要素的信息，在人与人之间、人与系统其他要素之间存在的相关性、协同性或默契性的作用下而形成特定结构、功能的过程，也就是信息系统无须外界指令而能自行组织信息、自我走向有序化和优化的过程。它是根据系统自身运动变化规律和特定条件而自发形成的。从这个定义中可以看出，信息自组织要求外界的干预是非特定的，信息系统从外界收到的信息不带有明显的指令。信息自组织是随着博客、维基、社会化标签等以个人为中心的开放互联网应用而发展的，其范围小到网上聊天室，大到全球信息系统。以网上聊天室为例，参与者能够有机会充分地表达他们的观点,最初谈论的主要内容可能是零乱的,但随着文字交流的进行,人与人之间会产生一种默契、协同,从而产生关于某一主题的较一致的看法。从另一侧面看,这一过程就是信息的自组织。

有学者认为耗散结构论、协同论、突变论为最终建立起自组织理论奠定了基础,而自组织理论又为网络信息自组织提供了理论基础,它们分别可以用来解释信息自组织产生的条件、动力和演化路径。耗散结构论解决自组织出现的条件环境问题;协同论解决自组织的动力学问题;突变论则从数学抽象的角度研究了自组织的途径问题。耗散结构论用熵描述了开放系统由无序实现有序的过程,只有不断与外界进行物质、能量及信息交换的开放系统,才能引入足够的负熵,使系统熵增为负,从而实现系统的自组织和有序。网络信息的自组织也正是通过涨落和突变使看似杂乱无章的信息变得有序。

2.1.2 知识论

1. 知识论的基本思想

关于知识论,学界目前还没有统一的定义,一般认为知识论是有关知识的理论,或者说是关于知识(知道)的哲学学问,它被公认为哲学的主干学科或哲学研究的基本领域之一。知识论研究知识的本性和本质及其限度、知识的形式和结构、知识的源泉及其生成机制和条件、知识的确实性及其确证和检验、知识的意义等问题。知识论作为哲学的一个主干学科是在近代西方产生的,先后出现了经验主义、理性主义、康德主义、实用主义、德行主义等认识论形态或流派及中国现代认识论。传统知识论将知识定义为得到证实的真信念,是对于世界的理论表征。经验主义认为感性经验是知识的唯一来源,一切知识都通过经验而获得,并在经验中得到确证。理性主义强调人的理性认识能力的重要性,认为这种能力既是先验的,也是本质的,知识只能以理性为基础,而不能以经验为基础。实用主义认为观念、概念、理论等的真理性在于它们能否有效地充当人们行为的工具。如果它们帮助人们在适应环境中排除了困难和苦恼,顺利地完成了任务,那就是可靠的、有效的、真的;如果它们不能清除混乱、弊端,那就是假的。中国现代认识论通常被称为辩证唯物主义认识论,它是辩证唯物主义的一个重要组成部分,主要研究人类的认识来源、认识能力、认识形式、认识过程和认识真理性等问题。

2. 知识论与信息组织的关系

1) 为智能知识组织提供坚实理论基础

在知识论基础上,我国学者钟义信提出了全信息理论及信息、知识、智能的统一理论。他认为知识论的核心问题是揭示知识与信息、知识与智能之间的关系,并阐明如何把信息提炼成知识、如何把知识激活成智能。全信息理论认为应综合地考虑信息的形式因素(语法信息)、内容因素(语义信息)和效用因素(语用信息)对信息进行度量。关于知识与信息、知识与智能之间的关系问题,他指出"知识是对信息进行加工提炼所获得的抽象化产物,对问题和环境信息进行处理而生成知识,知识被目的激活而生成智能"。那么,如何把信息提炼成为知识呢？由于信息表达的是事物的状态及状态变化的方式，知识表达的是事物运动的状态及状态变化的规律。因此，由信息生成知识的归纳过程本质上就是一个由个别事物运动状态的具体变化"方式"升华为一类事物运动状态的普遍变化"规律"的抽象化过程，即飞跃过程。而知识与智能之间的转化则是通过形成求解问题的策略来实现的，求解问题的策略又是在求解问题的目标的引导下由相关的知识生成（称为"再生"）的。钟义信从定性和定量两个方面为研究知识理论建立起必要的基础，也为知识工程、人工智能提供了理论支持，他将普适性智能生成机制的本质内涵表达为"信息转换与智能创生"原理，若以→表示转换算法，该原理就表示为：客体信息→感知信息→知识→智能策略→智能行为。这样的研究为知识组织提供了坚实的理论依据。

2）指导图书情报界有关知识应用的研究

图书情报学界对知识应用的相关研究包括知识基础论、知识交流、知识组织、知识管理、知识创新和知识服务等，这些研究涉及知识传递和知识应用的多个环节，关注知识的接受、编码、存储、交换、操作、检索、提取和使用的过程，这与知识论研究的知识的表达、体现、学习、积累、传承、传播、运用的规律性问题不谋而合。

人类的知识是精神性的东西，只有表达和体现出来才能够学习、积累、传承、传播和运用。知识通常是通过语言表达的，所有语言都存在着逻辑问题，逻辑是语言使用的规则体系。知识论主要研究知识表达方式的共性问题和不同表达方式的特点及其关系，这也是信息组织和知识组织的基本任务，同时信息组织和知识组织规范基本来自语言表达，需要以知识论的研究为基础。

知识一般通过载体体现出来或者说凝聚在载体之中，也就是前面所说的显性知识，即文献信息。知识的载体很多，不仅以报刊书籍等纸质文献为载体，还以大量电子信息载体形式存在，也会凝聚在各种人造事物（如艺术品、建筑物、制造物等）之中。知识的体现也可视为知识表达的一种方式，这是一种隐含的方式，需要阐释和理解才能把握其内容和意义。知识论需要研究知识的表达和体现，阐明其规律性并回答可能发生的问题。上述这些问题也是知识组织需要研究的核心问题，即如何从文献载体中获得知识。

学习是知识习得和创造的基础，也是知识积累、传承、传播、运用的前提。没有学习就没有知识的创造，也就没有知识。知识是可以积累的，积累的形式多种多样，以上所说的知识载体也都是知识积累的形式。这种积累的知识成为文本，同代人和后代人可以对包含在其中的内容和意义进行学习、理解或解读。创造知识的最终目的在于运用，知识的运用直接涉及知识的有效性、社会控制等问题，而且因类型、学科形态不同而不同，因此也是一个极其复杂的问题。知识的学习、积累、传承、传播和运用具有一般的规律性，知识论要研究这些规律性，并阐明它们之间的关系。而知识交流、知识管理和知识创新更要研究这些问题，探讨知识交流的效率。

2.1.3 本体论

1. 本体论的基本思想

本体论是一个哲学概念，用于描述事物的本质。本体论经过长期的演变和融合，已经成为一种科学的方法论，即本体论方法，被广泛地应用于各学科领域。本体在哲学中的定义为"对世界上客观存在物的系统地描述，即存在论"，它是客观存在的一个系统的解释或说明，关心的是客观现实的抽象本质。随着它在人工智能、计算机及网络领域中的应用发展，其定义也被融入了许多新的内容。在人工智能领域，一般将本体定义为概念化的精细描述，也可以把本体视为知识术语的集合，包括词汇表、语义关系和一些简单的推理及逻辑规则。在众多关于本体的定义中，Studer 的定义"本体是共享概念模型的明确的形式化规范说明"被普遍接受。这包含 4 层含义：概念（conceptualization）、明确（explicit）、形式化（formal）和共享（share）。概念模型是指通过抽象出客观世界中一些现象的相关概念而得到的模型，其表示的含义独立于具体的环境状态；明确是指所使用的概念及使用这些概念的约束都有明确的定义；形式化是指本体是计算机可读的，也就是计算机可处理的；共享是指本体中体现的是共同认可的知识，反映的是相关领域中公认的概念集，它所针对的是团体而非个体。本体的目标是捕获相关领域的知识，提供对该领域知识的共同理解，确定该领域内共同认可的词汇，并从不同层次的形式化模式上给出这些词汇（术语）和词汇之间相互关系的明确定义。

2. 本体论和信息组织的关系

在图书情报领域，本体和本体论方法具有广泛的应用。本体具有良好的概念层次结构和对逻辑推理的支持，利用本体可以建立面向语义的元数据模型，将元数据中术语的含义、术语间的关系更加明确地表达出来，从而支持概念建模、信息检索、Web 服务、知识库设计、数字图书馆建设、数据挖掘、知识管理和知识发现等。可见，在图书情报领域，本体是以元数据为基础，通过元数据实现对信息和知识的描述与表达，从而实现信息和知识的组织、存储、检索、服务和利用等知识管理活动。

关于本体论在信息组织领域的应用，国内有很多学者分别从不同的角度进行了分析和概括，代表性的观点认为，从信息组织的角度出发，本体及其方法和技术为信息组织特别是网络信息组织带来了新的变革，这些变革主要表现在直接体现语义的网络信息组织、分布式共享，多维、网状的信息组织方式及对推理的支持上。首先，由于传统的网络信息组织所表达的语义都是隐含的，不能直接表达为机器（计算机）所理解的形式化语义，而基于本体的网络信息组织不仅方便计算机的理解和处理，而且还可以在此基础上提供进一步的智能服务，此外，由于本体在表达信息内容的概念时是在一定的语义环境或限制规则下完成的，因此在表达概念及其含义时更加清晰和准确，在进行信息组织时也更加规范。其次，在分布式共享方面，对于领域知识的共同理解与描述，并不一定要通过一个集中管理的本体来完成，可以由分散在网络上的多个本体来实现，即本体为实现分布式共享提供了相应的引入机制，这种分布式共享的信息组织方式，不仅可以降低信息组织建立、维护与管理的成本，而且还可以大大促进网络知识的共享与交流。然后，本体采用了容易为计算机接受和处理的、体现描述逻辑的知识表现与组织方式，概念及其之间的关系形成了一个多维的语义网络，这种多维、网状的组织方式，不仅有利于网络上各种不同类型、不同结构的信息资源的集合与整合，而且更加有利于它们之间关系的描述和揭示。最后，本体及其所具备的推理能力代表了现代信息组织，特别是网络信息组织的发展趋势，它不仅有利于信息的形式化描述，更能满足用户进行语义检索的需要，特别是智能检索。总而言之，本体论为信息组织领域引入了许多新的思想和方法，特别是为网络信息组织带来了新的机遇。

2.2 信息组织的方法基础

2.2.1 语言学

1. 语言学概述

语言学，顾名思义，是研究语言的科学，语言是语言学的研究对象，它的基本任务就是从人们听到的和看到的语言现象中概括出语言的结构规律与演变规律。语言是一种社会现象，和人类社会有紧密的联系。社会是指生活在一个共同的地域中、说同一种语言、有共同的风俗习惯和文化传统的人类命运共同体。每一个社会都必须有自己的语言，语言渗透到社会生活、生产的各个角落，人类须臾离不开语言。语言的社会功能中最基本的是信息传递功能。这一功能体现在语言上就是内容的表达。信息的传递是社会中人与人交流的基本方式。通过信息的交流，人们才可以在社会中彼此分享各自的经验感知，更好地分工协作。从古至今，人类知识的积累，社会文明的进步，首先得益于信息的可传递性。人类社会能够建立起如此辉煌的文明，是以语言的信息传递功能为基础的。在信息传递的过程中，人们也可以借助于语言之外的其他形式，如文字、旗语、信号灯、电报代码、数学符号和化学公式等，传递信息。这里，文字打破了语言交流中时间和空间的限制，在社会生活中起着重大作用。但文字是建立在语言基础之上的再编码形式，想要通过文字去获取和利用信息，也得把相关语言的性质、结构和发展规律认识清楚。语言既然与人类社会生活的方方面面相关，语言学就会与其他多种学科有密切的联系，语言学的研究成果就可以被其他相关的学科所利用，为其他学科提供指导。语言学研究与信息组织密切相关的部分有语法、语义和语用三个层面的内容。

1）语法

语法是词的构成规则、变化规则和组词成句规则的总和，也就是常说的词法和句法。语法规则是大家说话时必须遵守的习惯，不是语言学家规定的。语言学家的任务只是归纳、整理客观存在的规则，选择恰当的方式把它们描写出来。

词法主要包括词的变化、词的构造和词的分类规则。常见的词的变化有数、时、态。汉语名词在表示人、现象和事物的单数与复数时，词形本身并不发生变化，而是搭配不同的量词，如"一本书"、"三本书"。而在英语中表示数量的变化，不光要搭配不同的量词，词形也要发生变化，通常是名词词尾加上-s，如 one book（一本书）、three books（三本书）。汉语中动词没有时态范畴，动作行为时间是通过时间名词、副词或语境来表达的。而英语中动词的时态一般分为现在、过去、将来。如 looking（看，现在时）、looked（看，过去时）。态指的是语态，表示动作行为与句子主语之间的关系，常见的是主动态和被动态，有的语言还有中间态。词类是词在语言结构中表现出来的语法类别，划分词类是为了把语法性质相同或相近的词归在一起,从而指明各类词的用法,说明语言的构造规则。根据句法功能词类的第一层次分为实词(名词、动词、形容词、数词等)和虚词,实词是能充当句法成分的词,虚词是不能充当句法成分只能伴随实词在句法结构中发挥某种作用的词。根据语法功能的不同,汉语的词基本都能归属一个固定的词类,但也有某些具体的词具有两种或两种以上词类的语法特点,这就是词的兼类现象。如"端正"一词,在"端正的工作态度"和"工作态度很端正"中是形容词,在"要端正学习态度"中是动词。

句法主要包括词组和句子的结构规则。词组包括固定词组和自由词组两类。固定词组的结构和意义都是凝固的,在组合中的作用相当于一个词,自由词组是句子内部两个以上词的组合体,需要注意识别词组的内部语法关系,如主谓词组、动宾短语、偏正词组等。句子由不同的语法单位逐层组合而成,根据这些单位相互之间的语法关系,可以把它们分为不同的句子成分,这些句子成分的顺序就是句子的结构规则,也称为语序。如单句中句子成分的顺序(如主语、谓语、宾语、定语、状语、补语等的排序)和复句中分句的排序(如因果复句中原因分句和结果分句的顺序)等都属于语序问题。语序的变化会造成语义和语用的变化,如"客人来了"和"来客人了"两句话,前者客人充当主语,后者客人充当宾语。前者的客人往往是确定的,而后者的客人是未知的。

2)语义

在语言系统中,语素、词、词组、句子等各级单位都有意义,它们的意义都是语义。语义主要包括词义和句义,同时由于词义和句义的复杂性带来的歧义问题也备受关注。

词义包括理性意义和附加色彩两部分,理性意义是对现实现象概括性的反映,是词义的基本部分,附加色彩是一部分词具有的,包括感情色彩、语体色彩和形象色彩等。词义都是概括的,有些词义是精确的,有些词义是模糊的。义位是词的理性意义的单位,只有一个义位的词是单义词,两个以上义位的词是多义词,词义的引申有隐喻和借喻两种途径。词可以在语义或语音方面形成一些聚合,包括同义词聚、反义词聚、上下位词聚和同音词聚。

句义由词的意义、词与词之间的关系意义、句型的意义、语气意义和语境意义构成,词在句子中的组合受语法、语义及语体色彩的限制,词与词之间除了有语法关系外还有语义关系。蕴含和预设都是两个句子之间的关系,是从句子中推出来的,前者是句子本身的信息,后者是句子附带的背景信息。语义是在语境中表达出来的,语境对语义有多方面的影响。

歧义指看起来或听起来相同的符号序列可以表达几个意义的现象,分词汇歧义和组合歧义两种。词汇歧义是由于同音异义、同字异义或语素、词多义而产生的歧义,组合歧义是由于语言符号之间的语法关系或语义关系造成的歧义。

3)语用

语用是语言的运用,它涉及语言因素和非语言因素,句子的静态意义与其动态使用中的实际意义经常是有差异的,有很多句子不能仅按照字面意义来理解,还需要把字面意义与语境结合起来,了解句子使用的语境有助于消除多义词的歧义和补充省略的语义。如物理语境、话语语境和共同背景知识语境、说话者的主观表达意愿、行为意向等都属于语用范围。总体而言，语用是研究人怎样运用词语组成句子相互间进行交际，前面词义中的附加色彩、句义中的语气意义和语境意义都与语用联系密切。

2. 语言学与信息组织的关系

1）信息组织使用语言作为表征信息特征的符号系统

将复杂分散的信息组织成有序优化的整体，就必须建立符号系统。有了这种符号系统，信息系统的有序特征才能体现，信息单元的个体特征才能被揭示出来，各种信息单元才能对号入座，纳入这种符号系统的框架之中，形成一个便于检索的序化信息集合。尽管各种信息组织符号系统的形式不同，但都和语言符号系统一样，同样存在语法、语义和语用三个层面的问题。如针对信息形式特征的编码，都需要遵循一定的语法规则，而表征信息内容特征的分类标识（分类号、类目名称等）和主题标识（主题词、标题词、关键词等）也都是来自特定的社会语言，符合社会语言的规则。

2）语言学是信息组织规范的基础

信息组织规范中的标引语言和知识组织系统是信息组织中用到的科学规则，是信息组织质量保证的关键。在信息组织过程中，想要精确地表达信息的内容特征和用户的信息需求，使它们没有歧义，不受用户主观因素的影响，并且便于计算机存储和进行匹配运算，就需要深入地进行词汇控制，通过研究同义词聚、反义词聚、上下位词聚和同音词聚等词间关系，最大限度地消除术语的同义性和多义性。常见的词汇控制手段包括词类控制、词形控制、词义控制和词间关系控制等。《汉语主题词表》是国内信息机构经常使用到的信息组织规范，它所定义的词类、词形、词义、词间关系等控制规范都来自语言学的研究结果。

3）语言学是自然语言理解的基础

现今的信息组织活动大部分都需要计算机的参与，自然语言理解是计算机应用于信息组织和知识组织的核心技术。自然语言理解是用计算机模拟人的语言交际过程，使计算机能理解和运用自然语言，实现人和计算机之间的直接对话。自然语言理解涉及语言学、心理学、逻辑学、数学和计算机科学，但以语言学为基础。自然语言理解包括语音理解和书面理解，因此，要综合语音学、音系学、语法学、语义学、语用学等现代语言学的知识，研究语言是如何组织起来传递信息的，人是如何从一连串的话语中获取信息的，然后把研究的成果变成词典、语法规则、语义规则和推理规则储存在计算机中，使之成为智能化的机器，能"听懂"语音信号，"看懂"文字符号。因此，语言学研究的进展是计算机实现自然语言理解的关键。机器翻译是国际化信息检索系统必备的技术，在信息网络化的今天，世界各国的数字信息需要组织和集成，多语种词表集成和多语种信息检索已经成为主流。机器翻译是计算机按照一定的程序进行的语言之间的翻译。翻译是把一种语言转换成表达同样意义的另一种语言，是两种语言在意义不变的前提下进行的转换。要让计算机把一种语言转换成另一种语言，就必须对两种语言（源语言和目标语言）中词的语法性质、形态、意义、组合能力、句法的组合规则、语义规则及歧义现象进行分析研究，编制成词典和规则，储存在计算机中。在此语言分析的基础上才可以从一端输入源语言，从另一端输出目标语言。

2.2.2 概念逻辑

1. 概念逻辑概述

逻辑是研究思维的形式及其规律的科学。要研究逻辑，首先要从概念出发，因为概念是思维形式最基本的组成单位，是构成命题、推理的要素。

1) 概念、概念的内涵和外延

概念是反映对象本质属性或特有属性的思维形式。这里的对象指自然界、人类社会、精神领域等各种事物，既包括从宏观到微观存在的事物，也包括人类认识活动中的思想和意识。属性是对象的性质（如大小、数目等）及对象之间的关系（如大于、战胜等）。属性可以分为本质属性和非本质属性，本质属性是决定对象之所以成为该对象并区别于其他对象的属性。

概念有两个基本的逻辑特征：内涵和外延。概念的内涵是指一个概念所反映的对象的本质属性的总和，即客观对象的本质特征的多少；概念的外延是指具有概念所反映的本质属性或特有属性的对象，即概念的适用范围。概念的内涵和外延之间是一种此消彼长的关系，一个概念的内涵越丰富，表明它所反映的对象的本质特征就越多，因此它所反映的对象的总和就越小，即它的外延越小，反之亦然。如"三角形"这个概念，如果增加一个属性"至少有两边相等"，那么它就变成了"等腰三角形"这个概念；如果再增加一个属性，如"三个角都是锐角"，那么这个概念可以进一步转化为"等腰锐角三角形"。

2) 概念之间的关系

概念之间按照是否存在共有的外延，概念之间的关系可以分为相容关系和不相容关系。

相容关系是指至少有一部分外延相同的概念之间的关系，包括同一关系、包含关系、交叉关系等。同一关系是指两个概念的外延完全重合的关系，如"电脑"和"计算机"、"土豆"和"马铃薯"等。包含关系，又称属种关系，指一个概念外延是另一个概念外延的组成部分。如"工业"和"重工业"、"图书馆"和"高校图书馆"。在包含关系中，包含的概念称为上位概念或属概念，被包含的概念称为下位概念或种概念。交叉关系是指一个概念的部分外延与另一个概念的部分外延重合的关系。如"大学生"和"共青团员"。"大学生"这个概念指称的对象中有一部分是共青团员。"共青团员"这个概念指称的对象有一部分是大学生。"大学生"和"共青团员"这两个概念的外延有且只有一部分是重合的，所以二者之间的关系是交叉关系。

不相容关系也称全异关系，从广义上说指两个及以上概念间没有任何外延重合的部分。它可以分为不同论域之间的不相容关系和同一论域的不相容关系。前者指两个概念不属于同一属概念，同时又无外延重合，如"树"和"搜索引擎"。这种不相容关系的概念间外延界限清晰，不会出现词汇含义模糊，信息组织对其关注不多。信息组织关注的是同一论域的不相容关系，即同属一个邻近属概念且无外延重合的种概念之间的关系。

同一论域下的不相容关系又可以分为不相容的并列关系、反对关系和矛盾关系。不相容的并列关系是指一个上位概念下几个不存在共有外延的并列下位概念之间的关系。如"亚洲国家"这个属概念可以分为"中国""韩国""日本"等种概念,这些表达国家的种概念之间就是不相容的并列关系。反对关系是指两个概念外延完全不同,但它们的外延相加小于其邻近属概念的全部外延。如"封建社会"和"社会主义社会","封建社会"不同于"社会主义社会","社会主义社会"也不是"封建社会",但是两者外延相加却小于它们的上位概念"社会"的全部外延,因为"社会"这个概念还包括"资本主义社会"等。矛盾关系是指两个概念的外延完全不同,但是它们的外延相加正好等于其属概念的外延。"无机物"和"有机物"、"生"和"死"等。也有学者认为矛盾关系和反对关系都属于不相容的并列关系。但本书更倾向另一个观点,即可以依据属概念划分的种概念数量及关系关注的概念数量来区分。矛盾关系和反对关系只是指同一属概念之下的两个种概念之间的关系,而不相容的并列关系则关注同一属概念之下两个以上的种概念之间的关系。如在"颜色"这一属概念下,"彩色"与"非彩色"是矛盾关系,"黑"与"白"之间是反对关系,而"黑"、"白"和"红"之间则是不相容的并列关系。概念之间的关系如图2-1所示。

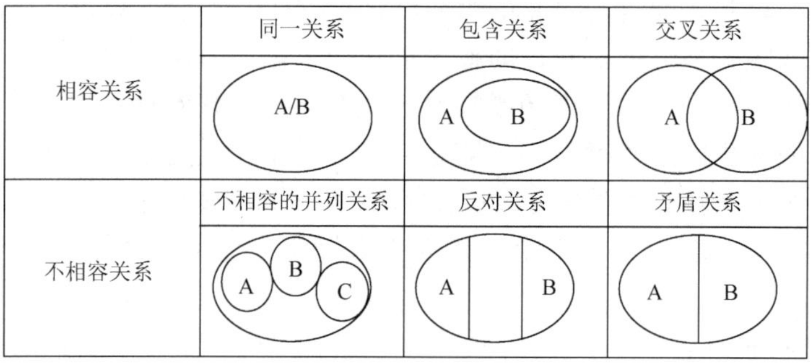

	同一关系	包含关系	交叉关系
相容关系	A/B	A B	A B
	不相容的并列关系	反对关系	矛盾关系
不相容关系	A B C	A B	A B

图2-1 概念之间的关系

3)概念逻辑的思维方法

概念逻辑的思维方法包括概念的划分、概念的概括与限制、概念的分析与综合等。

概念的划分是通过揭示概念的外延来明确概念的一种逻辑方法。即把一个概念(属概念)所反映的一类对象的全部外延按照一定的属性作为标准,分为若干小类或分子(种概念)的一种方法。划分由三个要素组成,即划分的母项、划分的子项和划分的依据。如将"汉语"按年代分为"古代汉语""近代汉语"和"现代汉语",其中"汉语"即为母项,"年代"是划分的依据,而"古代汉语""近代汉语""现代汉语"则分别是子项。对概念进行划分时需要遵循概念划分的原则,包括划分的子项外延之和与母项的外延必须是全同关系;每次划分的标准必须统一;划分的子项应互不相容;划分不能越级等。概念划分分为一次划分和连续划分。

概念的概括与限制是利用概念内涵和外延之间的反比关系来明确概念外延的。概念的概括,就是通过减少概念的内涵以扩大概念的外延,即由一个外延较小的概念过渡到一个外延较大的概念。概念的限制则是通过增加概念的内涵以缩小概念的外延,即由一个外延较大的概念过渡到一个外延较小的概念。如从"越野车-机动车-车",这个过程就是概念的概括,概念的内涵在不断的减少，外延却在不断的扩大。相反，从"车-机动车-越野车"的过程即为概念的限制，概念的内涵在逐渐增加，外延随之缩小。概念的概括或限制是人们认识事物从特殊到一般或从一般到特殊的过程，有助于更加深刻地认识、理解客观事物。

概念的分析和综合是利用概念所反映事物属性的多面性而对概念进行的进一步明确。概念的分析是把事物对象分解为概念要素，把事物的个别特征或个别属性分离出来，同时还要揭示各部分之间的联系，从而揭示出事物的基本特点和基本规律。它力图发现组成一个概念的要素和这些要素是怎样相互联系的，它也陈述某些概念之间的关系，以及某些给定概念运用的充分必要的条件。概念的综合把事物的各个部分（各个方面）或个别属性（个别特征）有机地结合为一个整体。概念的分析与综合是彼此相反而又紧密联系的过程，是同一思维过程中不可分割的两个方面。

2. 概念逻辑与信息组织的关系

1）概念的内涵与外延是信息组织标识选择的依据

信息组织需要对信息特征进行揭示，需要使用信息标识表示信息特征。确定含义的语词是信息组织常用的标识，如何保证信息标识含义的确定性、唯一性，除了语言学的规则，概念逻辑也非常重要。在选择标识时，考虑信息内容特征的主题概念，从概念的内涵、外延等方面对概念所反映事物的本质属性进行分析，根据分析结果选择合适的概念逻辑方法，或概括、或限定、或综合，使得信息标识和信息内容特征最终达到更为接近的一致性。

2）概念的逻辑方法也是信息组织规范工具构建的方法

概念的逻辑方法也是信息组织规范构建的方法。如等级列举分类表是逻辑学中的连续划分原理应用的结果。在分类系统中，类是具有相同属性的事物的集合。可以对具有某一相同属性而成为一类的事物依据其他方面的不相同的属性再次进行划分。等级列举分类遵循的是逻辑学中连续划分的原理，即对具有某一相同属性的一类事物经一次划分所得的子类，依据另一属性进行再次划分，如此反复，直到划分结果足够细化。可以说，等级列举分类法的实质就是划分，不断地按照某一标准将概念的外延划分成若干便于整理研究的部分。主题词表也往往会运用概念的逻辑方法，在主题词表构建的过程中，主表需要依据概念间的关系建立词间参照系统，附表（包括范畴索引、词族索引等）则需要使用概念的划分、概括与限制等方法来构建主题词与范畴之间及主题词词族之间的关系。概念分析与综合的方法则可以用于建立情报检索语言的概念组配体系。这种结构可以提供多条途径来进行信息检索，而且可以任意选择标识的专指度，随具体情况扩大、缩小或改变检索的范围。组配分类法和叙词法是应用概念分析与综合这种逻辑方法的典型代表。具体可以参见第4章信息标引的相关内容。

2.2.3 知识分类

1. 知识分类概述

任何有深度的信息资源组织系统都要求按主题内容之间的关系进行组织和揭示。这就要求以已有的知识分类成果为基础。逻辑知识是进行信息组织应当依据的方法，但只依靠逻辑知识是不够的，还必须依据人类对知识关系的发现，因为有些概念逻辑上的内涵和外延间的关系和真实社会运行中的知识关系是不同的。知识分类体系是一门建立在人类对外部世界的探索和发现基础之上的研究知识体系结构的学问，是根据对知识之间关系的了解建立的知识体系，它是进行主题之间关系处理的重要依据。信息组织以知识分类为基础，可以较好地揭示各个领域知识之间的关系和规律性，及时地反映知识领域的进展。知识分类体系很多，如科学知识分类、学科分类、事物分类、行业分类等。学科分类与事物分类是知识分类的两种主要方式，都是将知识（信息）按照一定的分类标准分门别类地加以区分和序化的过程。它的原理是"物以类聚"，即根据事物（学科）的不同属性，将属性相同或相近的事物（学科）集中在一起，将属性不同的事物（学科）区别开来。知识分类能将客观世界千差万别的事物及各种学科根据当代科学认识的最新成就构成一个严密的、有科学认识意义的体系。

1) 学科分类

学科是科学群体中的个体，是关于客观世界中特定事物本质和规律的相对独立的知识体系。学科分类法的对象是"学科"，专业分类法的对象是高等学校的专业，类似的还有科研项目分类法。这些学科分类都带有某种实用性，多用于科学统计、科研项目和科研成果申报、科研机构或学科专业的设置等，如国家标准《学科分类与代码》(GB/T 13745—2009)、《高等院校本科、专业名称代码表》(GB/T 16835—1997)等。其中《学科分类与代码》标准定的学科分类依据是"学科的研究对象、学科的本质属性或特征、学科的研究方法、学科的派生来源、学科研究的目的与目标"等五方面。

2) 事物分类

事物分类法是以实体事物为主要分类对象，根据事物之间的异同按一定分类标准聚类和划分，依据事物关系的亲疏远近排列而成的分类法。对事物的分类标准可以是多种多样的，既可按照事物的本质属性分类，又可按照事物的非本质属性分类。事物不同，其本质与非本质属性就不同，因此分类标准就可以不同，而标准不同，划分出来的结果就不同。如图书馆按照管理体制可划分为文化系统图书馆、教育系统图书馆、科学研究系统图书馆等。按照馆藏文献范围可划分为综合性图书馆、专业性图书馆。按照用户群可划分为儿童图书馆、盲人图书馆和少数民族图书馆等。

2. 知识分类与信息组织的关系

信息组织过程中的标引阶段所使用的检索语言可以分为分类标引和主题标引。知识分类常用于分类标引中，分类标引是根据事先规定使用的能够体现知识逻辑系统的分类法，对各种文献信息的内容、体裁、写作目的及其表现形式等各种特征进行分析，并将分析结果转换为相应的分类语言标识符号，最后将这些符号汇集、组成科学的信息检索系统。对信息资源进行分类，可以促进信息资源的有效组织和高效利用。图书馆的图书上架是对图书的文本内容、题材等各种特征进行分析后，按照一定的科学知识体系对其分类并上架，如美国大部分的公共图书馆和中小学图书馆采用《杜威十进分类法》，将人类知识分为历史、文艺和科学三大部分，展开为 10 个大类。美国国会图书馆则采用《美国国会图书馆分类法》将学科分为 20 大类。中国大部分图书馆目前使用《中国图书馆分类法》(简称《中图法》)将学科分为 22 个基本大类。

生活中使用的信息检索平台常常采用事物分类的信息组织方法,如美团外卖中食物的分类。食物按照地域可以分为东南亚菜、日本料理、韩式料理等;按照饮食时间段可以分为早餐、午餐、晚餐和宵夜;按照食物的烹饪手段可以分为炒、煎、炸、烤等。对于同一种事物不同的分类规则和细分程度取决于平台所含事物的种类、数量和平台进行信息组织的目标。无论是按照事物本质属性还是非本质属性进行划分,其划分的结果都应便于用户检索和查询。

2.3 信息组织的技术基础

2.3.1 数据库技术

1. 数据库技术简介

数据库是按照一定数据结构来组织、存储和管理数据的仓库。过去人们把数据存放在文件柜里,现在人们借助计算机和数据库技术科学地保存与管理大量复杂的数据,以便能方便而充分地利用这些宝贵的信息资源。数据库中的数据按一定的数据模型组织、描述和储存,具有较小的冗余度、较高的数据独立性和易扩展性,并可为各种用户共享。按照不同划分标准,数据库有很多种类型,与信息组织和知识组织关系密切的有关系型数据库、文档型数据库和图数据库。

1) 关系型数据库

关系型数据库是指采用了关系模型来组织数据的数据库,它以行(记录)和列(字段)的形式存储数据,这些行和列构成表,一组表组成了关系型数据库。关系型数据库用 SQL(结构化查询语言)对数据进行查询。当前主流的关系型数据库有 Oracle、DB2、Microsoft SQL Server、Microsoft Access 和 MySQL 等。

2) 文档型数据库

文档型数据库是主要用来存储和管理大量结构化文档的数据库系统。文档型数据库主要的存储格式有 XML、HTML 和 JSON 等结构化文档。关系型数据库在数据库设计阶段需要事先规定好每一个字段的数据类型,这导致数据库中的每一条数据记录的同一字段都有相同的数据类型,在数据库使用过程中修改字段的数据类型非常困难。文档型数据库通过存储的数据获知其数据类型,通常文档型数据库会把相关联类型的数据组织在一起,并且允许每条数据记录和其他数据记录格式不同。常用的文档型数据库有 MongoDB、CouchDB 等,MongoDB 的文档类似于 JSON 对象,几乎可以实现类似关系数据库单表查询的绝大部分功能,而且还支持对数据建立索引。

3) 图数据库

图数据库(graph database)是使用图结构进行语义查询的数据库,它是一种非关系型数据库,它使用节点、边和属性来表示与存储数据。"节点"表示实体,"边"表示实体间的关系。在图数据库中，数据间的关系和数据本身同样重要，它们被作为数据的一部分存储起来。这样的架构使图数据库能够快速地响应复杂关联查询，因为实体间的关系已经提前存储到了数据库中。图数据库可以直观地可视化关系，是存储、查询、分析高度互联数据的最优办法。

2. 数据库与信息组织的关系

1）关系型数据库是有序化信息集合的主要存储形式

经过信息组织后的信息需要进行存储，早期人工检索阶段，主要以手工检索工具如索引、文摘、目录等存储有序化信息集合。计算机应用于信息组织领域后，关系型数据库就成为信息存储的最重要技术和平台，尤其是20世纪50年代与60年代，大量的数据库产生，类似 Dialog 等的联机数据库就是那个时候发展起来的。通过对各领域信息资源的筛选，再通过对信息特征的分析、选择、描述、标引等系列活动，信息特征的名称和信息特征的内容就成为关系型数据库的字段与记录，抽象的信息成为结构化的信息，从而形成有序的信息集合。通过关系型数据库提供的索引功能，用户提交的信息查询请求能够得到快速执行，在信息检索系统用户接口的支持下获得信息查询的结果。

2）文档型数据库是有序化集合的辅助存储形式

文档型数据库也是用来存储结构化数据的，但并非主流。相对关系型数据库采用的多表联合存储实例的方法，文档型数据库的文档或子文档嵌套等功能可以实现对实例的完整存储，且数据集合中各个文档可以存储不同结构数据，可以实现对任意格式和大小的文件存储，简化了数据库中实例对象的关系映射存储，该特点极大程度适应了数据变化频繁的网络存储，尤其适合类似档案信息领域结构化与非结构化信息都有的场景，因为它对 Pdf、Word、Excel 和图像等文档格式的存储也更加容易和便捷。

3）图数据库可以支持知识组织中知识的有效存储

知识组织以知识单元和知识单元间的关系为主要揭示目标，知识图谱是知识组织常用的方法。知识图谱本质上是一种基于图模型的关联网络知识表达，它将实体抽象为节点，将实体之间的关系抽象为边，通过结构化的形式对知识进行建模和描述，并将知识可视化。知识图谱以图数据库作为存储引擎，对海量信息进行智能化处理，形成大规模的知识库进而支撑业务应用。基于图数据库可以构建各种知识图谱，如电影知识图谱、商业知识图谱、电力知识图谱、课程体系知识图谱、人员关系图谱等，目前这些图谱已经被广泛地应用于社交网络、推荐系统等专注于构建关系图谱的系统。

2.3.2 超文本技术

1. 超文本技术简介

超文本是由节点和链构成的信息网络，它是万维网的基本结构。节点是表达信息的单位，通常表示一个单一的概念或围绕一个特殊主题组织起来的数据集合。节点的内容可以是文本、图形、图像、动画、音频、视频等，也可以是一般计算机程序。在万维网中，每一个网页都可以成为节点。链是固定节点间的信息联系，它以某种形式将一个节点与其他节点连接起来,例如网页中的超链接。由节点和链构成的超文本网络是一个有向图,这种有向图与人工智能中的语义网有类似之处。超文本技术使得单一的信息块之间相互交叉引用,并且这种引用并不是通过复制来实现的,而是通过指向对方的地址字符串来指引用户获取相应的信息的。

2. 超文本技术与信息组织的关系

1)超文本链接是网络信息组织的基础

网络信息组织是将处于分散无序状态的网上信息,按照一定的原则和方法,使之序化的过程。由于网络信息存在数量大、增长快、形式多样、变化频繁和结构复杂等特点,因而网络信息的组织较传统信息组织更为困难。许多学者都对网络信息组织进行了深入的研究,也有了相当多的研究成果,在对网络信息组织的归纳总结时,黄晓斌、李家清、黄如花等都把超链接作为网络信息组织的重要方式。张晓林把信息链接组织归纳为知识性链接、参考文献链接、引用网络链接、语义链接和重组性链接等。

2)超文本技术改变了传统信息组织方式

超文本技术的出现是对传统信息组织的一次巨大挑战,它改变了信息的组织方式及人们的阅读习惯,引起了传统语言惯例的变化。从微观层次上分析,超文本技术在信息组织方面有很多优点,包括有利于高效率的创造性文档制作、有利于组织大量的复杂的信息等,从而使用户能满足自身的不同要求。在宏观层次上,超文本技术试图提供一种无穷尽的不断发展的文本,这种文本能追踪每个作者与用户之间暂时性的认知过程。中国知网的知网节中就使用了超文本技术对文献进行了链接组织。知网节以一篇文献作为节点,提供文献的题录、摘要、知识元、参考文献、引证文献、相似文献、读者推荐文献和作者与机构等扩展信息,支持扩展信息的链接和分类导航,通过概念相关、事实相关等方法揭示知识之间的关联关系,具有支持知识获取、学习、发现和管理的强大功能,是单篇文献各种扩展信息的入口汇聚点和相关知识信息的连接点。

2.3.3 自然语言处理技术

1. 自然语言处理技术简介

人们在交流中使用的书面语言或口头语言称为自然语言。自然语言处理(natural language processing,NLP)是一门融语言学、计算机科学、数学于一体的学科,它以语言为对象,利用计算机技术来分析、理解和处理自然语言。自然语言处理技术最大的难点在于自然语言中有各种级别的歧义难以消除,包括词汇级别和句法级别。歧义的存在使计算机在理解自然语言时发生了困难,并很可能出现错误。计算机要理解和处理自然语言,必须像人一样精通语法、语义和语用等知识。就人自身而言,对语言文字信息的理解和处理大致有六个层次,与此相应的,自然语言处理也有六个层次:①语音学层次,对声音的识别、理解与合成;②形态学层次,对各种词形和词的可识别部分的处理,如前缀、后缀、复合词等;③词汇学层次,重点是全词操作和词汇系统控制;④语法学层次,与语言结构单元的鉴别有关，即对输入的单词序列进行分析，看它们能否构成合法句子，如果能则给出相应的合法句子结构；⑤语义学层次，对自然语言文本意义的识别、理解和表示，涉及各级语言单位（单词、词组、句子、句群等）所包含的意义及其在语言使用过程中所产生的意义；⑥语用学层次，对上下文和语言交际环境及背景意义和联想意义的语义分析。由于自然语言处理侧重句子、篇章，因而，语法分析、语义分析、语用分析构成了自然语言处理的基本部分。就实际应用来说，自然语言处理技术主要依赖词法分析和句法分析，前者可以进行分词处理、词性标注、获取词根等，后者可以进行句法依存分析、命名实体抽取、知识/关系抽取、主题抽取等。图 2-2 是利用自然语言处理技术对文本进行分析的大概流程。

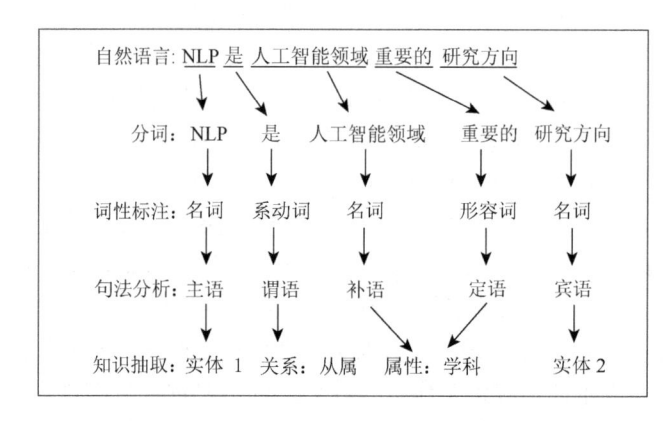

图 2-2　利用自然语言处理技术对文本进行分析的大概流程

近年来，深度学习相关技术取得了显著的进展，其在自然语言处理方面的应用也展现出了明显的优势。从算法上来看，词向量作为深度学习算法在自然语言领域的先驱，在机器翻译、情感分析等方面均取得了不错的应用效果，也使得基于深度学习的自然语言处理较于传统方法有明显的优势。目前，基于深度学习的自然语言处理在文本分类、机器翻译、智能问答、推荐系统及聊天机器人等方向都有着极为广泛的应用。

2. 自然语言处理技术与信息组织的关系

1）使用自然语言处理技术拓展和完善信息组织标引规范

传统文献的信息组织，使用的标引规范大多是规范语言，并由人工完成标引工作。而随着网络信息组织的出现，必须有针对自然语言自动处理的方法。目前主要的做法有：一是向规范语言组织系统中增补大量的自然语言入口词，二是在规范语言组织系统的前端增设一个自然语言接口。无论采用哪种方式，都可以在标引和组织阶段使用自然语言。自然语言接口在技术上并不复杂，但需要建立大量的自然语言与标引语言的对应转换词典，并且这些转换词典还需要不断地更新和维护。可以采用自然语言处理技术，借助检索系统用户的大量输入，以及现有的知识百科等工具完成上述转换词典的构建和维护。

2）自然语言处理技术是信息组织诸多活动的基础

信息组织的诸多活动都需要使用到自然语言处理技术，自动文摘、自动标引、实体抽取、句法分析、主题抽取、语义分析、情感分析、跨语言检索等都是以自然语言处理技术为基础的。更不要说到处都有的全文检索系统了，全文检索系统以关键字、词、词组作为信息标识，用户的输入可以通过转换与系统中信息标识进行匹配，这种方式实际上就是融入了自然语言处理技术的全文检索，如果没有自然语言处理技术，计算机是无法获得文本中的关键字的。在以词作为信息标引标识的系统中，标引采用自动标引、抽词标引或赋词标引技术，目的是赋予信息以规范词或自然语言标引词，以便在对信息进行组织和检索时直接用自然语言进行匹配查找。同时，自然语言处理技术的发展也提升了信息组织的效果，如段落和篇章的深层次分析技术，特别是对文本结构和话语模型的研究等，能够帮助计算机更准确地理解信息的内容，更好地进行信息特征的揭示，深入到知识内容的表示和描述，将信息组织提升到知识组织的高度。

2.3.4 深度学习技术

1. 深度学习技术简介

深度学习是一类机器学习算法，也是近几年人工智能领域快速发展的技术。深度学习技术能够用来识别图像中的物体，将语音转变成文字，匹配用户感兴趣的新闻、消息和产品等，因此在电子商务推荐、图像识别系统、语音识别系统及信息检索领域得到了广泛应用。深度学习能够通过多层神经网络将低维特征组合成更加抽象的高层语义特征，从而自动学习数据的分布式表示，解决了传统机器学习中浅层模型无法提取数据深层特征和需要人工设计特征等问题。深度学习技术的发展极大地推动了自然语言处理技术的发展，基于深度学习的自然语言处理也成为智能信息处理的有力工具。

2. 深度学习技术与信息组织的关系

1）深度学习技术更好地支持智能信息组织

早期的信息组织是由人工完成的，对信息特征的理解和表征依赖于信息组织人员本身的知识结构和专业能力，后来计算机应用于信息组织中，极大地提升了信息组织的效率，但在自然语言理解方面还有很大的欠缺，语法层面的信息文本分析只能一定程度地表征信息内容特征。而在深度学习技术的支持下，智能信息组织成为可能。智能信息组织主要体现在智能信息抽取（information extraction，IE）、自动文本分类、自动文本聚类等。

智能信息抽取是从自然语言文本中自动抽取出特定的实体、关系、事件和事实信息，并以结构化数据形式保存到数据库中以便用户查询和利用的文本处理技术。智能信息抽取主要包括命名实体识别、实体消歧和实体关系抽取。命名实体识别是指识别自然语言文本中人名、地名、机构名、时间表达式和数字表达式等具有特定意义的实体。实体消歧是指根据上下文将有歧义的实体正确地映射到知识库中相应实体上，解决同名实体产生歧义的过程。如根据上下文语义，识别"苹果"指代的是一种水果还是某一手机品牌。实体关系抽取是指从自然语言文本中抽取已标注实体之间的语义关系，一般可以形式化地描述为<实体，关系，实体>三元组，是构建语义网络和知识图谱的基础。

自动文本分类和自动文本聚类都是分类标引的智能化实现。自动文本分类是指在给定训练文本分类体系的情况下，对新输入的无标注文本自动确定相关类别的过程。深度学习技术有效地缓解了大规模文本分类中语义特征提取困难和文本表示问题，利用神经网络语言模型获得文本的分布式表示方法，同时再利用神经网络结构自动获取文本的特征表达能力，简化了人工特征设计，实现端到端的信息处理。自动文本聚类是指在划分类别未知的情况下，将文档集合自动划分为若干个簇，使得簇内文本相似性尽可能大，而簇间文本相似性尽量小。基于深度学习的文本聚类能够深层次地评估文本之间的语义关系，尤其是利用神经网络语言模型所获得分布式文本表示，使得文本能基于语义关联进行聚类。

2）深度学习技术更好地支持多媒体信息组织

深度学习技术在图像识别、语音识别和计算机视觉等领域取得显著的成果都为多媒体信息组织提供了强有力的支持。传统信息组织是以文本信息为主要处理对象的，多媒体信息大多是沿用文本信息组织的思路，如使用元数据对多媒体信息的特征进行全方面描述，用分类法对多媒体信息进行分类，或者使用标题对其进行命名，然后再使用文本信息检索的方法对其进行匹配查询。但这样的处理方式无法深入揭示多媒体信息蕴含的内容特征，因为多媒体因素往往交织在一起，使得各自独立的对象蕴含极为丰富的语义联系，这就进一步加大了标引难度。而深度学习技术中的图像识别和语音识别技术，能够很好地解决这一问题。

基于语音识别技术可以进行音频信息的组织和检索。以音频信息清洗结果为依据，输入关键词语音，并对输入的语音特征进行提取。依照一定深度学习算法能够实现语音特征的划分，并通过最大似然判决获取声音种类。语音识别技术还能对各地方言进行识别和处理，这样就可以对网络上，尤其是社交媒体平台中用户上传的音频信息进行组织。

图像识别在深度学习领域的典型应用是细粒度识别，细粒度识别基本上就是同时使用全局信息和局部信息的分类任务。如百度的花卉识别应用，模型不仅需要检测出物体是不是花，同时还需要检测出物体具体属于哪一品种的花。百度借助了知识图谱对世界上的花卉名字进行科学的科、属、种划分，建立了一个非常专业的花卉类别库。而对于其他巨量优质的花卉图像，标注人员通过权威样本库中的文字描述，并在中国科学院研究人员的帮助下，根据花卉的叶子、形状、颜色等微观特征进行挑选与标注。这些巨量的标注数据包含了花卉的整体图像和对应的精细品种，在标注数据的基础上，应用深度学习技术，百度就可以对更多花卉图像进行自动识别，完成大量花卉图像的信息组织。

第 3 章 信 息 描 述

信息描述是对信息的特征进行分析、选择和记录的过程，它是后续信息存储和信息检索的基础。随着信息描述对象及信息载体的变化，信息描述方法也在不断发展。对于传统文献信息，图书馆等文献/信息机构常依据文献编目的相关规范对文献的外在特征和内容特征进行描述，手工编目时，通过著录和目录组织形成序化的信息集合；机器编目时，依据相关规范形成机器可读目录（MAchine-Readable Catalogue，MARC）记录。随着网络信息和实物数字化信息成为信息的重要构成，宽泛和复杂得多的信息格式与类型给信息描述带来一系列挑战。元数据概念的提出适应了上述信息环境，它拓展了信息描述的外延，也带来信息描述技术的变化。在网络信息描述时，需要结合用户需求、信息利用流程等合理设计元数据标准，并依据元数据标准完成对信息特征的揭示。本章学习的目标主要包括：①掌握信息描述的对象与内容、结果和功能；②了解文献编目的历史发展，掌握文献编目的相关规范；③掌握 MARC 基本结构和 MARC 必备字段；④掌握元数据、元数据标准及元数据利用过程中的相关问题；⑤了解 DC 和 VRA Core 等元数据标准；⑥了解置标语言及其作用。

3.1 信息描述概述

3.1.1 信息描述的概念

如第 1 章所述，信息描述是根据信息组织与检索的需要，依据特定的信息管理规则和技术标准，对存在于某一物理载体上的信息进行特征分析、选择并给予记录的过程。下面从信息描述的对象、信息描述的内容、信息描述的结果和特定的管理规则与技术标准等四个方面对此定义进行说明。

1. 信息描述的对象

总体来说，信息描述的对象是各种类型的信息，对图书馆等传统信息机构而言，按照是否拥有信息的所有权，可将信息分为实体信息及网络信息两大类型。

实体信息（或称馆藏实体资源、现实馆藏资源）是指信息机构拥有所有权的信息。按照物质载体的形式，实体信息包括印刷型、微缩型、视听资料（音像资料）等。在不与网络信息混淆的情况下，实体信息一般称为文献或传统文献。在我国，文献的类型若按《信息与文献资源描述》（GB/T 3792—2021）划分，则包括图书、连续出版物、集成性资源、电子资源、图像、地图资源、乐谱、录音录像资源、古籍、拓片、手稿、学位论文等。当然，作为图书馆的编目对象，其范围与《信息与文献资源描述》（GB/T 3792—2021）中的文献划分有所不同。如《中国文献编目规则（第二版）》将图书馆的编目对象分为普通图书、学位论文、科技报告、标准文献、古籍、拓片、测绘制图资料、乐谱、录音资料、影像资料、静画资料、连续性资源、缩微文献、电子资源、手稿等。

网络信息（或称网络虚拟资源、虚拟馆藏资源）是指只有使用权和共享权，而无所有权（更新、修改、支配），通过超链接方式使用的网络信息。主要包括两类信息：①图书馆购买的各类数据库；②网络上的各种免费开放信息，这些信息由图书馆经过选择与组织，提供链接或下载到本地供用户使用。

近年来，随着信息网络化及各类社交媒体的发展，信息描述主体和信息描述对象的范围逐渐扩大。如博物馆的实物馆藏数字化利用过程中，这些实物资源也需要进行特征描述。类似淘宝网的电子商务平台，其提供的虽然是实物商品，但为了满足用户在数字化平台的查找、分析和对比商品的需求，也需要对实物的各类特征进行描述。甚至"人"也可能成为被描述的对象，如近年来兴起的用户画像等技术同样需要对用户特征进行揭示和描述。因此在各类信息都被数字化、网络化的时代，信息描述的对象范围也进一步扩大。

2. 信息描述的内容

针对传统文献，信息描述的内容主要是信息的形式特征和内容特征。对于传统的图书馆实体馆藏，信息的形式特征是其外部特征，包括两部分：①文献外表的文字记载，如题名、责任者、版本、出版社、出版年、丛编名、价格等；②物质形式的文字记载，如装订、尺寸、数量、图表等。内容特征是指信息的知识内容，如分类号、主题词等。针对内容特征进行揭示也称信息标引，需要特定标引语言规范的支持，这部分请参考第 4 章。

对于其他各类网络资源，其内外特征难以区分。如水杯这类商品，很难说颜色、容量是它的外在特征还是内容特征，这时不应再严格区分内外特征，而应更多考虑用户在利用资源过程中的需求再进行信息描述。

3. 信息描述的结果

从第 1 章可知，针对传统文献信息，信息描述主要体现在文献著录流程上。传统手工编目阶段，文献著录的结果是款目，在使用机器可读目录 MARC 格式编制文献目录时，著录的结果称为记录。

1）款目

手工编目阶段，使用《国际标准书目著录》（International Standard Bibliographic Description，ISBD）格式编制卡片式文献目录，这时著录的结果称为款目。款目由文献的内容特征（分类号、主题词、内容附注等）和形式特征（题名、责任者名称、版次、文献特殊细节、出版发行信息、文献载体形态、附加说明、文献标准编号与获得方式等）组成。人们可以通过款目上的这些文献特征，来识别、确认和选择文献，达到利用文献的目的。款目是组成传统目录的基本要素，包括描述项目、检索点、编目业务注记三部分信息。一条文献编目款目示例如图 3-1。

```
文献编目教程
  文献编目教程/李晓新，杨玉麟，李建军
编著. 一天津：南开大学出版社，1995
  531 页；20cm. — （图书馆学情报系列教
程/来新夏主编）
  附中文文献著录实习题选编
  ISBN 7-310-00788-3:CNY17.50
  Ⅰ.文…Ⅱ. ①李…②杨…Ⅲ.①文献—编目
—教材②编目—文献—教材 Ⅳ.G254.3
```

图 3-1　一条文献编目款目示例

描述项目是指著录项目中用于揭示文献信息基本特征的事项，包括题名与责任说明项、版本项、文献特殊细节项、出版发行项、载体形态项、丛编项、附注项、文献标准编号与获得方式项等。如图 3-1 中的"文献编目教程""531 页；20cm"分别是文献题名和载体形态项。

检索点是指用于目录记录或款目排序与检索标识的数据单元，包括标目与排检项。标目通常位于款目的最上方，排检项则在款目的最后部位。标目也称著录标目，它是编制文献目录时，按照一定规则确定的、作为目录款目排序和检索依据的名称、词或词组、代码或编号等，它决定款目在目录中排检次序和款目性质，是提供检索途径的一项文献特征。排检项与标目是著录内容的重要信息，其质量直接影响目录的检索效果。如图 3-1 中左上角的"文献编目教程"是题名标目，"Ⅰ.文…"等四个罗马字母项就是排检项，这个款目提供了题名、责任者、主题、中图法分类号四类排检项。

编目业务注记也称为图书馆业务注记，是指编目机构为了业务工作的需要而在款目或记录中所做的一些记载。这些记载通常都是特定的符号或略语，它们不描述文献信息的特征，而是反映文献信息存储或编目等方面的信息。

2）记录

计算机编目阶段，记录是使用 MARC 格式编制文献目录时的著录结果。《中国文献编目规则（第二版）》给记录下的定义是：记录是指表述事物的特征，具有完整的含义，从内容和使用的角度能被作为一个整体来识别的一组相关数据项的组合。一条 MARC 记录相当于手工编目中的一条款目，但记录比款目的内容更为丰富、复杂，不仅极大地扩充了款目上的信息，还增加了代码信息及计算机识别与处理的符号。MARC 记录按照 MARC 记录格式规范要求存储，由反映文献收藏信息和文献自身特征的各种字段及其子字段所组成。人们可以通过 MARC 记录的阅读，全面地了解文献的内容特征和形式特征，以决定是否借阅该文献。

在网络信息环境下，对网络信息进行描述主要包括下面几种方式：①将文献编目的成果应用于网络信息描述。如将文献编目规范经过修订，使其能够在一定程度上用于网络信息描述。如 1991 年，美国国会图书馆开始对图书馆使用的 MARC 进行修订，制定了囊括网络信息的相关字段，以后又不断修订，扩大网络信息的覆盖范围。但这种方式由于依赖传统平台，不能适应计算机对网络信息快速处理的要求，并不是网络信息描述的主要方式。②使用专门的网络信息描述规范和置标语言。元数据的概念被提出并快速应用在各领域网络信息描述上，出现了大量的元数据标准，并且为了适应计算机自动处理的需求，可扩展标记语言（eXtensible Markup Language，XML）、资源描述框架（Resource Description Framework，RDF）得到广泛应用。③基于语义网基础，使用关联数据等语义化智能化处理手段。这种信息描述更倾向于通过联想关系构成语义网络，进而将信息组织成一个相互联系的知识体系，向读者/用户展示知识的结构关系网络及每一节点存在的知识元。它已经深入到信息内容的知识单元，属于知识描述的层次。因此网络信息描述的结果可以是 MARC 记录，可以是元数据记录，也可以是置标后的元数据记录。这些记录往往使用数据库进行存储和管理，并利用数据库内置的目录规则和文档排序机制达到序化信息的效果。

4. 特定的管理规则与技术标准

特定的管理规则和技术标准即第 1 章提到的信息描述规范。信息描述通常需要根据检索系统的要求，确定描述特征，并按一定的次序和形式加以记录。为了一致、有效地对信息进行描述，便于不同机构之间的信息交换，信息描述通常是依据一定的描述规范进行操作的。长期以来，不同领域的信息工作者根据各领域信息的特点和检索需要，进行了许多研究和探索，建立了一系列信息描述的规范和标准，学习和应用这些规范是对各类型信息进行描述的最关键环节之一。

文献信息领域对信息描述标准化的努力最为典型，文献编目规范包括文献编目条例、文献著录规则、机器可读目录格式等，前面提到的 ISBD、MARC 均属于文献编目过程使用的管理规则或技术标准。

图书馆部分馆藏实体资源，如拓片、甲骨文献等常使用元数据进行信息描述。在使用元数据时，往往会在需求分析的基础上，设计一个元数据应用框架，并在此框架的指导下进行领域模型构建，即定义数据元素和相互关系，设计元数据记录和编制使用指南。

3.1.2 信息描述的基本功能和原则

1. 信息描述的基本功能

文献编目时期，信息环境比较简单，信息描述的方法和技术手段多以信息形式特征揭示为主，用户需求也多为获取信息线索，因此信息描述以提供信息的识别、检索、选择和定位等基本功能为主。现今以元数据为主的信息描述，功能则扩展到信息管理的各个环节，这些功能放在元数据部分展开，这里介绍信息描述的基本功能。

（1）信息识别。信息描述通过对信息特征的描述，使用户能识别被组织的信息对象。例如想判断一本书区别于另外一本书，首先可以通过图书题名的特征进行判断，即使碰到题名一致的情况，也可以通过责任者项、出版发行项等特征进一步识别。也就是说，通过信息描述的信息特征，可以识别个别信息。

（2）信息检索。通过在描述数据中提供检索点，方便用户对资源的检索和利用。传统检索系统通常需要在描述记录的基础上确定检索点，组织相应的检索工具，提供各种基本的检索途径。在计算机检索系统中，一般可以利用描述各种特征的数据项进行检索。

（3）信息选择。通过信息的各种特征，如主题、作者、资源类型、篇幅、出版或发布信息及日期等，帮助用户对信息的使用价值进行判断，决定是否选择该信息。如期刊论文，可以通过期刊级别、论文出版的时间、论文作者、论文作者所在机构等辅助判断论文质量。

（4）信息定位。信息描述可以提供信息位置的特征，以便用户访问时使用。信息位置特征可以是传统文献集合中信息的排列位置，一般是分类号码，也可以是记录在数据库中的位置，一般是记录 ID；在网络环境下，则主要为信息在网络中的链接地址。

2. 信息描述的原则

信息描述是信息组织中的重要环节，是信息机构编制文献目录或文献数据库的基础。为了保证信息检索系统的科学性和易用性，信息描述过程应遵循以下原则。

（1）准确性和客观性。信息描述的准确性是指依据信息自身的形式特征和内容特征的实际情况，对信息进行如实描述，确保描述结果的客观性、真实性、准确性。编目人员在著录信息时，应根据相关编目规则中所规定的主要信息源和规定信息源，如实照录，客观地反映信息的特征。对于取自规定信息源以外的著录信息，都应加以说明，如在图书馆文献编目中，使用标识符号"[]"来说明规定信息源以外的著录信息。

（2）规范性和一致性。规范化的信息描述使著录结果在著录格式上、技术上达到一致，符合集中编目、联合编目的发展要求，有利于不同信息机构之间的书目共建共享。信息描述的规范性主要体现在以下几方面：①遵循统一、标准的描述规范。国际上遵循的描述规范主要是《国际标准书目著录》，我国根据中文文献的特点，也相继出台了一系列的国家标准和规则。这些描述准则对描述信息源、描述格式、标识符号、描述级次等方面都有详细规定，有利于信息描述的规范化。②确保检索点的统一性。建立规范文档，达到标目形式的规范统一，前后一致，从而充分地发挥联机目录的功能。早在 1977 年，美国就开始实施"名称规范合作计划"，开展信息目录规范化工作。我国于 20 世纪 90 年代开展规范化工作，各信息机构先后建立了规范文档。

（3）实用性和适用性。信息描述的最终目的是让信息用户方便、快捷地检索到所需要的信息。一方面，信息描述工作应尽量地从信息用户需求出发，选择容易识别的描述项目，提供尽可能多的信息特征以供检索，描述语言尽量符合人们的检索语言；另一方面，描述规范要适用于本国信息的特点和信息用户的检索特点。中文文献和西文文献的文字、语言、编排等方面都有很大的区别，制定西文文献编目规则时，可以借鉴国外编目规则，同时也要结合本国文献的特点，编制适合中国信息的描述规范。

3.2 文献信息的描述——文献编目

3.2.1 文献编目的发展

文献编目既是传统信息组织的核心构成，也是信息组织历史画卷上浓墨重彩的一笔。

文献编目工作经历手工编目、联合编目和联机编目阶段，编目工作的标准化程度也越来越高，最终依托计算机技术及网络技术实现图书馆信息共享。

1. 文献编目发展历史

早在公元前1世纪甚至更早，人类社会就有了文献编目活动，如中国汉代刘向在整理校勘宫廷藏书的过程中编撰了《别录》，其子刘歆又在《别录》的基础上编成了中国第一部综合性分类目录《七略》。随着文献数量的不断增加，文献类型的多样化及科学技术的发展，文献编目的职能、对象、方法、手段及组织方式等都发生了变化。古代编目的主要职能是对文献进行整理和记录，编目成果一般为回溯性的分类目录。而现代的编目活动则主要是为了宣传报道和检索利用文献，编目成果为多种类型、多种载体的目录，以满足读者的不同检索要求。文献编目的对象，最初是单一的文献类型，即手写本和印刷本书籍；后来随着各种文献类型的陆续出现，而扩展到报纸、期刊、地图、乐谱、特种技术资料，以及非印刷型的"非书资料"，如缩微胶卷和缩微平片、唱片和录音磁带、电影片和录像带、计算机文件等。

在很长一段时间，文献编目的方法和手段都停留于手工操作方式，目录载体为书本式及卡片式，编目活动由各个机构分散进行。各个机构会根据一定标准针对自身实际情况对文献进行加工，每本书著录的主题和深度也各有不同，编目的数据也相对独立，致使编目作业重复，造成人力、物力的浪费。同时由于编目规则互不统一，各机构间数据无法实现共享，更不用说国际化的发展。

随着计算机与现代通信等技术在编目工作中的广泛和深入应用，20世纪60年代，文献编目开始进入一个崭新的变革时期，即自动化和网络化阶段。其标志是出现了机器可读目录MARC、计算机输出缩微胶片目录等新型目录载体，以及文献编目自动化系统和联机编目网络等。与此同时，ISBD等国际标准在世界范围内推广应用，促进了文献编目的国家标准化和国际标准化。全国性或地区性的集中编目和合作编目得以开展，编目活动的组织逐渐趋于合理，工作质量得以提高。

2. 集中编目和联机编目

随着社会的不断变迁，就组织方式而言，文献编目经历了分散式个体编目、集中编目到合作编目的演变，最终实现文献编目工作的计算机化、自动化和网络化。文献编目的标准化、自动化和网络化，对于国家范围与国际范围的书目情报交流和文献资源共享起着巨大的促进作用。

（1）集中编目。集中编目由一个中心编目机构负责编目，众多文献情报机构共享其成果。通常由国家图书馆或某一地区的大中型图书馆作为国家编目中心或地区编目中心，向全国或某一地区的图书馆发行印刷目录卡片、机器可读目录，并负责解答文献编目业务咨询。集中编目可以避免重复劳动，提高目录质量，统一著录格式，有利于文献资源共享。但随着文献量的激增，集中编目机构的工作人员力量相对不足所导致的信息无法及时编目整理等问题逐步暴露出来。

（2）联机编目。联机编目，又称为联机联合编目，是指利用计算机和网络，由多个图书馆共同编目,合作建立具有统一标准的文献联合书目数据库,并在此基础上实现共享编目成果。即授权成员馆对入馆新文献进行编目,上载到联合书目数据库以后,其他馆就可以从网上查询并下载,从而大大减少书刊编目工作中的重复劳动,提高了信息加工的效率和书目数据质量。联合编目的意义,首先在于减少重复劳动,提高效率,降低用户编目成本;其次通过各成员馆采用统一标准,大大提高编目质量,实现数据的规范化与标准化,促进书目记录的交换;最终通过编制联合目录,有利于沟通馆藏信息,为实现文献资源合理配置,建立协调采访系统创造条件。开发比较早的联合编目机构是美国的联机计算机图书馆中心(Online Computer Library Center,OCLC)。我国联合编目机构主要有国家图书馆牵头的全国图书馆联合编目中心、高等教育文献保障中心(China Academic Library and Information System,CALIS)的联机合作编目中心、中国科学院国家科学图书馆的联机联合编目系统、上海市文献联合编目中心,以及由深圳图书馆、湖南省图书馆、福建省图书馆、天津图书馆、辽宁省图书馆共同创建的地方版文献采编合作网等。

3. 文献编目标准化

文献编目标准化是指在文献编目的各个技术环节及其与外部联系的接口技术上真正达到科学的、合理的统一规范,使编目成果成为一种国际通用的文献信息报道和交换语言,被世界各国用于对人类文献资源的共同开发与利用。从作用上讲,文献编目标准化是文献编目网络化、自动化和载体多样化的技术基础与必备的前提条件。只有实现标准化,国际自动化编目网络才能形成,集中编目才能真正与合作编目相配合,资源共享才能名副其实。作为前提条件,文献编目标准化的进展较之其他编目工作更为迅速,现在,各国的文献编目标准已基本形成体系,具体包括国际范围内文献编目原则和规则的标准化、目录格式的标准化、技术程序和设备的标准化,前面两个涉及编目的内容和格式,也称为内容规范和格式规范。

3.2.2 文献编目的内容规范

文献编目的内容规范是指根据信息本身的客观情况,结合检索要求而制定的整套系统记录信息特征的原则和方法。内容规范是文献编目工作者的操作规程,无论是手工编目还是计算机编目都必须遵守。只有严格遵循规范,才能确保目录的质量。因此,在进行文献编目之前,必须明确所使用的有关内容规范。内容规范的主要作用是指导文献编目工作和处理信息著录中的一般性问题,它可以使文献编目保持一致性,使各具特色的信息在目录中有相对统一的表现形式。因此,它是编目工作发展到一定时期的产物,是人们从长期编目工作实践中总结出来的基本原则和规律,也是编目工作制度化、规范化的结果。文献编目的内容规范主要包括编目条例、著录标准和编目规则。编目条例是为保证著录的统一,为编制目录卡片制定的技术规范,一般认为,编目条例由文献信息著录部分和标目选择两个部分构成,可以用于指导各种类型的图书馆实际的编目工作。著录标准是有关著录项目、著录格式和著录符号的标准,它是一种基本的著录标准,是完整书目记录的一部分。编目规则是对编目工作的具体指导。

国际上，编目条例《英美编目条例》（Anglo-America Cataloging Rule，AACR）和《资源描述和检索》（Resource Description and Access，RDA），以及著录标准《国际标准书目著录》ISBD 得到认可，而在我国，《信息与文献　资源描述》（GB/T 3792—2021）以及《中国文献编目规则（第二版）》是最新规范。下面对这些规范进行基本介绍，规范的具体内容及详细规定请参考相应规范文档。

1. 《英美编目条例》

《英美编目条例》是国际性的文献编目条例，由美国、英国、加拿大等国家联合完成，主要适用于西方语种文献资料的编目工作。AACR 主要有以下版本。

（1）AACR1。AACR1 是由美国图书馆协会、美国国会图书馆、英国图书馆协会和加拿大图书馆协会的编目专家在传统编目理论和方法的基础上，根据 1961 年巴黎国际编目原则会议通过的《国际编目原则声明》协商制定的。1967 年出版的 AACR1 共分 3 部分 15 章，三部分的内容是款目和标目、著录、非书资料的处理。由于美国、英国双方对《国际编目原则声明》的解释不完全一致，两国在编目规则某些条款上也存在着传统分歧，因此 AACR1 有"北美版"和"英国版"。两种版本在相应条款中对一些不同点做了对照说明。

（2）AACR2。1971 年《国际标准书目著录》ISBD 问世后，为了与 ISBD 相适应，以及适应网络化和文献著录标准化的需要，美国图书馆协会、美国国会图书馆、英国图书馆协会、英国不列颠图书馆和加拿大编目委员会的编目专家组成了"英美编目条例联合修订指导委员会"，对 AACR1 进行全面修订。1978 年，美国、英国、加拿大分别出版了《英美编目条例（第二版）》（AACR2）。AACR2 分两个部分，第一部分为著录规则，包括著录总则和书籍、地图资料、手稿、乐谱、录音制品、电影片和录像制品、图片资料、机读文件、立体手工艺品和直观教具、缩微复制品、连续出版物的著录规则，以及分析著录规则。第二部分是关于标目、统一题名及参照的规则。

（3）AACR2-2002。为了适应科学技术发展和文献载体形式变化的需要，AACR2 在 1998～2002 年进行了多次修订。AACR2-2002 继承了前期各版本的精华，融合了 1999 年、2001 年修订的内容，并增加了 2002 年新确定的条款。AACR2-2002 在总体结构上保持了原版的章数与篇章顺序，但其内容被完全重新设计。主要包括：重点修订了测绘资料、电子资源、连续出版物和组合资源的著录规则；对书目资源类型进行了重新界定与划分，通过增加新的、修改现存的、删除过时的资源类型，扩大了资源的范围，并制订了相应的著录规则；注重与其他有关国际标准协调一致，解决了与 ISBD 等其他标准不协调的问题；促进机器可读目录格式的发展；便于编目员灵活运用；考虑用户的检索需求，修改了不便于检索的编目条款；增加了题名附加款目，向用户提供更多的检索途径。

2. 《资源描述和检索》

1）RDA 的产生背景

AACR2 产生于传统的卡片时代，难以在新的数字环境下满足读者、用户的需求。AACR2 以描述印刷型文献为主，是基于文献类型著录的，不同文献类型对应不同的著录规则。但网络环境下大量数字化信息并不符合 AACR2 著录对象的要求，且无法界定类型，难以找到相应的 AACR2 著录规则。同时网络数字化信息呈现了同一信息的多种载体并存的新特点，如纸质文献、电子文献、多媒体资源、互动作品等同时存在。包括同一作品有不同的内容表达，如原著、译本同时存在；或同一作品有不同的载体表现，如平装、精装、光盘、PDF、电子出版 ePub 等。AACR2 往往只关注单一记录的描述，对文献记录之间的关系难以很好体现。如果书目记录间缺乏关联，相同作品因为载体形态或表达方式的差异会呈现出不同的多条书目记录；用户若需查找特定资源，需经层层搜索才能最终找到相关资源，不但影响用户的检索效率，也不能很好地反映资源的多样性。这对用户来说从查找、识别、选择到获取都极不便利。

在这样的背景下，2005 年国际图联（International Feaeration of Library Associations，IFLA）下设的 AACR 联合修订委员会决定全面修订 AACR2，并将新的规则重新命名为 RDA，于 2010 年 6 月正式出版。RDA 是对 AACR2 的继承与创新，它以 AACR2 为基础，秉承《国际编目原则声明》精神，贯彻《书目记录的功能需求》（Functional Requirements for Bibliographic Records，FRBR）概念模型的基本思想，主要用于满足数字环境下资源著录与检索的要求。美国国会图书馆已于 2013 年 3 月正式启用 RDA 进行编目，美国联机计算机图书馆中心 OCLC 的全部联机编目数据均遵循 RDA 编目原则进行转型，部分国家的图书馆也已经采用 RDA 进行编目。

2）《书目记录的功能需求》

FRBR 是由国际图联提出的一个概念模型，其主要目的是制定一个书目记录的编目框架，该框架探讨了：①书目记录应提供什么信息（即基本数据需要）；②期望书目记录在满足用户需求方面能做什么（即基本功能级别）。FRBR 改变了传统书目记录的扁平化结构，可以用来建立各书目记录之间、书目记录中各著录对象之间的关系，其适用的著录对象包括各种数据（文字、音乐、地图、视听、图形和立体）、各种载体形态（纸质、胶片、磁带、光存储载体等）、各种格式（图书、单张出版物、唱片等）、各种记载信息的方式（模拟、声学、电学、数字、光学等）。

为了构建上述概念模型，国际图联借鉴数据库设计中常用的实体-关系模型，探讨编目的实体及其属性与联系来揭示书目记录的功能需求，该概念模型主要包括以下三个方面的核心概念：实体、属性和关系。

FRBR 定义的实体代表书目数据的用户关心的关键对象。实体分成 3 组。第一组是书目记录命名或描述的知识或艺术创造的产品：作品、内容表达、载体表现和单件。作品指独有的知识或艺术的创作，不同于具体的一本书或一片光盘，指的是抽象的作品；内容表达是作品内容的表达方式；载体表现是作品某种表达方式的物理实现，类似于多个载体；单件是作品实现方式的单个实例，如某个收藏机构里特定的一本图书或一张 CD。第二组是对知识或艺术内容、物质产品的生产、传播或保管负有责任的实体，包括个人、家族和团体。第三组是作为知识或艺术主题的附加实体，包括概念、实物、事件和地点。此外，一个作品还可以用一个或多个作品、内容表达、载体表现、单件及个人、家族和/或团体作为自己的主题。

每个实体都有与之相关联的一组属性。实体的这些属性用来帮助用户在查找有关特定实体的信息时建立提问和解释反馈信息。第一组"作品"的属性有题名、形式、日期、适用对象等;"内容表达"的属性包含题名、形式、日期、语言、可伸展性、可修订性、程度范围等;"载体表现"的属性有题名、责任说明、版本标识、出版发行地点、出版商、出版日期、丛书说明、物理介质、装帧、精装等;"单件"的属性是标识符、出处、指纹、展出历史、物件的状态、存取限制等。第二组"个人"的属性有姓名、日期、有关标识等,"团体责任者"的属性有姓名、数字号码、地点、日期等。第三组实体的属性都是规范术语,来自规范文档或词表。对资源的这些属性进行描述能更好地揭示资源的物理特征和内容特征。

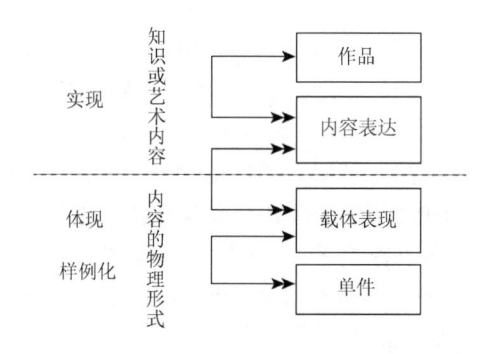

图 3-2 FRBR 第一组实体间的关系

关系是指各组实体间的关系。第一组实体间的关系是被表达、被实现和被物化的关系;第二组与第一组实体间也存在关系,如责任者同"作品"之间是创作与被创作的关系;责任者同"内容表达"之间是表现与被表现的关系;生产商同"载体表现"的关系是生产与被生产的关系;藏书单位同"物件"的关系是拥有和被拥有的关系等。第三组实体和"作品"之间存在关系,即作品的主题会与概念、实物、事件、地点等相关联。

图 3-2 展示了第一组 FRBR 实体之间的关系,图 3-3 展示了 FRBR 第一组实体和第二组实体间的责任关系,图 3-4 展示了 FRBR 实体间存在的主题关系。

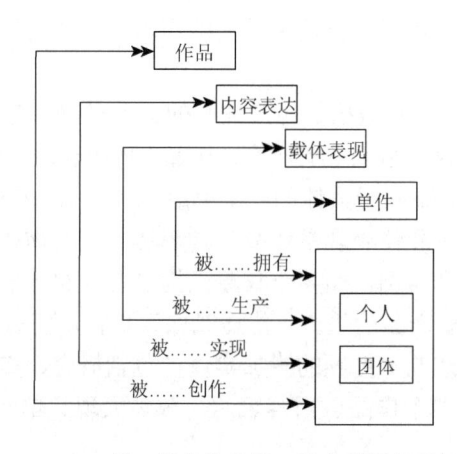

图 3-3 FRBR 第一组实体和第二组实体间的责任关系

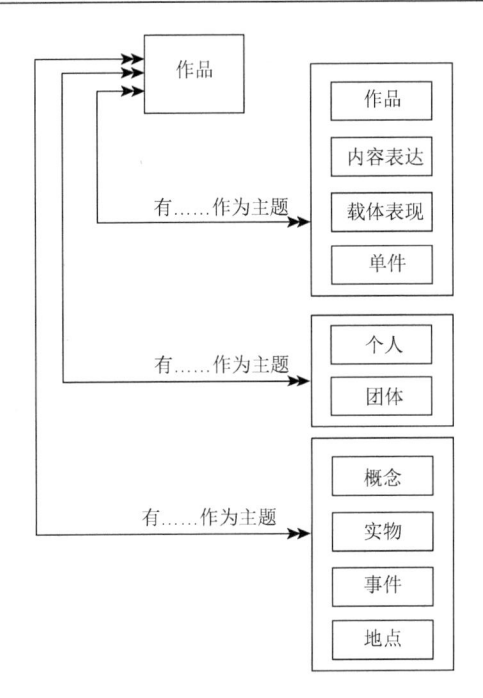

图 3-4 FRBR 实体间存在的主题关系

FRBR 四层概念模型是以作品为基础和核心延伸的，以文学作品 *Harry Potter* 为例，如图 3-5 所示。*Harry Potter* 故事的构思、想法等即为"作品"，它可以通过"小说"和"电影"两种"内容表达"方式来实现，在"小说"这一表达方式中，又有"原著""翻译著作"和"带评论性文字的版本"等不同的表达方式；在"电影"这一表达方式中，又有"原声片"和"译制片"（如中文版本）两种版本，每一种"内容表达"方式可以用多种载体来体现，如"评注版"有印本书、光盘和联机 PDF 文档等多个"载体表现"，每一个"载体表现"又可以有多个"单件"，如印本书有多个复本，有一个含作者签名，其他不含作者签名等。

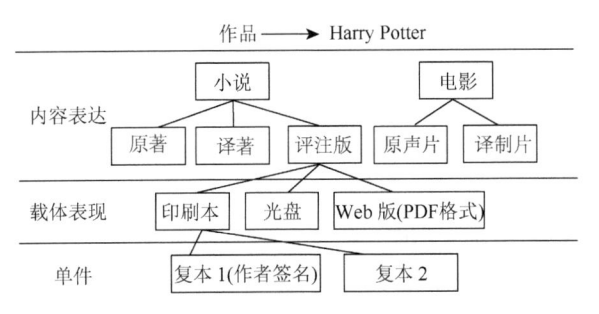

图 3-5 作品 Harry Potter 的 FRBR 实体层次关系

由此可见，每一个实体都不是孤立存在的，它们之间存在着一定的逻辑关系，通过对上述各实体、实体属性及其关系的分析，关联的书目被连接起来形成了一个庞大的网络，每个节点都成为读者查找信息的检索点。研究分析它们与用户任务之间的关系，更好地为用户服务是书目功能需求的主要任务之一。

3）FRBR 与 RDA 的关系

RDA 的目的和用户任务与 FRBR 是一致的，二者都希望书目记录适用于各种载体和各种相关用户，并能够随着资源类型的不断复杂化而扩展。因此 RDA 引进了 FRBR 中的实体、属性、关系等术语，采用了和 FRBR 一样的 E-R 模型建立其内容框架，同时其编排结构也跟 FRBR 保持一致。RDA 彻底废除了传统编目规则中的主要款目、附加款目的概念，代之以主要检索点和次要检索点的概念。同时，RDA 还对其他一些不清晰或者跟 FRBR 模型不一致的概念进行了必要修正。

4）RDA 的结构

RDA 的结构融合 FRBR 思想，将特定的实体（或属性）、关系集中在一起进行编排：先分实体和关系，实体之下再分属性，属性之下再分文献类型。RDA 的基本结构如下：

导言。

第一部分：记录载体表现与单件的属性。

第二部分：记录作品与内容表达的属性。

第三部分：记录个人、家族与团体的属性。

第四部分：记录概念、实物、事件、地点的属性。

第五部分：记录作品、内容表达、载体表现和单件之间的基本关系。

第六部分：记录与资源相关的个人、家族和团体的关系。

第七部分：记录主题关系。

第八部分：记录作品、内容表达、载体表现与单件之间的关系。

第九部分：记录个人、家族与团体之间的关系。

第十部分：记录概念、实物、事件、地点之间的关系。

附录。

词汇表。

3. ISBD

1）ISBD 的目标

ISBD 是文献著录的国际标准。在 ISBD 出现之前，各国在文献编目过程中存在目录格式不统一和目录所取的信息源不统一等问题。为了解决这些问题，也为了书目记录能够实现国际交换，国际图联出版了 ISBD 总则，针对可能出现在图书馆馆藏中的信息，规定了书目记录所包含的著录单元、这些著录单元的先后顺序及分隔各著录单元的标点符号，奠定了文献编目的基础。ISBD 于 1971 年正式出版，立即成为世界范围内广泛认可的书目著录标准。如法国直接采用 ISBD 作为国家标准、中国以 ISBD 为基础制定的国家标准。

ISBD 的总目标是标准国际书目信息交流，实现信息共享。这一点在 ISBD 总则中已做出明确的阐述："ISBD 系列的根本目的是为世界范围内统一的编目著录提供约定，以便在国家书目机构间和国际图书馆及信息机构间交换书目记录。通过详细说明组成书目著录的元素，规定那些元素应该出现的顺序及标识符，ISBD 系列的目的在于：①从不同的可交换的数据源中生成数据，以便在一个国家生产的数据可以很方便地被其他任何国家的图书馆编目或其他目录所接受。②有助于克服语言障碍解释记录，以便由一种语言的使用者生产的数据可以被其他语言的使用者所解释。③有助于将书目记录转换为机器可读形式。"

2）ISBD 的总则和分则

ISBD 的特点是：①总则、分则分别制定、陆续出版，是一套既紧密联系，又相互独立、自成体系的著录规则；②总则为各分则的制定提供了框架，起到了控制作用，但不用于对任何具体类型文献进行信息组织；③各分则是总则编制原则具体化的产物，又各自独立，能系统解决特定类型文献的著录问题。具体如下：

（1）General International Standard Bibliographic Description—ISBD（G）《国际标准书目著录（总则）》1977 年第 1 版，1992 年、2004 年分别修订。

（2）International Standard Bibliographic Description for Monographic Publication—ISBD（M）《国际标准书目著录（专著）》1974 年第 1 版，1978 年、1987 年、2002 年、2004 年分别修订。

（3）International Standard Bibliographic Description for Serial—ISBD（S）《国际标准书目著录（连续出版物）》1974 年第 1 版，1977 年、1988 年分别修订，2002 年被 ISBD（CR）取代。

（4）International Standard Bibliographic Description for Cartographic Material—ISBD（CM）《国际标准书目著录（测绘资料）》1977 年第 1 版，1987 年第 2 版。

（5）International Standard Bibliographic Description for Antiquarian Material—ISBD（A）《国际标准书目著录（古籍）》1980 年第 1 版，1991 年修订。

（6）International Standard Bibliographic Description for Non-book Material—ISBD（NBM）《国际标准书目著录（非书资料）》1977 年第 1 版，1987 年第 2 版。

（7）International Standard Bibliographic Description for Printed Music—ISBD（PM）《国际标准书目著录（乐谱）》1982 年第 1 版，1991 年第 2 版。

（8）International Standard Bibliographic Description for Component Parts—ISBD（CP）《国际标准书目著录（组成部分或分析著录）》1982 年第 1 版，1988 年、2002 年分别修订。

（9）International Standard Bibliographic Description for Computer Files—ISBD（CF）《国际标准书目著录（计算机文档）》1990 年。

（10）International Standard Bibliographic Description for Electronic Resources—ISBD（ER）《国际标准书目著录（电子资源）》1997 年。

3）ISBD 的内容结构

ISBD 主要解决文献信息的著录问题，没有涉及检索点的选取和标目描述的用词问题。总则是专门的 ISBD 的框架和基本特性，是一种指导性文件，不能直接用来描述任何文献。各个分则是在总则原则指导下，专门为具体描述各类型文献信息而制订的规则。另外，ISBD 的各个分则在描述项目的设置、描述项目的顺序及标识符号的使用方面进行协调，无论是《国际标准书目著录》著录总则还是各类型文献的著录规则（分则），其内容都包括三部分。

第一部分是概述，涉及著录规则所阐述的范围、目的和应用，以及定义、总则与各分则对照一览表、标识符、信息源、描述的语言和文字等。

第二部分是描述单元说明，对各描述项目一一进行说明，即各描述项目的细则。细则包括这一项的说明、内容、标识符号的结构模式，以及例式和规定信息源等。

第三部分是附录，有多层次著录、双向行文记录和实例等。ISBD 的各分则在总则指导下形成一个有机的整体。

4）ISBD 的具体内容

ISBD 规定了信息著录的项目。规定著录项目主要包括：题名与责任者说明项；版本项；资料特殊细节项；出版发行项；载体形态项；丛编项；附注项；国际文献标准编号与获得方式等八大项目，并详细规定了每一类项目的具体著录项目。

ISBD 规定了信息著录的标识符号。著录标识符号是信息著录时用于标识著录项目或表达著录内容的符号系统。它是一种通用的检索语言，与日常使用的起语法作用的标点符号的形象相似，但是其用法和作用大不相同。著录用的标识符号一般是加在著录项目与元素之前，使同一著录段落中的著录项目或元素个别化。ISBD 著录标识符号的作用主要表现在两个方面：一是克服了语言文字的障碍，有利于国家间的书目信息交流；二是有助于将手工编制的书目款目转换为机器可读目录记录。标识符号有著录项目标识符（又称前置标识符号）与著录内容识别符两种。如项目标识符".—"用于各著录项目前，图 3-1 的款目中使用了不少 ISBD 的标识符。

ISBD 分则规定了不同类型文献信息的著录信息源。将著录信息源分为主要信息源和规定信息源。主要信息源是指著录文献信息时，首先选用的书目资料来源。通过对主要信息源的著录能揭示各类型文献信息自身的特点。规定信息源是指为款目的各个著录单元或著录项目提供信息的出处。ISBD 各分则中对每一个著录项目都有一个或一个以上的规定信息源。

4.《信息与文献　资源描述》

《信息与文献　资源描述》（GB/T 3792—2021）是《文献著录第 1 部分：总则》（GB/T 3792.1—2009）、《普通图书著录规则》（GB/T 3792.2—2006）、《文献著录第 3 部分：连续性资源》（GB/T 3792.3—2009）、《文献著录第 4 部分：非书资料》（GB/T 3792.4—2009）、《测绘制图资料著录规则》（GB/T 3792.6—2005）、《古籍著录规则》（GB/T 3792.7—2008）、《文献著录第 9 部分：电子资源》（GB/T 3792.9—2009）、《信息资源的内容形式和媒体类型标识》（GB/T 3469-2013）8 项标准的合并修订。《信息与文献　资源描述》（GB/T 3792—2021）于 2021 年 3 月 9 日正式发布，并于 2021 年 10 月 1 日起正式实施。

1）标准编制的背景

上面提到的《文献著录总则》及各分则是由我国文献工作标准化技术委员会组织起草的，由国家标准局正式批准实施的文献著录方面的国家标准。《文献著录总则》及各分则是按照 ISBD 的体例编制的。其中的基本内容也与 ISBD 保持一致。在编制过程中既接受了 ISBD 所确定的原则、目的、著录项目及标识符号等，同时又遵循我国文字的特点和读者的检索习惯，保留了我国文献编目中的一些做法。

随着基于 FRBR 模型的国际书目编目条例 RDA 的发展变化，我国书目著录标准应该如何跟上新的发展趋势,如何更新现有的文献著录国家标准提到了全国信息与文献标准化技术委员会的议事日程上。2012年和2013年,全国信息与文献标准化技术委员会两次召开编目研讨会,组织国内主要图书馆馆长和编目专家对我国文献著录国家标准研制的关键性和方向性问题,以及国际文献著录的发展趋势等问题进行了深入的讨论。讨论认为应该将GB/T 3792系列标准合并为一个统一的标准,并在修改原来标准的基础上,遵循ISBD统一版,参考RDA研制新的标准。

《信息与文献 资源描述》调整了之前著录标准中的部分专业用语,如将"著录"正式改为"描述";将"单元""著录单元"改为"元素"或"描述元素"等。这样的调整能够使我国的描述标准与ISBD统一版及其他相关国际标准一致。

2)标准的适用范围

《信息与文献 资源描述》适用于书目机构对各种类型资源的描述,包括图书、连续出版物、集成性资源、电子资源、图像、地图资源、乐谱、录音录像资源、古籍、拓片、手稿、学位论文等。《信息与文献 资源描述》也适用于国家书目机构、图书情报机构或其他机构生产书目数据。《信息与文献 资源描述》提供了各种书目应用中可能需要的最大范围的描述信息的描述规范,因此包括了多种书目应用场景所需要的最基本的数据元素,但这些元素并不是对所有书目应用都是必需的。少量元素是必备元素,如题名,必须出现在每个资源的描述中。一部分元素是有则必备元素,如版本说明,即当信息有这个特征时是必备的。大部分元素是可选的,通过每个元素标题后面标有的术语(必备或有则必备)来进行判断。

《信息与文献 资源描述》形成了完整书目记录的一部分,不能被独立使用,构成完整书目记录的其他元素,如检索点和主题信息未被包括在该标准中。这些元素的信息按其他标准进行描述。关于馆藏信息的描述,如资源收藏地点、馆藏信息、电子资源的开通情况等,也不在该标准范围内,这些元素在GB/T 24424—2009馆藏说明中给出。当描述一个具有多种类型特征的资源时(如一个电子连续性资源及一个连续性发布的数字地图),应结合各种类型资源的描述规定描述资源的所有方面,包括内容、载体和发行方式等各个方面进行描述。

3)标准的核心内容

由于保持与ISBD的统一,《信息与文献 资源描述》对内容形式和媒介类型项、题名与责任说明项、版本项、出版发行项、载体形态项、丛编项、资源标识号与获得方式项等描述项目进行了详细规定,并对描述标识符号、描述的信息源都进行了详细说明。

5. 《中国文献编目规则》

《中国文献编目规则》是用来指导信息机构具体编目工作的,目前最新版本为第2版。此规则的第1版由广东人民出版社1996年正式出版,覆盖各类型文献著录及其标目规范化。《中国文献编目规则》的编制,参照AACR2的体例,既遵循ISBD的原则,又体现中国文献编目特色。《中国文献编目规则》分为两编19章及附录。第一编为著录法,包括总则、普通图书、标准文献、科技报告、学位论文、古籍、金石拓片、地图、乐谱、录音资料、影像资料、静画资料、连续出版物、缩微资料、计算机文档、多层次著录、分析著录等15章。第二编为标目法,包括款目的构成、标目范围、标目名称、标目参照等4章;附录为名词术语解释。

近些年,由于数字资源的快速增长,国际文献编目理论与标准都进行了修订,在此基础上,《中国文献编目规则》也于 2005 年改版。《中国文献编目规则》第 2 版对文献编目中的规定信息源、版本信息选取、特殊文献著录对象的确立、分析著录的不同类型等著录项目进行了修改,同时对电子资源、连续性资源、测绘制图资料等章节做了补充与修改,特别是标目法部分,在内容、章节、结构上做了较大调整,增加了大量样例。《中国文献编目规则》第 2 版有效地促进了中国图书馆文献编目工作的标准化、规范化。

3.2.3 文献编目的格式规范

图书馆早期多使用款目、卡片对描述结果进行存储与利用。而文献数量的激增与计算机技术的应用为机器可读目录的使用提供了可能。MARC 是指以特定的结构(框架格式)和代码形式(执行格式)将数据元素的内容记录在计算机存储载体上,并可用计算机进行识别和处理的机器可读目录,它是文献编目常用的格式规范。

1. MARC 的研发历史

世界上最早的机器可读目录由美国国会图书馆(Library of Congress,LC)于 1965 年开始研制。1966 年,LC 推出"MARC Ⅰ";1968 年,LC 联合英国国家书目公司成功研制出"MARC Ⅱ",并于 1969 年向全美发行英文图书机器可读目录磁带。1971 年,美国国家标准学会(American National Standard Institute,ANSI)批准"MARC Ⅱ"为美国国家标准,即《ANSI 39.2 文献目录信息交换用磁带格式》(Format for Bibliographic Information Interchange on Magnetic Type);1973 年,国际标准化组织(International Organization for Standardization,ISO)批准"MARC Ⅱ"为国际标准,即《ISO 2709 文献目录信息交换用磁带格式》(Format for Bibliographic Information Interchange on Magnetic Type)。ISO 2709:1973 EN 被众多国家及国际组织情报系统采用,随后世界各国都陆续开发了自己的 MARC 格式,如美国的 USMARC、加拿大的 CANMARC 等。

1976 年,国际图联以统一各国 MARC 为目标,主持制定了《通用 MARC 格式》(Universal MAchine-Readable Catalogue,UNIMARC)。UNIMARC 在世界各国图书馆得到了广泛的应用,有些国家或机构完全采用 UNIMARC,有些则制定了以 UNIMARC 为基础的本国格式,如 CNMARC、RUSMARC、JAPANMARC,这些 MARC 记录只要删除局部的差异,就可作为标准的 UNIMARC 交换记录。

1999 年,美国 USMARC、加拿大 CANMARC 和英国 UKMARC 融合成了一种格式,并以 MARC21 的名称发布了新版本,具体包括:《MARC21 规范数据格式》(MARC 21 Format for Authority Data)、《MARC21 书目数据格式》(MARC 21 Format for Bibliographic Data)、《MARC21 分类数据格式》(MARC 21 Format for Classification Data)、《MARC21 团体数据格式》(MARC 21 Format for Community Information)及《MARC21 馆藏数据格式》(MARC 21 Format for Holding Data)。MARC21 已被美国、英国、瑞典、芬兰、德国等国家采用。

我国从 20 世纪 80 年代初开始着手研究 MARC。最早的 MARC 成果为 1991 年出版的《中国机器可读目录通讯格式》(China MAchine-Readable Catalogue,CNMARC),里程碑式成果为 1996 年 2 月正式颁布的行业标准《中国机器可读目录格式》(WH/T 0503—

1996)。在《中国机器可读目录格式》基础上，国家图书馆、高校系统都制定了相应的CNMARC手册，一为国图版，代表性成果为国家标准《中国机读书目格式》（China MAchine-Readable Cataloging Format for Bibliographic Data）（GB/T 33286—2016）。二为中国高等教育文献保障系统（China Academic Library and Information System，CALIS）版，代表性成果包括：《CALIS 联机合作编目手册》、《CALIS 联合目录中文图书著录细则》、《CALIS 联机合作手册例解西文部分》等。

2. CNMARC 简介

1）CNMARC 结构与内容

CNMARC 采用 ISO 2709：2008 EN 规定的格式，一条记录的 ISO 2709 格式包括记录头标区、地址目次区、字段区及记录分隔符四个部分。

（1）记录头标区。记录头标区为每条记录的起始部分，由定长的 24 位字符组成，包含计算机处理记录所需的所有数据，这些数据元素通过字符位置来标识，字符位置规定为 0～23，具体字符位置含义见表 3-1。

表 3-1　记录头标区字符位置含义一览表

名称	字符数	字符位置	CNMARC 定义（GB/T 33286-2016）
记录长度	5	0～4	—
记录状态	1	5	代码：c = 修改过的记录 d = 被删除的记录 n = 新记录 o = 曾发行较高层的记录 p = 曾发行不完整的记录或出版前的记录
执行代码	4	6～9	字符位置 6：记录类型 代码：a = 文字资料（手稿除外） b = 文字资料（手稿） c = 乐谱印刷品 d = 乐谱手稿 e = 测绘制图资料印刷品 f = 测绘制图资料手稿 g = 投影和录像资料（电影、胶卷、幻灯片、透明胶片、录像制品） i = 录音制品（非音乐） j = 录音制品（音乐） k = 二维图形（图画、设计图等） 字符位置 7：书目级别 代码：a = 分析级（组成部分） i = 集成性资源 m = 专著 s = 连续出版物 c = 合集 字符位置 8：层次等级代码，表示记录和其他记录有层次连接关系，说明在层次中的相对位置及记录与同一文件中其他记录的从属关系 代码：空格 = 层次关系未定 0 = 无层次关系 1 = 最高层记录 2 = 低层次记录（在最高层以下的记录） 字符位置 9：未定义，空格
指示符长度	1	10	取值为"2"，用户不可修改

续表

名称	字符数	字符位置	CNMARC 定义（GB/T 33286—2016）
子字段标识符长度	1	11	取值为"2"，用户不可修改
数据基地址	5	12~16	由系统自动生成
用户自定义位置	3	17~19	字符位置17：编目等级，用1个字符代码标识机读记录的完整程度 代码：空格＝完全级。编目时，曾核对过编目实体。 　　　1＝编目时，未核对过编目实体 　　　2＝编目实体出版之前制作的书目记录 　　　3＝非完整编目的书目记录，而且发行机构以后不确定能否将其升级为完全级的记录 字符位置18：著录格式，用1位字符代码标识记录中的各著录项目采用ISBD情况 代码：空格或#＝完全采用ISBD格式 　　　n＝不采用ISBD格式 　　　i＝部分采用ISBD格式 字符位置19：未定义，填空格
目次区结构	4	20~23	字符位置20：取值为"4"，用户不可修改 字符位置21：取值为"5"，用户不可修改 字符位置22：取值为"0"，用户不可修改 字符位置23：未定义

注明：未定义以空格或"#"代替。

（2）地址目次区。地址目次区记录每个可变长控制字段和可变长数据字段位置的索引，由计算机自动生成。通过地址目次区可以查找记录中某个特定字段的起始位置，一般供系统管理员排除该记录故障时使用，文献编目人员并不直接使用地址目次区的数据。地址目次区中保存若干款目，每一个款目长度为12，由下面三个部分组成。

①字段标识符：3个字符。每个字段只有唯一的字段标识符；

②字段的长度：4个字符；

③字段的起始位置：5个字符。

（3）字段区。字段区由若干字段构成，是信息特征编目后的结果。字段区存在的三种类型的字段：

①记录标识字段（Record Identifier Field）：由编目机构的系统自动分配，字段标识符为001；

②参考字段（Reference Field）：提供处理记录可能需要的数据，字段标识符为002~009（需要时可以使用00A~00Z）；

③数据字段（Data Field）：由一个或者多个标识符、一个或者多个子字段标识符、数据和一个字段分隔符组成。字段标识符为010~999（需要时可以使用0AA~ZZZ）。

字段标识符的第一位数字表示字段所属的功能块，CNMARC共计有十大功能块，大部分功能块都与ISBD规定的描述项目相对应。具体如下：

0—标识块，记录文献的基本号码、机构等。

1—编码信息块，记录文献信息的语种、阅读对象等形式特征。

2—著录信息块，从题名、责任者到丛编项，包括：

　　200 题名与责任说明

　　205 版本说明

　　206 资料特殊细节项：测绘资料—数学数据

⋮

210 出版发行等

⋮

215 载体形态

⋮

3—附注块，手工著录中的附注项的内容。

4—连接款目块，实现从丛书到子书、从子书到丛书的连接。

5—相关题名块，所有可以排检的题名。

6—主题分析块，主题排检点。

7—责任者块，记录各种责任者的排检点。

8—国际使用块，编目机构的名称及 ISBN 代码。

9—国内使用块，图书的分类号或连续出版物的馆藏。

详细的字段含义和使用方法可参见《中国新版机器可读目录格式使用手册》。

（4）记录分隔符。定长的单字节，位于一条 MARC 记录的末尾。

2）CNMARC 采用的标识系统

CNMARC 的标识系统包括标识符、分隔符两类。标识符用于识别数据元素或提供有关数据元素的附加信息的符号或编码，包括字段标识符（Tag）、指示符（Indicator）和子字段标识符（Subfield Identifier）。字段标识符由三位阿拉伯数字组成，第一位数字用于区分不同的功能块，如 200；指示符由两个数字、字母、#或空格组成，用于字段标识符后，决定该字段主标识是否用于检索点，也会规定一些其他特殊规则，如##, #1, 0#；子字段标识符由两个字符组成的代码，用于识别可变长字段中不同的子字段，第一个字符为$或其他符号，第二个为字母或数字。分隔符位于数据结尾，由计算机自动生成，包括字段分隔符与记录分隔符。

图 3-6　一本书按照 CALIS 的 CNMARC 格式编目得到的 2709 文档

3）CNMARC 记录实例

机读格式记录按照 ISO 2709 规定的格式存储，故 MARC 文件扩展名一般为.iso，其实质为文本文件，可以使用文本编辑软件预览文件。图 3-6 展示了一本书按照 CALIS 的 CNMARC 格式编目得到的 2709 文档。最前面的"01906nam0…450"是记录头标区，"0010011…01557"是地址目次区，显示了后面若干数据字段的地址索引，如最前面"001001100000"表示 001 字段，字段长度为 11 个字符，字段起始地址为 00000。后面是字段区，主要是对《汉语与汉藏语前沿研究》这本书的内容特征和外在特征进行分析，依据 CALIS 规定的 MARC 格式将这些特征描述出来，从而形成了这样一条 MARC 记录。

图 3-7 为一条可供阅读的 CNMARC 记录，因为是给用户阅读使用的，所以这条记录仅仅显示了字段区域。其中最左边三位阿拉伯数字标识是字段标识符，如"200"代表 MARC 记录中著录信息块的题名与责任者项字段，"1_"代表指示符两个位置，第一位值为 1，表示后面的正题名做记录的检索点，第二位值为空，用"_"表示占位。"|a"是子字段标识符，表示正题名子字段，第一位也可以是"$"符号，第二位 a 就是正题名子字段的符号。这些字段和子字段的含义可以参见 CALIS 规定的 CNMARC 书目格式使用手册。

图 3-7 一条可供阅读的 CNMARC 记录

3.3 网络信息的描述——元数据

3.3.1 元数据概述

1. 元数据产生的背景

在图书馆和信息管理部门，一直以 MARC 格式为主流信息描述工具，从世界范围来看，绝大部分的书目记录都是依据 ISBD、AACR2 和 MARC 编制的。MARC 在书目数标准化、计算机管理和用户应用中起了很大的作用。但是进入网络时代以后，图书馆在超越时空的网络环境下工作，原有的数据描述和管理手段明显地跟不上形势发展的要求，虽然也有 RDA 等新的描述规范的制定，但应用领域仍然无法涵盖所有需要组织的信息，需要用新的数据处理规范和手段来控制信息描述活动，元数据的方法和技术应运而生。实际上促进元数据方法和技术发展有多种因素，其中主要原因有以下几点。

（1）MARC 的局限。MARC 在图书馆应用，起到了规范书目数据，便于计算机处理与检索的作用。根据 MARC 的描述和管理书目数据功能的特性，MARC 应该是元数据的最初形态，只是没有用元数据概念表达。但是在 MARC 应用中，人们发现 MARC 存在一些局限：①MARC 的标准太复杂，工作人员和用户使用不方便；②MARC 需要专用平台，不能实现跨平台操作；③MARC 描述内容仅局限于文献书目数据，不适应多媒体格式信息；④MARC 仅限于数据描述部分，数据的管理信息较少。

（2）网络信息开发与利用的需求。随着网络技术的普及应用，其超文本、超媒体等技术特色使网络信息很快就在网络世界中占据绝对优势。网络信息的组织最初基本是通过主题目录和搜索引擎两种形式来实现的。但随着网络信息的大幅度递增，它们所存在的一些问题也越来越突出地显现出来：①信息类别杂乱；②查询途径单一；③查询结果重复较多；④信息描述不明确；⑤潜在信息无法查询等。主要原因是主题目录和搜索引擎并没有进行信息的结构化数据表达，无法灵活地满足用户对信息的复杂需求，网络信息的开发与利用需要新的数据加工体系。

（3）信息处理技术的支撑。图书馆书目主要依靠人工编目或者计算机编目，数据库技术和网络技术为联机编目提供了支持。但这些对于网络信息的处理还远远不够，网络信息数量大，类型杂，信息系统多，更容易产生信息孤岛问题，因此需要更多信息处理技术的支持以保证元数据满足各个方面的技术要求。例如，元数据的定义本身需要公开可获取，并能够采用标准方法实现，即能够通过标准或通用方法来识别和解析元数据所描述的信息内容；元数据的语义本身是公开可获取的和采用标准方法实现的，可以通过标准或通用方法来识别、验证和解析；元数据也应该保持开放性，是可交换、可复用、可继承和可扩展的；元数据是可以被计算机识别和理解的，而且能支持软件代理自动地解析元数据和理解用元数据标记的信息内容。国际编码字符格式（Unicode）、可扩展标记语言（eXtensible Markup Language，XML）和资源描述框架（Resource Description Framework，RDF）等为元数据的应用提供了技术土壤。Unicode 提供统一标识符对经过编码形成的信息对象进行识别和确认；信息单元的内容、结构、格式等由基于 XML 的开放文件标记技术进行定义、描述、标记和组织；描述过程中使用的基本语义元素与语义规则元素可以由 RDF 和 RDF Schema 进行规定。有了上面的技术体系框架，元数据才能够真正被计算机识别和理解，并在信息之间进行共享和交换。

2. 元数据的概念

1）常见的元数据定义

元数据最通俗的定义是"关于数据的数据"，但是，这一定义太过宽泛、模糊，因此，多年来，对元数据的研究往往是从元数据的定义入手的，从而产生了多种更细化的定义。包括：

元数据是关于数据的数据，此术语指任何用于帮助网络电子资源的识别、描述和定位的数据。

元数据是用于描述数据内容、覆盖范围、质量、管理方式、所有者、提供方式的数据，是数据与数据用户之间的桥梁。

元数据是与对象相关的数据，此数据使其潜在的用户不必预先具备对这些对象的存在或特征的完整认识，它支持各种操作，用户可能是程序，也可能是人。

元数据是用于提供某种资源的有关信息的结构数据，或者说是描述其他数据的数据。

元数据是对信息包的编码描述，其目的在于提供一个中间级别的描述，使得人们据此就可以做出选择，确定孰为其想要浏览或检索的信息包，而无须检索大量不相关的全文文本。

元数据是面向某种特定应用的用于描述资源属性的机器可理解的信息。通过规范语法结构和语义结构，使得机器能够无二义性地表现和获取信息。

2) 对元数据的进一步认识

虽然对元数据这个概念目前还没有统一的定义，但可以从以下几个方面理解。

（1）元数据是一种用于信息全生命周期管理的工具。元数据的描述对象扩展到了广义的信息资源，不仅包括信息，还包括信息生产、流通和应用的其他要素。其中信息既可以是数字化信息也可以是非数字化信息，如图书、网页或电子期刊等。其他要素主要指信息系统、信息设备、信息手段、信息生产者、信息管理者和信息服务者等。

（2）元数据是一种描述信息的规则。元数据有规范语法结构和语义结构，它规定信息需要描述的特征（属性或元素）及如何描述这些特征。元数据规则称为元数据的模式，是描述某类信息的具体对象时所有规则的集合，即规定了允许使用哪些元素来描述这类信息。

（3）元数据是一种描述信息的手段。利用元数据可以使信息结构化，使得人/计算机能识别、处理和利用信息。也就是说元数据可以由人（编制者、信息专家或使用者）提供，还可以由计算机自动生成，或者通过一项资源与另一项资源的关系来推断，如超链接。

（4）元数据是结构化的数据记录。使用元数据描述信息实质上是依据元数据规定的元素，填写相应的元素的值，元素-值配对是元数据结构化的表现。

（5）元数据是信息的替身。因为信息特征复杂，不管信息特征如何被分解，都无法表示信息本身，但元数据可以在信息利用环境中替代信息传达其蕴含的信息内容，从而在信息与用户之间形成中间级别的描述，帮助用户选择和利用信息。

（6）元数据不一定是数字形式的。元数据的形式是多样化的，可以是手工编制，也可以计算机生成。在管理人类文化遗产的过程中，有关专家一直在编制元数据。只是随着计算机技术的发展，人们越来越频繁地生成为计算机所能识别和采用的数字式元数据，并将原有的元数据集成到数字信息系统之中。

3) 无处不在的元数据

根据上述定义与进一步认识，可以看出元数据无处不在。例如当使用智能手机拍摄照片时，照片生成的同时也会生成照片元数据，这些元数据包括拍摄镜头的参数、照片的像素、大小等各种信息特征。创建 Word 文档时，有关该文档的特征，如创建者、创建日期、创建工具的版本等也会被记录下来。

3. 元数据的功能

对元数据功能的认识跟文献编目工作密切相关,前面提到信息描述的功能是对信息的识别、检索、评估和选择,这些功能更多是从文献编目领域发展而来的。然而,和文献编目相比,元数据有着更为广泛的应用范围,因此其功能也比目录的功能更为丰富,元数据不仅可以对信息进行识别、检索、评估和选择,还可以对信息组织、信息服务、信息管理和信息系统运行维护等提供重要的支撑作用,具体如下。

1) 信息管理功能

通过信息描述,可以提供信息管理全生命周期的功能支持,主要包括信息识别、信息检索、信息评估、信息定位、信息保护、信息保存及信息系统管理。

信息识别和信息检索功能指通过对信息内容的规范描述,实现信息有序地组织,可以为用户提供信息识别、信息发现和信息导航等信息服务。信息评估功能指通过元数据提供有关信息对象的名称、内容、年代、格式、制作者等基本属性,使用户在无须浏览信息对象本身的情况下,就能够对信息对象具备基本了解和认识,参照有关评估标准,即可对信息价值进行必要的评估,为信息获取提供参考。信息定位功能指通过元数据提供的有关信息位置方面的信息,可以定位信息,信息对象的位置确定以后,信息对象在数据库或信息集合中的位置也就确定了。

如前面所述,元数据的描述对象扩展到了广义的信息资源,不仅包括信息,还包括信息生产、流通和应用的其他要素,元数据还应提供对其他信息要素的支持。信息保护功能指支持对信息利用和管理过程的政策与控制机制的描述,如权利管理、电子签名、资源评鉴、使用管理、支付审计等。信息保存功能支持对信息进行长期保存,通过记录信息的格式、制作信息、保护条件、转换方式、变化过程、保存责任等方面的信息,保证信息的持续可访问性,而不会因时间的流逝、信息存储硬件和软件的变化而丢失、毁坏或无法访问。信息系统管理功能包括描述系统具体功能要求与执行程序,支持对功能及其执行过程的自动识别和匹配,支持对系统整体过程进行描述,支持自动的系统流程定义和识别,支持基于系统模型的模块搜寻、嵌套和匹配。通过对信息系统各层次内容提供规范的定义、描述、交换和解析机制,可以支持系统间互操作。

2) 知识组织功能

用户需求是定位元数据功能的最主要的原则,网络环境下,存在着更深层次的用户需求。张晓林认为"正在迅速普及的数字化信息机制正为我们提供一个崭新的信息组织环境"。在这种新的环境中,用户信息利用过程是用户检索和处理信息以解决特定问题的全过程。用户通过对信息进行多方面、多层次甚至反复地检索、处理、组织和传递来提炼信息,创造知识,并通过信息传递和协调来应用知识实际解决特定问题的。为此,用户需要运用知识的、逻辑的、语义的和语法的多种方法对信息内容进行检索;需要对信息内容进行识别、过滤、析取、合并、集成,以形成新的信息集合;需要对信息内容进行批注、修改、增删、链接、重组,以形成新的信息内容集合;需要对信息内容及其组织结构、记载格式和表现方式进行识别与转换,以适应不同内容、不同使用对象、不同表征媒介、不同应用环境的信息表达需要;需要将信息单元或其某些部分灵活地连接入相关的信息组织机制,能按照不同专业领域、不同应用需要、不同知识体系和不同用户特征来动态地进行存储、发布、传递和表现；需要这些检索和组织功能覆盖所有可能的数据类别，不受技术、语言或系统形式的限制，能灵活方便地进行，并具有与思维同步的速度和与专家媲美的能力。

因此，新的知识组织场景下，元数据的知识组织功能应包括：①对数据、信息、知识进行描述；②揭示各种显性或隐性的知识关联；③通过元数据的互操作实现元数据在异构环境下的重用；④元数据必须是动态的、关联的，以满足知识服务的需要；⑤支持知识检索和知识组织。要实现这些功能，一方面要加强元数据的描述功能，另一方面，还需要将元数据作为数据分析、知识组织体系构建、知识管理等的工具来充分地发挥元数据的功能。

4. 元数据的结构

根据前面元数据的定义可见，元数据是一种信息描述规则，它需要通过规范数据元素及元素值的定义的方法来保证信息描述结果的一致性，这种规范格式称为元数据标准或元数据规范。元数据标准通过三层结构来完整定义：内容结构、语义结构和句法结构。

1）内容结构

内容结构定义元数据的构成元素，这些元素可包括：描述性元素，即对数据对象的基本内容特征进行描述的元素，如标题、作者等；技术性元素，即对数据对象制作、传递、使用或保存过程中的技术条件或参数进行描述的元素，如扫描分辨率、压缩方法、使用软件等；管理性元素，即对数据对象及元数据本身进行管理的要求、规格和控制机制进行描述的元素，如有效期、使用权限等；复用元素，指该元数据集从其他元数据集中复用的元素，有可能需要对其语义范围和编码规则进行修订。可以看出内容结构定义的数据元素是保证元数据信息管理功能能够实现的关键。

内容结构定义中，需要进一步规定元素的选取使用规则，如必备或可选元素、可否重复、取值基数、选择规则、子元素组成等。

人们一般根据特定应用领域的成熟信息处理框架或标准来决定元数据的内容结构，并在元数据定义中对此进行说明。

2）语义结构

语义结构定义元数据元素的具体描述方法，包括三个层次：元素定义、元素内容编码体系、元素语义概念关系。其中，元素定义遵循 ISO 11179 标准（Specification and Standardization of Data Elements），它规定了元素的 10 个属性：

（1）名称。

（2）标识。

（3）版本。

（4）注册机构。

（5）语言。

（6）定义。

（7）限定。

（8）数据类型。

（9）最大使用频率。

（10）注释。

元素内容编码体系简单说就是数据元素取值的规范，内容编码规则可以是特定标准，或是元数据项目的最佳实践，或是自定义的描述要求。为了准确使用元数据，应该在定义元素时明确定义相应的编码规则，如都柏林核心元数据 DC 建议日期元素内容编码采用 ISO 8601、资源类型元素编码采用 Dublin Core Types、数据格式编码可以采用媒体类型（Multipurpose Internet Mail Extensions，MIME）、识别号采用统一资源标志符（Uniform Resource Identifier，URI），而主题词可以使用美国国会图书馆标题词表（Library of Congress Subject Headings，LCSH）、医学主题词表（Medical Subject Headings，MeSH）、杜威十进分类法（Dewey Decimal Classification，DDC）或国际十进分类法（Universal Decimal Classification，UDC）。元数据定义时可能允许一个元素使用多个编码规则，如在中国使用都柏林核心元数据 DC 时，主题元素描述规范为《汉语主题词表》或《中国分类主题词表》。但具体单位使用它来进行元数据标引时则必须从格式允许的多种编码规则中选取一种作为实施标准，如美国俄亥俄州图书馆联合目录 Ohio link 在使用视觉资源核心类目（The Core Categories for Visual Resources，VRA Core）时要求主题元素使用 AAT（Art and Architecture Thesaurus）、TGM（Thesaurus for Graphic Materials）和 TGN（Thesaurus of Geographic Names），人名元素用 ULA（Union List of Artists Names）。

元素本身的语义实际上已经在元素定义中予以描述，但这些元素并不是孤立存在的，而且这些元素可能在不同的领域有不同的含义，如 Title 在文献领域是文献标题，在社交领域则是人的职衔。因此，需要把元素放在一个概念体系中来说明它的上下文关系，说明它与其他概念的关系，如 is-a、kind-of、part-of、caused-by、used-by、interact-with、written-by 等关系。这也是实现元数据知识组织功能的关键所在。

3）句法结构

元数据句法结构定义元数据的格式结构及其描述方式，包括：①元素的分区分层分段组织结构，如 MARC 分成记录头标区、目次区、数据字段区和记录分隔符；②元素结构描述方法，一般用元数据置标语言 XML、RDF 等进行定义；③文档类型定义（Document Type Definition，DTD），它是一套关于标记符的语法规则，用于定义 XML 文档中标记符的格式；④元数据复用方式。

句法结构还可以定义元数据与被描述数据对象的捆绑方式，即信息描述得到的元数据记录是跟被描述的信息在一个文档记录中还是各自存放。如图书馆的纸质目录卡片一般是单独存放在目录箱中供用户检索使用的，而采用超文本标记语言（Hyper Text Markup Language，HTML）进行元数据置标时，元数据描述的结果一般使用 HTML 中的 <head></head> 标签进行定义，它和被描述的原始网页同在一个文档中。

这部分内容在 3.3.3 节元数据置标中详细展开。

5. 元数据的类型

元数据的分类没有严格标准，按照不同的分类标准，元数据可以分为不同的类型。

1）按元数据的功能划分

按照元数据功能可以将元数据分为描述型元数据、管理型元数据、保存型元数据、技术型元数据与使用型元数据。

（1）描述型元数据。描述型元数据是用于定义和描述馆藏及相关文献信息的元数据。如书目记录、查找帮助、版本区别、专业索引、策展信息、资源链接信息、创建者及用户注释等。

（2）管理型元数据。管理型元数据是用于管理馆藏及信息有关的元数据。如购置与评估信息、版权和再版的记录跟踪、法律文档、文化文档、团体访问权限要求和协议文档、权限与复制、法定检索文档、定位信息及数字化标准选择。

（3）保存型元数据。保存型元数据是与馆藏及信息保存管理相关的元数据。如资源实体文档、保存资源实体与数字化的操作文档（数据更新或迁移）、数字化或保存过程中的任何变化文档等。

（4）技术型元数据。技术型元数据是与系统功能及元数据行为相关的元数据。如软硬件文档、数字化技术信息（形式、压缩率、缩放率等）、系统响应时间跟踪、证书及安全信息（密码与口令）等。

（5）使用型元数据。使用型元数据是与馆藏及信息等级及使用类型相关的元数据。如流通记录、实体或数字展览记录、使用及用户追踪、内容重复使用及多版本信息、查询日志及权限等。

需要说明的是，描述型元数据与管理型元数据之间有时会存在一定的重叠，因为很多管理信息的工作是依靠描述型元数据来完成的。

2）按元数据的应用领域划分

元数据被应用于各个领域，有的元数据较为通用，可以应用于许多领域，描述各种类型的信息，如都柏林核心（Dublin Core, DC）元数据集；有的则是面向特定领域的，描述特定类型的信息，如MARC。近些年，使用元数据的领域主要有文献资料、人文科学、社会科学数据集、博物馆与艺术作品、政府信息、地理空间信息、数字图像、档案库与资源集合、技术报告、视频信息等。例如，用于政府信息领域的元数据主要有GILS（the Government Information Locator Service）；用于地理空间信息领域的元数据主要有FGDC/CSDGM（Federal Geographic Data Committee Content Standard for Digital Geospatial Metadata）；用于博物馆与艺术品的元数据主要有CDWA（Categories for the Description of Works of Art）和VRA Core（The Core Categories for Visual Resources）；用于数字图像的元数据主要有MOA2 metadata（The Making Of America Ⅱ）、CDL metadata（California Digital Library）；用于档案库和资源集合的元数据主要有EAD（Electronic Archival Description）。

3）其他划分标准的元数据类型

除了以上两种划分标准，还可以按照其他标准对元数据进行类型划分。按照数据的来源，元数据可以分为在藏品建立或数字化时便产生的内部元数据和在藏品建立或数字化之后才产生的外部元数据两类。按照元数据的建立方式，可分为计算机自动产生的元数据和人工建立的元数据。按照元数据的专业性，可以分为不需要信息组织专家便能建立的元数据和由信息组织专家所建立的元数据。按照元数据的编码语言（置标语言），可以分为使用SGML编码的元数据、使用XML编码的元数据、使用ASCII编码的元数据、使用MARC编码的元数据。按照元数据的支撑协议还可以划分为使用Z39.50协议的元数据、使用

HTTP 协议的元数据、使用 WAIS 协议的元数据、使用 Whois++ 协议的元数据、使用 LDAP 协议的元数据、使用 PICA3 协议的元数据。在企业数据管理系统中，通常按元数据作用将其分为管理元数据、技术元数据、业务元数据和操作元数据。

3.3.2 典型元数据标准

目前已经有很多领域应用元数据进行信息描述，它们需要元数据描述规范对此过程进行规范控制。在这些元数据标准中，有些标准设计的数据元素比较简单，具有通用性，能够在很多领域使用，有些标准是为所属领域专门设计的，只能适用于该领域信息的描述。这些标准规定的规则侧重点也不完全相同，有些标准侧重信息描述的内容框架，类似文献编目中的 ISBD 和 RDA，有些侧重于信息描述的格式规范，类似文献编目中的 MARC，有些侧重信息描述如何进行编码。这些标准能够支持的信息管理功能也不一样，有些各个方面的功能都会涉及，而有些就会偏重某一个方面。元数据标准非常多，下面选择通用性的 DC 和博物馆艺术文化领域的视觉资源核心类目（The Core Categories for Visual Resources，VRA Core）作为通用领域和特殊领域元数据标准的典型代表进行介绍。

1. 都柏林核心元数据集 DC

DC 是为描述网络信息、支持网络检索而建立的元数据。它起源于 1995 年在美国俄亥俄州都柏林市召开的元数据研讨班，已在信息描述领域得到广泛应用。

1）DC 的核心元素

DC 包括 15 个核心元素（表 3-2）及与之相关的修饰词。15 个核心元素可以分成 3 大部分：资源内容描述部分有题名、主题、说明、来源、语种、关联和覆盖范围；知识产权部分有创建者、出版者、其他责任者和权限；外部属性描述部分有日期、类型、格式和标识符。

表 3-2 都柏林核心元数据集的核心元素

元素	中文元素名	定义
Title	题名	赋予资源的名称
Creator	创建者	创建资源内容的主要责任者
Subject	主题	资源内容的主题描述
Description	描述	资源内容的解释
Publisher	出版者	使资源成为可获得的责任实体
Contributor	其他责任者	资源生存期中作出贡献的其他实体，除制作者/创作者之外的其他撰稿人和贡献者，如插图绘制者、编辑等
Date	日期	资源生存周期中的一些事件的相关时间
Type	类型	资源所属的类别，包括种类、体裁、作品级别等描述性术语
Format	格式	资源的物理或数字表现，可包括媒体类型或资源容量，可用于限定资源显示或操作所需要的软件、硬件或其他设备，容量表示数据所占的空间大小等
Identifier	标识符	资源的唯一标识，如 URI（统一资源标识符）、URL（统一资源定位符）、DOI（数字对象标识符）、ISBN（国际标准书号）、ISSN（国际标准刊号）等

续表

元素	中文元素名	定义
Language	语种	描述资源知识内容的语种
Source	来源	对当前资料来源的参照
Relation	关联	与其他资源的索引关系，用标识系统来标引参考的相关资源
Coverage	覆盖范围	资源应用的范围，包括空间位置、时代或权限范围
Rights	权限	资源使用的权限信息，包括知识产权、著作权和各种拥有权

2）DC 的限定词

DC 有两类限定词：一类是元素限定词，也称为修饰词，是由特定的词汇对元数据元素语义的进一步限定和细化，使其具有专指性；另一类是编码体系限定词，它有助于对元素修饰词值的理解，这类体系包括控制词表及正规的符号或解读方式。值的表示采用来自控制词表的标记符号（如分类体系或主题词表的术语）或者具有特定含义及一定形式组成的字符串。用于修饰的编码体系必须要清晰明确地说明，并能为公众所获取。DC 的限定词如表 3-3 所示。

表 3-3　DC 的限定词

元素名	限定词	含义	编码方案
Title	Alternative	任何可替代正式题名的其他名称	—
Creator	—	—	—
Subject	—	—	LCSH MeSH DDC LCC UDC
Description	abstract	资源内容的概要	—
Description	Table Of Contents	资源内容的子单元列表	—
Publisher	—	—	—
Contributor	—	—	—
Date	Available	可获得日期。资源将在这段时间内可以获得或曾经可以获得（通常是一个时间区间）	DCMI Period W3C-DTF
Date	Created	资源创建的日期	
Date	DateAccepted	接收资源的日期（如大学院系收到的论文，期刊收到的文章等）	
Date	DateCopyrighted	版权声明的日期	
Date	DateSubmitted	资源（文章和论文等）的递交日期	
Date	Issued	资源正式发布（如出版）的日期	
Date	Modifed	资源被修改的日期	
Date	Valid	资源生效日期（通常是一个时间区间）	
Format	Extent	资源的大小或持续时间	—
Format	Medium	资源的物质载体或组成材料	—

续表

元素名	限定词	含义	编码方案
Identifier	BibliographicCitation	资源的书目参考	—
Identifier	—	—	URI
Source	—	—	URI
Language			ISO 639-2 RFC 4646
Relation	ConformsTo	对资源所遵循的已有标准的参照	URI
Relation	HasFormat	格式转换。所描述的资源在被参照的资源之前出现，参照资源在实质上与所描述资源有着相同的知识内容，只是格式不同	URI
Relation	HasPart	所描述的资源在物理或逻辑上包含被参照的资源	URI
Relation	HasVersion	版本关联。所描述的资源有译本、修改本或改编本等，也就是被参照的资源	URI
Relation	InstructionalMethod	指导方法。用于生成知识。意见和技巧的处理方法，资源用来支持此处理方法	URI
Relation	IsFormatOf	所描述的资源与被参照的资源有相同的知识内容，但用另一种格式表现出来	URI
Relation	IsPartOf	所描述的资源是被参照资源物理或逻辑上的一个组成部分	URI
Relation	IsReferencedBy	被参照的资源参考、引用或以另外的方式指引所描述的资源	URI
Relation	IsReplacedBy	所描述的资源已被参照的资源所代替、替换或取代	URI
Relation	IsRequiredBy	所描述的资源对于被参照资源而言（或者在逻辑上，或者在物理上）是必不可少的	URI
Relation	IsVersionOf	所描述的资源是被参照资源的译本，修订本或改编本。版本的变化意味着是内容而不是格式有了实质的改变	URI
Relation	References	所描述的资源参考。引用或以其他方式指引了被参照资源	URI
Relation	Replaces	所描述的资源代替、替换或取代了被参照的资源	URI
Relation	Requires	所描述的资源需要被参照资源支持其功能。传递或在内容上保持一致	URI
Coverage	Spatial	所描述资源知识内容的空间特征	DCMI Point ISO 3166-1：2020 EN DCMI Box TGN
Coverage	Temporal	所描述资源知识内容的时间特征	DCMI Period W3C-DTF
Rights	AccessRights	关于谁能访问资源的信息，或者是对资源密级状态的说明	—
Rights	License	允许对资源进行操作的官方法律文件	URI

3）DC 的应用

DC 元数据目前在政府、企业、科研机构、教育机构、商业机构、图书馆等领域得到广泛应用。我国很多信息机构对其进行了扩充和利用，上海数字图书馆、北京大学图书馆、中国科学数字图书馆、国家图书馆、清华大学建筑数字图书馆等几家国内主要数字图书馆先后采用 DC 为其元数据方案，或主要参照 DC 元数据，进行适当扩展以满足信息描述和检索的需要。如北京大学图书馆中文元数据方案中，借鉴了 DC 元数据中的 14 个核心元素，如表 3-4 所示，并在此基础上分别完成各资源对象的元数据设计，目前已经设计完成的元数据方案包括拓片元数据、古籍元数据、学位论文元数据、舆图元数据、电子图书元数据及人物类元数据等。

表 3-4　北京大学图书馆元数据方案中描述型元数据组成元素表

核心元素（14 个）		北京大学图书馆自定义核心元素	个别元素
元素名称	与 DC 的对应		
名称	Title	版本（Edition）	
主要责任者	Creator	物理特征（Physical description）	
主题/关键词	Subject	出版项（Publication）	
资源描述	Description		
其他责任者	Contributor		
日期	Date		
资源类型	Type		根据资源对象情况制订
资源形式	Format		
资源标识	Identifier		
来源	Source		
语种	Language		
相关资源	Relation		
时空范围	Coverage		
权限管理	Rights		

中国国家图书馆中文元数据方案最终确定的中文核心元数据集共 25 个元素，基本上包括了对中文数字资源的描述性、管理性、技术性和法律性信息。这 25 个元素分别为名称、主题、版本、内容摘要、语种、内容类型、内容覆盖范围、内容创建者、出版其他责任者、内容创建日期、版权所有者、资源标识符、关联资源、数字资源制作者、权限声明、数字资源制作日期、数字资源制作地、公开对象、操作许可、原始技术环境、认证指示符、加工处理历史、基本抽象格式描述、维护历史，其中包括了 DC 的大部分元素。

中国著名的数据提供商北京万方数据股份有限公司着手实施的万方数据规范，针对期刊论文、会议论文、引文、科技文献数据库、机构类（包括科研机构、高等院校、企业产品数据库）、标准法规类数据库、成果专利类数据库、人物类数据库共 100 多个数据库，除人物类采用 vCard 元数据外，其他均采用 DC 作为描述型元数据的核心元素集，使得 DC 在国内的推广和应用又迈进了一步。不过万方对 DC 进行了扩展，包括元素和限定词。如在专利成果类元数据中，Date 元素被扩展了"申请日期""审定日期""授权日期""颁证日期"等几个限定词，Rights 元素被扩展了"密级""限制使用""优先权"等几个限定词。万方对元素层级也进行了扩展，如针对机构类数据库，扩展了"Address"元素，针对成果专利库和标准法规库，增加扩展了"Evaluation"和"Status"元素，"Evaluation"

元素用于描述对成果或专利的评价性信息，如成果等级、获奖信息等。"Status"元素用于描述资源的法律状态，如是否正在使用、是否失效过期等信息。

2. 视觉资源核心类目 VRA Core

1993年，美国的视觉资源协会（Visual Resources Association，VRA）为了更好地管理、组织和交换视觉资料资源（包括艺术品、展品、图像、照片、关于艺术品的印刷品和其他的博物馆资料），制定了基于DC元数据的视觉资源核心类目（The Core Categories for Visual Resources，VRA Core），规范地描述这些视觉资料及由它们生成的数字对象。VRA Core 不仅是数字图像元数据标准，还被广泛地应用于对博物馆藏品和其他类别的视觉资料的标准化描述。

1）VRA Core 的结构

VRA Core 最新版本为4.0版，其元素构成、定义及与DC的关系如表3-5所示。

表3-5 VRA Core4.0 的元素构成、定义及与DC的关系

元素	定义或描述	DC中的对应元素
Work, Collection, or Image	确定记录所描述的对象类型（作品、作品集、图像）	Type
Agent	对设计、创作、生产、制造、更改作品或者图像有贡献的个人、组织或团体的名称、正式称呼或其他标识符	Creator, Contributor
CulturalContent	对象类型所源于的文化、民族或国家，或者与其相关的文化背景	Coverage
Date	与对象类型的创作、设计、生产、展示、建构、更改有关的日期或日期范围	Date, Coverage
Description	以自由文字对对象类型的评注，包括评论、描述或解释，以提供其他类目中未记录的信息	Description
Inscription	在生产时或在后来的历史中添加在物件上的所有标记或书面文字，包括署名、日期、献辞、正文、题跋和标志，如银器匠、出版者、印刷者的印记	
Location	陈列所、建筑物、遗址，或包含拥有作品或图像的其他实体的地理位置或名称	Contributor, Coverage
Material	作品或图像的组成物质	Format
Measurements	作品或图像的物理尺寸、形状、比例、体积、重量、面积、格式等	Format
Relation	描述相关作品或图像的标识及其与编目作品之间的关系的术语或短语	Relation
Rights	有关作品、作品集或图像的版权状况和权利所有者的信息	Rights
Source	对作品或图像的记录信息来源地参考	Source
StateEdition	确定作品的阶段或版本的识别码或名称	
StylePeriod	作品或图像体现的特征所属于的既定风格、历史时期、团体、学派、朝代、运动等	Coverage, Subject
Subject	对作品、图像及其描写、表达的事件或内涵进行描述、识别或解释的术语或短语	Subject
Technique	作品，图像的制作或更改过程中的生产步骤、技术和方法	Format
Textref	包含相关的文本参考的名称及该文本赋予作品或作品集的独立于陈列所的任何类型的唯一标识符	Identifier
Title	赋予作品或图像的题名或辨识短语	Title
WorkType	识别记录中所描述的作品、作品集或图像的明确类型	Type

2）VRA Core 的应用

目前，VRA Core 已经被很多机构采用，例如，美国自然历史博物馆（American Museum of Natural History）将其用于照片的编目，芝加哥艺术学院（Art Institute of Chicago）、麦卡伦虚拟资源中心（Maclean Visual Resources Center）将其用于建立图书馆的幻灯片数据库，加利福尼亚州立大学（California State University）将其用于加利福尼亚州在线图书馆图像交换项目（California Image Exchange Library On-line），哈佛大学将其用于 VIA（Visual Information Access）项目中图像资源的 Web 编目。下面以雕塑作品《亚伯拉罕·林肯》为例，简单说明使用 VRA Core 进行信息描述的结果，见表 3-6。

表 3-6 使用 VRA Core 对雕塑作品《亚伯拉罕·林肯》进行信息描述的结果

元素	值
Title（可选）	亚伯拉罕·林肯
Measurements（可选）	5.79m（高度）
Creator（可选）	丹尼尔·切斯特（美国雕塑家，1850～1931 年）
Creation（可选）	1914～1920 年（创建）
Location（可选）	林肯纪念堂（华盛顿，哥伦比亚特区，美国）在国家大草坪上
ID number（可选）	
Style/Period（可选）	美术学院；20 世纪
Culture（可选）	美国
Subject（可选）	统治者和领导者，亚伯拉罕.林肯（1809～1865 年）1861～1865 任美国共和国总统，在其总统任内，美国爆发了内战
Relation（可选）	部分（和纪念馆的关系）
Source（可选）	格罗夫艺术在线：http://www.oxfordartonline.com（08/28/2012）
Rights（可选）	

3.3.3 元数据置标

1. 元数据与置标语言

1）置标语言及作用

置标语言也称为标记语言，是一种将文本及文本相关的其他信息结合起来，展现出关于文档结构和数据处理细节的计算机文字编码。在电子计算机中，标记指计算机所能理解的信息符号，通过此种标记，计算机之间可以处理各种信息。通过置标语言，人们可以：①将信息内容的表述与信息内容的形式表述分开，给予每个元素以特定的语义，因而可以准确地表达/描述所要描述的内容；②可以将数据元素采用等级形式，自上而下地将内容的特征准确而生动地表现出来；③在数字化的文献（主要是文本形式和 PDF 形式）中，可以将这些有特殊语义的标签源码放置于文献全文的文字中，达到对其进行描述的目的。

面向专业的置标语言有比较统一的句法,如 XML 的规则,同时又有适于某一特定置标语言的语法,这通常是通过编制文档类型定义 DTD 或 Schema 来规定的。

2)元数据置标的好处

如前面所述,一个完整的元数据标准包括内容结构、语义结构和句法结构,从文献信息处理的角度上来说,人们不仅需要对信息做结构上的分解,以便能够通过其结构化的特征识别和发现信息,而且需要对其做语义上的分解,以便能够更好地发掘信息有用的内容成分。元数据通过内容结构定义,对内容特征的分解和描述可以做得很好,但对于语义上的分解和描述则能力有限,而置标语言对其语义结构正好能够提供很好的语法支持。元数据置标就是将元数据与置标语言的结合,将信息描述的元数据记录使用置标语言加上标记的过程,这样能增加它们在知识表述方面的功能。

对于元数据而言,使用置标语言的好处有:①保证元数据结构易于被计算机处理与交流,对人来说也有很好的可读性;②置标语言采用了最简单的文本格式,使其具有很强的兼容性和不依赖于软硬件平台的独立性;③置标语言可以将元数据和信息内容的管理结合在一起,将元数据描述与被描述的对象整合在一起,大大提高内容管理与交换中元数据的可用性。如基于 HTML 对 DC 元数据进行置标,可以将元数据嵌入到所描述资源对象中,基于 XML 对 DC 进行置标,既可以选择将其作为单独的文件来处理,也可以将其与内容本身的管理结合起来。

3)置标语言的发展

由于网络信息开发利用的需求,近些年置标语言发展特别迅速,不仅有通用的置标语言,如标准通用置标语言(Standard Generalized Markup Language,SGML)、超文本标记语言 HTML、可扩展标记语言 XML 和资源描述框架 RDF,还出现很多专业领域的置标语言,如天文置标语言(Astronomical Markup Language,AML)、化学置标语言(Chemical Markup Lauguage,CML)、数学置标语言 MathML(Mathematical Markup Language,MathML)2.0 等。后面介绍通用的置标语言及利用它们对 DC 元数据进行置标的实例。

SGML 是 ISO 组织于 1986 年发布的国际标准。SGML 实际上是一种通用的文档结构描述置标语言,主要用来定义文献模型的逻辑和物理类结构,是适合用于书目、文献全文、电子文献及多媒体信息描述的一种新的标准。SGML 使得信息的描述独立于系统、独立于语种,结构与内容分开,充分地实现了信息的共享。利用 SGML,可以将来源不同的原始资料组装在同一个文件中。可以利用文档格式定义文件结构、添加标记或验证电子文件的规范性。SGML 规模庞大、功能丰富、充满各种选项,但这些庞大、复杂且严格定义的规范说明令人对 SGML 望而却步,这使得 SGML 的使用和推广受到很大的限制。随着 Internet 的发展,简单实用的 HTML、XML 和 RDF 成为主要的置标语言。由于 RDF 具有较强的描述元数据结构和语义关系的能力,与知识描述关系更为密切,本节主要介绍 HTML 和 XML 两种置标语言的应用,RDF 的内容放到第 7 章知识描述部分。

2. HTML

1)HTML 简介

HTML 语言是 SGML 通过特定文档格式定义固定下来的专为网页显示及浏览而设计

的简单标记语言。超文本是一种组织信息的方式，它通过超级链接方法将文本中的文字、图表与其他信息媒体相关联。这些相互关联的信息媒体可能在同一文本中，也可能是其他文件，或是地理位置相距遥远的某台计算机上的文件。这种组织信息方式将分布在不同位置的信息进行链接，为人们查找与检索信息提供方便。HTML 提供了一种文本结构和格式，使得超文本链接的文档能够在浏览器上呈现给访问它的用户。

2) HTML 基础语法

一个 HTML 文档中，<html></html>元素定义了整个 HTML 文档，<head></head>元素定义了文档的头部，<body></body>元素定义了 HTML 文档的主体（body）。HTML 文档主体包含表格（table）、段落（p）、标题（h1）等成分，这些成分称为文档元素，元素是文本文档的基本构成，它们使用 HTML 规定的标签（tag）来标识。HTML 标签由三部分组成：左尖括号"<"、"标签名称"和右尖括号">"。左尖括号表示标签的开始，右尖括号表示标签的结束。标签通常是成对出现的，例如，<H1>与</H1>分别表示一级标题的开始标签和结束标签，"H1"是一级标签的名称。除了在结束标签名称前面加一个斜杠符号"/"，开始标签名称和结束标签名称都是相同的。某些元素还可以包含"属性（attribute）"，它是包含在开始标签中的附加信息。在 HTML 标签中，字母不区分大小写，如<title>、<TITLE>是等价的。图 3-8 为 HTML 文档结构。

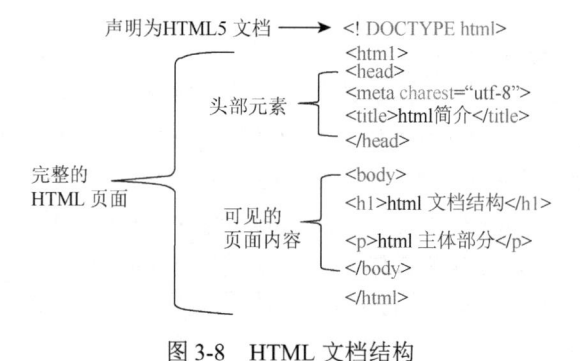

```
声明为HTML5 文档 ──→ <! DOCTYPE html>
                      <html>
                      <head>
          ┌ 头部元素 ┤ <meta charest="utf-8">
          │          <title>html简介</title>
完整的    │          </head>
HTML 页面 ┤          <body>
          │          <h1>html 文档结构</h1>
          └ 可见的   <p>html 主体部分</p>
            页面内容  </body>
                      </html>
```

图 3-8 HTML 文档结构

<! DOCTYPE html>声明为 HTML5 文档。

<html>元素是 HTML 页面的根元素。

<head>元素包含了文档的元（meta）数据，如<meta charset = "utf-8">定义网页编码格式为 utf-8。

<title>元素描述了文档的标题。

<body>元素包含了可见的页面内容。

<h1>元素定义一个一级标题。

<p>元素定义一个段落。

3) 利用 HTML 进行元数据置标的方法

HTML 语言用于元数据置标主要使用嵌入方法，即采用 HTML 文档头部标签中的<meta>标签提供关于 HTML 文档的元数据，这些元数据包括已经定义好的描述（description）、关键词（keywords）、文档的作者（author）等元素，用户也可以使用 DC

元数据或者自定义的元数据，并把它们嵌入<meta>标签中。

<meta>标签位于<head></head>标签之间，它提供用户不可见的信息。因此元数据信息对于一般用户来说是不可见的，早期主要提供给搜索引擎检索使用。<meta>标签使用属性，如页面描述信息（name）、字符集（charset）及属性内容（content）等对网页进行描述。以图 3-8 文档为例，假设该网页有关键字、描述信息和作者，则参考下面格式置标。

要定义页面的关键字，可以使用：

<meta name = "keywords" content = "html5，flash，silverlight"/>

要定义页面的描述信息，可以使用：

<meta name = "description" content = "介绍 html5 中的 meta 标签"/>

要定义页面的作者，可以使用：

<meta name = "author" content = "ccnu-zzr"/>

4）利用 HTML 对 DC 元数据进行置标的实例

DC 元数据也可以在 HTML 文档中进行置标。即使用<meta>标签 name、content 或 scheme 等属性来对 DC 进行置标。因为前面提到 DC 有核心元素，还有修饰词和编码体系，因此使用 HTML 对 DC 进行置标常使用如下几种形式：

<meta name = "DC.element" content = "Value string"/>

<meta name = "DCTERMS.elementRefinement" content = "Value"/>

<meta name = "DC.element" scheme = "scheme name/scheme URI" content = "Value string"/>

相应的示例如下：

<meta name = "DC.date" content = "2001-07-18"/>

<meta name = "DCTERMS.modified" content = "2001-07-18"/>

<meta name = "DC.date" scheme = "DCTERMS.W3CDTF" content = "2001-07-18"/>

其中 DC 的 15 个核心元素的名称首字母一般为小写，下面以《中国图书馆学报》上一篇名为《元数据：理念与应用》的期刊论文的部分 DC 元数据为例讲解利用 HTML 置标的结果。

<html>

<head>

...[文件题名]...

<meta name = "DC.title" content = "元数据：理念与应用">

<meta name = "DC.creator" content = "刘嘉">

<meta name = "DC.subject" content = "元数据">

<meta name = "DC.subject" content = "图书馆">

<meta name = "DC.subject" content = "定义、类型、作用">

<meta name = "DC.description.abstract" content = "对元数据的定义有多种表述。元数据并不是新的概念，但在网络环境下有革新。元数据可以分为管理、描述、保存、技术、使用等多种类型，在网络信息组织和检索方面具有重要作用。目前，元数据在世界范围内的应用越来越广；我国在数字图书馆领域里的应用已初见成效">

```
            <meta name = "DC.publisher" content = "中国图书馆学会">
            <meta name = "DC.publisher" content = "国家图书馆">
            <meta name = "DC.type" content = "Academic Article">
            <meta name = "DC.format" scheme = "MIME" content = "pdf/text/html">
            <meta name = "DC.source.journal" content = "中国图书馆学报">
            <meta name = "DC.source.year" content = "2000">
            <meta name = "DC.source.volume" content = "27">
            <meta name = "DC.source.number" content = "05">
            <meta name = "DC.source.page" content = "32-36，45">
            <meta name = "DC.rights" content = "Public domain">
        </head>
        <body>
        ...[文件正文开始]...
        </body>
    </html>
```

3. XML

1）XML 简介

HTML 虽然简洁。但随着 Web 应用的不断发展，HTML 的局限性就越来越明显：①HTML 定义了一套固定的复杂标签集，不能根据用户需求进行扩展；②HTML 把数据和数据的表现形式混在一起，使文档的结构和样式很难分开。在这种背景下，万维网联盟（World Wide Web Consortium，W3C）推荐标准可扩展标记语言 XML 应运而生。XML 虽然很像 HTML，但 XML 标签没有被预定义，而是允许开发者自行定义，这样的机制使得 XML 是可以扩展使用的。另外 XML 的设计宗旨是传输数据，而 HTML 是显示数据。

2）XML 基础语法

一个 XML 文档由文档序言和文档实例两部分组成。

文档序言提供了有关文档实例的解释信息，如 XML 的版本号、字符集、样式表和文档类型，包括XML 声明、处理命令和文档类型声明等。XML 声明在 XML 文档最前面，以"<?xml"开始，以"?>"结束，严格区分大小写。XML 声明有三个属性：版本属性、编码属性和独立文档属性。版本属性用于指明 XML 的版本号，通常使用的正式版本为"1.0"，最新推荐版本为"1.1"。编码属性指明编码使用的字符集，默认的缺省字符集是 Unicode，如果文档中有中文，常见的编码是简体中文编码 GB2312，繁体中文是 BIG5。独立文档声明属性用于指明 XML 文档是否有外部的标记声明文件配套使用。如果属性值为"yes"，那么说明这是一个独立的 XML 文档，没有使用外部标记声明；如果属性值为"no"，那么表示应用了外部文档或资源，此文档无法独立使用。处理命令 PI 用于给处理 XML 文档的应用程序提供信息，XML 文档可以对不同应用程序提出不同的处理指令。文档类型声明是用于声明与 XML 关联的文档类型定义 DTD。DTD 有两种，一种是外部 DTD，单独存储在一个外部".dtd"的文件中，另一种是内部 DTD，将 DTD 包含在 XML 文档之中，位于 XML 声明之后。

文档实例在文档序言之后，它包含文档真正的数据，这些数据元素按照树形方式组织。从逻辑上讲，XML 将文档看成元素的集合，所有的元素遵照树形结构，有且仅有一个根元素，除了根元素，每个元素都有且仅有一个父元素，除了叶子元素，每个元素都可以有一个或多个子元素。一个典型的 XML 文档如下：

```
<?xml version = "1.0" encoding = "UTF-8"?>
<！--这是一个用 XML 描述的例子-->
<bookcase xmlns:xsi = "http://www.w3.org/2001/XMLSchema-instance">
  <book type = "教育">
    <b-name>XML 实用培训教程</b-name>
    <author>
      <name>张健飞</name>
      <E-mail>zjf@163.com</E-mail>
    </author>
    <price>27 元</price>
    <publishing-house>
      <p-name>科学出版社</p-name>
      <address>北京东黄城根北街 16 号</address>
      <zipcode>100717</zipcode>
      <E-mail>yanmc@bhp.com.cn</E-mail>
    </publishing-house>
  </book>
  <book type = "科技">
    <b-name>XML 网页制作研究</b-name>
    <author>
      <name>陈会安</name>
      <E-mail>cha@163.com</E-mail>
    </author>
    <price>47 元</price>
    <publishing-house>
      <p-name>中国铁道出版社</p-name>
      <address>北京市宣武区右安门西街 8 号</address>
      <zipcode>100054</zipcode>
      <E-mail>bjb@tqbooks.com.cn</E-mail>
    </publishing-house>
  </book>
</bookcase>
```

在此示例中，下面语句为 XML 文档声明。

```
<?xml version = "1.0" encoding = "UTF-8"?>
```

下面的语句表示此 xml 文件要用到指定地址命名的元素,"http://www.w3.org/2001/XMLSchema-instance"就是这个命名空间的地址。

```
<bookcase xmlns:xsi = "http://www.w3.org/2001/XMLSchema-instance">
```

下面的语句则是文档实例,主要使用元素表示描述的具体元数据。如此例描述了一本教育类的书,一本科技类的书。每本书都有书名、作者(姓名、E-mail)、价格、出版社(出版社名、出版社地址、出版社邮编、出版社联系邮箱)等元素。其中姓名、E-mail 是作者的叶子元素,出版社名、出版社地址、出版社邮编、出版社联系邮箱是出版社的叶子元素。

```
<book type = "教育">
    <b-name>XML 实用培训教程</b-name>
    <author>
       <name>张健飞</name>
       <E-mail>zjf@163.com</E-mail>
    </author>
    <price>27 元</price>
    <publishing-house>
       <p-name>科学出版社</p-name>
       <address>北京东黄城根北街 16 号</address>
       <zipcode>100717</zipcode>
       <E-mail>yanmc@bhp.com.cn</E-mail>
    </publishing-house>
</book>
```

3)利用 XML 对 DC 元数据进行置标的实例

```
<?xml version = "1.0" encoding = "UTF-8"?>
<bibliography
xmlns = "http://example.org/mycatalog/"
xsi:schemaLocation = " http://example.org/mycatalog http://example.org/mycatalog/schema.xsd"
xmlns:dc = "http://purl.org/dc/elements/1.1/">
<dc:title>深度学习与图像分析</dc:title>
<dc:creator>李松斌</dc:creator>
<dc:creator>刘鹏</dc:creator>
<dc:publisher>科学出版社</dc:publisher>
<dc:date>c2020</dc:date>
<dc:language>chi</dc:language>
<dc:description>本书分基础和应用两个部分介绍了深度学习应用于图像分析的基本
```
概念、方法和技术。在基础部分,第 1 章介绍了神经网络与深度学习基础知识,在此基础

上，第 2~5 章分别讨论了近年来深度学习在图像分类、对象检测、语义分割及图像生成等应用领域的相关技术和方法。在每个应用领域下，对相关技术和方法的核心思想与进化历程及发展脉络进行了梳理和分析阐述，并对每个应用主题下的方法的性能进行了比较与评价等。</dc:description>

  <dc:subject>深度学习</dc:subject>

  <dc:subject>图像分析</dc:subject>

  实例中使用到了 DC 的几个数据元素，对一本名为《深度学习与图像分析》的书进行了描述，元素是需要在本地定义的，DC 则来自于命名空间"xmlns:dc = "http://purl.org/dc/elements/1.1/""。

3.3.4　元数据利用中的相关问题

  利用元数据标准对信息进行描述仅仅是信息利用的一个处理流程，后续还需要进行元数据的提供，也可能会存在互操作和规范控制等问题，这些问题的解决将会大大提升元数据的现实价值，进一步发挥其在知识组织与利用中的作用。以下从元数据的提供、元数据的互操作和元数据的规范控制三个方面详细阐述。

  1. 元数据的提供

  传统文献的元数据（如 MARC）都是由专业人员（图书馆编目人员和信息机构标引人员）提供的，这些元数据的结构严密，质量也较高。然而，网上信息不但规模庞大，增长速度惊人，而且质量参差不齐，种类繁多，由专业人员来提供全部的元数据是不现实的。而且随着 Web2.0 网络应用的不断推出，大众用户成为信息的主要提供者，他们提供信息的同时对信息进行基本描述，可以实现元数据与信息的同步增长，从而大大缓解了网络环境下信息管理的危机。随着元数据标准的简化，如 DC 就是在这种情境下而制定的简单元数据，由非专业人员来提供元数据也成为可能。

  当然，由大众用户来提供信息的元数据也会带来一些问题。因为元数据是搜索引擎等工具进行信息检索和发现的主要依据，这会导致大众用户提供元数据的目的可能比较复杂，元数据的客观性和质量都值得质疑。如有些用户以提高网页在搜索引擎结果相关性排序中的名次为目的，他们就会提供虚假的信息特征，如使用大量非本网页内容的热门关键词，设置虚假的网页更新时间等。

  可以看出，要全面解决网络信息的加工和有序化问题，单独依靠专业人员或非专业人员来提供元数据，都不能得到满意的结果。一种有效的途径是将两种方案相结合。即首先提倡大众用户提供元数据，而以图书馆、专业信息平台为代表的专业信息团体再通过评估和甄选，提取出那些质量高、价值大的元数据。同时，还可以将元数据自动生成技术作为以上方案的辅助手段。研制自动制作网站、网页的元数据软件，提供针对具体网页生成元数据的技术环境，这样就可以对不带元数据的网页，利用计算机软件自动生成元数据，同时为大众用户编写元数据创造条件。网站也可以在用户提供的元数据基础上做进一步的处理，以更好地发挥大众用户提供的元数据的作用。

豆瓣网是 Web2.0 网站的典型代表，它提供图书、电影基础信息以及大众对图书或电影等的评论信息。在豆瓣网中，用户可以自己上传图书或电影信息的元数据，也可以对它们发表自己的评论。豆瓣网为图书和电影设定了基本元数据框架，用户上传信息时需按照元数据框架输入基本信息。对于用户提供的元数据，豆瓣网会进行一定的审核及后续自动化的处理，包括对大众提供的图书或电影标签进行聚类形成大众分类体系，这样的操作很好地利用了豆瓣网大众用户提供的元数据。

2. 元数据的互操作

互操作是指不同平台或编程语言之间交换和共享数据的能力，元数据同样面临互操作问题，因为它是多元化的。随着信息需求的复杂化，用户为了解决某个信息问题，往往需要集成存储在多个异构数据库中的信息。然而，由于历史原因，在过去若干年中所形成的数据格式和数据结构采用的标准各异，互不兼容，严重阻碍了信息系统之间的互操作。有学者研究指出，因特网信息组织最突出的问题，在于如何使用元数据合作描述网络信息，特别是如何从知识组织词表中抽取元数据和如何在不同的描述间建立联系。因此，人们设想制定一种大家共同遵守的元数据框架准则，在这一框架准则下，每一领域可以开发适合自己资源特色的元数据标准和数据库。这样就可以实现各类数据库的互访，解决元数据互操作的问题。元数据的互操作是网络信息管理的基本原则，它直接影响语言和地理位置、不同的系统间的信息共享、交换和整合检索，一旦实现了各种格式之间的互操作，就能充分地发挥各种元数据标准的优点，高效组织网络信息，实现资源共享。目前，元数据的互操作主要是通过元数据映射、检索协议和置标语言来实现。

1) 元数据映射

解决元数据互操作问题的一种主要途径是元数据标准的转换，被称为元数据映射。元数据映射是语义互操作的一种方式，具体来说就是为一种元数据标准的元素和修饰词在另一种元数据标准中找到有相同功能或含义的元素和修饰词。映射可以实现跨系统的统一检索。目前已有大量的转换程序存在，供若干流行元数据标准之间的转换，例如 Dublin Core 与各国的 MARC 格式、Dublin Core 与 EAD、Dublin Core 与 GILS 等。

元数据映射的基本技术有两种，一种是一对一的映射，例如，DC 与 USMARC 的映射。这种技术的优点在于能较好地保证映射的准确性，但是在存在多种元数据标准时，转换模板的数量也呈指数增长，因此这种技术一般只适用于小范围内的数据交换。对于涉及多种元数据标准的映射，这种方式不太实际，一种替代的方法是选择一种最包容的综合格式（如 DC）作为映射中心，其他格式都向这一格式映射，从而大大降低了成本和复杂性。参与映射的元数据标准越多，这种技术的好处就越明显。

然而，由于实际情况非常复杂，建立在语义匹配基础上的元数据映射方法并不尽如人意。一方面，由于各种元数据标准应用的对象和目标不同，现实中能够严格进行匹配的情况并不多。另一方面，单向转换相对容易而双向转换则较难。尤其是在两种元数据标准的复杂性存在很大差异时。例如，在 DC 与 MARC 进行桥接时，由于 MARC 数据比 DC 丰富，所以从 MARC 映射到 DC 与反向映射截然不同，因为 MARC 许多字段会被映射到一个 DC 元素，而 DC 映射到 MARC 时，则是一个 DC 元素映射到单一的 MARC 字段。在这两个映射过程中，如果 MARC 数据转换成 DC 数据后，想重新转回 MARC 数据时，就不可避免地存在着信息的缺失。这一问题单靠元数据映射技术来解决显然十分困难。

2）检索协议

实现元数据的互操作，也可以定义一个公认的、彼此遵循的检索协议，这就必然对协议本身提出了很高的要求：协议应该能够满足互操作的需要，同时应该允许用户在协议范围内，建立满足自己特殊要求的元数据标准，在这个协议范围内产生的元数据标准，应该在可以访问别的数据库的同时，也可以被别的数据库访问。因此协议本身应该具有可操作性，简单、灵活且易于遵循，否则，协议就不具备可约束性。开放档案元数据收割倡议协议（Open Archives Initiative Protocol for Metadata Harvesting，OAI-PMH）和 ISO 的 Z39.50 正是国际上为解决元数据互操作而提出的协议。

OAI-PMH 是一种独立于应用的、能够提高 Web 上资源共享范围和能力的互操作协议。OAI 系统主要由数据提供者、服务提供者、元数据搜寻协议三部分组成。它的具体做法是：以 DC 为映射中心，采用 XML 统一编码，使不同数据提供者的元数据元素相互映射，以实现语义上的互操作。

Z39.50 是严格基于 ISO 的开放系统互联参考模型的应用层协议，是检索远程图书馆书目的信息检索标准。Z39.50 规定了客户机查询服务器及提取结果记录等过程中所涉及的数据结构和数据交换规则，从而解决了现存书目数据库检索接口的异构性问题。相对于 OAI，其功能更加完善，但也带来了实现的困难和费用的高昂。因此，一般只有标引详细、数据质量很高、对互操作质量要求相对苛刻的系统才采用。目前采用 Z39.50 的主要是一些传统的书目数据库。

3）RDF/XML

映射和 OAI-PMH 属于语义互操作的方法，RDF 与 XML 则分别从结构和语法层次提供了互操作的途径。RDF 为各种元数据标准提供了结构化的相互共容机制。可扩展标记语言 XML 作为元数据的编码标准，提供了元数据在语法层次上的互通性，使它突破特定平台、特定系统的限制。使用 RDF/XML 命名域的概念，在创建一个元数据标准时，借用其他元数据集的某些元素，可以减少重复劳动并增强元数据间的语义互通性，方便互操作的实现。

3. 元数据的规范控制

以上所介绍的三种互操作方法，无论是从语义、语法还是结构层次，都是从技术角度提供了元数据互操作的途径，而元数据的规范控制则从制度角度提供了元数据互操作的途径。网络环境中多种元数据体系的成功应用都依赖于规范控制。元数据的规范控制功能包括信息内容的规范化描述、规范标引和信息评估等方面。只有通过规范化描述才能保证数字化信息用一种规范交换。同时，元数据还可以存放规范化的标引信息，用一种规范化的受控语言来揭示主题，有效地组织数字信息。

元数据的规范控制可以通过标准化来实现。如国际标准化组织所制定的标准《数据元素的规范化和标准化》（ISO 11179）对元数据提出了规范和控制，为元数据的开放式定义提供了基础。我国制订了《科技平台元数据标准化基本原则与方法》（GB/T 30522-2014）

用来指导在科技数据处理领域元数据规范如何定义。

元数据规范控制的另一个途径是实行元数据登记制度。尽管目前已存在很多元数据标准，但是仍有许多团体为了某个领域资源描述的需要不断制定新的标准。这是因为，这些组织在制定新的标准时，并不知道在该领域是否已有标准存在，从而使同一领域存在多种互不相容的标准。因此，需要建立一个为公众所熟悉的渠道，能够使各部门在制定元数据标准时可以方便地获取相关元数据的信息。元数据登记制度正是提供了这样一种渠道，它好比专利申报制度。各国组织和机构研制出来的元数据方案应及时地向有关国家部门上报注册，其好处一是能充分地利用已研制出来的元数据，二是能避免盲目研制造成格式多样化。同时，这种登记制度也提供了一种根据网络资源特点变化而不断完善元数据标准的机制，创造了一种让最终用户直接参与元数据增添、修改的维护环境。

第4章 信息标引

　　信息描述用文献编目或元数据的方式对信息的特征进行描述和记录,人们通过这些特征对信息进行识别、检索、评估和定位。但文献编目规范并没有对内容特征揭示的过程做更多说明,这一过程往往使用标引语言进行规范。大部分针对网络信息的元数据标准,对信息外部特征关注较多,对信息内容特征,如信息所属的学科领域、信息的主题关键概念关注较少,无法满足用户对信息内容特征的需求。在计算机技术的应用下,信息标引成为信息组织的重要内容。信息标引是依据一定的标引规则,在对信息特征进行分析的基础上,给出其内容标识的过程。传统文献的信息标引主要使用分类语言和主题语言标识对文献内容特征进行表征,有很多典型的分类语言和主题语言,它们采用不同的编制方式,形成了不同的类目体系结构和词表结构,如《中国图书馆分类法》《汉语主题词表》等。这些分类语言和主题语言在网络信息时代仍然有很强的指导意义。文献编目时期的信息标引工作主要由人工完成,但随着技术的发展与应用,信息标引由人工方式转为计算机自动完成,出现了很多新的信息标引技术,如自动文摘、文本聚类等,它们有效地支持了网络信息的加工处理。本章主要讲解信息标引的基础知识,重点介绍分类语言和主题语言,分类标引和主题标引的工具与流程,以及标引工作的自动化,这些自动化技术也将为知识组织技术的学习奠定基础。本章的学习目标主要包括:①全面理解信息标引及其相关的概念;②了解信息标引的类型;③掌握情报检索语言的作用和类型;④通过实例掌握等级列举式分类法与分面组配分类法的设计与应用;⑤掌握主题语言的基本概念与类型,尤其是叙词语言和关键词语言在信息组织中的应用;⑥了解人工标引流程与类型;⑦掌握自动标引的流程与类型。

4.1　信息标引概述

4.1.1　信息标引的定义

1. 信息标引的定义和作用

　　国内已经出版的相关教材提到信息标引的定义,有说信息标引是指根据信息的特征,赋予某种检索标识的过程;有说信息标引是采用一个或若干信息标识(词语或者代号)表示或替代信息内容特征的过程;还有说信息标引也称文献标引,是指分析文献的内容特征及相关外表特征,并用特定语言表达分析出的特征,从而赋予文献检索标识的过程。

　　上面这几种定义的主要区别在于信息标引的对象到底是信息的特征还是仅仅是信息的内容特征。前面三章的内容已经给出了答案:在以文献信息为主的信息组织阶段,信息标引是文献著录中对文献内容特征的分析给予信息内容标识的过程，主要包括分类标引和主题标引。在目前包含网络数字化信息的信息组织阶段，由于信息特征难以严格区分，因此只要采用了分类标识或者主题标识对网络信息特征进行揭示的都属于信息标引。如对事物进行分类，构建事物分类体系，或对网页文本进行关键词提取，得到关键词列表的过程都属于信息标引。

综上，本书认为信息标引是依据一定的规则，在对信息特征进行分析的基础上，采用一个或若干内容标识（分类号、检索词或代码）表示或替代信息的过程。对于文献信息，"信息特征"主要指内容特征，对于网络信息，特征范围广一些，可以扩展到任何有检索意义的特征。"一个或者若干"代表信息标识的数量，也称标引深度，指一篇文献所论述的各个主题概念被确认并转换为检索标识的完备程度。通常指一篇文献被赋予检索标识的数量或占有的平均分类或主题款目数量。标引深度是根据对文献主题内容揭示的广度衡量标引质量的一个指标，也是影响检索效果的一个关键因素。"替代"表示通过信息标引结果可以直接获取信息的核心内容。

信息标引包括两个主要环节：一是信息特征分析，在了解信息内部及外部特征的基础上，提炼信息的内容，即主题概念；二是转换标识，将第一步提炼的主题概念转换为专门的情报检索语言中的标识。需要指出的是环节二不是必需的，使用自然语言标引不需要转换标识。

4.1.2　信息标引标识

标引标识是指在标引过程中能够代表信息主题内容特征的标识，它是信息组织符号系统的一部分，常使用语言来表达，自然语言和情报检索语言是信息标引标识的主要来源。

1. 自然语言与情报检索语言

自然语言是人们日常交流用语，它具有较大的灵活性，存在异形同义、一词多义和词义模糊等问题。信息检索系统需要使用语言符号表征信息特征和用户需求，如果直接使用自然语言也会受到上述问题的影响。情报检索语言是根据信息检索的需要而创制的人工语言，专门用于各种手工的和计算机化的信息检索系统，表达文献主题概念和检索课题概念，情报检索语言也被称为标引语言、检索语言。这里使用"情报"和"情报内容"是因为情报检索语言的概念系早期提出，当时情报一词是最经常提及的，在现阶段，可使用"信息"及"信息内容特征"来替代。情报检索语言在信息组织与检索中的作用如图4-1所示。

从图4-1中可见，情报检索语言的实质是表达一系列概括文献情报内容的概念及其相互关系的概念标识系统。它可以是从自然语言中精选出来并加以规范化的一套词汇，可以是代表某种分类体系的一套分类号码，也可以是代表某一类事物的某一方面特征的一套代码（如化合物的各种代码），在信息检索系统中，可以通过规范控制的手段将信息特征和用户需求信息的特征都对等转换为标引标识和检索标识，信息检索系统对标引标识和检索标识提供检索匹配运算，并将符合匹配模型的结果反馈给用户。

第 4 章 信息标引

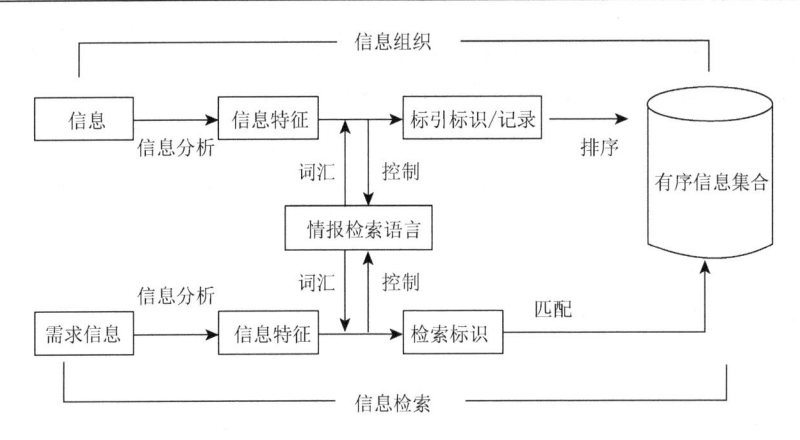

图 4-1 情报检索语言在信息组织与检索中的作用

从结构原理来看，情报检索语言主要分为分类语言、主题语言和代码语言，其中代码语言一般就事物的某一方面特征，用某种代码系统来加以标引和排列。例如，化合物的分子式索引系统、环状化合物的环系索引系统、有机化合物的威斯韦塞尔线型标注法代码系统等。由于代码语言大多在特定领域使用，本书主要关注分类语言与主题语言，它们的体系如图 4-2 所示。

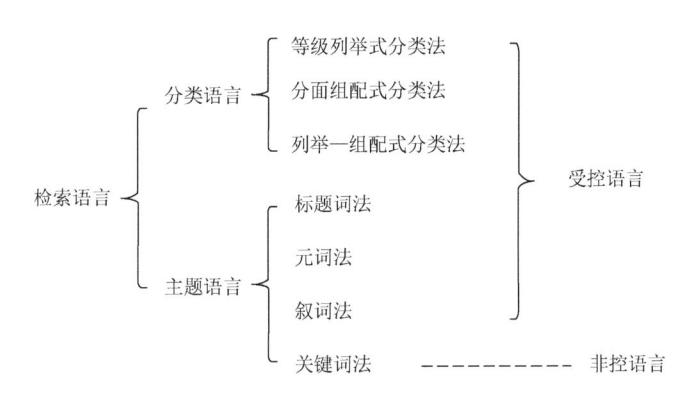

图 4-2 分类语言与主题语言体系

情报检索语言通过一定规则选取词汇，并展现词汇之间的语义关系，跟自然语言相比，它具有以下优点：①简单明白又比较专指地表达文献的主题概念；②排除了多词一义、一词多义和词义模糊现象；③显示概念之间的关系；④将概念进行系统排列；⑤在检索时便于将标引用语和检索用语进行相符性比较。

2. 标引标识的类型

采用分类语言和主题语言进行信息标引分别得到分类标识与主题标识。分类标识主要指分类语言中的分类号或者类目名称。主题标识则是用语词来表达各种主题概念，这些语词可以从信息中直接抽取，也可以人为加工提炼而得。关键词属于自然语言，指直接从文本中抽取的、不经过任何规范控制的、能够代表信息主题概念的语词。这一类标引通常由计算机自动抽取完成。如果在信息标引过程中将抽取的关键词（自然语言）经过规范控制转化为情报检索语言标识来表达信息内容特征，这些词就成为受控词。受控词包括叙词、元词和标题词等。在我国，人们更习惯将叙词称为主题词，它是以概念为基础从自然语言中优选出来的，经过规范化处理的具有组配功能的词或词组。

4.1.3 信息标引的类型

根据所用的标引语言、揭示信息内容的方式、标识受控程度及自动化程度等不同标准，信息标引可以分为多种不同类型。

1. 按标引语言类型划分

标引语言主要是分类语言和主题语言，据此，信息标引主要可以分为分类标引和主题标引。分类标引，又称分类、归类，是依据一定的分类语言、赋予信息分类标识的过程。通过赋予分类标识，分类标引将信息纳入相应知识门类，将同类信息按照一定的体系进行系统组织和揭示，是对信息分类组织和建立分类检索工具的依据。主题标引是依据一定的主题词表或主题标引规则，赋予信息内容以语词标识的过程。按照是否使用词表，主题标引可以分为受控标引和自由标引两类。受控标引通常依据词表为工具，使用经过控制的语词标识进行标引，按照选词方式的不同，可分为标题词法、元词法、叙词法等类型。自由标引则不使用词表，由标引人员根据文献内容，直接使用自然语言中的语词进行标引，如关键词法。

2. 按揭示信息内容的方式划分

根据揭示信息内容的方式划分，信息标引可以分为整体标引和全面标引，整体标引和全面标引的差异往往会体现在标引深度上。

整体标引，也称浅标引，是一种概括揭示信息基本主题内容的标引。这种标引只揭示信息中具有检索价值的整体性主题，不揭示文献涉及的各种从属性主题内容。例如，在对《信息管理概论》一书进行整体标引时，只要根据该书的整体内容，以相应分类标识或主题词对"信息管理"这一主题内容进行标引就可以了，对该书中涉及的各个附属主题内容，则不必一一揭示。由于人力物力的限制，图书馆文献编目中一般都采用整体标引，采用1~3个分类号和3~5个主题词对图书内容特征进行表征。

全面标引，也称深标引，是一种充分地揭示信息有检索价值的主题概念的标引。这种标引不仅要求揭示信息的整体主题，而且要求揭示符合检索系统要求的所有主题概念。全面标引可以加深对信息内容的揭示程度，有利于提高检全率，但需要花费较大的人力物力，在人工信息检索阶段较少使用。但如今，计算机已经全面地应用于信息标引领域，全面标引已经成为非常常见的标引方式，全文检索已是主流。很多已经投入使用的知识检索系统中，不仅会揭示信息中所有主题概念，还会针对这些主题概念间的关系网络进行揭示，从而可以真正做到对知识的提供。

3. 按标识的受控程度划分

根据所用标识受控程度，信息标引可分为受控标引和自然语言标引。受控标引是采用经过规范控制的标识表达信息主题概念的标引方式。在我国，受控分类语言的典型代表是《中国图书馆分类法》，而受控主题语言的典型代表是《汉语主题词表》。自然语言标引是采用自然语言作为标识表达信息主题概念的标引方式。一般从本文中直接抽取表达文献主题概念的关键词作为主题概念标识，通常由计算机自动抽取。

4. 按自动化程度划分

根据标引的自动化程度，信息标引可以分为人工标引、自动标引和半自动标引。人工标引是指完全由标引人员经过智力劳动完成的标引方式，也称为手工标引。在文献数据库建设的早期，这种标引方式发挥了巨大的作用。自动标引是根据信息内容，依靠计算机系统自动给出标引标识的过程。半自动标引是一种将人工标引和自动标引相结合的标引方式。往往是先由计算机给出初步的标引标识列表，然后再由人工来进行审核和筛选。

4.2 分类语言

4.2.1 相关概念

1. 类、类目和分类

类是指一组具有某一种共同特征的事物对象的集合。它可以是具体的事物对象，如计算机、汽车发动机，也可以是抽象的现象、概念，如市场经济、数理逻辑。在文献分类法中，类又称为类目，是指一组具有某一共同特征的文献集合。如文献分类法中的计算机类或市场经济类，是指以计算机、市场经济为研究对象的文献集合。类目是分类体系的基本构成单元，是按照分类对象的特性进行分类的结果。

分类，广义而言，是指根据事物的特征进行区分和类聚，并按照其相互关系进行组织的活动。分类是人类思维的基本形式，是人们在对事物特征进行识别的基础上，对事物对象系统化、条理化，据此认识世界的基本方法。分类活动包括两个基本方面，其一，是根据事物的特征区分或分组，将具有相同特征的事物对象集中在一起，将不具有这些特征的事物区分开来；其二，是按照区分出来的事物对象集合的关系确定类目的位置，并在这些类中进一步按照其相同点和相异点进行区分与组织。分类的应用十分广泛，不仅应用于日常生活的各个方面，而且也应用于科学研究和知识组织的各领域。

2. 分类法

为准确、一致、有效地组织和揭示文献信息，分类一般应依据一定的工具，这一工具就是分类法。文献分类法是比较常见的分类法，一般是指根据类目之间关系组织起来的，并配有一定标记符号的、对文献进行分类的工具。由于文献分类法的体系通常是以列表的形式加以体现的，人们习惯上也将其称为文献分类表。

中国汉代刘向、刘歆父子编制了我国第一部大型分类目录《七略》。第一部现代意义上的文献分类法是 1876 年美国国会图书馆学家杜威编制出版的《杜威十进分类法》（Dewey Decimal Classification，DDC）。随后 1933 年印度图书馆学家阮冈纳赞的冒号分类法（Colon Classification，CC）采用组配分类思想组织文献，对现代分类法发展产生了巨大影响。我国主要的分类法是《中国图书馆分类法》，它应用于中国 95%的图书馆。20 世纪 60 年代以后，计算机技术的发展极大地推动了分类法的发展，特别是互联网技术的高速发展，使得网络信息分类法改变了以学科为中心的列类方式，通过多维划分揭示相关主题。随后，各种新形势的分类组织思想层出不穷，以推理和组织为目标、知识关系揭示更加充分的本体，极大地推动了信息组织研究和应用的领域。

4.2.2 分类法的类型

1. 按照处理信息对象的不同划分

1）文献分类法

文献分类法是分类法中最重要的类型，文献分类法包括图书分类法、专利分类法、标准分类法、资料分类法和公文分类法等。编制分类检索工具和组织文献分类排架是文献分类法的基本功能，前面提到的分类法多数都属于文献分类法。

2）学科分类法

学科是科学群体中的个体，是关于客观世界中特定事物本质和规律的相对独立的知识体系。学科分类法的对象是学科，专业分类法的对象是高等学校的专业，类似的还有科研项目分类法。这些学科分类都带有某种实用性，多用于科学统计、科研项目和科研成果申报及科研机构或学科专业的设置等，如国家标准《学科分类与代码》（GB/T 13745-2009）、《高等院校本科、专业名称代码表》（GB/T 16835-1997）等。表 4-1 是学科分类法的样例。

表 4-1 学科分类法的样例

学科分类与代码（GB/T 13745—2009）	高等院校本科、专业名称代码表（GB/T 16835—1997）	自然科学基金项目分类表	国家社会科学基金项目分类表
210 农学	09 农学	B 化学科学部	外国文学
210.10 农业史	0901 植物生产	B01 无机化学	WWA 外国文学理论与方法论
210.20 农业基础学科	090101 农学	B0101 无机合成和制备化学	WWB 比较文学
210.30 农艺学	090102 园艺	B010101 合成技术	WWC 东方文学
210.40 园艺学	090103 植物保护	B010102 合成化学	WWD 俄苏文学
210.50 土壤学	0902 草业科学类	B010103 特殊聚集态制备	
⋮	⋮	⋮	

3）事物分类法

事物分类法是指以实体事物为主要分类对象，根据事物之间的异同按一定分类标准聚类和划分，依据事物关系的亲疏远近排列而成的分类法。事物分类法主要包括两种类型。

（1）组织机构分类法。组织机构包括行业、机关、团体、企业等单位。具有代表性的组织机构分类法如联合国《全部经济活动的国际标准产业分类》(ISIC)（部分类目片段见表 4-2)、我国《国民经济行业分类与代码》(GB/T 4754)等。

表 4-2　《全部经济活动的国际标准产业分类》片段

A 农、林、牧、渔业	G 信息传输、计算机服务和软件业
B 采矿业	H 批发和零售业
C 制造业	I 住宿和餐饮业
D 电力、燃气及水的生产和供应业	J 金融业
E 建筑业	K 房地产业
F 交通运输、仓储和邮政业	L 租赁和商务服务业

（2）物品分类法。物品分类法是根据工农业生产、检验、运输、仓储、贸易的需要而编制的，如轮胎的分类、瓷砖的分类、垃圾的分类等。其中商品分类占有重要的地位，是国际或国家国民经济统一核算的重要基础标准，是经济信息系统进行信息交换的共同语言，在电子商务中被广泛应用，如联合国《标准国际贸易分类》(Standard Industrial Trade Classification，SITC)、《主要产品分类》(Central Product Classfication，CPC)（分类大纲见表 4-3)、《全国工农业产品分类与代码》(GB/T 7635.2—2002)等。

表 4-3　《主要产品分类》分类大纲

类号	说明
0	农、林、渔业产品
1	矿石、电、气和水
2	食物产品、饮料和烟草、纺织品、服装和皮革产品
3	便携商品（除了金属产品、机械和设备）
4	金属产品、机械和设备
5	无形资产
6	经销业、住宿、食物和电力、燃气等提供服务
7	金融、租赁服务
8	商务和生产服务
9	社区、社会和个人服务

4）网络分类法

网络分类法其实不能算作一种新的分类法，因为网络信息是多样的，它既包括传统文献数字化的信息，也包括诸多事物数字化后的信息，它们并不是新的分类对象，仍然可以使用文献分类法和事物分类法等进行分类。但由于网络用户信息需求的不同，网络分类法跟传统的分类法存在很大差异，因此单列为一种。网络分类法的类目体系比其他分类法的动态性要高，对新事物反应迅速，并且需要更多考虑用户的兴趣和使用习惯安排类目结构。

网络分类法有很多形式，可以将传统文献、学科和事物分类法经过改造用于网络信息分类，也可以自建类目体系。各网站基本都采用自创的分类体系，它们大多按事物而不是按学科划分类目，主要用于通用性网络信息的组织与查询。大型综合搜索引擎往往是参考一个或几个分类标准设置自己的分类导航系统。如类目的使用频率、重要性来排列，突出日常生活相关的、一般用户都感兴趣的类目设置，如教育、娱乐和生活等；对学术性科技类目的设置有些弱化。另外还采取多重列类法来显示类目之间的关系，每个大类又分出若干二级类目，如果需要还可以继续细分三级、四级，并且通过超文本与超链接技术灵活、多维和有效地揭示了类目之间的关系。图4-3展现了淘宝网商品分类体系的一级类目。

分类

女装 / 内衣 / 奢品
女鞋 / 男鞋 / 箱包
美妆 / 饰品 / 洗护
男装 / 运动 / 百货
手机 / 数码 / 企业礼品
家装 / 电器 / 车品
食品 / 生鲜 / 母婴
医药 / 保健 / 进口

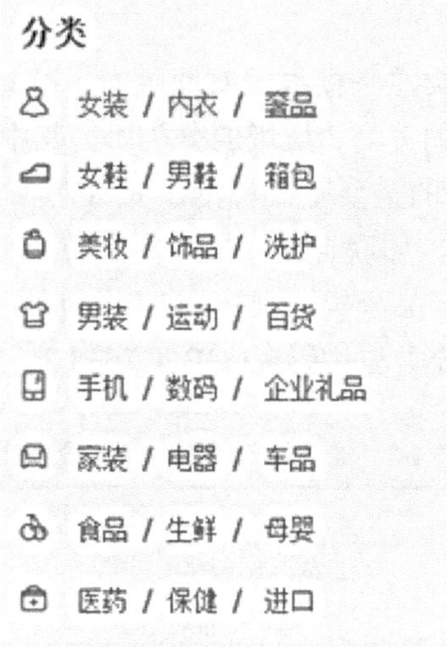

图4-3　淘宝网商品分类体系的一级类目

网络分类法也可以由大众用户提供，即以分众分类法（Folksonomy）形式出现。分众分类法又称大众分类法，表示一种由非专业信息人员创造的分类法，国内也称为"自由分类"、"通俗分类"和"社会分类"等。分众分类法与传统结构严谨的文献分类法和前面提到的网站自设的分类法不同，它强调的是一种自下而上的、社会性的、用户共同创造的、自由的分类法。通俗地讲，分众分类法就是由用户将自己感兴趣的信息加以组织整理，自由选择关键词为信息添加标签（Tag），然后再依靠开放式标签系统通过自动聚类实现。

由于缺少专家参与，网络自建分类法和分众分类法在应用过程中还是存在一些问题的，如逻辑性、等级性相对较弱；注重实用性、易用性，而科学性不足；类名简短，甚至无法准确判断类目的含义等。

2. 按分类法编制方式不同划分

按照分类法编制方式不同，分类法通常被分为三种类型，即等级列举式分类法、分面组配式分类法和列举-组配式分类法。

1）等级列举式分类法

等级列举式分类法是将所有的类目组织成一个等级系统，并且采用尽量列举的方式编制的分类法。这种分类法通常采用概念概括和划分的原理，按照划分的层次，逐级列出详尽的专指类目，将类目体系组织成一个树形结构，并在以线性形式显示时，以缩格表示类目的等级关系。由于这种分类法通常是依据传统的知识分类体系编制的，所以人们习惯上也将其称为体系分类法。

等级列举式分类法是目前使用最为普遍的一种分类法类型，例如，《中图法》采用列举式对"水上运动"进行从总到分逐级列举，并使用相应的标记固定次序，其形式如下：

    G861   水上运动
    G861.1   游泳
    G861.11 自由泳
    G861.12 仰泳
    G861.13 蛙泳
         ⋮

等级列举式分类法具有的特点如下：

（1）根据用户使用需要，按照学科、专业有层次地揭示文献，类目按照概念逻辑划分的方式展开，比较系统；

（2）采用等级列举方式，将类目结构加以完整展示，类目体系概括、直观、易于把握、便于使用；

（3）标记符号简短、明了，号码单纯，适合用来组织文献分类排架，也可以用于组织分类目录等。

列举式分类法也具有明显的缺点：

（1）采用列举方式往往无法满足确切分类需要，不能充分地揭示文献中大量存在的复杂主题和细小专深主题；

（2）详尽地列举导致大型综合性分类法的篇幅巨大，带来使用上的不便，其静态结构具有拘束性，难以与科学发展保持同步，必须经常修订；

（3）列举式列表的等级结构，使得表结构具有一定的凝固性，不能调整检索途径，进行多角度检索，标记方式也给类目增补带来了巨大的不便。

有很多知名的等级列举式分类法，如 DDC、《美国国会图书馆分类法》（Library of Congress Classification，LCC）、《中图法》等。

2）分面组配式分类法

分面组配式分类法是依据概念的分析与综合原理，将概括信息内容与事物的主题概念组成"分面-亚面-类目"的结构体系，通过各分面内类目之间的组配来表达信息主题的一种分类法,也称为组配分类法、分析-综合分类法。分面组配式分类法的典型代表是印度著名图书馆学家阮冈纳赞所创制的《冒号分类法》。

与等级列举式分类法相比,分面组配式分类法放弃了详细列举类目体系的做法,采用以简单概念组成复合类目的方式。分面组配式分类法的核心是分面。分面又称组面,简称面,面就是按某种分类标准(信息特征)产生出来的一组类目。

以"文学作品"的分类为例,如果组配分类法将文学作品涉及的特征,分解为以下分面,按范畴设置基本概念,并配以相应标记,如表4-4所示。则在标引一部文学作品时,类号E1C3D2代表的含义就是中国现代戏剧。

表4-4 文学作品的简单分面表

地区分面	体裁分面	时代分面
E1 中国	D1 诗歌	C1 古代
E2 朝鲜	D2 戏剧	C2 近代
E3 韩国	D3 小说	C3 现代
E4 日本	D4 散文	C4 当代

可以看出,列表中按照基本范畴设置分面,使用时先分析文献的内容和特征,然后利用列表中的分面进行组配标引。以分面分类理论为原理而编制的组配分类法克服了体系分类法的缺点,通过简单主题概念的组配,确切灵活地表达了各种主题概念,提高了专指度;通过对文献进行多方面标引,使其多向成族,提供多种检索途径,便于根据实际需要扩大或缩小检索范围;它的类目体系较为自由、灵活,类表简化,篇幅小,便于修订、增补,易于跟上科学技术及文献的发展,方便广大工作人员标引和检索文献。

从理论上讲,分面组配式分类法采用动态分布结构,具有较大的灵活性。分面组配式分类法的明确分面结构和统一规则远比等级列举式分类法易于管理。在很小的篇幅中蕴含着可以无限扩充的类目体系,不必增补具体的复合主题,对于新概念,根据其学科性质,归入相应的范畴即可。但在实际应用中,传统文献信息分类的主要需求之一仍然是分类排架,而分面分类法不论是组配技术还是标记技术都过于复杂且缺少直观性,会给标引者和检索者带来很大的负担,大大降低它的实用性。网络环境中的信息组织摆脱物理分类排架的需要,分面组配式分类法能够为用户提供多角度、多入口的检索方式,在网络信息组织上有非常多的成功表现。例如,京东商城针对服装这类商品进行搜索时,用户可以灵活地组配品牌、价格、颜色等商品特征,将它们组合在一起查找自己喜欢的服装,这就是分面组配分类法的典型应用。

3) 列举-组配式分类法

列举-组配式分类法又称为混合式分类法或半分面分类法,是在等级列举式的详尽类表的基础上,辅助采用各种组配方式的分类法。列举-组配式分类法兼有前面两种分类法的特点。列举-组配式分类法的优点是以列举式类表为基础,具有一定的直观性,同时辅助采用组配方法,基本上可以达到与分面组配式类表同等的标引水平。《国际十进分类法》(Universal Decimal Classification,UDC)是列举-组配式分类法的代表,它在等级列举制的基础上采取了多种符号进行组配,能够非常灵活地揭示文献信息的特征。

4.2.3 文献分类法的结构

文献分类法是最主要的分类法，它通过类目体系的系统排列进行词汇控制。等级列举式分类法采用详细列举类目体系的做法，其结构的核心是复杂的类目体系，一般包括主表和附表。分面组配式分类法采用以简单概念组成复合类目的方式，其结构的核心是按照某种分类标准（分类特征）产生出来的一组类目，以及在该类目基础上构建的分面符号和分面组配公式。鉴于等级列举式分类法最为常见，本节以它为例介绍分类法的结构。一般等级列举式分类法是由类目体系、标记符号、说明与注释、类目索引四部分组成的。

1. **类目体系**

类目体系一般是遵循知识分类的基本原则并结合信息分类的实际需要而建立的，包括主表和附表。主表是在基本部类的基础上构建的，由基本大类、简表和详表构成，附表主要指附于主表之后或主表内相应类目之后的复分表。

1）主表

主表包括基本大类表、简表和详表。基本大类是分类法的基本大纲，是分类体系展开的起点，因此它就是通常所说的第一级类目。基本大类是在基本部类的基础上依据学科发展等情况而确定的。简表是整个分类法的基本类目表，担负着承上启下的作用，是由基本大类的进一步区分而形成的简单类目体系，一般由二级类目或三级类目构成。简表的作用：一方面可以作为规模比较小的文献信息中心进行文献分类的依据，也可以主要作为不需要对文献进行细分时的依据，如新华书店、大型书市等活动可以采用简表作为临时的文献类分依据；另一方面，由于详表的类目体系特别复杂，一般分类图书时，为了提高文献分类标引工作的效率，可以用它来引导到详表中去寻找适当的细目，但不用作分类的依据。详表是整个分类法的正文，即主表，是类分图书的真正依据。

2）附表

附表称复分表或辅助表或共性区分表，指将主表中按同一标准对类目划分产生的一系列相同子目抽出，单独编列，供主表有关类目共同使用的表。在主表展开时，不少类目的进一步区分往往需要采用相同的划分标准，并得到相同的子目。如主表中的各国政治、各国经济、各国军事、各国文化概况等，在按国家进一步区分时，均可分出相同的地区类目。为了增强类表的细分程度，缩小类表的篇幅，文献分类法一般将这些共性子目抽出，单独编列成表，供有关类目进一步区分时共同使用。

复分表是分面组配的一种基本使用形式。利用复分表处理共性复分问题的作用主要有：①有助于缩小类表的篇幅。可以使类表在较小篇幅的情况下，达到较大的细分程度。②有助于加强类表的伸缩性。可以根据类表的需要，通过增加或减少复分表的使用，调整细分程度，改进类表的灵活性。③有助于增强类表的规律性。如采用统一方式对共性子目进行编列，并配置相同号码，可以使类目体系的列举更加一致，增加类目的助记性。

复分表通常可按其使用范围分为通用复分表和专类复分表两类。其中，通用复分表又称为共同区分表，是一种供整个文献分类法有关类目共同使用的表。各个综合性文献分类法对通用复分表的设置不尽相同。除使用复分表外，文献分类法也常采用仿分形式处理共性区分问题。仿分是指利用某一类的子目做进一步细分的依据。类表中一组性质相近的类目出现共性子目时，为了缩小类表的篇幅，文献分类法通常在总论性类目或较前的类目下详列子目，供有关类目仿照复分。仿分可以起专类复分表的作用。

复分表、仿分及类间组配的使用，大大缩小了类表篇幅，增加了类表对主题的揭示能力及标引和检索的规律性。

2. 标记符号

标记符号是分类体系中类目的代号。在分类法中，类目体系有一定的逻辑关系，一个具体的类目在该体系中所处的地位和层次是比较固定的，因此标记符号也有相对的固定性。分类标记符号质量的高低，不仅影响分类法本身的质量，同时影响分类工作实践。

1）标记符号的作用

（1）在分类法的标记符号中，通常以简洁的号码来代替类目名称，反映类目的内涵和表达类目概念，将类目的文字主题转变为分类代码，在文献信息组织、加工、排检中就非常方便。

（2）以号码标记类目，易于固定类目的先后次序。也易于文献信息工作者对类目体系的了解和掌握。

（3）类号之间的关系同样可以反映类目之间的关系，如从属关系、并列关系等，在一定程度上可以增强文献分类检索的逻辑性。

2）标记符号的局限性

由于类目体系的相对固定性，标记符号在类目中的位置也趋于固定，这样就产生了类目位置的不易调整性；由于类号之间具有一定的内在联系，新类目的增加也受到一定的限制。这种局限性在等级列举式分类法中表现得更为明显。

3. 说明与注释

在分类法中，说明与注释是不可缺少的。说明主要包括分类法的编制说明、修订说明、大类说明；注释主要指类目注释等。

1）分类法的编制说明、修订说明

分类法的编制说明往往体现分类法的编制原则、体系结构、标记制度与标记符号等。通过了解分类法的编制说明可以对某种分类法的总体情况予以全面掌握。修订说明是在分类法原编制说明的基础上，因随着时间的推移，人们对事物的认识不断加深，对类目体系中的一些不适应知识进展和学科发展的类目进行调整，这些调整往往包括扩充、增补或删减等。修订说明对于新版本的分类法的采用具有总体上的指导作用。

2）大类说明

大类说明是就分类法中的各个基本大类的内容、范围、分面或层次结构及相关的分类规则等进行的说明。大类说明在不同的分类法所设置的位置有可能不同，《中图法》将大类说明集收入使用说明中,有些分类法会将大类说明安排在每个基本大类之前。

3）类目注释

类目注释是对分类法中的有关类目的具体的补充说明。补充主要是在编制说明、大类说明等中无法揭示的具体、非共性的类目做微观上的说明。从分类法的类目注释的内容看,主要包括类目的具体含义、类目范围、类目特性与类目关系等。

类目关系注释不仅可以更好地揭示分类法之间的类目关系,而且对分类工作实践有着极为重要的指导作用,既有利于提高文献类分的质量,又有利于信息组织的科学化和规范化。

4. 类目索引

类目索引,也称分类表索引,是从类目名称字顺途径查找相应分类号的工具,它为分类法的有效使用提供了便利。类目索引主要有两个作用：一是通过将分类体系的系统排列转变成字顺排列,可以从表达主题的词语出发找到相应的分类号,克服了类目查找的困难；二是便于用户查找分类表中被分散在各个学科门类的有关同一事物的类目及分类表中未列出的有关新概念。

4.2.4 等级类目体系的构建

从上面文献分类法的结构可见,类目体系是根据类目内在关系和一定的原则组成的,是文献分类法的主体。分类语言的标识是分类号,而分类号所代表的类目的含义由类目体系决定。类目设置的合理与否、类目组织质量的高低,决定分类法的实用性和适用性。因此,需要掌握类目体系构建的规范要求。

1. 等级类目体系构建的规范化要求

构建类目体系需要遵循分类语言词汇和语法的规范化要求,主要包括类目体系规范化,以及类目名称规范化和类目注释规范化。类目体系规范化主要考虑类目划分规则、同位类的排列、类目关系的处理方法等。类目名称规范化主要考虑类目名称的选择、语词组成分类表的规范化和类目名称的一致性。类目注释规范化包括类目注释所用语词的规范、列举的事物次序与类目体系保持一致、避免矛盾的注释、参见注释的一致性及注释方法的规范。类目体系规范对类目体系构建最为重要。

由于编制方式和应用场景的不同,等级列举式分类法和分面组配式分类法的类目体系构建是不同的,鉴于等级列举式分类法的广泛应用,本节主要介绍等级类目体系构建中的类目划分规则。这些规则适用于所有的等级列举式分类法,但更适合文献信息领域,网络信息分类体系应更多地考虑大众用户的需求。

2. 等级类目体系构建的方式

等级类目体系的建立可以有两种方式,一种是采用归纳的方法,从个别到一般,根据个体特征的相同点集合成类,并依照这一方式,逐步将小类聚合成大类,建立起类目体系；另一种是采用划分的方法，从总到分，从一组概略的类目出发，通过逐级划分层层展开。

无论采用何种方法，最终都能建立起一个依照层次、等级逐步展开的分类系统。在一些情况下，两种方法也可以结合进行，如在用层层划分展开类目体系的同时，对部分类目采用类聚的方法设置。

3. 类目划分规则

类目划分是指依据一定特征对类目的外延进行区分，生成一组子目的过程。类目是依据一定特征对事物区分和类聚的结果，同时它也可成为被分类对象。这是因为事物的特征是多方面的，同中有异，因此可以根据其他特征再进一步区分。如文学作品按照体裁划分之后，划分出的小说类目还可以按照题材、时间、地区等特征进一步划分。在类目划分中，需要重点关注分类标准的选择及引用次序，并遵守一些基本原则。

1）分类标准的选择

分类标准的选择是指为建立类目体系而进行类目划分时，决定将待划分类目的事物多种特征中的哪种或哪些特征用作划分依据。由于可以作为分类标准的事物特征有很多，但分类法中，一般不可能或没必要将事物的所有特征都用作分类标准，因而应该根据需要对事物特征进行选择。

分类标准的选择有着非常重要的意义：选择什么特征作为分类标准，决定着分类法中会出现什么样的类目，能从什么角度集中信息，可以提供什么样的检索途径，从而影响着分类法的性能和质量。只有某一特征被选作分类标准，类目体系中才会产生反映这一特征的相应类目，从而将具有该种特征事物的信息相对集中，提供按该种特征检索信息的途径。反之，若某一事物特征未被选作分类标准，类目体系中就不会出现反映这种特征的类目，从而使本来可以按该特征相对集中的信息被分散包含到其他多个类目，难以提供按该特征检索的途径。例如，"法律"按"法的部门"这一特征划分，类目体系中就会出现"国家法、宪法""刑法""民法"等类目，相应地可以将各种法的部门信息予以集中，提供按该途径检索有关信息的途径。但是，"法律"也具有"地区"这种特征，如果不将这种特征选作分类标准，类目体系中就不会出现"中国法律""日本法律"等类目，因而不能将有关各国法律的信息集中，要检索某个国家法律的信息就很困难。

2）分类标准的引用次序

分类标准的引用次序是指某类目需要选用多种特征作为分类标准进行连续划分时，使用各种分类标准的先后次序。构建类目体系时，大多数类目需要选择多种分类标准进行连续划分，这会产生一个先用什么特征作为分类标准，后用什么特征作为分类标准的问题，也就是分类标准引用次序的选择问题。选择的分类标准越多，供选择的分类标准引用次序方案就越多。

分类标准引用次序的选择决定着形成具有何种性能的类目体系。当几种特征被选作分类标准时，只有首先使用的分类标准才能使在该特征上相同的信息最大程度地集中，依该特征检全信息最容易；后面使用的分类标准不能完全集中在该事物特征上相同的信息，因为在该特征上相同的信息已被分散至依前面分类标准划分出的多个类目之后才相对集中，而且越是靠后使用的分类标准，在该特征上相同的信息就被分散得越零散，要检全该特征相同的信息就越困难。如前面的"法律"类目，如果按照"法学各部门"和"国家"两个特征进行不同引用次序划分，则会形成如图4-4所示的两种类目体系。

"国家→类型"引用次序	"类型→国家"引用次序
中国法律 　国家法、宪法 　经济法、财政法 　民法 　刑法 　经济法、财政法 美国法律 　国家法、宪法 　经济法、财政法 　民法 　刑法 　⋮	国家法、宪法 　中国 　美国 　⋮ 经济法、财政法 　中国 　美国 　⋮ 民法 　中国 　美国 　⋮ 刑法 　中国 　美国 　⋮

图4-4 分类标准引用次序对类目体系的影响

这两种类目体系中，第一种体系先按国家集中一国的所有法律，然后才将各部门法律分别集中，或者说同一部门的法律依国家而分散，因此，比较适合普通大众用户检索法律信息的要求，因为他们更多关注自己国家的法律。第二种体系先集中各个类型的法律，各类型法律之内才再按国家集中，因此，比较适合法律专业人员进行法学研究而提出的法律信息检索要求。

在体系分类法建立类目体系时，一般只能从多种分类标准引用次序中选择一种最能适应用户需要的引用次序，但是也有例外，如《中图法》中的"法律"类就依上述两种引用次序建立了两种类目体系，供有关单位选用。

3）划分标准选择和引用次序遵循的原则

在实践中为了保证类目体系构建的科学性和合理性，构建类目体系时需要进行充分的论证，遵循一些基本原则能够在一定程度上保证构建的效果。

（1）适应用户的需求特点和检索习惯。建立类目体系是为了便于用户利用，因此，应参考用户的需求特点和检索习惯决定选择哪种或哪些事物特征作为分类标准并采用何种引用次序。这一原则要求优先选用大多数用户会作为需求和检索出发点的事物特征作为分类标准，依照大多数用户逐步缩小需求和检索的路径选用后续分类标准；当不同用户群的需求特点和检索习惯同等重要而又无法兼顾时，还要考虑采用不同的分类标准引用次序，以满足不同的需要；并根据用户可能提出的需求和检索提问专指度决定选用分类标准的数量。

为了掌握作为分类标准及其引用次序选择依据的用户需求特点和检索习惯，一般可以从下述几个方面进行分析：①一般用户与专业用户的需求特点和检索习惯。②不同职业用户的需求特点和检索习惯。如基础科学研究人员往往从学科的研究对象、学派、观点等角度来检索，工程技术人员侧重于从产品的原理、设计、结构、性能、工艺或工程的类型、勘测、设计、材料、设备、施工等角度来检索。③各学科用户的需求特点和检索习惯。如社会科学用户比自然科学用户更重视信息内容论及事物的地区和时代特征。④特殊用户群的需求特点和检索习惯。⑤具体国家的政治、经济、科学、教育、历史及文化传统等因素对用户需求特点和检索习惯的影响。

（2）保持与相关学科知识分类体系的一致。各门学科在其发展过程中已经形成了学科自有的特定类目体系。例如，生物学中按照界、门、纲、目、科、属、种划分而形成的生物分类体系；语言学中依次以语系、语族、语支为分类标准，将各种语言组织成谱系分类体系等，在对这些学科信息建立类目体系时，应与知识分类体系相一致。

（3）符合信息的实际情况。因为分类往往是针对某一个机构内部或者某一适用范围的信息进行的，需要考虑机构实际情况。①依据信息出版或收藏数量的多少决定选用分类标准的多少，使选用的分类标准数量与将要分类标引的信息数量成正比。②根据信息的多方面特点，选用检索意义最大或较大的内容特征和外部特征作为分类标准。建立类目体系时，一般应选择信息的内容特征作为主要分类标准，必要时以信息的形式特征作为辅助分类标准。但是，有些信息的实际情况却要求以外部特征作为主要分类标准。如图书分类法中一般以图书内容的学科特征作为主要分类标准；在档案分类法中，却以档案内容的职能特征作为主要分类标准。

（4）性质相同或相似的类目尽量选择相同的分类标准及其引用次序。为了增强类目体系的规律性、助记性，便于用户掌握，在不损害类目体系对用户需求的适应性及其自身科学性的前提下，应在性质相同或相似类目的划分过程中，选择相同的分类标准及其引用次序，使类目体系中出现较多的对应类目或对应的局部类目体系。

（5）基本遵守逻辑学所要求的概念划分规则。概念划分有一定原则，包括划分的子项外延之和与母项的外延必须是全同关系；每次划分的标准必须同一；划分的子项应互不相容；划分不能越级等。进行类目划分时遵守这些规则，将使类目之间的关系明确易辨，方便用户使用。但是，类目体系构建是综合因素影响的结果，有时候为了满足前面的原则，不一定要完全遵守概念划分的逻辑规则。如当使用类目体系的用户比较分散时，他们需要的检索入口特征差异较大，即需要从不同特征获取信息，这时可以使用多重列类；或者可以为了突出某一层级的类目，可将该层级与其他上位层级进行并列。如《中图法》中有关"中国"的类目大多是与"洲"平级的。

4. 同位类排列原则

类目的排列主要是指同位类的排列。同位类的排列次序对检索效率不会产生重大影响，但是，保证同位类排列的逻辑性、规律性、稳定性和适用性有利于用户认识和掌握类目体系，增强分类法的易用性，对提高标引和检索效率都有积极作用。因此，应尽可能地避免按类名字顺或任意排列同位类，而是依据以下原则科学地对同位类进行排列。同位类排列优先采用事物的自然序列排列同位类，如事物的发展顺序、历史顺序、分布次序、结构次序、系统次序等。也可以合理地采用人为序列排列同位类，如重要性、文献量和用户使用习惯等。

5. 类目间关系的处理

体系分类法中成千上万的类目是根据类目之间的内在联系组织起来的。虽然分类表中类目的排列是采用线性方式，但是，体系分类法中可以采用类目等级结构、交替类目、类目注释等方式来显示类目之间的多种关系，使众多的类目组成有机的类目体系，从而发挥体系分类语言对大量信息进行系统组织，对主题相同或相关的信息予以集中或揭示其相关性的功能，便于扩大、缩小或改变检索范围，并为明确类目含义提供相应的语言环境，有助于提高检索效率。体系分类法类目之间的关系主要有从属关系、并列关系、交替关系和相关关系。

1）从属关系

从属关系是指一个类与其直接细分出来的小类之间的关系，又称隶属关系或等级关系。分类法的上位类与下位类之间的关系基本上是从属关系。上位类与下位类之间的从属关系包括属种关系、整体与部分关系、全面与方面关系。类目等级结构是显示从属关系的主要方式，如纸质版本的分类法可采用不同大小、不同类型、特殊样式（加粗、倾斜等）的字体；类目排版缩进；不同类号构成等加以区分。

2）并列关系

并列关系是指一个上位类依据某一分类标准划分出的各个下位类之间的关系。体系分类法中，同位类之间的关系基本上是并列关系，包括可视为并列关系两种特殊形式的矛盾关系和对立关系。考虑到概念逻辑的原则及用户利用类目体系过程的路径唯一性，具有并列关系、矛盾关系和对立关系的同位类之间，在内涵上互有联系，但是在外延方面应该相互排斥、不相容。

3）交替关系

交替关系是指表达相同主题概念的正式使用类目与非正式使用的交替类目之间的关系。其实质是等同关系，但又是类目多重从属关系的体现。交替类目是依据概念的多重从属关系而设置的非正式使用的类目。当某个或某些主题概念可以同时隶属于两个或两个以上的类目时，为使它们多向成类，一般同时在分类表的有关位置设立类目，但只将其中一个位置的类目作为正式使用的类目，用于类分信息；其他位置的类目作为非正式使用的交替类目，不用于类分信息，可作为检索系统中建立"见"参照的依据。如《中图法》一般将交替类目的类号置于方括号内，类目下一定有"宜入×××"的注释，与对应的正式使用类目相联系。必要时，可将分类表中的交替类目改变为正式使用类目，同时将相应的正式使用类目改为交替类目。

4）相关关系

相关关系是指类目之间除从属关系、并列关系、交替关系之外的其他关系。在分类表中类目的相关关系主要是靠注释指示。其中,"参见"注释指示的类目参照是主要的相关关系显示方式;指明类目内容范围划分的注释和互见注释也是对相关关系的显示。

4.2.5 文献分类法典型代表

1. 等级列举式分类法典型代表——《中图法》

《中图法》全称是《中国图书馆分类法》(Chinese Library Classification,CLC),原名《中国图书馆图书分类法》,是目前国内最常用的等级列举式分类语言,最新版本为第五版。《中图法》宏观结构也是由类目体系、标记符号、说明与注释、类目索引等组成的。

1)类目体系

(1)主表。《中图法》以各门学科的特点和规律为基础,按照知识门类的逻辑次序,将学科划分为五个基本部类(马克思主义、列宁主义、毛泽东思想;哲学;社会科学;自然科学;综合性图书),二十二个基本大类。《中图法》在基本大类的基础上,根据各类文献的特点,遵循从总到分、从一般到具体、从理论到实践的方式逐级展开,逐步形成一个等级分明的类目体系,如图4-5所示。

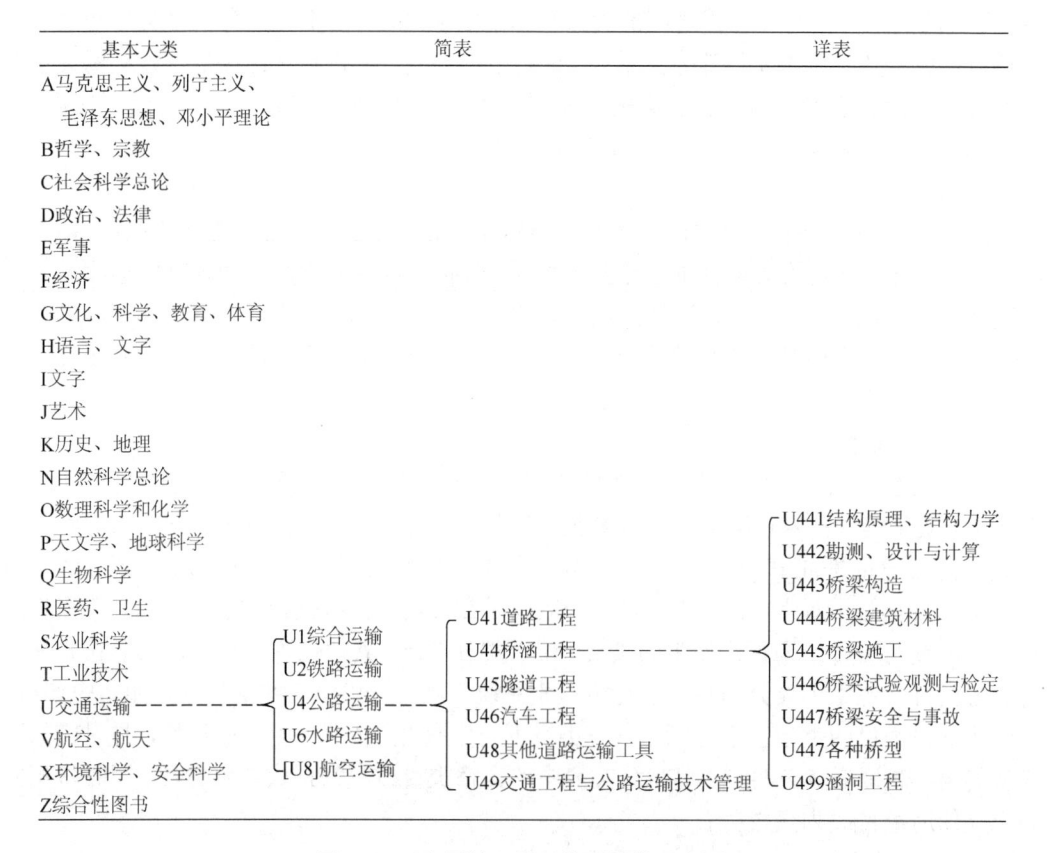

基本大类	简表	详表
A马克思主义、列宁主义、毛泽东思想、邓小平理论		
B哲学、宗教		
C社会科学总论		
D政治、法律		
E军事		
F经济		
G文化、科学、教育、体育		
H语言、文字		
I文学		
J艺术		
K历史、地理		
N自然科学总论		
O数理科学和化学		U441结构原理、结构力学
P天文学、地球科学		U442勘测、设计与计算
Q生物科学		U443桥梁构造
R医药、卫生	U1综合运输	U41道路工程	U444桥梁建筑材料
S农业科学	U2铁路运输	U44桥涵工程	U445桥梁施工
T工业技术	U4公路运输	U45隧道工程	U446桥梁试验观测与检定
U交通运输	U6水路运输	U46汽车工程	U447桥梁安全与事故
V航空、航天	[U8]航空运输	U48其他道路运输工具	U447各种桥型
X环境科学、安全科学		U49交通工程与公路运输技术管理	U499涵洞工程
Z综合性图书			

图4-5 《中图法》类目体系结构示意图

类目是构成《中图法》详表的基本要素,每个类目由类号、类名、类级、注释和参照组成,如图4-6所示。

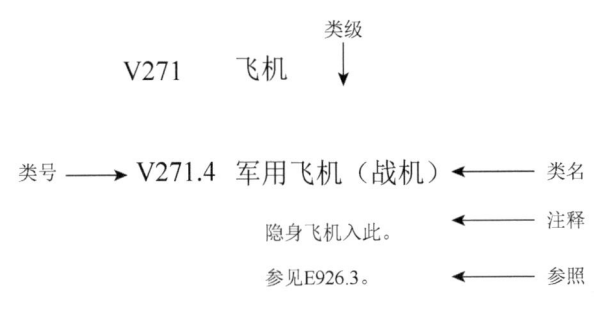

```
                        类级
          V271    飞机    ↓

类号 ──→ V271.4  军用飞机（战机） ←── 类名
                 隐身飞机入此。    ←── 注释
                 参见E926.3。      ←── 参照
```

图4-6 《中图法》类目的微观结构示意图

（2）复分表。《中图法》的通用复分表共有八个,依次为①总论复分表;②世界地区表;③中国地区表;④世界时代表;⑤中国时代表;⑥中华民族表;⑦世界种族与民族表;⑧通用时间、地点复分表。专类复分表则是一种只适用于某一基本大类或专门学科的复分表,一般设置于相应门类之中。《中图法》编有58个专类复分表,供各类细分时组配使用。从一定意义上来说,《中图法》作为一部等级列举式分类法,它对分面组配思想也是有借鉴的。

2）标记符号

《中图法》采用汉语拼音与阿拉伯数字结合的混合号码,通常以一个大写字母标示一个大类。在工业技术大类中,为适应工业部门分类的需要,采用双字母方式标示其二级类。其余类目均采用拼音与数字混合标识,所有数字按小数对待。为使号码醒目,规定每三位一点。如TP393.08 计算机网络安全。

《中图法》的配号制度基本上遵循层累标记制的原则,但为了同时满足标记对类目容纳性、简短性的要求,在号码配置上通常采用各种灵活标记方法,包括:八分法、双位制、借号法、预留空号法、字母标记法等。各种方法的使用不拘泥于形式,比较灵活。同时,注意号码配置的助记性、对应性。

3）说明与注释

《中图法》大类说明收于使用说明之中。《中图法》类目注释的类型主要有:①规定类目的含义和内容范围;②揭示本类与相关类的关系,指明交替类目、类目参照及参考有关类的标引方法;③说明分类方法,指示类目复分、仿分,说明特殊分类规则和配号方法;④规定同类文献的排列方法;⑤说明修订情况。

4）类目索引

《中图法》第一版没有配备索引,第二版是标题词型相关索引,第三版虽然没有编制专门的索引,但《中国分类主题词表》（以下简称《中分表》）的第二卷《主题词-分类号对应表》也可看作一种叙词表式的索引。《中图法》第四版采用的是将链式索引与题内关键词索引结合起来用计算机编制的方法。链式索引法是一种通过对类链的分析而择取索引标目、编制索引的技术。它利用了类目与主题词之间的对应关系,在字顺序列中再现了分类体系，对任何文献都同时提供了从概括主题和专指主题进行检索的途径，增加了检索入口，在检全率及易用性方面有无法比拟的优势。

2. 分面组配分类法典型代表——《冒号分类法》

1)《冒号分类法》的编制思想

《冒号分类法》是印度图书馆学家阮冈纳赞受到传统机械组合玩具"梅卡洛"的启发而编撰的。"梅卡洛"是将槽条、齿轮、杆、螺钉和螺帽等十二个小型结构零件稍做适当变换和组合，即装配成各种不同式样的机械商品玩具。阮冈纳赞在此基础上思考认为，能否只需要制定一个少而短的类表，而任意主题的类号则可以根据类表中各种成分加以适当变换和组配予以构成。他选择":"作为置换与组配功能的象征，从而在此基础上编撰了《冒号分类法》。《冒号分类法》在后续几年不断地被修订，进一步完善分面组配思想。在不断地修订中，阮冈纳赞提出了一套复杂的分面分类体系构建的规则，甚至使用到数学论证的方法。他将分类法划分为三个结构平面，包括概念平面、词语平面和标记平面。

概念平面是概念本身所考虑的平面，不取决于代表它们的词汇和表示它们的号码，需要根据概念在主题中所处的关系、地位考虑它的含义。为了做好概念平面的分析，阮冈纳赞提出了 PMEST 的五个基本范畴思想，即可从本体（Personality）、物质（Matter）、能量（Energy）、空间（Space）和时间（Time）等五个基本范畴进行分析，同时在类表的整体设计中，都纳入基本范畴思想。"本体"是指事物本身，如图书馆学类是指各种类型图书馆，音乐类是指各种乐曲，纺织类是指各种制成品纱、绳、织物等。物质是指构成事物的材料或素材，如图书馆学类是指手抄本、铅印本、照相复制本、期刊等文献，音乐类是指各种乐器，纺织类是指棉花、羊毛、丝、麻等各种原料。能量是指事物的各种活动所使用的方法，或包含的问题，或所起的作用，如图书馆学类指文献的选定、编目、分类、流通等，纺织类指纺纱、针织、漂白、印花等各种工艺方法或工程方法。空间指事物所在的地点，时间指事物发生或存在的时期。

词语平面则是以同音异义词、同义词、单词和多字词转换文献主题时，需要通过各种手段保证词语平面与概念平面上的一致性。如"铁"这样的语词平面，在不同的主题里，它可能代表不同的概念，可能是一种元素，也可能是一种产品，也可能是人体机体的一种成分。那就需要一定的规则将"铁"这样的词语分面与它所表达的概念对应起来。如利用上下文规则，"传播"这个词，出现在声学之下，讲的就是"声学的传播"，在辐射之下，讲的就是"辐射的传播"。

标记平面类似《中图法》中的标记制度，指表示概念的数字或其他符号的平面，直接涉及分类号的构成、专指类表中表示概念的标记符号等。如冒号分类号为五个基本范畴都规定了连接的标记符号，本体使用"，"，物质使用"；"，能量使用"："，空间使用"·"，时间使用"'"。即总的分面标记为"，[P]；[M]：[E]·[S]'[T]"。

2)《冒号分类法》的基本类目结构

《冒号分类法》的基本大类与《中图法》一样，也是建立在科学分类的基础上的。在基本大类以下就不再按科学分类进行层层划分了，而是将各个基本大类中的所有主题概念都分别归入五个基本平面，形成每个基本大类中的一个个分面类表，并规定出五个基本平面的组配规则和组配顺序,在每个大类中有分面组配公式规定文献分类标识的构成形式。

（1）核心类。《冒号分类法》第 7 版主要设计了 35 个基本核心类,如表 4-5 所示。

表 4-5 《冒号分类法》基本核心类

z	综合类	M	实用工艺
1	知识全体	△	神秘主义
2	图书馆学	N	艺术
3	图书学	O	文学
4	大众传播	P	语言学
8	管理学	Q	宗教
B	数学	R	哲学
BYC	天文物理学	S	心理学
C	物理学	SY	社会心理学
D	工程学	T	教育
E	化学	TUS	教育心理学
F	工业技术	U	地理
G	生物学	V	历史
H	地质学	W	政治学
I	植物学	X	经济及 xx 工业经济
J	农业及 JX 林业	Y	社会学
K	动物学及 Kx 畜牧业	Z	法律
L	医药		

（2）分面组配分类表。各基本类都是一个专用的分面组配分类表,是五种基本范畴及其通用分面组配公式的具体化。如医学类的组配公式是 L[P]：[E] [2P]：[2E] [3P]。其中 2P、2E 和 3P 指不同基本范畴的类目体系中的不同层级,在《冒号分类法》中称为"巡"。

3）《冒号分类法》分类标引实例

在《冒号分类法》的使用中,就类分一个主题而言,其程序包括：把主题在概念平面中分析成各个面,并将它们转换为通行标准术语的词汇平面的核心词汇,再将它们转换成分类法类表的标记平面的核心号,最后将核心号合成为分类号。如文献题名为《五十年代印度肺结核 X 射线治疗》,进行归类的步骤如下。

第一步：确定该主题应归入医学大类（概念平面）。

第二步：将该复杂主题概念分析为简单概念因素：医学,人体器官肺,疾病,结核杆状菌,治疗,X 射线,印度,五十年代（概念平面）。

第三步：查《冒号分类法》医学类的各分面分类表,用分面分类号表达简单概念语词为（语词平面）：

L = 医学,

45 = 人体器官肺[P 面分类号]，
4 = 疾病[能量 E 面分类号]，
21 = 结核杆状菌[本体 2P 分类号]，
6 = 治疗[能量 2E 面分类号]，
253 = X 射线[本体 3P 面分类号]，
44 = 印度[S 面分类号]
N5 = 50 年代[T 面分类号]

第四步：依据医学类中的组配顺序公式：L[P]：[E] [2P]：[2E] [3P]和各分面前置符号的组配规则，将分面分类号组配合成为完整的文献分类号："L45：421：6253·44'N5"（标记平面）。

4.2.6 网络信息分类体系的构建

网络信息分类是有效地组织和利用繁多复杂的网络信息的基础。目前，大多数搜索引擎和网站都建立了网络信息分类体系供用户通过浏览的方式获取信息，这些分类体系充分地考虑了网络信息的特点和网络用户的需求，为用户的信息检索提供了极大的方便。然而，这些分类体系中仍然存在着许多不合理、不科学之处，可以借鉴传统分类法构建的思想，结合网络信息和用户特点，利用成熟的技术，构建更为科学的网络信息分类体系。

1. 网络信息的特点

1）数量巨大，增长迅速

互联网把分散在全球不同地理空间的资源都集中在一起形成了一个巨大的信息资源库，而且自它诞生之日起，其信息量就在不停增长，每天都有新的网站在建立。网络信息的爆炸式增长，使得人们从中获取有用信息的难度越来越大，搜索引擎已经成为上网查询信息的主要手段。

2）内容广泛，价值不一

网上的信息涵盖了人类知识的全部领域，既有人文科学、社会科学、自然科学、工程技术信息，也有大量生活服务、娱乐消遣信息。互联网的高度开放与自由。使任何人都可以不受限制地发布信息，致使网上的信息广泛而混乱，质量参差不齐。既有较大参考价值的信息，也有毫无价值的大量冗余信息，甚至还有不少有害的信息，如黄色信息、暴力信息、恐怖信息等，为用户选择和利用网络信息带来了不便。

3）更新快，变化频繁

因特网的资源是一个动态系统，不但各种信息处在不断生产、更新、淘汰的状态，而且它所链接的网站和网页也都处在不断地变化之中。网络信息更新快、变化频繁的特点要求网络信息分类体系也具有跟踪动态发展的能力，能及时地将重要信息多方面地反映给用户。

4）类型多样，结构复杂

网络信息资源种类繁多，包括动态信息、网上出版物、书目数据库、联机数据库、软件资源及个人主页、电子邮件等。这些信息的表现形式有文本，也有声音、图形、图像。网络信息存储在不同国家和地区的服务器上，这些服务器采用不同的操作系统及数据结构，使得网络信息本身的生产和流通缺乏统一的标准与规范。

5) 超文本链接，利用方便，但无序性增强

传统印刷型文献通常是单线性的组织方式，主要通过二次文献、参考文献和引用注释等方式来解释相关文献，用户对相关文献的查找费时费力。而网络信息则是利用超文本链接技术，将各个国家、各种服务器、各种网页、各类不同文献上的相关信息都通过节点链接起来，单击节点即可以访问该信息，加强了信息间的关联，形成了一个网状结构，使得用户对相关信息的检索非常方便。另外，由于超文本的节点和链接可以动态地改变，使信息定位比较困难，信息的无序性增强，容易造成"迷航"现象。网络信息的这些特点，要求网络信息分类法具有高度包容性及动态性，能够组织各种信息并及时变更类目体系以容纳新的信息内容。

2. 网络信息分类体系的特点

网络信息分类体系主要是根据网络信息的特点和一般网络用户查询的需要，结合网络技术和网络环境的特点而建立的。与传统分类法相比，网络信息分类体系具有以下显著特点。

1) 直接用语词组织信息

标记符号是传统分类法极为重要的组成部分，它具有类目定位、文献排架、款目排列的作用，读者也必须通过含有分类号的索书号才能在书库提取已检索到的文献。但对网络信息进行分类查询时，用户检索到的信息可以利用超文本技术直接链接进入，无须再到其他地方去提取，分类标记对于用户来说基本上是无意义的。因此，网络信息分类体系放弃了传统分类法用人工标引语言的分类号作为信息查询和检索标识的方式，直接用语词来表达类目，利用超文本链接技术结合屏幕显示类目体系，比使用分类标记更加方便直观、易于理解。而且，为了能更清楚地显示类目系统的纵向联系，防止超文本浏览中的"信息迷航"，目前多数系统均采用了在子类上方显示其类系的方式，进一步揭示类目展开的等级。

2) 以主题和事物为中心设置类目

传统文献分类法以学科为中心建立类目体系，而网络信息分类体系虽然没有完全放弃从学科的角度组织网络资源，但主要是以主题归类为主，即直接以检索的事物为中心来设置大部分类目。如很多搜索引擎都会在"文学、艺术、社会科学、科学与技术、政治/法律/军事"等学科类目之外，增加如"娱乐与休闲、教育与培训、体育与健身、个人主页、旅游与交通、工商与经济、生活与服务、公司与企业、计算机与网络、卫生与健康、新闻与媒体"等事物主题的类目。这种类目设置方式是为了方便和指引用户的浏览行为，因为一般用户对事物主题的认识要比对学科的认识更直观和清晰，按事物和主题设置大部分类目能够降低用户浏览时的认知负担。

3) 多元划分

多元划分是指类目展开时，同时采用多种划分标准。传统分类法类目展开时，通常遵循逻辑分类的原则进行，一次只采用一个标准，只有在必要时才采用两个或两个以上的标

准。而网络信息分类体系受划分标准的束缚较少、整个大类及各个类下进一步划分的标准通常是多元的，同一级类目可能采用主题、学科、资源类型、地区、时代等多重标准。多元划分使得各层次下的类目类型多、范围广、数量大，有效地减少了类目展开的层次，增加了类表的直接性，同时也为从不同角度展开类目体系提供了条件。

4）多维展开

多维性是网络信息分类体系在类目展开上的一大特色，多维展开与多元划分是紧密联系在一起的。首先，从类表展开的整体上来看，是指在多元划分的基础上同时使用不同的引用次序列类，多维度地展开类目体系。例如，在主题类下按"主题-文献类型""主题-地区"的引用次序展开类目的同时，在新闻媒体、BBS、个人主页、机构团体及地区下，按"形式-主题""地区-主题"的引用次序展开分类体系。其次，从类目划分的个体而言，则是指在多元划分的基础上分别从不同类目的特点出发加以展开。如在历史类下，同时从各代史、人物、专门史、历史事件等多个角度来展开类目。除此而外，网络信息分类体系的多维性还体现在类目设置不完全拘泥于原有的逻辑等级层次，把信息量大、访问频率高的类目突出列类。如对一些热点类目，在其相应位置上设类的同时，还根据使用需要，在作为上级的类目中突出反映。

5）横向关系揭示灵活

这里的横向关系主要是指多属类目和相关类目。对于多属类目，网络信息分类体系一般是采取多层网页交叉结构的形式来解决的。这种形式如同传统分类法中交替类目的设置，与文献分类法中"见"项异曲同工。类与类的链接充分地利用了超文本的特性，不仅提供了多种检索途径，而且还减少了款目重复著录的浪费。对于相关类目，传统分类法多通过参照注释的方式来进行揭示，而网络信息分类体系对此采取类下提供相关目录的链接或对类间的关系不做提示，类下相同的部分重复著录，两类之间没有关联提示，类下相同的款目重复著录，互不影响。

6）动态性强、更新迅速

传统分类法以印刷版为主，具有组织文献分类排架的功能，加上分类标记对类目体系变化的束缚，其修订是很慎重的，通常几年为一个修订周期。而网络信息分类体系是通过链接与网络文献建立联系的，且无分类标记的限制，因此具有很大的灵活性，更新迅速，可以随时根据网络资源与用户需求的变化进行结构的调整和类目的增删变更。当某一类的资源增长较快，打破了原有的资源平衡时，对此类目做进一步的划分；随热点信息和新颖信息的出现而增加新类目；对用户单击量大的类目设置为热点类目，有时还将这些类目提前显示。如在某体育赛事、节日前将有关类目提前设置，使分类体系具有较强的动态性、灵活性，方便用户实际使用。

3. 网络信息分类体系构建策略

1）注意分面组配分类体系的采用

文献分类法大多使用等级列举式类目体系，这符合文献的特点，对于快速动态变化的网络信息，更适合采用分面组配分类体系。分面组配分类体系可以随着环境的变化及时地增加新的分面、类目，也可以随时修改原有类目。分面类目中的每一个分面集中于信息空间的一个特定的角度,有效地解决了等级结构下模糊类目的归属问题。如以主题和形式为"面"组织产品信息时相同的类目可以出现在主题和形式是两个不同的分面下。从大众用户的角度来看,分面类目体系能够提供多种检索途径,更加符合人们的思维方式,不同用户利用信息的出发角度不同,在这种信息组织方式下,用户可以选择自己喜欢的角度。分面分类体系可以根据用户的实际需要改变引用次序,调整类表的深层结构和类目体系,使类目体系具有灵活的使用功能和广泛的适应能力。分面分类体系通过对网络信息进行多方面标引,使其多向成族,便于用户根据实际需要扩大或缩小检索范围。分面分类体系的等级结构小而平,可以按照字顺、时间、等级排列,更加易于管理。在实践中,构建分面组配分类体系最重要的是"面"的选择和引用次序。

面作为分面分类的核心概念,定义多种多样。作为对等的术语还有范畴、属性、类、组、维度等。阮冈纳赞在描述一个面时,他认为应以某个特定实体的分类特征为基础。也就是说,特征是一个参数,每个参数生成一个维度,并通常归为数目不多的小组,每个组就是一个面,而且每个组本身就是多维的。面是对一个知识领域的主题进行分析的依据,面内主题通常以等级的方式组织,即被分为类和子类。面也是对象或概念赖以描述的基本范畴,这些范畴的一个非常重要属性就是互不相关。从本质上看,面是待分事物的某个特征,这个特征一般是经过明确定义的,而且是互相排斥、面内穷尽的。

英国分类研究小组的维克里认为面的分析法本质是将给定领域知识的术语分为同质的、互斥性的分面,每个分面是来自上位类的一个分类特征。确定分面之后还有三个步骤:①确定一个次序,分面将要按照这个次序组建复合主题概念;②符号应允许术语的灵活性组合;③分面既能满足该分类系统的特殊要求,也具有分面系统的共性。有中国学者在此基础上提出了网络分面类目体系构建的步骤:①明确网站目标、内容和用户特征;②相关信息收集。收集领域内的具有代表性的信息。对于范围较大的领域,需要收集足以覆盖所有可预见的信息。对于范围较小的领域,可以收集整个领域的信息。③信息分析。按照一定的逻辑关系从语义、语用、语法角度对收集的信息特征进行细化、挖掘,将句子和词汇区分为基本的概念术语,分面分类的制作者可以用便于自己理解的方式列出所有的术语。④确定分面。检查术语列表,提取所有信息中的通用、高层类目,将它们分为一系列具有互斥性的分面。⑤分面评价和组织。首先进行焦点测试,确保所有的信息能够利用分面中的焦点来描述。如果不成功,那么需重新分析和重新安排术语。其次,确定焦点组织方案。应选择用户最经常使用的术语来代替专业术语;⑥确定引用顺序。在组织分类时,选择一个基本分面,将决定主要特征和其他分面的引用顺序。在网络上,用户可以随心所欲地变化次序,但是应该确定一个标准的引用次序,以方便在网络上组织信息同时应保证对所有的用户是可理解的、有用的。允许有经验的用户按照他们的喜好重新安排引用次序;⑦分类、测试与修改。使用制作的分类体系组织信息,选择合适的焦点和分面描述信息,并根据结果进行修改。

2)注重分类主题一体化方法的采用

分类主题一体化就是将分类法与主题法整合,使其有机地融合为一个整体,实现分类系统与主题系统的完全兼容。它克服了分类法单纯以学科聚类、主题法单纯以事物检索的局限性,使其既能充分地发挥各自独特的功能,又能通过互相配合、优势互补,来发挥最佳的整体效应。网络信息分类在计算机技术的支持下适合采用分类主题一体化的方法,可以构建类目体系和主题标引词之间的关联,从而方便用户在浏览和检索中随时灵活切换。

3) 注重自动化技术的采用

对于网络信息,其类目体系是随着信息的更新及用户需求的变化动态调整的,而且网络信息量很大,这种情况只能借助自动化技术,尤其是自动分类和自动聚类技术,提升类目体系构建的效率,并通过自动分类、聚类算法和模型的控制,提高类目体系的科学性。

4.3 主题语言

4.3.1 主题语言概述

1. 主题语言的定义

主题语言是直接以表达主题内容的语词作为检索标识、以字顺作为主要检索途径的标引语言,也可以称为主题法。从前面的学习可知,按照主题标识是否受到规范控制,主题法可分为受控语言和非控语言(自然语言直接抽取关键词)。受控主题语言是指从自然语言中精选出来,经过词汇规范化处理,通过参照系统等方法揭示词间关系,用来表达信息主题的情报检索语言。

2. 主题语言与分类语言

1) 主题语言与分类语言的不同

(1) 主题法以特定的事物、问题、现象,即主题为中心集中信息的。主题法不像分类法那样,需要受学科体系的限制,而是直接从主题对象的角度揭示信息。以论述茶的文献为例,在分类法中,关于茶的种植、茶的焙制、茶的贸易等信息,一般应按学科分别归入农业科学、工业技术、经济等不同科学部门;而在主题法中,则不必考虑其学科性质,可以直接在"茶"这一主题下予以揭示。

(2) 主题法直接以语词作为检索标识的。主题法不像分类法那样,以抽象的号码系统作为检索标识,而是直接选用经过规范化处理的语词对文献进行标引的。如"茶的焙制"这一主题,《中图法》的标引应为 TS272.4,而在主题法中,则可直接用"茶-焙制"加以标引。

(3) 主题法以字顺方式作为主要检索途径。虽然根据揭示词义关系的需要,主题法也采用范畴、词族等方式组织主题词,但字顺方式始终是它的主要排检依据。在我国的手工主题检索系统中,通常是根据汉字特点,按照拼音结合笔画笔顺进行排检的。因此在使用主题法检索时,不必像分类法那样,必须预先了解主题词之间关系,只要知道检索对象的名称,就可以按相应的排检方式进行查找。

（4）主题法一般通过详尽的参照系统等方式揭示主题词之间关系，尤其是受控主题法。为了克服字顺排列不能揭示主题词之间联系的局限，主题法发展了完备的参照系统，如《汉语主题词表》设有用、代、属、分、参等多种参照项，并备有词族索引、范畴索引和轮排索引等多种辅助索引，从而在主题词之间建立起充分的语义联系。

（5）主题法主要用来处理文献资料、编制各种检索工具及检索系统。分类法通常同时用于组织文献排架和编制分类检索工具；主题法则一般不用于组织图书，只广泛地用于组织各种检索工具，如可以利用它编制各类供手检使用的书目索引，也可以用它建立计算机检索系统。

2）分类主题一体化的发展

主题法和分类法又是相互联系、相互渗透的。如分类表中通常包括字顺索引，叙词表中一般也收有按照分类原则编制的范畴索引，而在现代分类主题一体化词表中，分类法和主题法两种形式则达到了高度的融合。

在有机结合的分类主题一体化词表中，包括分类表和主题词表两个组成部分，对两部分包含的概念、标识、参照、索引实施统一的控制，并根据相应的转换规则建立起一一对应的关系，这样就可以同时进行信息分类标引和主题标引，实现信息组织方法的集成。

在网络信息组织中，分类主题一体化的应用到处可见，如在中国知网中查找论文，既可以通过学科类目进行浏览，也可以通过关键词进行检索，同时也能够两者结合，使用"等级列举分类浏览＋关键词检索"的方式；在淘宝中搜索商品时，可以使用"关键词检索＋分面组配分类"组配筛选。

3. 主题语言的类型

信息组织早期，分类语言是主要的信息组织与检索途径。随着检索技术的不断发展及检索人员的非专业化，主题语言得到了迅速发展。特别是当今互联网环境普及，检索需求多样化发展，使得主题语言成为信息组织与检索的主流。对主题语言可以进行多角度划分，主题语言可以从下面 5 个方面进行类型划分，见表 4-6。

表 4-6 主题语言类型表

分类标准	类别
构成原理	标题词语言、元词语言、叙词语言和关键词语言
组配特点	先组式主题语言、后组式主题语言、散组式主题语言
受控程度	受控型主题语言、非受控型主题语言
语种数量	单语种主题语言、双语种语言和多语种语言
学科专业	综合性主题语言、专科性主题语言

在以上五种主题划分中，按照构成原理划分的标题词语言、元词语言、叙词语言和关键词语言四种主题语言是主要的主题语言类型，并且它们贯穿主题语言的历史发展。

4.3.2 标题词语言与元词语言

1. 标题词语言

1)标题词语言基本思想

标题词语言也称为标题词法,它是最早形成的一种主题法。标题词法是以标题词作为主题标识,采用参照系统显示标题词之间主题关系的一种主题法。标题词(Subject Heading)是从自然语言中精选出来的,经过规范化处理的词或词组,通常为比较定型的事物名称。标题词除了采用单词和词组形式的单词标题、词组标题,还有倒置标题、带限定词的标题及预先组配的多级标题。

标题词法的最大特色在于用参照系统显示标题词之间的关系,此参照技术后来被叙词语言所采用,沿用至今。例如,在《美国国会图书馆标题词表》(Library of Congress Subject Headings,LCSH)中有如下词条:

```
Ability, Influence of age on (May Subd Geog)
    UF  Age and ability
        Age factors in ability
    BT  Mind and body
    RT  Age and employment
    NT  Abstraction—Age factors
        Cognition—Age factors
        Language acquisition—Age factors
        Memory—Age factors
        Mental age
```

其中 UF 是 Used For 的缩写,是概念间同一关系的表征,此例中表示 Ability, Influence of age on 是正式标题词,而 Age and ability 和 Age factors in ability 是被替代的非正式标题词。BT 是 Broader Terms 的缩写,NT 是 Narrower Terms 的缩写,它们是概念间包含关系的表征,BT 后面显示的是属概念语词,即上位词;NT 后面显示的是种概念语词,即下位词。RT 是 Related Terms 的缩写,表征概念间的相关关系,这种相关关系可以是概念逻辑中的交叉关系,也可以是从学科、事物特征角度建立的其他相关关系。

2)标题词语言优缺点

标题词法是一种列举式、先组定组式主题法,作为最早出现的一种主题法,它具有形式直观、结构固定和操作简便的特点,但僵化的结构也造成了收词量大、专指度不足和修订量大的问题。使用标题词法只能从规定的组配顺序入手查找,无法从多因素、多角度检索。

2. 元词语言

1)元词语言基本思想

元词语言又称为元词法,它是一种以元词作为主题标识,通过字面组配的方式来表达文献主题的主题语言。元词指最基本的、字面上不能再分的语词。如"工业""经济"等语词就属于元词,而"计算机设计"则可以再分为"计算机"和"设计"两个元词。正如元词语言的概念所言,元词法采用字面组配来表达文献主题,如"信息管理学院"可以采用"信息""管理""学院"三个元词来组配标引。

元词法最早可以追溯到 20 世纪 30 年代末英国巴顿提出的比孔卡,但比较系统地建立元词理论和方法体系的则是 1951 年陶伯提出的单元词卡系统。该系统被美国的一些政府和工业组织应用于穿孔卡片系统中。元词法的基本原理是:

(1)用元词作为文献主题标识,按照元词的字顺进行排列和检索。

(2)采用反记法组织文献主题标识,即为每个元词制作一张卡片,以元词标识为中心记录标引该词的文献号。文献号为文献在整个文献集合中所处的位置号码。

(3)采用组配方式检索。待检索的文献主题也用若干个元词来表达,找到含有这些元词的卡片,将卡片中所包含的文献号进行汇总,这些卡片均包含的相同文献号即为命中文献。

2)元词语言的优缺点

元词法的优点有:①词表体积小。采用字面组配的方式,大大减少了词表的篇幅;②标引专指度高。可以通过字面组配方式表达新概念和专指概念;③便于从不同角度检索。后组式的检索方式可以改变检索词的排序,增加检索入口,可通过单元词的不同组合扩大或缩小检索范围。

元词法的缺点是字面组配法在字面和语义不一致时,容易产生语义失真、组配歧义等问题。例如,"信息组织"被拆分为"信息"和"组织"两个元词后,可能会产生某一个协会"组织"的基本"信息"这样毫不相关的组配检索结果。同时元词法缺乏完善的参照系统,不利于文献的族性检索需求。

4.3.3 叙词语言

1. 叙词语言概述

叙词语言又称叙词法,是以从自然语言中精选出来的、经过规范化处理的语词作为主题标识,通过概念组配方式表达文献主题的主题法。叙词(Descriptor)也被称为主题词,是从自然语言中精选出来,以基本概念为基础表达文献主题的词或者词组。

叙词法形成于 20 世纪 50 年代末,是在吸取元词法、标题词法及分面组配式分类法等情报检索语言优点的基础上发展起来的。随着计算机的应用,叙词表迅速发展,成为受控检索的主要类型。到 20 世纪 90 年代末,国外的叙词表数量不少于千种,我国的叙词表也已超过 130 种,其中知名词表有《医学标题表》(Medical Subject Headings,MeSH),它是国外使用最广的专业叙词表;《汉语主题词表》是我国第一部大型综合性叙词表;《社科检索词表》则是社会科学领域多学科的分面叙词表。

2. 概念组配原理

1)概念组配与字面组配

叙词法采用概念组配原理。概念组配是根据概念的分析与综合原理,将一个专指、复杂的概念按其语义分解为两个或两个以上的较为宽泛的概念，标引时同样按其语义将两个或两个以上的较为宽泛的概念组合表达一个专指、复杂的概念。概念组配与字面组配虽然都是通过语词表达文献主题，但两者存在着以下不同。

（1）语词的形式不同。元词法以字面上不能再分的语词为标识，容易影响其对文献主题内容的确切表达；叙词法以表达基本概念的语词为标识，既收元词，又收词组，对主题的表达更加准确。例如，在标引"猎户星座"这一主题时，元词法会使用"猎户""星座"两个元词组配，这两个标识之间没有任何概念逻辑上的关联，失去了原有概念的含义；叙词法则可以直接用"猎户星座"一个词标引，更加准确地表征原有概念。又如在标引"工业橡胶"这一主题时，元词法使用"工业"和"橡胶"两个词组配，会出现"工业橡胶""橡胶工业"两种含义，不如叙词法直接以"工业橡胶"标引准确。

（2）组配的依据不同。元词法按照字面组配的方式对复合主题分拆和综合，操作简便，但往往会影响对概念的准确揭示；叙词法则依据概念关系对复合主题进行分解和组配，严格按逻辑关系加以处理，对主题的揭示较为确切。如"遗传药理学"这一主题，按照字面组配，可采用"遗传"和"药理学"加以组配，而依据概念组配，则应使用该主题构成的概念单元，以"遗传学"和"药理学"进行组配，显然后者远比元词法的表达确切。

2）概念组配的类型

概念组配通常有三种类型：交叉组配、限定组配和联结组配。

（1）交叉组配。交叉组配指内涵不同、外延部分重合的两个概念之间的组配。组配的结果是产生一个新概念，新概念分别属于两个参与组配概念的下位概念。例如，"教育心理学"由"教育学"和"心理学"两个内涵不同、外延重合的概念交叉组配产生。在组配中，优先考虑交叉组配类型。

（2）限定组配。限定组配即两个不同性质概念之间的组配，其中一个概念反映了另一概念的某一方面、某一特征或时空中的某一部分。限定的结果也是产生一个新概念，它表示该事物的某一方面或某一特征。如"汽车发动机"、"计算机存储器"等。

（3）联结组配。联结组配表示几个概念之间的联系，并不形成新的概念，只揭示参加组配概念之间的某种联系。

例如，深度学习＋影响＋信息组织→深度学习对信息组织的影响；粤语＋比较＋普通话→广东话与普通话的异同。

3）概念组配的作用

概念组配的作用主要体现在：①可以控制词量，缩小词表篇幅，使用有限的词汇表达众多的主题概念。②有助于充分地表达文献主题，提高标引专指度。③有助于提高标引新主题的能力。④有助于扩大或缩小检索范围，满足多途径检索的需要。⑤可以运用布尔逻辑运算，使检索达到比较精确的程度。

3. 词汇控制

词汇控制是根据信息标引和检索的需要，对自然语言中的词汇进行选择、规范并揭示其相关性的过程。在各种不同的主题语言类型中，叙词语言的词汇控制广泛地吸收其他检索语言有关词汇控制的各种手段和措施，其方法最为完备、严密。传统叙词表采用的主要词汇控制手段有词汇选择、词形控制、词义控制、词间关系控制等，如表 4-7 所示。

表 4-7 传统叙词表词汇控制手段

控制手段	控制范围	控制措施
优选	词量控制	压缩、优选、组配、上位词置代
	词类控制	优选名词和名词词组
	先组度控制	后组词为主，先组词为辅
规范化	词形控制	词形规范和同义不同形词规范
	词义控制	加括号限定词或各种注释，引入分类
结构化	词间关系控制	建立参照系统和范畴索引、词族索引，引入详细分类和图形显示

叙词表词间关系控制手段主要有三类：①编制分类性质的索引，如范畴索引、词族索引；②运用图示方式，如同心圆图、箭头图、树形结构图等；③建立参照系统，用参照符号显示叙词之间的各种关系，如等同、等级及相关关系等。

国内叙词表的参照系统主要包括用、代、属、分、族和参等词间关系。等同关系也称同一关系、用代关系。国内的叙词表中等同关系使用 Y、D 两种符号表示。

例：乙醇　　　　　　　酒精
　　D 酒精　　　　　　Y 乙醇

等级关系也称属分关系，指表示上位概念主题词和下位概念主题词之间的一种关系。揭示等级关系有助于通过它扩大或缩小查找范围，提高族性检索能力。F、S、Z 三种符号用于表示属分关系。F 为分项指示符，表示该项词为款目词的下位词，S 为属项指示符，表示该项词为款目词的上位词，Z 为族首词符号，表示该项词为族首词。

例：中枢神经系统
　　F 脊髓
　　　脑
　　S 神经系统

相关关系也称类缘关系，是除了等同关系、等级关系等语义关系之外的关系。相关关系揭示语词间各种主要联系，是扩大检索范围、进行相关资料查找的重要手段，通常用符号 C 加以连接。在传统叙词表中，相关关系涉及范围广、种类多、灵活性大，很难严格界定。从国内使用情况看，表 4-8 中的相关关系是比较常见的。

表 4-8 叙词表中常见的相关关系

序号	关系类型	示例
1	近义关系的叙词之间	教育思想 C 教育理论
2	反对或矛盾关系的叙词之间	必要劳动 C 剩余劳动

续表

序号	关系类型	示例
3	交叉关系的叙词之间	对外贸易　C　国际贸易
4	事物与其部分、成分的叙词之间	分类表　C　分类号
5	因果关系的叙词之间	劳动生产率　C　生产合理化
6	应用关系	商业管理　C　商业规程
7	学科或研究领域与其对象、从事者之间	林学　C　森林
8	影响关系	凡尔赛和约（1919）C　山东问题
9	各种事物、产品与材料、性质语词之间	磁性材料　C　磁性存储器
10	理论、学派、组织、运动、事件与有关人物或团体之间	不可知论　C　休谟

4. 叙词语言的优缺点

叙词语言的优点有：①组配准确，标引能力强。叙词语言采用概念组配方式，避免因字面组配产生错误，从而准确、专指地表达文献主题概念。②结构完备，词汇控制严格。通过吸收各种情报检索语言的特点，形成了完备的索引系统，可以根据检索需要对词汇进行有效控制。③适合多途径检索，检索效率高。通过概念组配及词间关系充分地揭示词间联系，能够满足多种检索需求，达到较好的检索效果。

叙词语言的缺点有：①词汇控制严格，叙词表编制难度大，需要耗费大量的人力及时间。②标引规则复杂，标引难度大，标引速度慢。标引人员需要掌握复杂的概念分解和组配规则。③用户难以熟悉词表及标引规则，给信息的检索利用带来不便。

随着全文检索技术及互联网技术的发展，包括网络信息在内的各种信息数量迅猛发展，普通用户多样化的信息检索需求，使得以关键词语言为代表的自然语言逐步代替叙词语言，成为主流的检索语言。但叙词语言通过改造，不仅可以成为优化自然语言标引和检索效果的利器，还可以成为知识组织的有效工具。

5. 叙词法典型代表——《汉语主题词表》

1）《汉语主题词表》简介

《汉语主题词表》是在中国科技情报所和北京图书馆主持下编制的一部大型的综合性叙词表。在第 1 章曾有介绍，它对推动中国主题标引工作的开展和促进专业叙词表的编制起了重要作用。

为了适应网络环境下海量文本大数据形式化、结构化、语义化处理的需要，中国科学技术信息研究所在 2018 年发布了在网络环境下的大数据时代新型《汉语主题词表》。新型《汉语主题词表》工程技术卷和自然科学卷，覆盖 31 个学科领域，术语词汇达 50 万条。它是支持汉语信息处理的语义工具，以概念词汇为知识节点，以等同关系、等级关系和相关关系为语义关联，构建了超大型知识库系统和多维度的知识网络。它通过可视化技术，可以展示各类概念关系，为网络时代大数据的语义化、结构化、数据共享与开放提供重要支撑;既可以运用于资源组织与知识关联,也可以支撑知识展示与数据服务,成为信息检索、知识发现、语义推理的智能引擎;通过机器标注、语义关联,为云计算、云存储提供信息描述的标准化模型;通过主题标引、学科分类、知识聚类功能,搭建起物联网与虚拟现实的精准知识组织系统。

2)宏观结构

从宏观结构看,纸质版本的《汉语主题词表》由以下几部分组成,如图4-7所示。

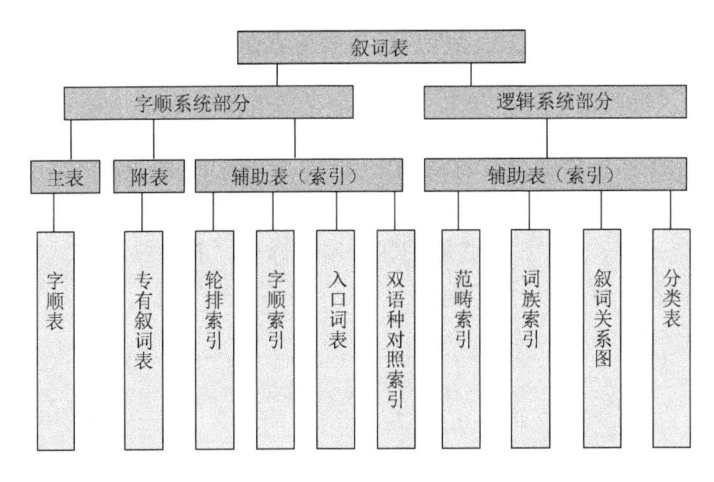

图4-7 纸版《汉语主题词表》的宏观结构

(1)字顺表。字顺表也称为主表,是将众多叙词款目按照字顺排列的词汇表,是标引和检索的主要依据。字顺表的基本功能是供标引人员和用户按照字顺顺序直接进行查找,并通过参照系统判定词汇含义,进行相关词查验。

(2)专有叙词表。专有叙词表也称为附表,是将众多专有叙词款目按字顺排列的一览表,是字顺表的重要组成部分。常用的专有叙词表包括人名、地名、机构名、产品型号名等。

(3)范畴索引。范畴索引是一种按照词汇所属学科或专业范畴编制的概略分类系统,是从分类角度查找叙词的辅助工具,也称分类索引。范畴索引主要有下述作用:①便于在标引和检索文献时从分类角度查找与某一范畴有关的叙词。②可以作为类分文献的依据,必要时直接用它编制概略分类检索工具。③是编制、修订词表时按类选词、确定词间关系,编制参照系统等必不可少的工具。

(4)词族索引。词族指一组具有属分关系的叙词集合。词族索引是一种以词族为款目单元,按照款目词的字顺排列,可以从等级关系的角度查找叙词的索引。词族索引的作用是:①可以从词族出发查词,便于利用词族索引对族系关系的揭示,自由扩大或缩小查找范围,改善标引和检索的效果。②在计算机检索系统中,可自动进行上位词扩检,满足族性检索的要求。③有利于通过等级关系限定词义。

(5)轮排索引。也称轮排表,是将词表中的叙词按词素的字顺排列,含有同一词素的词组集中显示于一处的词汇表,这是一种按照字面成族的原理揭示叙词之间联系的方法。轮排索引的作用是：①增加检索入口，便于从词素角度出发查找词组，提高查词的速度。②将具有同一词素的叙词集中在一起，有助于用户通过判断，选择最为专指的叙词用于标引。③有助于利用词面成族的特点，发现遗漏的词汇或词间关系处理中存在的问题，以便加以改进。

（6）双语种索引

双语种索引是一种将全部叙词及非叙词与相应外语译名相互对应、按外文译名字顺排列的索引，是通过外文译名使用词表的辅助工具。双语种索引可以帮助标引人员和用户直接从外文着手检索外文文献，也可以促进国内外检索语言的沟通和转换，此外，还可以作为中外文对照的规范化术语词典使用。

3）微观结构

叙词表微观结构包括叙词款目结构和索引结构，鉴于前面已经介绍过各种索引，这里重点介绍叙词款目。叙词款目是叙词表的基本单元。包括正式叙词款目（样例见图4-8）和非正式叙词款目两种。其中，正式叙词款目用于标引，下设标记项、注释项和参照项等完整形式，非叙词款目仅设置"用项（Y）"。

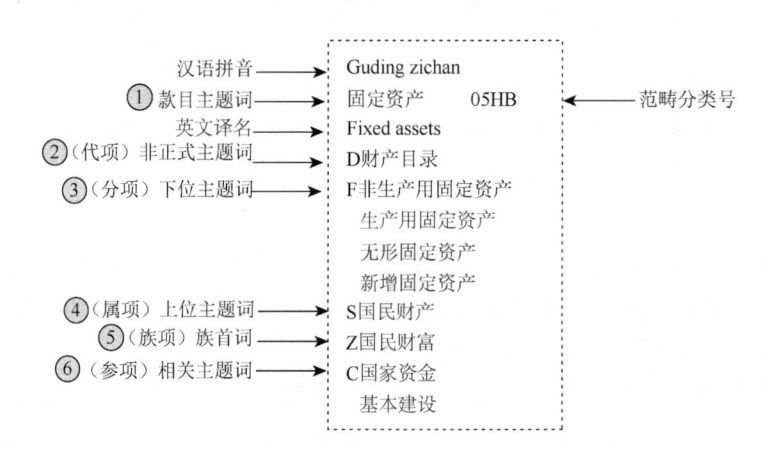

```
                    汉语拼音 ──→  Guding zichan
①  款目主题词 ──→             固定资产      05HB  ←── 范畴分类号
                    英文译名 ──→  Fixed assets
②（代项）非正式主题词 ──→      D 财产目录
③（分项）下位主题词 ──→        F 非生产用固定资产
                                 生产用固定资产
                                 无形固定资产
                                 新增固定资产
④（属项）上位主题词 ──→        S 国民财产
⑤（族项）族首词 ──→            Z 国民财富
⑥（参项）相关主题词 ──→        C 国家资金
                                 基本建设
```

图4-8　《汉语主题词表》中正式叙词款目样例

6. 网络信息环境下叙词法的变革

随着叙词表应用环境、用户群体及整体信息环境和检索机制的变革，叙词表编制和管理方式都出现了新变化。传统叙词表受编制工作量、成本和纸本印刷等诸多因素限制，采用前面提到的词汇控制手段严格控制词汇量。但叙词表收录的词汇量直接影响信息标引的结果，传统的叙词表无法满足新学科与新主题不断涌现的网络信息环境下信息标引的需要。近些年，随着电子版和网络版叙词表的出现，叙词表词量可基本不受限制。同时为了更好地适应网络信息环境，叙词表在词汇控制、结构化控制及智能化技术采用等方面都进行了改进，其中在词汇控制方面，不论是词量、词类、词形还是词义等方面，都和传统叙词表大为不同。

1）选词和规范化控制的"弱化"

网络环境使得叙词表突破纸本限制，允许大规模收词；新术语、新概念的不断涌现要求叙词表及时增补更新；网络检索中叙词表作为检索端的自然语言入口，需要极大地丰富各种词形的入口词并向自然语言化方向发展；而情感计算、舆情监控和语义表示的需求使得信息标引已不仅仅局限于主题内容的揭示，还涉及观点、评价的正负面甄别。因此，相对于传统叙词表，网络环境下的叙词表在词量、词类、词形和词义等方面的控制是弱化的。

自然语言中词类较多，名词、动词、形容词、副词、数词和量词等，每种词类对信息内容揭示的深度和针对性各不相同。在传统叙词表编制中为了控制规模对词类实行了严格控制，选词时以名词和名词词组为主，少量使用形容词、副词、数词及量词，其他词类一般不考虑。但随着文本内容深度标引和语义检索（包括情感检索）的需要，形容词、动词甚至副词在反映文献观点、进行语义推理和表达情感等方面的作用不容忽视，形容词、动词和副词等也应是叙词表的重要组成词汇。近年来，国内外编制的大型语义词典中都大量收录了动词、形容词和副词，在情感计算、语义表示和倾向性分析等文本内容深层次揭示方面取得了良好的效果。如中文领域应用最为普及的语义词典 HowNet（知网），不仅收录了名词概念，还包含大量形容词、动词、介词、数词和量词。2007 年 HowNet 专门发布了由形容词和副词组成的"情感分析用语集"，成为中文文本情感分析最主要的语义支撑工具。丰富的词类和语义关系使其为支撑语义检索与推理的概念知识库。因此，叙词表词类范围应该借鉴计算语言学界编制概念语义词典的做法予以扩大。

叙词表作为一种后组式语言大量使用组配，通过组配标引和语义分解来表达词组从而控制词组的数量。在词表编制过程中，通常利用先组方式的选择与否来控制词表的先组度，先组词越多表示先组度越高，词表规模也越大，概念的组配能力也相应下降。但过多地使用概念组配，又会造成误组配和组配不一致，从而导致标引和检索效率的低下。因此，在允许大规模扩充叙词表词量的前提下，不再采用"后组 + 适当先组"的词汇控制模式，而是以先组词为主，大大增加组代词，以提高词汇的专指度和先组度。

词形控制主要是针对异形同义词进行处理，使得同一概念的语词能够集中同一语词形式下。为了排检需要与排版效果，需要对语词的形式和组成成分进行限制。词形控制的主要形式包括：①词长控制；②词序选择；③汉字形体规定；④外来音译名控制；⑤数字和标点符号、构词控制；⑥同义词、准同义词的优选。这一系列优选方案的最终目的是从这些异形同义词中选出一个作为正式叙词，其他的或舍弃或作为非叙词进行等同参照。新的环境下，叙词表可以突破词量规模的限制，同义词控制可以大大增强，等同率也可以大大增长。可以把一个概念的各种同义词、准同义词及其词组都收录词表，并大幅度地增加各种形式的组代形式（包括概念组配和字面组配），甚至可以考虑借鉴搜索引擎加入容错词的方法，把同一概念的各种词都收录，这样可以提高入口率

为了达到"叙词与概念一一对应"的要求，在叙词表编制过程中需要通过词义控制来解决多义词、同形异义词和词义含糊的问题。传统叙词表针对多义词或同形异义词的控制一般采用添加括号限定词的办法，这种词形结构与自然语言语序迥异，普通用户在网络检索中不可能使用这种形式。因此，必须扬弃这种添加括号限定词的方式，使叙词表向自然语言化方向改革。如将括号加限义词的方式改成结合限义词形成自然语序词组；将原来的括号加限义词的方式改成先组式词组来明确词义，从而使其具有单义性；通过与释义词典关联为每个叙词添加定义以明确词义等。

叙词表词间关系控制手段中越来越多地引入可视化技术,通过可视化以各种图表形式动态地展示词间关系,并将词间关系类型细分化。并且随着计算语言学和人工智能技术的发展,叙词表可以作为语义工具,在面向机器用户和语义检索时,呈现更多元的词间关系。在此过程中,SKOS 描述规范的推广、XML+RDF 的概念描述和表述机制使得越来越多的叙词工具成为知识组织工具。

2) 结构化控制的"强化"

第二代互联网语义网的崛起及人工智能技术的快速进步,叙词表作为一个语义工具需要体现其语义性、智能性,则必须通过严密的结构化体系和丰富的语义关系建立一个概念网络作为语义网的基础支撑,因此,应强化其词间关系控制,使其更加细分化、形式化和语义化。

3) 词汇控制技术的"智能化"

目前叙词表标准和规范中的词汇控制规则还局限于手工编表,各种控制方法对人工判别的依赖性很大;而在机助或自动编制词表过程中,各种词汇控制手段应该向机器可操作发展,即实现各种控制方法和措施的自动化与智能化,从而提高控制的效率和一致性。

4) 词汇控制与互操作相结合

词表互操作实际上是在不同词表间进行词汇控制,将来自不同词表的语词建立关联,包括概念相同词形不同的同义控制、词形相同含义不同的词义控制及其他各种概念间语义关系的映射等,互操作可以看作叙词表词汇控制的一种延伸和扩展。

4.3.4 关键词语言

1. 关键词语言的基本思想

关键词语言是以关键词作为文献内容标识和检索依据的一种信息检索语言。关键词是指从文献题名、文摘或正文中抽取的,能够表达文献主题并具有实质意义的未经规范化处理的自然语言词汇。关键词属于自然语言,因为关键词是从文献中直接抽取的,一般无须进行分解、组配或其他形式的加工。而叙词、元词和标题词虽然源自自然语言,但需要进行概念分解或字面分解使之成为最小的概念单元或字面单元,并需要进行各种词汇控制,因而属于一种为信息检索而创制的人工语言。

在网络信息时代,非专业用户群体的日益扩大,普通用户检索网络信息更多地倾向于浏览,而不是出于深层次了解或从事科学研究的目的。自然语言,即关键词语言成为最常用的标引和检索语言。用户可以直接用自然语言的字、词、句子作提问式进行检索,如搜索引擎中可以自由输入检索语句,电子商务平台中可以输入查询商品的名称、品牌等各种商品特征作为检索词。自然语言查询使检索变得直接、简单,特别适合非专业的检索者。

关键词有如下的特点:①关键词属于自然语言,直接从文本中抽取表达文献主题的语词,因而具有较好的专指性和客观性。②关键词不进行词间关系控制,不设置参照系统,没有分类体系,因而体系简单,简单易用。③关键词使用停用词表(stop-list)进行控制过滤,而叙词语言和标题词语言使用许用词表（go-list）进行词汇筛选。这种差别使得叙词语言、标题词语言等只能使用词表中的词汇进行标引，而关键词使用停用词表过滤后的词汇。

2. 关键词语言的优缺点

关键词语言的优点有：①标引无须查找词表，因而简便易行，降低了对标引人员的要求。②关键词直接来自本文，因而具有较好的专指性和客观性，能够反映最新文献的主题。③关键词语言通过停用词表进行过滤，再进行关键词选择，因而更适合于计算机抽取和编制。

关键词语言的缺点有：①关键词语言不进行词汇控制，无法解决自然语言处理中存在的一词多义、多词一义、词义模糊等问题，检索效果比较差。②关键词语言通常采用计算机抽取，由于汉语自动分词存在一定误差，会使得关键词抽取存在一定的错误，影响检索的精度。

3. 网络信息环境下关键词语言的改进

随着计算机在信息检索中的应用及文本检索的出现，学术界曾一度出现过受控语言已经过时，自然语言将逐步代替受控语言的说法。但随着单一使用自然语言的检索系统的增多，关键词语言的问题逐渐凸现，包括查准率较低、无法满足用户特定的使用需求等。从实际使用和检索语言性能改进的需要看，不应是一种检索语言取代另一种检索语言，而应该是两者的结合。检索实践证明，自然语言和受控语言性能上各有优缺点，是互相补充的。在许多情况下，自然语言能够检出的相关信息，受控语言不能检出；反过来也一样。因此两者无法相互取代，应当结合使用，取长补短。

可以建立两者并存的平行系统。例如，在检索系统中同时使用文本检索、自由词、受控词等多种检索形式，用户可以根据自己的基础和检索需要选择使用。也可以建立混合词汇系统，同时在一个系统中采用控制术语和自由词进行标引与检索，如可以将受控分类体系和关键词语言一体化，在无法处理自然语言一词多义问题时，使用学科分类进行限定，就能够一定程度地优化检索结果。也可以采用后控制手段，后控制即在标引阶段不对赋予的自然语言语词进行控制，而是在检索阶段对检索词进行规范控制。这种方法直接将词汇控制引进自然语言系统，通过词汇控制与自然语言在检索阶段的结合，改进系统的检索效果。

知识组织工具与技术为自然语言带来更大的优化和改变。随着更多知识组织工具的创建，如本体、知识图谱等，现在很多检索系统已经能够自动识别自然语言文本主题和用户检索意图，不再仅仅是通过词间匹配关系给出检索结果，而是通过语义网络的推理及链接来完成信息检索了。这样的检索系统已经远远超出关键词检索系统的范围，而是知识检索和智能检索的主要形式。

4.4 人工信息标引

人工标引又称手工标引，是标引人员结合自身经验和对信息内容特征的理解，分析信息主题，完成标引工作。人工标引工作程序包括五个基本步骤：查重、主题分析、主题概念转换、主题标识记录、标引结果审核。①查重。查重即查看本馆是否已收藏将要标引的文献。②主题分析。主题分析是对文献主题内容进行分析,提炼主题概念的过程。③主题概念转换。主题概念转换时将在主题分析阶段用自然语言提炼的主题,转换为情报检索语言来表达。在使用等级列举式分类法进行概念转换时,一般应依据文献内容讨论的学科,采用层层分析的方法,将其归入分类体系中的相应的类目。以叙词表为工具时则需要参考词表词汇收录情况进行概念转换,选择对应词汇,对复杂主题概念还需要使用两个或多个主题词进行组配标引。目前我国使用最广的分类法是《中图法》、使用最为普遍的主题词表是《汉语主题词表》。④主题标识记录。主题标识记录包括标引成果的著录,标引中遇到的重要问题及处理结果的记录。⑤标引结果审核。在结束文献标引前,必须对标引结果进行审核。在这些步骤中,主题分析和概念转换最为重要,本节重点介绍主题分析,概念转换的内容放在后面的实例中。

4.4.1 主题分析

主题分析是人工信息标引的重要步骤,通常包括确定主题类型和主题结构两方面工作。但在这些工作之前,需要先确认文献到底包含多少个主题。

1. 文献主题数量分析

文献主题是直接概括文献中有参考和检索价值的单元内容,它重点指内容单元所论及的核心事物或论题。这里需要注意的是,主题和事物不是一一对应的。一个主题所概括的既可能是有关某一事物的内容,也可能是有关一类事物的内容,还可能是有关某一事物或某类事物的某个(些)方面问题的内容。主题是与文献内容单元相对应的,某一文献包含几个有价值的内容单元,就有几个主题。

根据文献中讨论的主题数量,可以将文献分为单主题文献和多主题文献。单主题文献是指只研究一个中心对象或问题的文献。单主题文献可以概括论述某一特定的事物对象或问题,如汽车、互联网等;也可以论述事物对象的某一部分、方面或与其他事物对象的联系,如汽车发动机、互联网络的管理、汽车尾气对环境的影响等。

多主题文献是指同时研究两个或多个事物对象或问题的文献。它们可以是并列关系主题,也可以是同时论述一个大主题和若干个小主题的从属关系主题。对多主题文献应以主题为单位,分别对其主题构成及其关系进行分析。

2. 主题类型分析

1) 单因素主题和多因素主题

按论述的主题因素的数量,主题可以分为单因素主题和多因素主题。单因素主题是结构最简单的主题,它只有一个事物因素,如"图书馆学"、"电子计算机"。这类主题的分析比较简单,只要直接将其析出即可。

多因素主题由多个主题因素组成,结构较为复杂。多因素主题又可以进一步细分为复合主题与联结主题。

复合主题指由两个或多个主题因素结合构成的主题。根据主题因素之间的关系，复合主题的类型包括：①事物与事物组配构成的复合主题。如物理化学生物学、水生木本植物等。②事物与事物方面因素构成的复合主题。如图书馆藏书管理、铝合金材料的性能、文科教学方法研究等。③事物与事物部分因素构成的复合主题。如飞机导航系统、计算机外部设备等。

联结主题，也称相关系主题，是至少由事物因素、方面因素与关联因素构成的主题。根据关联关系的种类可以大体细分为以下几种：

①应用关系。如计算机在图书馆的应用、运筹学在轻工业中的应用等。

②比较关系。如分类法与主题法的比较、中印文化发展比较研究等。

③影响关系。如气候对农业生产的影响、中国文化对日本的影响等。

④因果关系。如气候变迁的原因、经济改革对人们价值观的冲击等。

⑤倾向关系。如土木工程人员使用的物理学、供社会科学研究使用的数学方法等。

对于联结主题，不仅要分析其主题构成，还应该分析其关系类型，以便根据不同关系类型的特点加以揭示。

2）主要主题和次要主题

按文献论述的重要程度，主题分为主要主题和次要主题。主要主题是文献论述的主题内容中，作者重点论述的主题或称为中心主题。主要主题是主题分析的重点，根据标引需要加以充分揭示。次要主题是文献论述中不作为重点讨论的主题。对于次要主题，应根据检索系统要求及其本身的信息价值，确定是否将其析出。

3）专业主题和非专业主题

按文献主题与检索系统专业的相关程度，主题分为专业主题和非专业主题。专业主题是指与检索系统专业性质一致的主题。它可以是主要主题，也可以是次要主题。对这类主题，一般应予充分揭示。非专业主题是指与检索系统专业性质不一致的主题。对这类主题，专业检索系统往往不予揭示或只在对该专业的研究有联系、有启发、有一定使用价值时才酌情析出。

4）显性主题和隐性主题

按照文献论述时的表达方式，主题分为显性主题和隐性主题。显性主题是指文献正面阐述、表达的主题。对显性主题的分析比较容易，可以根据文献的论述直接加以提取。隐性主题则是指文献中没有用直接的语词明确加以描述，而是隐含在其他字面形式中的主题。例如，"汽车天然气设备的安装使用"这一主题，其显性主题为汽车天然气设备，其隐性主题则是汽车尾气治理、环境保护。隐性主题容易漏标，对这类主题的分析，一般应在深入了解文献内容，了解有关领域主题内容之间关系和影响的基础上进行。

上述对主题类型的划分，是根据主题标引的需要，从不同角度进行的，目的是便于根据各种主题类型的特点，从不同角度加以识别和提炼。一篇文献的主题可以同时分属于不同划分类型中的相应类型。在主题分析时，可以根据其特点，进一步分析、提炼和取舍。

3. 主题结构分析

主题结构是指构成文献主题的各个基本主题因素及它们之间的相互关系。分析主题结构的目的是，在分析主题类型的基础上，进一步对文献中复合主题的成分进行分析，以便查明主题构成因素及其相互关系，对主题概念进行提炼。

文献主题结构有其本身的层次和规律性。为了便于一致、有效地分析文献主题构成，各国学者根据对主题结构成分和关系的认识，提出了各种主题关系的结构模式，作为主题分析和确定先组式主题标题的依据。比较有影响的引用次序有科茨的显著性引用次序，阮冈纳赞的以五个基本范畴为基础的引用次序，英国分类法研究小组的标准引用次序等。

我国《文献主题标引规则》（GB/T 3860-2009）将文献主题成分及其次序规定为 A 主体因素（研究对象等中心主题概念）、B 方面因素或限定因素（成分、材料、方法、过程、条件、状态、尺度、性质等对主体因素研究方面的说明或限定因素）、C 空间因素、D 时间因素、E 文献类型因素等。

按照这一结构对文献主题构成成分及其关系进行分析，并以此作为提炼主题概念的依据。例如，"《中国工业企业年鉴》"这一主题，可以根据上述公式分析为

　　　　工业企业　　　　　　中国　　　　　　　　年鉴
　　　（A 主体因素）　　（C 空间因素）　　（E 文献类型因素）

4.4.2　人工分类标引——以《中图法》为例

使用《中图法》进行图书等文献的分类标引是一个系统工程，需要按照人工信息标引的规范流程进行。为了保证分类标引质量，使分类标引工作达到归类正确、分类一致、充分揭示和方便检索的要求，还应遵守一系列规则，使用科学的方法。分类标引规则包括基本原则、一般规则、特殊规则和补充细则等四个层次。本书只简单介绍这些规则，具体的可以参考《中图法》使用手册和《文献编目规则》中的相关内容。

1. 熟悉规则和方法

1）确定版本和标引层级

《中图法》针对不同馆藏需要，如大型馆、中小型馆及儿童馆，出版了不同版本。文献单位可以根据实际标引需要，选择适合的版本，并对《中图法》类表使用的详略程度加以确定。一般情况下，对于图书馆等文献收藏部门重点收藏应予详分，通常可以直接使用详表，以便对文献收藏加以充分组织与揭示；对于非重点收藏的图书等信息，在数量较少的情况下，则可根据需要，规定使用一定等级的上位类进行概略区分。

2）熟悉分类标引的基本原则

利用《中图法》进行分类标引也包括查重、主题分析、分类号转换和配置类号的过程。《中图法》主要是以学科为主要依据的等级列举式类目体系，因此分类标引中的信息主题分析主要关注信息的学科内容，从信息所论述的问题、问题所涉及的主要学科领域、问题研究的重点及所论述问题的目标等方面进行分析。

分类过程遵循分类标引的基本原则，如以学科特征或知识范畴为主要依据，只有在

不适合以学科特征与知识范畴为区分标准时,才考虑诸如体裁、地域、时代等特征;尽可能地将信息归入恰如其分的类目,而不宜将其归入范围大于或者小于信息实际主题的类目;区分总论与专论,避免将专论性的信息归入总论;同时考虑用户的需要将信息分入最大用途的类,对于交叉学科,可以采用互见分类、分析分类的方法,对重要的分类检索点进行充分揭示;要遵循逻辑划分的原则;遵循系统性和一致性原则;对于论述一个主题多个方面的文献或者涉及两个及两个以上类目的信息,能入上位类的入其上位类,否则可依重点归类;同时归类还需要遵循选择的分类语言的类目体系逻辑和配置类号的要求。

3)熟悉类目辨析的方法

在《中图法》中查找最能表达或包含文献主题概念的类目,用相应的分类号表达文献主题概念的过程称为类目辨析。类目辨析就是辨析分类表中有关类目的含义,弄清楚类目的内涵和外延。类目辨析通常有以下几种方法:①根据类目关系了解类目的含义。上下位类关系是分类体系中基本的关系类型,上位类的特征,存在于下位类之中。根据这一特点,分类体系在类名确定的过程中,为了使类名尽可能简短,往往省略其上位类的含义,只列出其子概念的意义。因此,要完整了解一类目的含义,就必须包括其上位类的含义。②根据类目体系展开的规律了解类目的含义。等级列举式分类法的类目体系是按照从总到分,从一般到专门的方式,通过层层划分展开的线性系统。按照这一编制结构,类目体系是依据划分层次逐一展开的,某一层次中又可以进一步分为专论与总论。有关总论的文献归入该总论,论述某一专门内容的文献,则应归入专论下的有关门类。《中图法》个别门类展开时,不完全按照这一模式处理。在此情况下,一般通过注释加以说明,此时才不再按上述方式确定类目的范围。③根据类目注释了解相关类目的含义和范围。主题之间的关系往往是错综复杂的、多维的。有时,一个主题内容会同时与多个知识门类发生联系。对于此类情况,类表一般通过注释加以说明。因此,应注意了解类目注释中有关的说明,准确把握类目的含义,确切归类。

4)熟悉各类型文献的归类规则

文献的主题数量、主题类型、文献类型和学科类型都会影响归类结果。因此《中图法》规定了针对不同主题数量、不同主题类型、不同文献类型和不同学科类型文献的归类细则,此处不详述。

5)熟悉《中图法》配号规则

《中图法》借鉴分面组配的思想,能够结合不同成分的号码进行组配标引。共包括三类:使用复分表复分、仿分及使用组配复分号进行类间组配。《中图法》类目是否复分或仿分通常是在类目注释中说明的,根据注释的不同分为以下几种情况:①使用类(包括单一类和起止类)下直接有复分、仿分注释。②类名有复分标记的类目,即类下无直接复、仿分注释,而在其前面的说明类下有复分、仿分注释,说明所包含的这一段类目都需要按规则进行复分或仿分。③资料分类时才需复分、仿分的类目,注释标记有"资料分类时,可仿 XX 分或可依 XX 分"。④各个单位可以根据自己单位情况选择复分、仿分方法,注释标记有"如愿集中于此""若使用本类""各馆根据需要"等。由于组配是多种特征联合进行归类的,因此可能会出现类号冲突,《中图法》使用加"0"的方法避免一些类号冲突,

加 "0" 规则特别多，请参考相关手册。

类间组配是将概念相关的两个或多个类目（主类号）通过组配符号 ":" 连接起来，以表达一个分类表中未列举的较专指或较复杂的主题标引技术。冒号组配法在《中图法》中是有严格使用规定的：按主表规定的范围使用；凡主表已列出的主题、通过复分、仿分可以表达的主题均不得使用冒号组配。

2. 标引实例

1) 直接归类

《图书馆学概论》一书，如果对整本书进行整体标引，经过主题分析，直接按照其所属的学科归类即可。

归类顺序为 "G 文化、科学、教育、体育→G2 信息与知识传播→G25 图书馆学、图书馆事业→G250 图书馆学"，此书最终类号为 "G250"。

2) 应用复分和仿分

《双城记》是英国作家查尔斯·狄更斯所著的一部以法国大革命为背景所写成的长篇历史小说，首次出版于 1859 年。经过主题分析可见该书学科主题属于文学作品中的小说，但同时它还蕴含了一些主题因素，如英国文学作品（地域）、近代（时间）和长篇（篇幅），这些因素在归类过程中也需要适当考虑。

归类顺序是 "I 文学→I3/7 各国文学"，在各国文学 I3/7 类目下写有归类注释："依世界地区表分，再依下表分。如日本近代小说集的号码是 I313.44"，并且在后面附有一个专类复分表。说明这本书要揭示的特征特别多，需要使用通用复分表和专类复分表。类号 I3/7 中的 3/7 是起止符，代表世界地区表 "洲" 的代码，如类号 I5 代表的就是 "欧洲文学"，因此首先找到英国的类号："5 欧洲→56 西欧→561 英国"，类号 I561 的含义就是 "英国文学"。按照归类注释，下一步需要使用专类复分表，可以看到该专类复分表是按照文学作品体裁划分的，这本书属于 "4 小说"，得到进一步组配类号 "I561.4" 代表 "英国小说"，其中的 "." 是中图法类号的构成规则，三位阿拉伯数字一个点。在专类复分表 "4 小说" 中还有归类注释，写 "仿 09 分。如果有必要，可再依 I24 小说题材复分表分"，因此可以进一步仿分。而该专类复分表中 "09 文学史、文学思想史" 主要是按照时间进行划分的，该小说属于近代（1640-1917），取类号 094，因为是仿分，只需要连接后面进一步细分的类号 4 就可以了。此书最终类号是 I561.44。如果还想进一步展现题材特征，可以再按照上述方法组配类号。

3) 直接组配

随着科学的发展，也出现了非常多交叉学科的相关研究，在手工分类标引中，这类信息可以采用直接组配的方法。如《工程数学》一书属于工程技术和数学交叉学科，因此可以给类号 TB11:O29，并在分类索引中进行轮排。而目前大多数图书馆都使用计算机编目，为了让用户能够通过更多类号查到这种类型的书，一般是通过给出多个中图法类号的方式来揭示。如《搜索引擎零距离：基于 Ruby + Java 搜索引擎原理与实现》一书，它是计算机技术在情报检索领域的应用探讨，可以给它两个分类号 G354.4 和 TP393.09，用户不论输入哪个类号都能够找到这本书。

4.4.3 人工主题标引——以《汉语主题词表》为例

1. 关键步骤

人工主题标引也遵循标引工作的流程，前面已经对查重和主题分析进行了详细介绍，此处不做具体介绍，本节主要关注主题概念转换和主题标识记录两个关键步骤。

1) 主题概念转换

主题分析后进行主题概念的转换，即把通过主题分析提取出来的自然语言语词转换为叙词表中正式叙词表达的主题，主题概念转换过需要参照词表中词汇的收录情况进行。主题概念转换有直接转换和分解转换两种。

（1）直接转换。指待标引主题概念可以直接使用词表中的一个对应正式叙词加以表述，如"重金属"可以直接转换为"重有色金属"。这种转换方式比较单纯，直接使用《汉语主题词表》的主表字顺表就可以完成转换工作。但在实际工作中，很多主题都是需要进行分解转换的。

（2）分解转换。指待标引的概念没有直接对应的叙词，需要将该主题分解成若干简单概念后再进行分别转换。因为《汉语主题词表》是叙词语言，它采用概念组配原理，所以概念分解需要避免字面分拆。如免疫药理学不能直接拆分为"免疫"和"药理学"，需要拆分为"免疫学"和"药理学"这两个能够交叉组配的概念，写法为"免疫学：药理学"，其中"："是《汉语主题词表》规定的交叉组配符；"捷安特自行车"不能直接拆分为"捷安特"和"自行车"，而应该拆分为"捷安特牌商品：自行车"，因为"捷安特"是品牌，"自行车"是商品，两者不存在任何交叉关系，不能交叉组配产生新概念。概念组配也包括限定组配，如"汽车发动机"可以拆分为"汽车"和"发动机"，这种拆分也不会影响对原概念的理解，同时拆分成的两个概念有限定关系。概念分解还需要选择最合适的拆分层次，即不能越级拆分。如"工业财务管理"不能拆分成"企业"和"财务管理"或者"管理"，而应该拆分为"工业企业"和"财务管理"这两个最合适层级的专指词。

分解转换和选择组配形式时，还需遵守一些组配规则：①叙词的组配必须是概念组配，而不是字面组配。参加组配的叙词必须依据概念之间的关系进行，而不是简单的字面分拆或语词组合。②叙词的组配应优先采用交叉组配，在不能用相应叙词进行交叉组配时，才选用限定组配。如"植物生态学"这一主题可以按照交叉组配方式，标引为"植物学：生态学"。在这一情况下，就不能采用限定组配的方式，以"植物"和"生态学"进行组配。而"柴油机维修"这一主题，不存在交叉组配的可能，可以采用限定组配的方法，标引为"柴油机-维修"。③叙词的组配不能越级进行。即在可以用相应专指叙词组配时，不得使用该词的上位词或下位词进行组配。如"海洋地貌学考察"这一主题，在词表收有"海洋地貌学"这一叙词的情况下，无论是使用其上位词"地貌学"和"考察"组配标引，还是使用其下位词"海岸地貌学"和"考察"进行组配，均属于越级组配，必须选用相对应的"海洋地貌学"和"考察"这两个叙词进行组配标引。④叙词的组配必须选用与文献主题关系最密切、最邻近的叙词进行。例如，在标引"农村经济结构"这一主题时，可以利用含义上相关的叙词组成下述组配形式：农村-经济-结构、农村经济-结构、农村-经济结构、农村经济-经济结构。应选用其中与文献主题关系最密切、最专指的叙词进行组配标引，标引为"农村经济-经济结构"。⑤叙词的组配结果必须明确，具有单义性。凡有可能产生二义性组配的叙词，应通过明确词序或采用增词标引的方法加以处理，以免出现误差。⑥对并列多主题文献，可采用按各个主题分组组配的方式，并以组配符号明确揭示主题词之间的联系，以避免出现虚假或无意义的组配。⑦当某一主题概念在词表中已明确规定相应组代词时，应选用规定组代的几个叙词进行组配标引，不得另选其他叙词。⑧在能选用专指的单个叙词标引时，不得采用组配形式进行标引。

2）主题标识记录

主题标识记录包括查表选词和确定叙词的引用次序,同时在传统手工检索系统和计算机检索系统中还存在不同编号规则,具体可以参考《汉语主题词表》标引手册。

查表选词可以使用主表或者辅助使用索引进行，利用主表就从字顺入手，使用范畴索引与词族索引等辅助索引就从学科领域和族首词入手。并且遵守"专指叙词标引→组配标引→上位叙词标引→靠词标引→增词标引"的一般规则。具体如下：①用来标引文献主题概念的叙词必须是《汉表》中的正式叙词，其书写形式必须与词表中的词形一致。②选取词表中与文献的主题概念相对应的最专指的叙词进行标引，不得以该词的上位词或下位词进行标引，以免出现标引过宽或过窄的误差。③当词表中没有相应专指叙词时，可选用词表中最接近、最直接关联的两个或两个以上的叙词进行组配标引。④当词表中没有最专指的叙词，也无法以词表中最接近、最直接关联的叙词进行组配标引时，可选用上位叙词标引。⑤当词表没有相应的专指叙词，也无法用适合的叙词进行组配标引或选用适当的上位词标引时，可考虑选用含义相近的叙词进行标引，即靠词标引。靠词标引选词应该慎重，并应将被取代的词与选用的近义词建立参照关系，设置款目记入词表，以备查核。⑥如待标引的主题概念为未收入词表的新概念，不适宜采用上述任何一种方法标引，同时本身又具有较大研究价值和检索意义可以采用增词标引。增词一般是针对明显漏收的主题概念语词；表达新学科、新方法、新理论的词；使用频率较高被大众熟知的词；人名、地名等实体用语；组配标引容易产生歧义的词等。

在我国《文献主题标引规则》（GB/T 3860—2009)》标准中规定叙词组配的基本词序是主体因素、通用因素、空间因素、时间因素和文献类型因素。对于多主题信息,还会对主题进行分组，以避免不同分组之间导致的假匹配。如某一本书同时涉及"长江流域洪水"和"华北平原干旱"两个主题，手工检索系统中就应该形成"洪水-长江流域"和"干旱-华北平原"两个分组主题，以免产生"干旱-长江流域"这样的误组配结果。其中"-"为《汉语主题词表》规定的除交叉组配之外的概念因素连接符。

2. 标引实例

1）单主题文献标引实例

《现代西方法社会学》主要研究 20 世纪 60～70 年代美国、英国、德国、法国等主要西方国家的法学家和社会学家关于社会-法律研究的基本观点，属于交叉学科的研究。

从主题数量看,该书涉及两个研究对象:一是"法学",二是"社会学",研究范围为"西方国家",研究时间段为"现代",很容易将其归为多主题,但仔细分析可见,该书中的法学和社会学是密切交叉联系在一起的,这也是本书的特色之处,因此适当的做法是将本书视为单主题文献,这个主题是法学和社会学交叉的研究领域。

从主题类型看,这个主题属于复合主题;从主题结构看,主体因素为"法学和社会学交叉的研究",空间因素为"西方国家",时间因素为"现代"。因此进行概念转换,利用《汉语主题词表》查词,将"法学和社会学交叉的研究"转换为"法学:社会学",其他概念可以直接转换。该书最终主题标引的结果为"法学:社会学-西方国家-现代"。当然,如果词表中有"社会法学"这样的专指词,也可直接使用,而不再组配。

2)多主题文献标引实例

《比较与融通:多维视阈下的诗学与语言学研究》一书分为比较诗学、中国诗学、语言研究三部分,介绍了辟文学别裁、比较文学"三态论"、钱钟书的"连类"、论物质性诗学和先秦名家的智慧等内容。因为图书馆图书多为整体标引,最终常用3~5个叙词标引,因此对于书中细目,如论物质性诗学等不做过多揭示。

从主题数量看,该书主要讨论了诗学和语言学,两个主题分别是诗学和语言学,是一本多主题文献;从主题类型看,上述两个主题都属于复合主题;从主题结构看,本书没有明显的时间和空间因素,"诗学"和"语言学"属于主体因素,研究属于通用因素,隐含了文献类型因素"文集"。因此进行概念转换并利用《汉语主题词表》查词,发现可以直接转换并确定标识。最终该书主题标引结果为"诗学-研究-文集"和"语言学-研究-文集"两组主题。

利用《汉语主题词表》进行人工受控标引的规则还有很多,国家专门编写有相应标准和手册,有需要的读者可以进一步参考使用。

4.5　自动信息标引

自动信息标引,又称自动标引、计算机辅助标引,是依靠计算机系统全部或部分地自动给出信息内容标识的过程。换句话说,就是利用计算机系统模仿人的信息标引活动并自动生成标引标识的过程。根据内容标识的不同,自动信息标引分为自动主题标引和自动分类标引。对于文本信息,想由计算机自动完成对信息内容特征的提取,需要计算机对语言文本有"理解力",要从语言构成的基本要素:字、词、句等出发。世界上有很多种不同语言,需要依据不同语言的规律,采用不同的算法模型进行处理,中文由于缺少词语之间的空格,给自动标引带来很大难题。

4.5.1　中文自动分词

中文自动标引与西文自动标引的目的完全一样,都是通过选取内容标识来表示信息主题。与西文不同的是,中文句子中的词语之间既无空格,也无特殊的间隔标志,所以中文自动标引首先需要解决中文自动切分词的问题。

1. 中文自动分词面临的主要问题

1）切分歧义

中文分词是将一个汉字序列切分成一个个单独的词。歧义指在一个句子序列中存在 2 种或 2 种以上的切分结果，而这种切分结果有可能是正确的，也有可能是错误的，这完全依赖于人们根据中文知识习惯或规则进行判断。由于缺少分隔标志，中文自动切分词极易带来切分歧义，常见的切分歧义有交集型歧义、组合型歧义和混合型歧义。

（1）交集型歧义：又称交叉型歧义，指字串 AJB 既可切分为 AJ/B，又可切分为 A/JB。如"使用户满意"这个字串由于 AJB 歧义的存在，可能会被切分成"使用/户/满意"，如"结合成分子"字串中存在好几组交集型歧义。交集型歧义十分常见，由于没有人类自然语言来进行干预判断，计算机一般是无法区分出哪个切分字段是正确的。

（2）组合型歧义：在汉字字串 AB 中，A 是词，B 是词，AB 仍是词，则 AB 为组合型歧义字段。其中 A、B 为字串。组合型歧义也称多义型歧义，它必须根据字串所在的上下文来判断其合适的意思。如在字串"门把手坏了"中，"把手"是个词，但在字串"请把手拿开"中，"把手"就不是一个词。

（3）混合型歧义是由交集型歧义和组合型歧义自身嵌套或两者交叉组合而产生的歧义。

中文的切分歧义存在着真歧义和伪歧义。真歧义是指不但从构成形式上有多种切分方式，在不同的语境中也确实有多种切分形式。如字串"球拍卖完了"，可以切分成"球拍/卖/完/了"，也可以切分成"球/拍卖/完/了"，这两种切分在不同语境都是有可能成立的。而伪歧义是指，虽然有多种切分可能性，但在真实语料中往往取其中一种切分形式。如前面的"使用/户/满意"的切分就是伪歧义。

2）未登录词

未登录词是指分词词表中未收录或者在已有训练语料中未曾出现的词。未登录词的情况比较复杂，可以划分为如下几种类型：①新涌现的普通词汇，如博客、超女、给力等，尤其是在网络用语中这类词层出不穷。②专有名词，包括中外人名、中国地名、机构组织名、事件名、货币名、缩略语等。③新涌现的专业术语，如新型冠状病毒感染等。语言是鲜活的，未登录词数目众多，不可能全被收录进词表中，但未登录词却对分词精度起到了举足轻重的作用。未定义词没有明确边界，未定义词的构成单元本身都可以独立成词，也经常是切分歧义的主要原因。

2. 中文自动分词的方法

针对中文分词，主要算法有基于规则的分词方法、基于统计的分词方法、基于语义的分词方法和基于理解的分词方法。

1）基于规则的分词方法

基于规则的分词方法又称为机械分词方法，它是按照一定的策略将待分析的汉字串与一个"充分大的"机器词典中的词条进行匹配，若在词典中找到某个字符串，则匹配成功

（识别出一个词）。按照扫描方向的不同，匹配分词方法可以分为正向匹配和逆向匹配；按照不同长度优先匹配的情况，可以分为最大（最长）匹配和最小（最短）匹配；按照是否与词性标注过程相结合，又可以分为单纯分词方法和分词与标注相结合的一体化方法。

常用的几种机械分词方法如下：正向最大（长）匹配、逆向最大（长）匹配、最小切分（使每一句中切出的词数最小），还可以将上述各种方法相互组合，例如，可以将正向最大匹配方法和逆向最大匹配方法结合起来构成双向匹配法。正向最大词典分词法的基本思想，见图 4-9。具体算法流程如下所示。

（1）设自动分词词典中最长词条所含汉字个数为 Maxlen。

（2）取被处理材料当前字符串序数中的从左向右的前 Maxlen 个字作为匹配字段，查找分词词典。若词典中有这样的一个 Maxlen 字词，则匹配成功，匹配字段作为一个词被切分出来，转（6）。

（3）若词典中找不到这样的一个 Maxlen 字词，则匹配失败。

（4）待切分字串去掉最后一个汉字，Maxlen--。

（5）重复（2）～（4），直至切分成功。

（6）Maxlen 重新赋初值，转（2），直到切分出所有词。

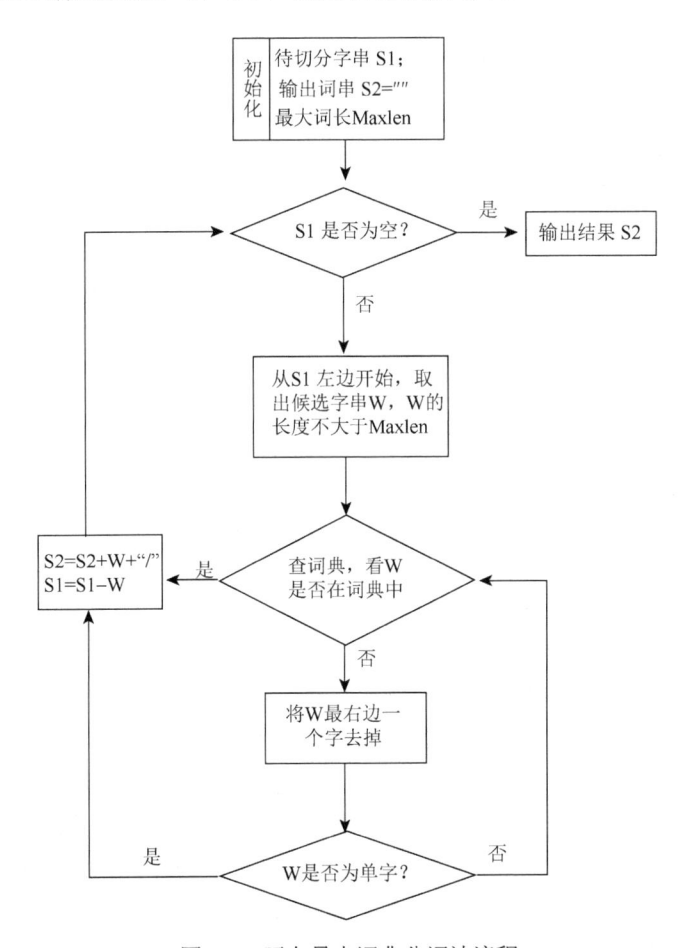

图 4-9 正向最大词典分词法流程

由于汉语单字成词的特点，正向最小（短）匹配和逆向最小（短）匹配一般很少使用。一般说来，逆向匹配的切分精度略高于正向匹配，遇到的歧义现象也较少。有学者研究的统计结果表明，单纯使用正向最大匹配的错误率为 1/169，单纯使用逆向最大匹配的错误率为 1/245。

机械分词方法简单易实现，实用性强，但也存在一些问题：①词典是机械分词法的核心，虽然词典结构和索引方法随着研究的深入都在逐步改进，词典机制在时间效率、空间效率及查词覆盖率上也都得到了一定程度的提升，但单独依赖现有词典，对各领域的语料进行分词还是存在明显缺陷。②词典分词无法解决分词阶段歧义切分和未登录词识别两大基本问题。实际使用的分词系统，都是把机械分词作为一种初分手段，还需利用其他各种的语言信息来进一步提高切分的准确率。

2）基于统计的分词方法

在中文句子中，虽然没有任何分词标记符，但是词由汉字组成，相邻的两个汉字或者相邻的两个词是否能够组合成词，可以利用相邻汉字在语料集中出现的频率作为判断依据。基于统计的分词方法的基本思想是对输入的中文字串进行全部切分，尽可能地找出所有的切分结果组合，利用能够反映语言特征的统计语言模型计算每种切分结果的出现概率，从结果中选取概率最大的一种。这种方法只需要对语料中的词的组合频度进行统计，不需要切分词典，因而又称为无词典分词方法。

近年来，基于统计的分词算法在中文分词系统中已成为主流算法，通过训练大量已经过人工分词的语料库获取经验信息，将语言知识转化为统计信息，建立起能反映相邻汉字或词的互信度的概率模型，从而识别新词并将句子切分成词。语料库是经科学取样和加工的大规模电子文本库，其中存放的是在语言的实际使用中真实出现过的语言材料。统计分词算法通常可以分为基于有向图的全切分算法和基于字标注的机器学习算法。该方法主要应用的统计模型有 N 元（N-gram）文法模型、隐马尔可夫模型（Hidden Markov Model，HMM）、最大熵（Maximum Entropy，ME）模型、条件随机场（Conditional Random Fields，CRF）模型等。

基于统计的分词方法，优点在于降低了陌生词的影响，只要有足够的训练文本就易于创建和使用。缺点是"足够训练"的语料库非常难以做到，不可能有足够的语料库进行训练，实用性低。统计分词也可以作为机械分词方法的辅助，在初步分词结果的基础上使用统计方法识别一些新的词，即将串频统计和串匹配结合起来，既发挥匹配分词切分速度快、效率高的特点，又利用了无词典分词结合上下文识别生词、自动消除歧义的优点。

3）基于语义的分词方法和基于理解的分词方法

基于语义或理解的分词算法指根据待切分文本的句法、语义信息，按照人的阅读理解方式对文本进行切分。人为分词与机器自动分词有很大的区别，人通常看到一句话并不会想着立即对它进行分词而是先根据惯用的语法语境去理解，而后才去分词。基于语义理解的分词算法可以模仿人类思维方式进行分词，有可能获得消除歧义的效果。

随着机器学习知识的研究和应用，有学者将表示语义的特征加入训练模型中，也有学者提出了基于本体和句法分析领域的复合式分词方法，该分词方法首先对输入文本进行基于词典的双向匹配粗切分，并对粗切分得到的单词序列进行基于隐马尔科夫模型的词性标注，然后基于本体知识对处理过的句子进行句法分析，最后进行歧义的消除和未登录词的识别。深度学习也被用来分词，对于深度神经网络分词及传统的机器学习分词而言，如果在有监督的语料训练中加入语义信息更为丰富的字向量，那么对其分词效果大有裨益。

4.5.2 自动主题标引

1. 自动主题标引概述

1）自动主题标引的类型

自动主题标引是指使用计算机自动抽取或赋予的词汇表征信息内容特征。根据标引的词语的来源不同，可以将自动标引分为自动抽词标引和自动赋词标引。自动抽词标引是指直接从原文中抽取词或短语作为标引词来描述文献主题内容的过程。它涉及如何从原文中抽取能够表达其实质意义的词汇，以及如何根据这些词汇确定标引词。自动赋词标引是指在自动抽词的基础上，使用预先编制的词表中的词来代替文本中的词汇进行标引的过程。即将反映文本主题内容的关键词（用作标引的关键词）转换为词表中的主题词（或叙词等），并用其标引的方法。

2）自动主题标引技术

自动主题标引方法按技术可以分为统计标引法、语言分析标引法和机器学习标引法。

（1）统计标引法。词在文档中出现的频率是该词对文档重要性的有效测量指标。通常认为，处于高频和低频之间的那部分词汇才最适宜做标引词。也有学者使用词频之外的其他一些显著统计特征，如共现、逆文档词频、熵、互信息等。统计标引法可以细分为词频统计、加权统计、概率统计、分类判别统计等。

统计标引法简单，实现容易，但准确率相对较低，一般用于抽词标引，不适合于赋词标引。

（2）语言分析标引法。对被标引对象进行词法分析、句法分析、语义分析和篇章分析等，从而达到自动标引的目的。词法分析主要是分词、词性标注和获得词汇的详细特征。句法分析标引法是通过从语法角度来确定句子中每个词的作用（如是主语还是谓语），以及词与词之间的相互关系（如是修饰关系还是被修饰关系）来实现的。语义分析标引法是在分析词和短语在特定上下文环境中的确切含义的基础上，选择与主题含义相同的标引词来描述文献的。篇章分析主要是通过找出篇章中内容相关的片段，从篇章角度提取能反映文本主题的词语。

语言分析标引法相对准确率高，但容易受到语言规则库的影响，通用性差；它既可以用于抽词标引，也可以用于赋词标引，但用于赋词标引时，一般无法将受控词中的词与待标文档的整体语义进行比较，获得的标引词可能存在与待标文档语义关联性不高的问题。

（3）机器学习标引法

机器学习是利用计算机来理解和模拟人类特有的智能系统活动，它能够学习人们如何运用自己所掌握的知识解决现实中的问题。目前基于机器学习的自动标引方法一般通过训练集来获得相关统计参数，通过有监督或无监督的过程进行自动标引。机器学习法可以分为分类、聚类、集成学习、深度学习等。这些机器学习法的突出特点是将深度学习技术应用于主题标引，依赖于大量的人工标引数据进行模型训练。

机器学习标引法具有较好的移植性，即同一方法可以很方便地应用到不同的领域，但是该方法对于不同类型数据需要训练多个分类器，训练时间较长，可能存在数据稀疏问题及过拟合学习问题；该方法一般用于赋词标引，但往往受制于算法的复杂性和受控词类别的数量，一般不适合于大规模受控词表的标注。

2. 自动抽词标引

自动抽词标引要解决两个核心问题：抽取关键词，分析确定标引词。美国人卢恩在自动抽词领域进行了开创性研究，他提出了基于词频统计的抽词标引法，率先进行了自动标引的探索。

1）抽取候选关键词

抽取关键词是利用计算机抽取关键词，需要完成的是从文本中剔除虚词（又称非用词或停用词），获取关键词。做法是在抽词之前，建立一个以介词、冠词、连词等无实质意义的单词（英文中如 at、for、the、and、of 等）组成的停用词表（Stop-List）。然后利用停用词表，从被标引的文本中筛去停用词，抽取关键词。取词的一般过程为：①从待标引文本中抽取一个单词，西文可以遇空取词，中文自动切分词；②确定候选关键词，利用抽出的词去搜索停用词表，是停用词就舍去，不是就作为候选关键词记录下来。

2）分析确定标引词

标引词的确定，主要依据词频统计及其他一些途径对待标引词进行加权。

（1）词频统计加权。词频统计加权包括绝对词频与相对词频。绝对词频指的是词在一篇文献中出现的频次；相对词频则是指将词在一篇文献中的出现频次与在整个文献库中出现的频次进行比较。在进行词频统计时，可以根据从不同位置取出的词给予不同的权值。例如，可以对标题词给予最高权值，其余的可以依次对文摘词、首尾段词、首尾句词等赋予从大到小的权重。所取出的关键词是否作为标引词，可以根据计算每个被抽取词的权值之和，按从高到低的顺序确定。若取词对象是标题，则只需判断所取出的词是否重复。若从文摘或全文中取词，则需根据词频统计的结果去除低频词，将高频词作为标引后备词，根据系统规定的标引词的数量，最后确定标引词。

（2）逆文档频率加权。逆文献频率加权的前提假设是某词的重要性与它在特定文献中出现的频次成正比，而与该词在整个文献集合中出现的频次成反比。在一篇特定的文献中，特征词的出现频次越高，说明它与该文献的主题相关的程度越高。

词频（Term Frequency，TF）表示候选关键词在文本中出现的频次或频率。这个数字通常会被归一化，一般是词频除以文章总词频数，以防止它偏向长的文件。

$$\text{tf}_{ij} = \frac{n_{ij}}{\sum_{k} n_{k,j}}$$

上面的算式中，$n_{i,j}$是该词在文件d_j中出现的次数，$\sum_{k} n_{k,j}$则是文件d_j中所有词汇出现的次数总和。

某一特定词语的逆文档频率（Inverse Document Frequency，IDF），可以由文献集合文档数除以包含该词语的文档的数，再将得到的商取对数得到。包含候选关键词 t 的文档越少，IDF 越大，则说明候选关键词具有很好的类别区分能力。

$$\mathrm{idf}_i = \log \frac{|D|}{|\{j:t_i \in d_j\}|}$$

式中，$|D|$ 是文档集合中的文档总数；$|\{j:t_i \in d_j\}|$ 表示包含词语 t_i 的文档数。如果该词语不在语料库中，就会导致分母为零，因此一般情况下使用 $1+|\{j:t_i \in d_j\}|$。

最后将 TF 乘以 IDF，即 TF*IDF 得到最终的加权值。

（3）词区分值加权。词区分值描述了词的区分能力，即词对文献的分离能力。把一个文献集合中的任意两篇文献进行比较，其内容不可能完全相同，即使反映同一主题内容的两篇文献，其内容的深度、广度仍有不同。如果一个词能够较好地反映出文献集合中各篇文献的上述差异，这个词区分文献的能力较强。因此，可以从词区分文献能力大小设计词权，一般是在计算文献相似度和文献空间密度的基础上判断其词区分值，具体不再展开。

基于词频统计分析的自动标引易于实现，取得了显著的成果。相对来说较简单，不需要训练数据，一般也不需要外部知识库。文档经过预处理得到词向量后，可以利用简单的统计规则，形成候选关键词集合。但是这种方法没有考虑到词汇之间的语义关联，无法真正表达信息主题。

3. 自动赋词标引

自动赋词标引是在自动抽词基础上进行的，前面抽取关键词和加权过程相同，只是在进行标引标识转换时，自动赋词标引要解决候选关键词与词表匹配的关键问题。这里介绍两种自动赋词标引方法。

（1）基于关联词表的自动赋词标引。基于关联词表的自动赋词标引需要经历以下两个环节：①为受控词表中的每一个叙词建立一个关联词表，例如这个词的同义词、近义词或其他表达。②当对一篇文献进行标引时，利用计算机根据词频法从文献中抽取出来的重要的词语，与受控词表的关联词条目集合进行匹配，当某个叙词的关联词表与之匹配并超过一定的匹配阈值时，就将这个叙词赋予这篇文献作为标引词。

（2）基于中介词典的自动赋词标引。在进行自动赋词标引时，使用一个中介词典（如语义词表），与文献中的词进行匹配，同时将中介词典的词与某一个主题词表的词进行对应，这样通过中介词典，就可以将文本词指引向受控词表中的词。中介词典的覆盖面一般比较小，难以编制一个能满足各方面需求的词典，所以用中介词典进行的自动赋词标引一般会局限于某一特定的学科领域。

4.5.3 自动分类标引

1. 自动分类标引概述

1）自动分类标引的类型

自动分类标引是计算机自动使用分类标识替代信息内容特征的过程，按实现途径这技术可以分为自动归类和自动聚类。通常说的自动分类是狭义的，就是指自动归类。本书将自动分类作为一个广义的概念，自动归类是自动分类的一种实现形式。

自动归类是计算机系统按照一定的分类标准或分类参考，将被考察对象划归到不同类目的过程。就是先分析待分类对象中的特征，将其与各类别中对象具有的共同特征进行比较，再将待分类对象归入特征最近的一类并赋予相应的分类号。自动归类可以采用基于词、基于专家系统等多种技术。

自动聚类是指从待分类对象中提取特征，再将提取的全部特征进行比较并按一定的原则将具有相同或相近特征的对象定义成一类，设法使各类中包括的对象大体相同。文献自动聚类往往采用文献之间的距离（即相似性）进行类的定义，一般可以使用欧氏距离法、数量积法、相关系数法、夹角余弦法等方法计算文献之间的距离。

自动聚类的基本思想是"相似的文献归为同一类目下"。聚类不同于归类，归类是在已经知道了分类特征值的情况下，将信息对象分到不同的已知类中，聚类是在要划分的类未知的情况下，将信息对象分组成不同的类。

2）自动分类标引的应用

自动分类标引跟自然语言处理及深度学习等技术发展与应用密切相关，也有非常多的研究成果，有学者提出可以基于深度学习与《中图法》构建文献自动分类系统。也有学者提出针对网络信息进行自动聚类，并将其用于门户网站。也出现了很多可以直接利用的系统，如中国科学院在词法分析系统 ICTCLAS 的基础上构建自然语言处理与信息检索共享平台（Natural Language Processing and Information Retrieval Sharing Platform, NNLPIR），该平台可以实现对网络信息的自动采集与正文提取，并能够基于深度学习对采集的网络信息进行文本归类。它采用了深度神经网络对分类体系进行了综合训练，支持类别自定义训练。NLPIR 深度文本分类，可以用于新闻分类、简历分类、邮件分类、办公文档分类、区域分类等诸多场景。此外它还可以实现文本过滤，能够从大量文本中快速识别和过滤出符合特殊要求的信息，可以应用于品牌报道监测、垃圾信息屏蔽、敏感信息审查等领域。

2. 自动归类标引

1）自动归类的基本思想

自动归类相关研究成果丰富，本书关注文本自动归类的相关研究。图书情报领域的早期研究以基于分类语言、主题语言、自然语言之间的兼容互换原理构建分类知识库（分类器）实现文献信息自动分类为主要方向，大多采用机器学习和自然语言处理中常用的文本分类技术。深度学习的兴起推动了卷积神经网络等在自动分类中的应用，但效果受限于训练模型的语料质量及规模。

自动归类是一个有监督的学习过程（相对聚类的无监督学习过程）。一般地，它根据一个已经被标注（即分好类）的训练文档集合，找到文档特征和文档类别之间的关系模型，然后利用这种学习得到的关系模式对新的文档进行类别判断。

2）基于统计分析的自动归类

基于统计分析的文本自动归类是文本分类中的重要算法，通过大规模机器统计，评估类别与文本关键词之间的相似度。文本归类主要有以下五个问题需要解决：①获取训练文本集合。训练文本集合应有代表性，能反映分类系统所要处理的、实际存在的文档的情况。一般采用公认的、经人工分类的语料库。②建立文档表示模型。目前的文本分类系统，绝大多数都是以词语来表征文档的，用关键词、短语、主题词、概念的都有。③文本特征抽取（或选择从文本中抽取与文档类别标识密切相关的词汇作为类别特征描述语词）。通常采用 TF-IDF、MI、CHI 及信息增益等方法获取。④选择或设计分类模型。选择分类模型实际上就是要使用某种方法，建立从文本特征到文本类别的映射关系，这是文本分类的核心问题。现有的分类方法主要来自统计和机器学习两个方面。比较著名的分类方法有 K 最近邻（K Nearest Neighbors，KNN）、朴素贝叶斯（Naïve Bayes，NB）、支持向量机（Support Vector Machine，SVM）、最大熵等。⑤性能评测模型。性能评测是分类处理流程中的重要一环，对改进和完善分类系统具有指导意义。通常采用宏观平均（所有 N 个类别的分全率、分准率）及平均值微观平均（所有 M 篇文档的分全率、分准率的平均值）来对分类性能进行评价。

3）基于知识库的自动归类

由于传统文献分类法在信息组织中占有重要地位，针对网络环境下文献信息快速组织的迫切需求，图书情报领域学者探索基于传统文献分类法的自动归类，OCLC、欧盟等组织在信息自动分类和主题识别领域开展了多个大型研究项目，利用 DDC、UDC 和 LCC 对数字信息进行自动分类与主题识别。

也有学者基于情报检索语言中分类号、主题词和关键词三者之间兼容互换的原理，将文献分类法所有类目的众多标引实例进行数据挖掘。采用基于人工标引经验和机器学习相结合的分类算法，利用图书情报部门的标引实例构建分类知识库（规则库），利用词串定类的方法，通过计算待分类文本的关键词串与分类知识库的相关度度量来为文本进行归类。归类过程是将待分类文本经过主题标引形成的标引词串与分类知识库中的规则进行最佳匹配的过程。基于知识库的文献自动归类流程如图 4-10 所示。

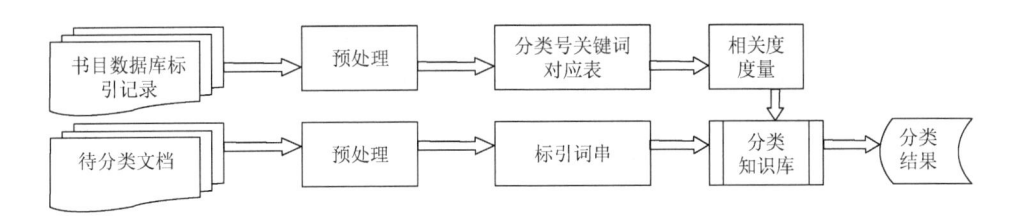

图 4-10 基于知识库的文献自动归类流程

基于知识库的文献自动归类方法在实践中面临两方面的问题：一是知识库更新问题，不断产生新的科学术语，如果不能及时地将这些新的术语概念增补到知识库中，将会造成主题标引和自动归类召回率低下的问题。二是文献分类法等级列举式的类目体系的设计结构，类目的大量复分、仿分及细小专深类别的层级划分，用于自动归类等文本自动处理中产生了一些问题。在实践中，需要将基于统计分析和知识库分类的方法有效结合，以满足当前数字信息组织和检索中的多维度、多层次、细分类需要。

3. 自动聚类

1) 自动聚类的基本思想

自动聚类是一种典型的无监督机器学习（无监督学习）方法。聚类试图将信息划分为若干个通常不相交的子集，每个子集称为一个簇，通过这样的划分，每一个簇可能对应一些潜在的概念（类别）。对文档集而言，最简单的聚类思路是把文档表示为向量空间中的点，计算点的距离，按照"簇内尽量紧密、簇间尽量分离"的原则把这些点划分开，让每个文档对应一个簇的编号，使处于相同簇中的文档彼此相似，在不同簇的文档彼此不相似。实际问题中，一个文档可能只属于一个簇，也可能是属于多个重叠的簇。

人们通常根据数据分布形态、问题的场景、数据的规模等多种因素考虑选用不同的自动聚类方法。本节介绍针对文本信息聚类的常用方法，包括 k-均值、层次聚类和基于概率的聚类。其中，层次聚类又包括自底向上的凝聚式层次聚类和自顶向下的分裂式层次聚类。

2) k-均值

k-均值（k-means）是一种经典的聚类技术，通过迭代计算簇中心的方式找到稳定中心，从而确定各簇及其成员。其步骤如下：

（1）先确定聚类要形成的簇的个数 k，这是要事先指定的参数。

（2）随机选出 k 个点作为 k 个簇的中心。

（3）根据欧氏距离，度量所有文档和各簇中心的距离，按照其远近将所有文档分配到与之最靠近的簇，得到 k 个簇。

（4）计算每个簇的质心，也就是其成员向量的平均值。这些质心称为各簇的新的中心值。

（5）返回执行第（3）、（4）步，直到每个簇上分到的点与上一轮分到的点相同，这时说明簇的中心已经稳定了，也就是簇中的成员确定了。

这种方法简单、直观，而且将质心作为簇的中心可以使簇中每个点到中心的距离平方和达到最小。但这种方法也存在缺陷，上述最小值只是局部最小值而并非全局最小值。最终的簇对初始的簇中心很敏感，初始簇中心指定不同的点，结果产生的簇就可能不相同。为尽可能地贴近全局最优结果，人们往往要换用不同的初始点多次执行 k-均值算法，然后从中选择一个相对最佳的结果，即距离平方和最小的那个。

3) 层次聚类

层次聚类（Hierarchical Clustering）是一种常用的自动聚类方法。与 k-均值算法相比，层次聚类算法能够获得数据的结构信息，且不需要预先确定簇的个数，聚类结果也相对唯一，这使其得到广泛应用。它的聚类方式是生成一个聚类树，也称树状图。单点簇（仅包含一个数据点）处在树的最底层，在树的顶层有一个根节点簇。根节点簇覆盖了全部数据点。

层次聚类主要有两种方法，合并（自底向上）聚类和分裂（自顶向下）聚类。从名称可以直观地看出，合并聚类是从树状图的最底层开始，每一次通过合并或称凝聚最相似（距离最近）的簇来形成上一层中的簇，整个过程当全部文档都合并到一个簇中时停止。因此，自底向上的合并聚类也称为凝聚式层次聚类。与之相反，分裂聚类开始在顶层将所有文档视为一个簇，然后利用如 k-均值的扁平聚类算法分割该簇，每个子簇再递归地继续往下分裂，反复迭代直至每篇文档都变成一个单独的簇。

相对于 k-均值聚类方法和其他的聚类方法而言，层次聚类方法有以下优点：它能够使用任何形式的距离或相似度函数；k-均值算法最终只能给出 k 个簇，而层次聚类方法却可以得到簇的层次结构，给用户提供更全面的信息浏览方式。在文本挖掘中，聚类的层次结构可以与文档主题的层次结构相结合，从而得到更有意义的聚类结果。层次聚类方法也存在一些不足，它的计算复杂度和空间需求较高，与 k-均值算法相比，它不适合处理大规模的数据。当然也有不少解决办法，有兴趣的读者可以深入研究。

4）基于概率的聚类

从概率的角度看，文档聚类的目标是给特定的文档寻找最有可能的簇，认为每个文档都以一定的可能性分属于每个簇，而不是武断地说某个文档应该被绝对地分入这个簇或那个簇。基于概率的聚类方法用 k 个概率分布代表 k 个聚类。对某个文档，每个分布会给出假设它属于该簇时文档具有某种属性特征值的概率。每个簇有不同的分布，各簇并不是同等可能，存在某种反映它们相对于总体数量的概率分布。可以假定各簇之所以存在区别是由于特定的生成机制造成的，换句话说，它们来自不同的特征分布。形成簇的过程也就是要找到一个文档对应哪个分布。

第 5 章　信息组织实践与应用

信息组织的核心内容信息描述和信息标引，信息描述的元数据、信息标引的分类法和主题法及这些方法的集成融合已成熟地应用在信息组织领域。它们不仅为传统的图书馆藏信息组织提供解决方案，在网络信息组织中也发挥着重要作用。图书馆馆藏资源的信息组织案例在前面已经阐述许多，本章以网络信息组织为主，选择数字图书馆、搜索引擎、电子商务网站和 Web 2.0 社区网站等四种信息组织的应用场景，结合前面信息组织理论进行案例分析。数字图书馆以数字文献信息组织为主，其信息组织带有传统图书馆的特征。搜索引擎以网络各类信息组织为主，其信息组织多依赖各种自动化技术。电子商务网站组织的信息主要为商品信息、用户信息、交易信息，其信息组织具有行业发展特征，也渗透更多新技术的应用。Web 2.0 社区网络以组织某些特定类型信息为主，其信息组织从传统信息组织的专业规范向大众参与的自由自组织发展。具体来说，本章以中国国家数字图书馆、百度搜索引擎、淘宝网和豆瓣网为例，从信息描述、分类组织和主题组织三个方面详细分析各案例信息组织的效果，帮助大家理解和掌握信息组织方法体系。本章的学习目标主要包括：①了解信息组织方法在各类数字信息组织中的应用场景；②理解元数据在各类信息组织中的使用；③理解不同的分类体系在各类信息组织中的使用；④理解主题法在各类信息组织中的使用；⑤掌握如何将规范的信息组织方法应用到其他类型的信息组织中。

5.1　数字图书馆的信息组织——以中国国家数字图书馆为例

5.1.1　数字图书馆及中国国家数字图书馆简介

1. 数字图书馆简介

数字图书馆以数字化信息为收藏对象，以信息处理技术与计算机设备为手段，以互联网为服务平台，以信息收集、开发、管理、存储、利用并提供数字信息服务为目标。数字图书馆信息组织的对象是数字化信息，包括数字化特种馆藏、商用数据库、网络信息等。与传统信息相比，数字化信息在范围、价值、存在形式、更新方式等方面有较大差异，因此需要针对不同类型的信息确定其信息组织的方法，并结合大众用户的使用习惯和需求进行设计。本节以中国国家数字图书馆为例介绍数字图书馆中的信息组织应用实践。

2. 中国国家数字图书馆简介

中国国家数字图书馆由中国国家图书馆建立，依托于丰富的馆藏资源及各国家数字图书馆工程资源建设联盟成员的特色资源，提供馆藏书籍、特色资源、电子期刊、电子图书等多种数字信息服务。随着信息载体的发展变化，中国国家数字图书馆馆藏规模不断扩大，类型日益丰富。国家图书馆自 2000 年开始进行馆藏资源的数字化加工工作，目前自建数字信息内容涉及中文电子图书、博士论文、民国文献、在线讲座、在线展览、甲骨实物与甲骨拓片、敦煌文献、金石拓片、地方志、西夏文献、年画、老照片、音像资源等，包括文本、图像、音频、视频等多种类型，是中国最大的数字文献资源库和服务基地。

5.1.2 中国国家数字图书馆的信息描述

中国国家数字图书馆包含的数字信息数量多、种类广，因此有针对性地对不同的数字信息确定了不同的信息组织方式：基于标准的组织方式和自编标准的组织方式。基于标准的组织方式主要体现在馆藏书目的组织上，中文书目采用 CNMARC 进行组织，西文书目则采用 USMARC 进行组织。自编的组织方式则体现在许多特色资源的组织上，如甲骨文、图片、音频、视频等，在对这类信息进行组织时，针对不同信息的特点自编了元数据标准，这些标准也用到了 MARC 标准的部分字段，但在特定字段进行了扩展和调整。中国国家数字图书馆对《鲁迅与北京风土》一书的描述以 CNMARC 为依据，具体呈现如图 5-1 所示。虽然 CNMARC 后台针对图书描述的元素特别多，但针对前端大众用户，为了便于阅读，主要提供了基本信息、详细信息、摘要、目次和馆藏信息项，用户可以根据这些描述信息，识别该书是不是自己需要的，通过出版社、出版年份等评价信息质量，也可以通过馆藏信息和文献传递服务获取它。

图 5-1 中国国家数字图书馆对《鲁迅与北京风土》一书的描述

中国国家数字图书馆针对电子书刊、网络及多媒体信息等馆藏资源进行了标准规范建设。以学位论文、音频和视频信息为例，中国国家数字图书馆制定了学位论文元数据标准、音频元数据标准和视频元数据标准。中国国家图书馆学位论文元数据元素列表具体见表 5-1。该元数据标准主要复用了 DC 及 MODS 的相关元素，并针对元素制定了元素修饰词和编码体系修饰词，修饰词综合考虑了中国学位论文的规范格式及信息特征，并结合用户需求来进行设计。

表 5-1 中国国家数字图书馆学位论文元数据元素列表

元素名称	元素修饰词	编码体系修饰词	复用标准
核心元素（14 个）			
题名			dc.title
	其他题名		dcterms:alternative
作者			dc.author
	作者单位		
主题			dc.subject
		汉语主题词表	
		中国图书馆分类法	
		中国科学院图书馆图书分类法	
		美国国会图书馆主题词表	
		医学主题词表	
		杜威十进分类法	
		美国国会图书馆图书分类法	
		国际十进分类法	
		中国分类主题词表	
描述			dc.description
	目次		dcterms:tableOfContents
	文摘		dcterms:abstract
	成果目录		
	相关文献附注		
	资助		
	研究方向		
	参考文献		
导师			dc.contributor
	导师单位		
日期			dc.date
	答辩日期		
	学位授予日期		
	提交日期		
	数字化加工日期		dcterms:created
	全文可获得日期		dcterms:available
		W3C DTF	

续表

元素名称	元素修饰词	编码体系修饰词	复用标准
类型			dc.type
		DCMI Type	
格式			dc.format
	范围		dcterms:extent
	页码		mods:totalPage
		IMT	
标识符			dc.identifier
		URI	
		DOI	
来源			dc.source
		URI	
		DOI	
语种			dc.language
		ISO639-2	
		RFC4646	
关联			dc.relation
	包含		dcterms:hasPart
	被包含		dcterms:ispartof
	其他版本		dcterms:hasVersion
	原版本		dcterms:isVersionOf
	参照		dcterms:references
	被参照		dcterms:isReferencedBy
	需求		dcterms:requires
	被需求		dcterms:isRequiredBy
	附加资源关联		
		URI	
		DOI	
		ISBN	
		ISSN	
权限			dc.rights
	权限声明		
	保密级别		
时空范围			dc:coverage
	空间范围		dcterms:spatial
		point	
		ISO3166	
		TGN	
	时间范围		dcterms:temporal
		period	
		W3C DTF	

续表

元素名称	元素修饰词	编码体系修饰词	复用标准
个别元素（2个）			
学位	学科专业		
	学位授予单位		
	学位名称		
	学位级别		
		学科/专业目录	
		学位名称代码	
馆藏信息			mods:location
	典藏号		

5.1.3 中国国家数字图书馆的分类组织

中国国家数字图书馆针对不同的信息类型设置了不同的分类体系，为用户提供多角度的信息浏览方式。

1. 应用《中图法》进行图书分类

中国国家数字图书馆以《中图法》为根据，将图书类目组织成一个树状结构，按照划分的层次，逐级列出详尽的类目，并在以线性形式显示类目时，以缩格表示类目的等级关系，见图5-2。

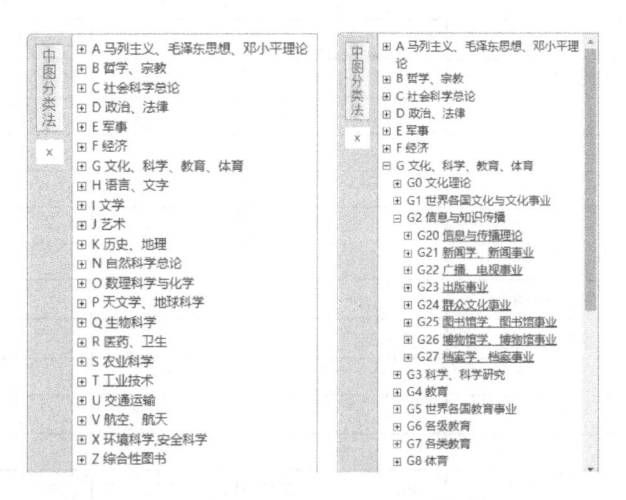

图5-2 中国国家数字图书馆采用《中图法》类目

2. 对数据库进行简单分类

中国国家数字图书馆提供大量的数据库资源，这些数据库中一部分是其自建的特色数据库，另一部分则为外购的商业数据库。这里主要展示中国国家数字图书馆是如何帮助用户查找这些数据库的。中国国家数字图书馆按照学科特征和文献类型特征对这些数据库进行了分类，用户可以对数据库的基本信息进行查询，如图 5-3 所示。可以看到，用户能够按照数据库的语种（中外文）单击音频浏览数据库，也可以按照文献类型和学科对数据库进行分类浏览。这里也使用到了主题组织方法，用户可以通过数据库名称进行关键词检索。

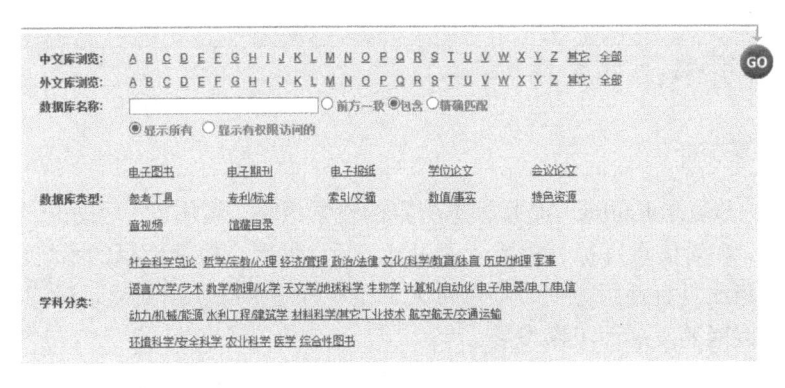

图 5-3　中国国家数字图书馆数据库类目

5.1.4　中国国家数字图书馆的主题组织

中国国家数字图书馆采用联机公共目录查询系统（Online Public Access Catalog，OPAC）提供各类信息检索、借阅服务等。OPAC 提供通过多个不同字段查找馆藏资源的检索方式，见图 5-4。其中中图分类号就是人工使用《中图法》对每本书进行分类标引后的类号，主题词就是人工使用《汉语主题词表》对每本书进行主题标引后的叙词。使用图书分类号和主题词检索需要用户熟悉《中图法》和《汉语主题词表》，能够将自己的信息需求通过人工信息标引同样的流程进行分析转换，属于受控检索的方式。其他检索入口基

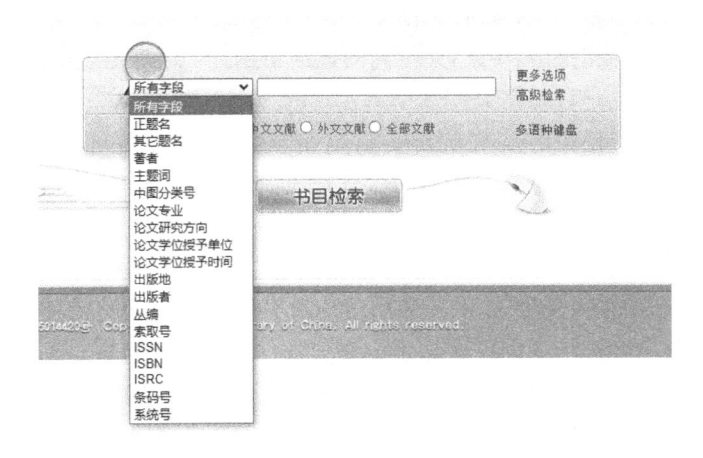

图 5-4　中国国家数字图书馆馆藏目录检索界面

本来自 CNMARC 信息描述的结果，用户可以选择这些检索入口，并输入关键词进行检索。由于中国国家数字图书馆各数据库都采用了相对规范的元数据，因此可以较为方便地实现跨库检索。

5.2　搜索引擎的信息组织——以百度为例

5.2.1　搜索引擎及百度简介

1. 搜索引擎简介

搜索引擎（Search Engine）是指根据特定的检索策略，运用能从互联网上搜集信息的程序访问网页，在对信息进行分类或者索引处理后，供用户检索信息的系统。搜索引擎与其他检索工具相比具有使用方便、信息量大、检索方法多样、结果显示形式多样的特点，搜索引擎随互联网的发展而不断发展。

第一代搜索引擎以网站分类目录为主，典型工具有 Yahoo Directory、Open Directory Project 等，它们需要依赖人力评估网站，并将其进行简短描述，然后分门别类地排列，用户也是通过分类目录或者树形结构寻找网站。这种系统在当时对查找信息是非常有效的，因为当时网络上还没有太多网页，组织网站的自动搜索技术也不太成熟。目录型搜索引擎是分类组织方法在网络信息组织中的典型应用，目前仍然有很多网站导航门户使用这种形式。

第二代搜索引擎以文本检索为主，即利用关键词来查找网络信息，当时采取这种模式的搜索引擎主要有 Alta Vista、Excite 等。这代搜索引擎收集互联网上几千万到几十亿个网页并对网页中的每一个词（即关键词）进行索引，建立索引数据库。当用户查找某个关键词时，所有在页面内容中包含了该关键词的网页都将作为搜索结果被匹配出来。在经过复杂的算法进行排序后，这些结果将按照与搜索关键词的相关度高低，依次排列。其中复杂的算法指使用信息检索模型，如布尔模型、概率模型或者向量空间模型等计算用户输入的查询词与网页内容的相关度，将相关度高的返回给用户。这是主题组织方法在网络信息组织中的典型应用，也是目前常见搜索引擎实现的技术基础。

第三代搜索引擎所使用的技术方法和第二代搜索引擎基本相同，仍然是以词的组织方法为主，但增加了网页链接分析及网络质量评价机制，同时用户为中心的思想得以凸显，系统会采用更多新的技术识别用户提交查询请求背后真正的信息需求，甚至会记录用户检索行为的各种特征以使检索结果更加个性化和精准化。目前常用的 Google、百度等均属于此类搜索引擎。随着更多新兴技术的应用及信息多元化的快速发展，出现了更多数据全面、更新及时、分类细致的面向主题搜索引擎和各种垂直搜索引擎，即专业型、专题型、行业型搜索引擎层出不穷。它们多采用特征提取和文本智能化等策略，应用深度学习、知识图谱等新兴技术，更好地提供信息检索服务。

从上面的搜索引擎发展历史可见，不同类型的搜索引擎使用的信息组织方法还是有很大的差异，如目录型搜索引擎与关键词搜索引擎分别采用分类组织和主题组织的方法。目前目录型搜索引擎已经不是主流，Yahoo Directory、Open Directory Project 已经于 2014 年和 2017 年先后关闭，本节以百度为例，介绍百度旗下诸多产品的信息组织。

2. 百度简介

百度是知名中文搜索引擎，它每天响应来自世界多个国家和地区的数十亿次搜索请求，是获取中文信息和服务的重要途径。依托百度网页、百度图片、百度新闻、百度知道、百度百科、百度地图、百度音乐、百度视频等专业垂直搜索频道，百度为用户提供随时随地使用百度搜索的服务。同时百度还使用语音、图像、知识图谱、自然语言处理等人工智能技术，这些技术极大地提升了百度搜索服务的智能化水平。百度旗下有非常多的产品，仅搜索服务就有很多种，具体如图 5-5 所示。

图 5-5　百度提供的搜索服务

由于百度旗下产品众多，其信息类型也非常丰富，目前它的信息组织具有非常明显的集成化特点，即有机融合元数据描述、分类法、主题法及用户自组织标签等组织方法于一体，多方位、多角度揭示信息特征，提供丰富检索途径。

5.2.2　百度的信息描述

对于每一类信息，百度都有其元数据，不过出于检索便利性的需要，有些信息的元数据并不会直接显示在检索结果中，而是存储在后台数据库中，供检索和数据分析使用。下面以百度视频和百度百聘为例，介绍百度信息的元数据。

百度视频是百度旗下视频业务平台，对全网视频信息进行采集和链接抓取。虽然视频具有非常丰富的内容特征，但对于这么大数据量的视频，百度优先借鉴了文本信息的信息组织方法，即利用元数据、分类法和主题法等揭示视频的特征，为用户提供多种信息检索途径。如百度视频中的视频都有简单的元数据描述，图 5-6 是电视剧《觉醒年代》的简单描述。

图 5-6　百度视频中电视剧信息的元数据

这种简单描述的核心特征项，如电视剧名称、集数、导演、主演、类型、地区、简介等能够帮助百度快速完成全网视频信息的采集和信息组织工作，也比较适合跨平台跨数据库的数据处理。

百度百聘是百度公司旗下招聘信息垂直搜索引擎，它聚合全网职位，将其进行重新组织，支持求职者一站式检索查询和简历投递。图 5-7 是百度百聘一则关于智能化项目经理招聘的页面，从图中可见，对于每一个招聘职位，百度百聘提供了职位名称、学历、经验、招聘人数、职位描述（包括职位类型、发布时间、有效时间、基本要求、工作地点及职位详细职责内容）元数据项目。通过这些元数据元素，用户可以快速地获取该职位的核心要求。

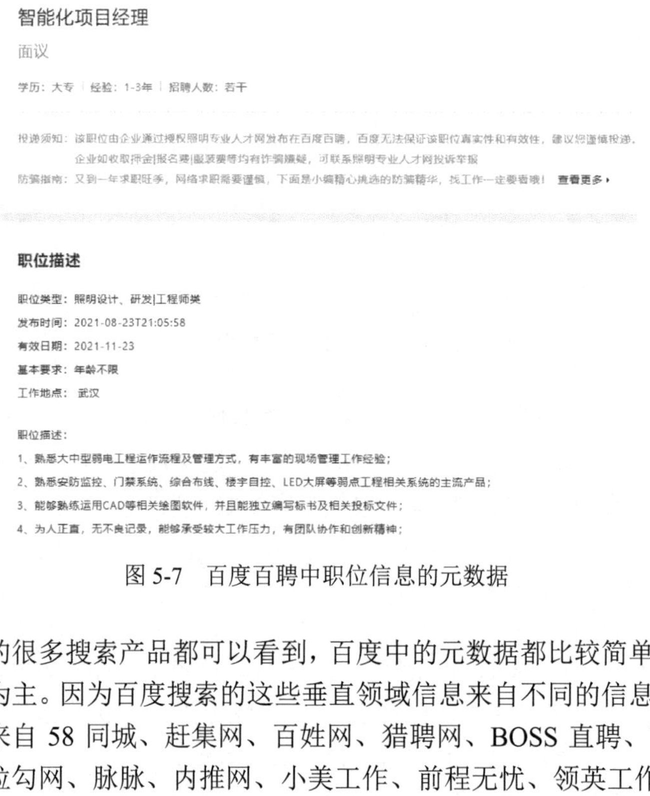

图 5-7 百度百聘中职位信息的元数据

其实从百度的很多搜索产品都可以看到，百度中的元数据都比较简单，尽量以表征信息最核心的特征为主。因为百度搜索的这些垂直领域信息来自不同的信息提供者，如百度百聘的职位信息来自 58 同城、赶集网、百姓网、猎聘网、BOSS 直聘、丁香人才、看准网、智联卓聘、拉勾网、脉脉、内推网、小美工作、前程无忧、领英工作、中华英才网、大街网、应届生求职网等招聘网站，这些招聘网站对招聘职位的描述详略不一，标准多样，百度百聘需要将之整合到一个平台，并对这些网站采集来的元数据进行重新整理。保留最核心、最简单的元数据项目，能够更好地融合异构来源的数据，并为数据分析提供基础。

5.2.3 百度的分类组织

百度对其信息的分类无处不在，从最基本搜索服务的分类就可以看到分类组织的应用。百度搜索服务是按照信息类型进行划分的，如网页、音乐、视频、地图等。具体到每一类信息的搜索，百度也都有相应的分类体系。比较典型的有百度 Hao123 中的等级分类体系、百度图片中检索结果的聚类及百度视频中的分面组配分类。

1. 等级列举式分类

百度 Hao123 是百度旗下的网站导航门户网站，它致力于及时收录包括音乐、视频、小说、娱乐交流、游戏等热门分类的网站，为用户提供最简单便捷的网上导航服务。它可以看作百度对目录型搜索引擎的保留，也是百度对其关键词搜索引擎的有效补充。图 5-8 展现了百度 Hao123 首页中的网站导航。

视频	好看视频	爱奇艺高清	腾讯视频	优酷网	芒果TV	百度视频	搜狐视频	最新影视	全民小视频	热门综艺	更多>>
综合	高顿教育	千图网	网易公开课	CSDN社区	百度文库	征信中心	科技频道	hao123教育	本地天气	百度营销	更多>>
游戏	百度游戏	37网游	9377页游	4366页游	坦克世界	战舰世界	17173	4399游戏	hao123游戏	风武	更多>>
页游	9377传奇霸主	热血封神	66传奇霸主	51星变	1.76传奇	花千骨	打金版传奇	原始传奇	三国群英传	传奇霸主	更多>>
购物	爱淘宝	当当网	聚划算	今日特价	天猫国际	京东商城	天猫超市	什么值得买	淘宝网	1688	更多>>
新闻	新浪新闻	观察者网	环球网	参考消息	中国新闻网	搜狐新闻	凤凰军事	腾讯新闻	网易新闻	hao123推荐	更多>>
体育	新浪体育	虎扑体育	搜狐体育	腾讯体育	CCTV5	网易体育	PP体育	凤凰体育	爱奇艺体育	体育热点	更多>>
小说	起点中文	飞卢小说	QQ阅读	潇湘书院	晋江文学城	纵横中文网	简书	小说阅读	小说排行	懒人听书	更多>>
手机	中关村在线	IT之家	太平洋手机	移动 • 电信	华为官网	小米官网	vivo手机	华军软件园	苹果手机	百度手机助手	更多>>
社交	YY直播	斗鱼TV	世纪佳缘	QQ空间	天涯社区	百合网	珍爱网	百度贴吧	人人网	企鹅电竞	更多>>
汽车	58二手车	百度有驾	太平洋汽车	易车网	汽车大全	爱卡汽车	新浪汽车	搜狐汽车	凤凰汽车	腾讯汽车	更多>>
旅游	携程网	12306	马蜂窝	飞猪旅行	途牛	艺龙旅行网	穷游网	驴妈妈	南方航空	hao123旅游	更多>>
招聘	前程无忧	百度百聘	BOSS直聘	猎聘	应届生求职	拉勾	中华英才	实习僧	看准网	卫生人才网	更多>>
生活	房天下	安居客	链家网	赶集网	爱企查	下厨房	百姓网	大众点评	美团网	天眼查	更多>>
音乐	酷狗音乐	网易云音乐	酷我音乐	QQ音乐	千千音乐	虾米音乐	清风DJ音乐	咪咕音乐	豆瓣音乐	唱吧	更多>>
财经	东方财富	新浪财经	证券之星	中金在线	雪球 • 股吧	金融界	第一财经	和讯网	网易财经	全景网	更多>>
彩票	中国体彩	中国福彩网	新浪彩票	竞彩网	双色球	全国开奖	搜狐彩票	福彩3D	北京体彩网	大乐透	更多>>
银行	建设银行	中国银行	工商银行	农业银行	交通银行	招商银行	兴业银行	浦发银行	支付宝	人民银行	更多>>
邮箱	163邮箱	126邮箱	QQ邮箱	新浪邮箱	阿里邮箱	139邮箱	Outlook邮箱	搜狐邮箱	百度网盘	foxmail邮箱	更多>>

图 5-8　百度 Hao123 首页中的网站导航

从图 5-8 可见，百度 Hao123 也采用了比较简单的类目体系，首页只显示了网站的一级类目列表，包括视频、综合、游戏、页游、购物、新闻等 20 个大类。而单击网站链接列表后的“更多”，即可进入到二级类目。图 5-9 展现了百度 Hao123 社区类网站二级类目，包括综合社区、社交、博客、社交周边和精选地方社区等。每个类目下的信息数量都不是很多，便于用户快速选择并单击导向到该网站。

综合社区(14)	百度贴吧	天涯社区	凯迪社区	知乎	豆瓣
	hao123官方贴吧	华声论坛	西祠胡同	强国论坛	新华网论坛
	铁血社区	热门贴吧	虎扑社区	淘宝论坛	
社交(8)	人人网	开心网	QQ空间	新浪微博	腾讯微博
	人和网	如流	nice		
博客(12)	新浪博客	网易博客	搜狐博客	博客中国	天涯博客
	雨后池塘	博客网	和讯博客	博客园	上证博客
	东方财富博客	网易LOFTER			
社交周边(7)	百度搜藏	互动百科	堆糖	果壳网	360doc
	糗事百科	派代网			
精选地方社区(11)	19楼	化龙巷	红网论坛	厦门小鱼网	上海篱笆网
	大河论坛	合肥论坛	宁波新北仑	广西红豆社区	青青岛社区
	东湖社区				

图 5-9　百度 Hao123 社区类网站二级类目

百度 Hao123 中的类目是由人工融合自动方式创建的，而百度图片检索结果中的自动聚类则体现了百度自动化技术的应用。百度图片分类组织应用法结合主题法，达到较好的结果。图 5-10 是在百度图片中输入"风景"得到的检索结果（部分截图）。

图 5-10　百度图片检索结果聚类的部分结果（部分截图）

从图 5-10 可见，当输入检索词"风景"后，百度图片搜索结果为 1340000 张，这样大数量的检索结果显然是不利于用户快速筛选的。百度在上段增加了全部尺寸和全部颜色两个分面选项，并通过"真实""手机壁纸"等形成二级分类类目，这些类目可能来自图片标签，也可能来自百度后台对图片特征的自动分析。这里的等级分类可以跟尺寸、颜色等进行组合检索，读者可以自行检索尝试。

从上面的分析可见，百度信息的等级体系分类和前面提到的文献分类有很大不同，诸如《中图法》的传统文献分类法，多以学科或专业领域内知识分类为依据，内容完整，结构严谨，能够非常规范地组织专业文献。而百度信息的等级体系分类，层次少、分类灵活，甚至类目间还有交叉，多以用户常用、常单击、常浏览为主要目标，类目排序也不严格遵循某种逻辑顺序，多以广告竞价位或者受用户欢迎程度排列，同时由于采用更多自动化技术，信息也可能会被归入错误类别下或者聚类结果不合理，但在这么大规模数量的信息前提下，很多信息组织方法的应用仍然是非常有意义的。

2. 分面组配式分类

百度充分地利用了分面组配分类法，如上例中以格式、颜色作为分面与风景图片类型进行分面组配。百度视频中也使用了大量的分面分类法，图 5-11 是百度视频中电影类信息分面的检索界面。从图 5-11 可见，百度视频选择了电影类型、地区、年代、演员和资源五个分面，用户可以自由选择组配。

百度视频中的分面组配式分类体系类目不多，尽量地选择用户最经常使用的特征，每个分面下的子目排序也比较合理，能够帮助用户较快地找到相应视频信息。

频道	电视剧	**电影**	综艺	动漫										
类型	**全部**	喜剧	爱情	恐怖	惊悚	犯罪	动作	科幻	战争	动画	剧情	青春	古装	奇幻	武侠	冒险	悬疑	传记	运动
	音乐													
地区	**全部**	内地	**香港**	台湾	韩国	日本	泰国	印度	东南亚地区	其他地区				
年代	**全部**	2021	2020	2019	2018	2017	2016	2015	2014	2013	2012	2011	2010	00年代	90年代	80年代
演员	**全部**	王宝强	黄渤	周迅	周冬雨	范冰冰	陈学冬	郭采洁	邓超	成龙	葛优	林正英	张家辉	**梁朝伟**	谷峥	郑恺	吴彦祖	刘德华
	周星驰	林青霞	周润发	李连杰	甄子丹	古天乐	洪金宝	姚晨	倪妮	黄晓明	彭于晏	汤唯	陈小春	冯绍峰
资源	**全部**	正片	花絮											

图 5-11 百度视频中电影类信息的分面检索界面

5.2.4 百度的主题组织

主题组织在百度网页搜索中应用得更为充分,因为百度网页搜索就是关键词法应用的典型代表,它利用自然语言自动标引方法完成对网页等文本信息标引词的抽取。

1. 百度中的自动主题标引

典型的网页搜索引擎由三大模块组成:信息采集模块、信息组织模块和信息检索模块。信息采集模块往往是一个可以浏览网页的程序,被形容为"网络爬虫"。它首先打开一个网页,然后把该网页中的超链接作为浏览的起始地址,把被链接的网页获取过来,再抽取网页中出现的超链接,并通过一定算法决定下一步要访问哪些链接。同时,信息采集器会将已经访问过的 URL 存储到自己的网页列表中并打上已搜索的标记。自动标引程序检查该网页并为它创建一条索引记录,然后将该记录加入到整个索引数据库中。信息采集器再以该网页的其他超链接为起点继续重复这一访问过程直至所有超链接访问结束。搜索引擎在采集文档的同时还会记录各文档的地址信息、修改时间、文档长度等状态信息,用于站点信息的监视和资料库的更新。在采集过程中还可以构造适当的启发策略,指导采集器的搜索路径和采集范围,减少文档采集的盲目性。

信息组织模块主要包括标引和索引,标引主要采用自动主题标引。搜索引擎采用的标引词策略不尽相同,有的搜索 HTML 的所有文本,也有的只搜索对 HTML 页面有高度概括性、描述性的<Meta>、<Title>、<H>、<Abstract>、<Keywords>等标记内的内容。自动标引软件会将上述内容中出现的所有有意义的字或词抽取出来(具体可回顾自动主题标引),并记录每个字词出现的网址及相应位置(如是出现在网页标题中,还是出现在简介或正文中),最后将这些数据存入索引数据库中,索引库可以直接提供给用户搜索。

信息检索模块是实现检索功能的程序,其作用是将用户输入的检索表达式拆分成具有检索意义的字或词,再访问索引数据库,通过一定的匹配算法获得相应的检索结果。返回的结果一般根据词频和网页链接中反映的信息质量统计模型,按相关度由高到低顺序输出。

2. 百度主题法应用效果的分析

百度网页搜索引擎的基本结构和工作原理也大致如此，但百度在基本自动标引的基础上增加了较多新技术的应用。图 5-12 是在百度网页搜索中输入检索词"番茄"得到的检索结果页面（部分截图）。

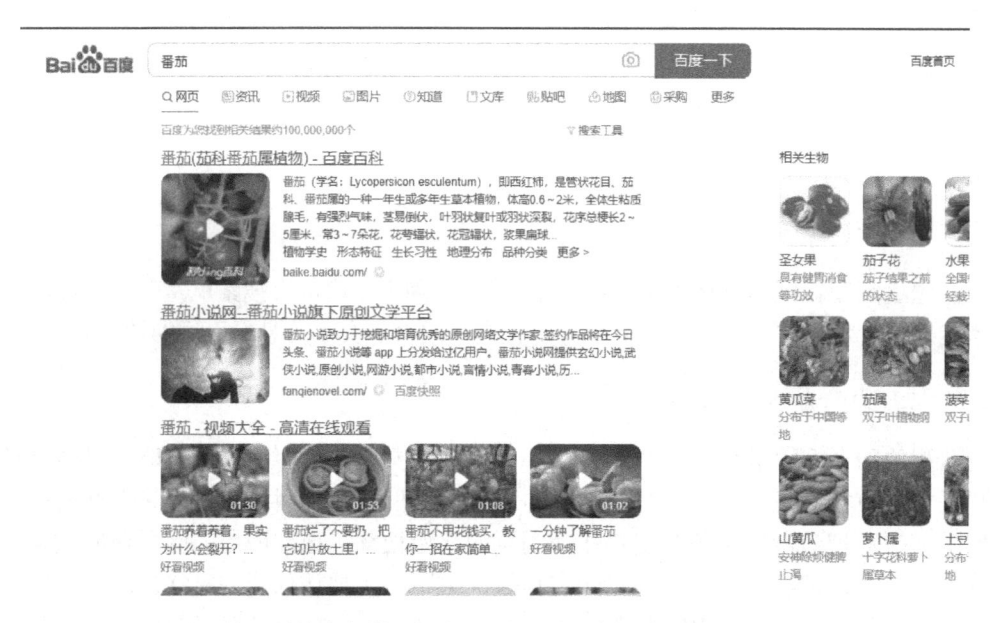

图 5-12　百度网页搜索中输入检索词"番茄"的检索结果页面（部分截图）

从图 5-12 可见，百度网页搜索结果除了检索出了包含"番茄"这个词的网页，还将包含这个词的视频、图片、贴吧等信息显示出来。同时在右侧罗列了相关植物，如圣女果、茄子花等的链接，在页面底部罗列了"相关搜索"，如"番茄怎么做好吃"等更为详细的检索提示（图 5-12 中未列出，可自行在百度中检索观察）。

智能检索技术也被应用于百度搜索引擎，如"西红柿"出现在检索结果里，"番茄"和"圣女果"的相互关联等。百度通过主题词典、上下位词典、相关同级词典，从知识层面或者说概念层面上形成一个知识体系或概念网络，通过这样的概念网络，百度可以对用户需求进行识别和扩检，也可以给用户智能知识提示。但从结果也可以发现，番茄小说网（小说网站）、番茄土豆（时间管理软件）也出现在检索结果里，从关键词匹配的角度来看，这个检索结果是符合用户输入的，但从用户需求来看，这个结果就可能会被判断为误检，因为输入番茄的大部分用户希望查到的是水果番茄。其实这种误检是语言常见的歧义现象导致的，在一定程度上是可以避免的。如将分类法融合到主题法中，在用户输入检索词时，可以先通过词所属的学科或事物等类别，提示用户进一步表达他的真实需求。也可进行歧义信息的检索处理，通过歧义知识描述库、全文索引、用户检索上下文分析及用户相关性反馈等技术揣摩用户的真实查询意图，这样才能高效、准确地把相关信息反馈给用户。

5.3　电子商务网站的信息组织——以淘宝网为例

5.3.1　电子商务网站及淘宝网简介

1. 电子商务网站简介

近年来，政府不断出台相关政策和法规，为我国电子商务发展提供了广阔的空间和有利的环境，我国电子商务发展势头迅猛。电子商务网站是企业、机构或者个人开展电商的基础设施和信息平台，是实施电商的交互窗口，是从事电商的一种手段。电子商务网站有很多类型，按照电子商务运行模式可分为 B2B、B2C、C2C 等几种。B2B（Business to Business）是企业与企业之间的电子商务，如中国供应商、阿里巴巴等；B2C（Business to Customer）指企业通过网络平台向消费者个人销售产品和服务的商业模式，主要平台有京东商城、天猫商城、苏宁易购、海尔商城等平台；C2C 指买卖双方为独立的用户个体，双方借助于网络平台开展经营交易活动，典型代表如淘宝网、拍拍网等，他们为消费者与消费者之间的互动交易行为提供了平台支撑。不过由于商业发展需要，现在很多网站都是多种商务模式并存。

2. 淘宝网简介

淘宝网是中国较早实施电子商务的网站之一，由阿里巴巴集团在 2003 年创立。随着其规模的扩大和用户数量的增加，它已经从单一的 C2C 网络集市变成了包括 C2C、分销、拍卖、直供、众筹、定制等多种电子商务模式在内的综合性零售商圈。

无论哪种模式的电子商务网站，每一次商品交易的发起者总是用户，在交易开始之前，用户首先要挑选其满意的商品。电子商务平台为了保证用户准确快速地查找到自己需要的商品，为商家提供商品组织的规则，允许商家按照商品组织规则对网上发布的商品进行合理的分类和描述。淘宝网上商品数量庞大、种类繁多，如何对其进行有效组织也变得日益重要。大部分网站在建设过程中都会开发出日后发布在自己网站上的信息描述系统，这一点对于电子商务网站尤为重要，由于商品种类众多，电子商务网站大多聘请专业分类人员，建设一套分类标引体系，满足对各类具体商品的分类和描述。在电子商务网站上发布具体商品信息的过程就是利用网站提供的分类标引体系对商品的种类及属性进行详细描述。根据具体商品发布者的不同，有两种发布模式：一是网站负责描述和标引商品信息，如京东商城、亚马逊、当当网等依托网站自身建立分类和标引体系，商品信息的描述和标引也是网站自身来做。二是网站只提供分类和标引体系，具体的商品信息描述由商家自己来做，商家根据网站提供的分类和标引体系，依靠自身对于商品的理解及对于分类和标引体系的理解，对商品描述和标引后上传到电子商务网站，网站只是起到监督作用。作为 C2C 类型的电子商务网站淘宝网（含 B2C 类型的天猫），主要由淘宝平台提供分类标引体系，对商品的著录工作由淘宝商家来做，淘宝网平台提供具体的著录界面来防止商家不规范的著录操作。下面具体学习淘宝网中的信息组织。

5.3.2 淘宝网商品的信息描述

淘宝网商品的信息描述分为六个模块：基础信息、销售信息、图文描述、支付信息、物流信息和售后服务。

以女装 T 恤为例，在商品发布系统中淘宝网为卖家提供了简单的枚举式元数据框架，多个女装 T 恤的属性从上到下线性排列在屏幕上，基础信息中多以下拉框的方式进行赋值。基础信息包含宝贝类型、宝贝标题、类目属性、宝贝定制和采购地。基础信息中的类目属性又具体包括货号、品牌、流行元素、袖长、服装板型、衣长、领型、袖型、成分含量、面料、图案、图案文化、适用年龄、风格和年份季节，共 15 个字段，见图 5-13。

图 5-13　淘宝网商品信息的基础信息元数据（以女装 T 恤为例）

销售信息包含主要颜色、尺码、一口价、总数量、商家编码和商品条形码。销售信息中的尺码又具体包括通用、中国码、英码、美码和均码，不同类型的码对应不同的尺码-尺寸表，见图 5-14。图文描述包含计算机端宝贝图片、主图视频比例、主图视频、宝贝长图、宝贝视频、计算机端描述、手机端描述和店铺中分类。支付信息包含付款方式和库存计数，物流信息包含提取方式，售后服务包含售后服务和上架时间等。

图 5-14 淘宝网商品信息的销售元数据（以女装 T 恤为例）

有学者通过对电商平台的全面调研，发现淘宝网使用的商品元数据存在如下问题：①商品属性集合不够全面，导致商家在商品标题字段大量堆砌自拟的关键词。杂乱的信息描述一方面极大地损伤用户的在线购物体验，另一方面导致了后台数据库字段搜索功能的失效。②简单列举商品的属性，缺乏对商品信息的逻辑结构和属性间语义关系的揭示，元数据的可理解性差。这导致商家学习商品描述标准的成本较高，描述商品的效率低下。③在商品信息的填充阶段未提供适当的辅助，商家只能根据自己的理解对自售商品进行描述，没有属性的自动填充与纠错功能。针对上述问题，有学者提出了电商平台女装类商品信息描述的分面元数据方案，为电商平台商品元数据的全面优化提供参考，分面元数据设计如图 5-15 所示。

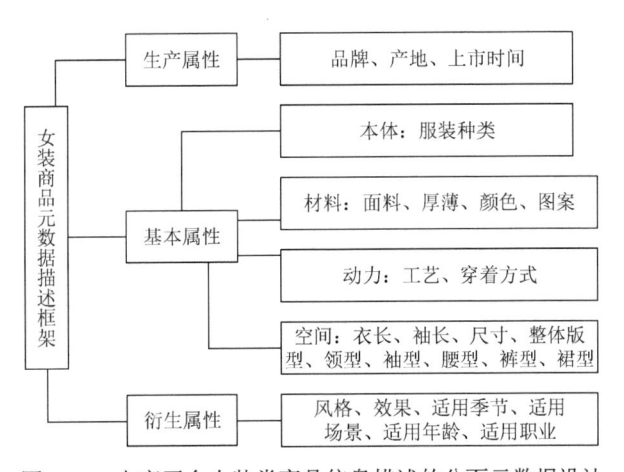

图 5-15 电商平台女装类商品信息描述的分面元数据设计

这样高度结构化、语义化的分面元数据模型，大大提高了商品元数据的可理解性；为容纳未来的扩展提供了稳定的语义结构；为前端的语义搜索、属性过滤、情景导购、相关推荐等商品发现机制提供了可依托的明确依据。

5.3.3 淘宝网商品的分类组织

1. 等级列举式分类

淘宝网提供商品的等级分类体系，采用树状结构，将商品信息逐级展开，共设置了 13 个基本大类：游戏话费、服装鞋包、手机数码、家用电器、美妆饰品、母婴用品、家居建材、百货食品、运动户外、文化玩乐、生活服务、其他商品和汽配摩托。每个一级大类下设置若干个二级类目，13 个大类下共设 133 个二级类目，同级类中相似商品标注在一起，中间用斜线隔开，每一大类下的二级类目数量不等，见图 5-16。

每个二级类目下又设置若干个三级类目，部分三级类目下还存在四级类目。以一级大类"服装鞋包"下的二级类目"服饰配件/皮带/帽子/围巾"为例，同级共 7 个二级类目，分别是"服饰配件/皮带/帽子/围巾""流行男鞋""男装""女士内衣/男士内衣/家居服""女鞋""女装/女士精品""箱包皮具/热销女包/男包"；"服饰配件/皮带/帽子/围巾"下又设有 18 个三级类目，其中"领部配件"这个三级类目下还设有 4 个四级类目，详细见表 5-2。

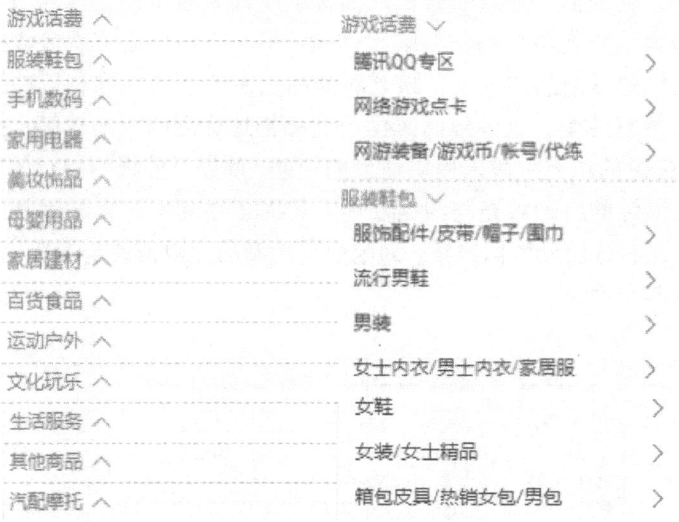

图 5-16 淘宝网商品的等级列举分类体系

表 5-2 淘宝网商品等级列举分类体系举例

一级大类	二级类目	三级类目	四级类目
服装鞋包	服饰配件/皮带/帽子/围巾	耳套	
		防晒面纱	
		防晒袖套	

续表

一级大类	二级类目	三级类目	四级类目
服装鞋包	服饰配件/皮带/帽子/围巾	婚纱礼服配件	皇冠配饰
			婚纱裙撑
			婚纱手套
			头纱
			新娘头饰
		口袋巾	
		领部配件	假领
			领带
			领结
			领针
		领带夹	
		帽子	
		其他配件	
		手帕	
		手套	
		围巾/手套/帽子套件	多件套
			二件套
			三件套
		围巾/丝巾/披肩	
		鞋包/皮带配件	包配件
			皮带扣
			鞋子配件
		袖扣	
		腰带/皮带/腰链	
		运动首饰	保健环
			指环
		制衣面料	布面料
			毛线

各大类涉及人们日常生活的各个方面,以人们日常生活用品为主,另包括游戏话费等虚拟商品的类目。对于淘宝网未设置的类目,商家可以根据自己的需要将类目设置在"其他"一类中。

除了使用传统的等级分类体系对商品进行类别划分,淘宝网还使用了一些自动聚类的方法。通过关键词话题聚类的方法,整合所有同类的商品信息,这些有吸引力的话题让用户能够更快捷地查找感兴趣的商品。话题聚类信息组织的核心理念依然是以区分不同的消费群体为主，通过平台的话题分类、筛选及用户间基于相同兴趣爱好和关注点，同主题、同类别的话题被聚合在一起，从而使信息从无序走向有序，即自组织的状态。也可以根据用户购买、浏览商品的数据记录，在大数据分析的基础上动态生成显示在首页上的商品类目体系，这种动态聚类生成的类目更能及时地反映平台商品供应的变化及商品受关注的情况。如淘宝网按照主题划分的主题市场类目，见图5-17。

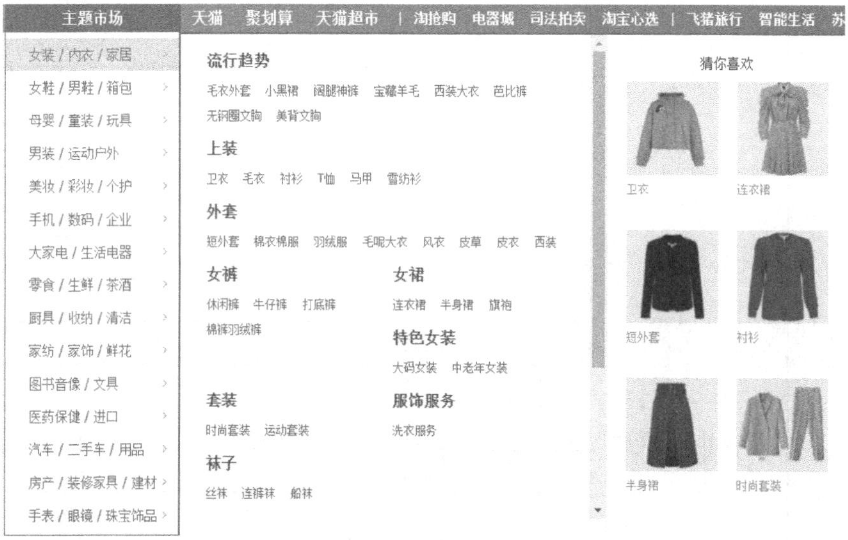

图5-17 淘宝网按主题划分的主题市场类目

有学者总结了淘宝网商品的分类体系与传统分类体系的不同，认为两者：①立类标准不同，传统分类法重视以学科为主，淘宝分类体系则采用以商品主题为中心建立分类体系；②适用范围不同，传统分类法主要应用于图书馆等文献信息中心，适应各类求学者不同知识层次需求，而淘宝网主要面对广大网络消费者；③稳定性不同，传统分类法制定之后，一般会根据社会发展在3~5年的时间基础上做出调整，调整频次较低，而淘宝网则是根据用户需求、商品热卖程度调整类目，调整频次较高。还有学者认为淘宝网的商品分类信息过于庞杂，有些类目划分不明确，过度地强调类目的生活性、娱乐性，把所有的分类聚集在一起。每一个大类下会有几十种小类，类目的引导功能不足，从而增加了用户在网站上检索商品的难度，影响使用效率。另外，类名名称没有科学的标准，通常使用日常习惯用语表示，导向性不足，缺少规则。现今互联网上的众多电子商务平台，采取的类目划分规则并不一样，通常都是自成一家，在类目的命名、分类、排序、设置基本结构等方面差异较大，导致很多用户渐渐只习惯应用于某一种平台，从而限定了用户的信息检索途径。

2. 分面组配式分类

淘宝网提供商品的分面组配分类体系，通过把某一特定主体领域的词汇按照一组划分特征分成若干组性质单纯的、互相排斥的细目，来对商品进行科学、详细地描述，使商品信息的描述更加完善，形成多个信息维度，为用户提供多个检索途径，方便用户从不同的分面来检索商品。如淘宝网对空调商品进行分面分析，最终确定了品牌、功率、能效等级、大家电、筛选条件等多个分面，在页面中展开了主要的分面类目，其他非主要分面，如适用面积、智能类型则折叠起来显示，用户可以选择。对于展开的分面类目，设置类目值，如能效等级分面的类目有三级、一级、二级、五级和四级 5 个值，如图 5-18 所示。

品牌：	美的	格力	海尔	奥克斯	MIJIA/米家	荣事达	KEG/韩电	Leader/统帅	多选	更多∨
	小超人	TCL	志高	海信	科龙	新科	东宝（家电）	Xiaomi/小米	华凌	
功率：	大1匹	1匹	小1匹	大1.5匹	1.5匹	小1.5匹	2匹	大2匹	2.5匹	3匹	多选	更多∨
能效等级：	三级	一级	二级	五级	四级						多选
大家电：	空调	移动空调	多联机	商用柜机空调	嵌入式空调/天花机					
筛选条件：	适用面积∨	智能类型∨	套装类型∨	制冷适用面积∨	相关分类∨					

图 5-18 淘宝网商品的分面组配分类体系（以空调为例）

通过组合搭配不同的分面分类，可以帮助用户缩小商品选择范围，更好地满足用户的购物需求。但在部分分面类目的表达上也有不太适合的地方，如分面类目"大家电"含义不明确，分面子类目"空调"名称与检索用词一致；功率和能效等级是有非常明显顺序特征的子类目，但显示却比较杂乱，不方便用户选择；适用面积是筛选空调非常重要的分面特征，却被折叠显示，给用户使用带来不便。

5.3.4 淘宝网商品的主题组织

淘宝网商品的检索比较复杂。除了利用元数据字段描述的结果进行关键词检索，淘宝网还提供基于不同类别的关键词检索，即可以对商品、店铺、主题市场等信息进行检索，这也是分类与主题一体化方法的典型体现，分类主题一体化也体现在能够在输入词进行检索之后，再通过等级分类和分面分类进一步进行筛选。

在对商品进行检索时，淘宝网会对输入的商品关键词进行分词，再通过布尔逻辑"与"检索，检索的范围包括商品的标题名称、商品的类别、商品的元数据描述等，而不仅仅匹配商品标题。以搜索"长袖 T 恤纯棉"为例，检索结果中会出现商品标题中包含"长袖"、"T 恤"和"纯棉"的商品，且对应检索词在商品标题中标红，见图 5-19。

但同时也会出现一些标题中不存在用户输入检索词的结果，如一件标题为"纯色长袖 T 恤春秋新款韩版圆领宽松显瘦休闲百搭全棉上衣女"的商品，仔细分析可见，该商品是淘宝掌柜热卖商品，也就是广告商品，同时标题中的"全棉"是"纯棉"的同义词，商品搜索后台很可能使用了后控制词表，这样就能够通过同义词进行自动扩检。

在大部分场景下，淘宝网可能只能基于用户输入的关键词进行商品检索而忽略了其中的语义信息。例如，当用户想购买一款华为 Nova 系列的手机，并且该手机的 cpu 型号是麒麟 985，屏幕类型是水滴屏。当输入"华为 Nova 麒麟 985 水滴屏"后，返回的检索结果中虽然都是华为 Nova 系列的手机，但是其中混杂了大量其他 cpu 型号与屏幕类型的商品，仍然需要用户自己去筛选。虽然淘宝网提供了通过选择商品的参数标签，进一步缩小检索范围的功能（也就是分面组配分类）。但是这种实现方式，一方面要求用户必须自己

图 5-19　淘宝网商品的关键词检索（以长袖 T 恤纯棉为例）

查找到对应的标签之后，通过点选的方式，一步步地缩小检索范围，而且不能一次性选择多个参数标签，用户体验差。另一方面，这些参数标签往往是提前预设好的，经常会出现其中不包括用户需要的标签的情况。这就需要更多新技术的应用，如可以使用深度学习的方法构建商品知识图谱（参见第 6~9 章），即将商品之间的各种联系通过知识图谱关联起来，如孕妇裙和奶粉两类商品，虽然它们在概念逻辑上不存在关系，但在现实生活中存在强相关，这样就可以提前构建商品知识图谱，把这种关联以适当的形式存储起来。同时利用用户的各类特征，如年龄、收入、地域等进行用户画像，对用户进行精准商品推荐。当然，这些都不是传统信息组织方法能够解决的，需要更多知识组织手段的应用。

5.4　Web 2.0 社区网站的信息组织——以豆瓣网为例

5.4.1　Web 2.0 社区网站及豆瓣网简介

1. Web 2.0 社区网站简介

Web 2.0 社区网站包括两个核心概念：Web 2.0 和社区。Web 2.0 是区别 Web 1.0 提出的，主要含义是用户可以直接参与网络信息的提供和管理，而不像 Web 1.0 时代仅作为浏览者。社区则是指若干社会群体或社会组织聚集在某一领域里形成相互关联的群体。所以，Web 2.0 社区网站就是为某一领域具有共同爱好的人群提供的自由分享信息的空间。传统环境下，信息组织活动以图书情报界为主，在 Web 2.0 环境下转变为任何人都可以在网上创建、上传文本、音频、视频等各类信息，贡献自己的内容并和其他人一起参与信息的编辑、组织与融合。用户生成内容（User Gernarated Content，UGC）是 Web 2.0 的重要特征。Web 2.0 的出现使信息交流与传播变得容易而广泛，人数众多的非专业人员又使信息系统的复杂程度大为增加，具备了自组织的条件，其用户管理、信息组织出现了内生的、由个体到群体的自组织特性。

2. 豆瓣网简介

豆瓣网创立于 2005 年,是一个典型的 Web 2.0 社区网站。网站架构齐全,包含了读书、音乐、电影、同城、小站、小组等多个板块。在豆瓣读书中,用户可以添加图书条目、写笔记、写评论、推荐图书等;可以给一本书添加若干标签,有了标签,其他豆瓣网成员就能很方便地通过标签来检索所需的图书,豆瓣读书将热门的图书标签分类,供用户有针对性地浏览;豆瓣读书还可以根据用户浏览豆瓣网的微内容推测用户可能感兴趣的图书,并加以推荐。豆瓣电影与豆瓣音乐则是分别针对电影和音乐进行评论的功能模块,其特点及构架与豆瓣读书类似。

豆瓣网实现了以用户为中心的信息组织方式,体现了个性化的信息服务需求,其灵活性和共建共享的特色吸引着广大用户。但同时,豆瓣网仍然存在类目体系不够健全合理、标签冗余繁杂、表意模糊等问题。

5.4.2 豆瓣网的信息描述

豆瓣网为每一类信息都制定了元数据,以豆瓣读书为例,用户在添加图书条目时,就会使用到这套标准。当用户希望添加一本书时,系统会首先判断 ISBN 或统一书号,如果豆瓣网已存在此 ISBN 的图书,就提示用户不能重复添加,添加页面将自动跳转或提示出已存在的条目。如果不存在此 ISBN 的图书,就会锁定 ISBN 号,跳转到具体的描述页面,描述页面的元数据包括书名、副标题、原作名、ISBN(不可修改)、作者、译者、定价、出版社、出版日期、装帧、页数、内容简介、作者简介、目录共 14 项,此外用户还可上传图书封面。豆瓣读书为用户自定义条目还提供了输入参考,如在"作者"这一栏,用灰色字体在输入框右侧显示提示信息如"[英] J. K. 罗琳",明确了国家和姓名的输入格式,如图 5-20 所示。

图 5-20 豆瓣网图书元数据(部分)

5.4.3 豆瓣网的分类组织

分类组织在豆瓣网很常见。以豆瓣电影为例，豆瓣电影采用分众分类法，由用户创造平面的非层级结构式的标签分类体系。依据用户给出的标签，其大众分类大致分为形式、类型、地区、年代和特色 5 个大类，具体包括若干个标签分类，具体如图 5-21 所示。

图 5-21　豆瓣电影的分众分类体系

基于标签的分类，并不采用严格的分类标准，其分类全部由用户直接提交，分类的形成过程完全是自发的。它可以凸显出社群成员关心的热点信息，可以适应同一用户对各类信息的不同需要，也可以适应不同用户对同一信息的不同需要。但用户自定义影视标签也带来许多问题。一是豆瓣电影中存在标签冗余、语义重复、专指度不高、缺乏准确性等问题。例如，一部关于第二次世界大战的电影可能同时含有"战争"和"二战"两个标签，这两个标签在语义上有交集，存在包含关系，而导致标签的专指度不高，见图 5-22 中有关电影《美丽人生》的标签。

图 5-22　豆瓣网电影标签（以《美丽人生》为例）

二是标签是用户使用自然语言自由标注的，没有使用控制词表进行控制，导致大众分类标签中由用户定义了很多弱元数据，从而引起元数据的"长尾"。如拼写不正确，将 story 写成 strong；或使用与内容无关的标签，把爱情电影的特征应用到了战争电影上等，这些元噪声加重了用户的标注负担，并降低了系统的信息检索能力。同时这些不规范的标签也给标签管理带来了诸多不便。根据相关新闻（2022 年 01 月），豆瓣网暂时关闭了豆瓣读书和豆瓣电影的标签功能。

5.4.4　豆瓣网的主题组织

豆瓣网关键词检索入口使用基于自然语言的关键词法。在关键词检索中，用户只需输入检索词，就可以检索到所有与该检索词匹配的信息。用户还可以基于豆瓣网的不同信息类型进行结果的二次筛选，以更快速地找到自己想要的信息。但豆瓣网并不像百度那样进行同义词扩展，如图 5-23 所示，输入"番茄"出现的检索结果都是包含了关键词"番茄"的，并不会出现同义词"西红柿"的检索结果。

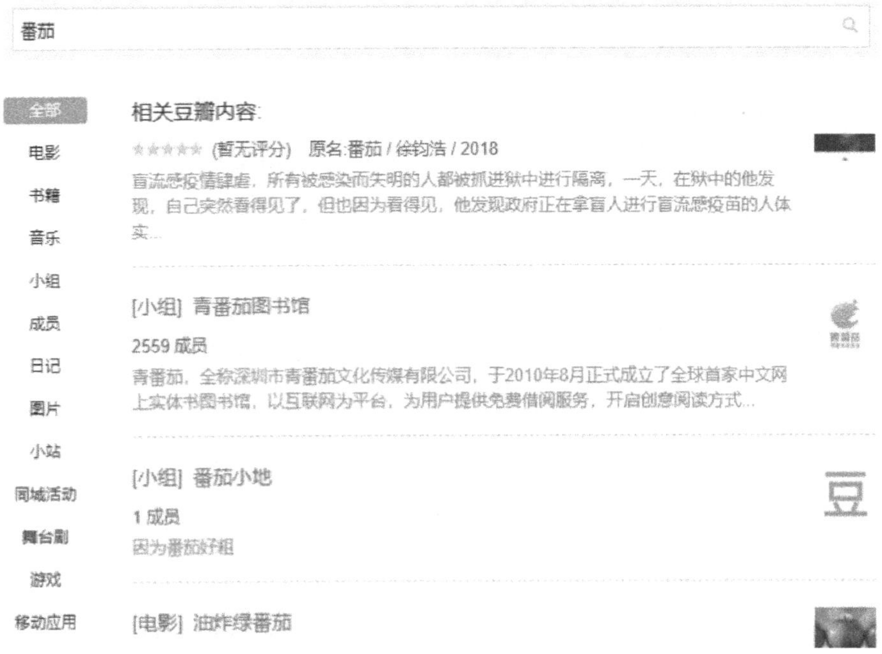

图 5-23　在豆瓣网中检索"番茄"的结果

但在豆瓣网中搜索"红海风暴"，检索结果中会出现"红海行动"的检索结果，如图 5-24 所示。这是因为豆瓣网以电影为实体，以实体为单位，在电影元数据中定义了实体的别名，不同的电影名指向同一个电影实体，这也是元数据和主题法的规范控制在豆瓣网中的应用，具体见图 5-25。

图 5-24　在豆瓣网中检索"红海风暴"的结果

图 5-25　电影《红海行动》的元数据

　　Web2.0 环境下，信息组织的变化集中在方法技术和信息用户需求变化方面，尤其是信息自组织的应用，通过技术的支持，通过一定规范处理，也能够有效地利用社会化标签。如鉴于用户自组织标签存在的问题，有学者针对图书信息提出可以通过自动分类标引方法对其进行控制和应用，在设计分类模型时需要考虑到用户的需求，做到不破坏用户原有使用规则的前提下，在后台内部控制社会标签的质量，即"内核受控，外壳非控"。通过采用统计方法构建"标签词-主题词"概念空间，将其作为社会标签规范控制的核心，并在社会化标签学习训练的基础上完成对图书的自动分类。具体如图 5-26 所示。

　　未来，在深度学习等智能技术的支持下，Web 2.0 的信息组织也将向着集成化、智能化、社会化和知识关联等方向发展。

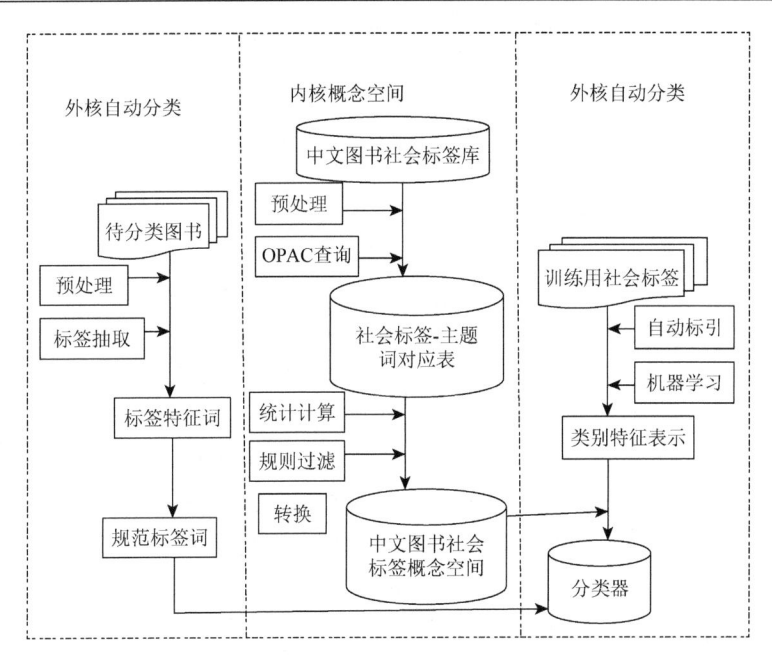

图 5-26 学者提出的社会化标签"内核受控,外壳受控"图书自动分类模式

第 6 章　从信息组织到知识组织

知识组织并不是一个新概念，对它的研究伴随着信息组织的发展而逐渐深入。传统信息组织提供给用户的是片面的、零散的信息，用户要想加以利用，还必须进一步对其进行分析、选择、加工。而知识组织的目标是对知识存储整序和提供知识，它直接提供给用户直观的、可操作性强的系统化知识。知识组织方法是图书情报领域提出来的，它经过了多番演变，逐渐与新的技术融合，其中语义网技术、人工智能技术的应用大大提升了知识组织的效果。可以通过简单知识组织系统（Simple Knowledge Organization System，SKOS）对传统知识组织系统，如分类表和叙词表等进行改造使用，也可以使用知识表示、知识建模、知识抽取、知识关联和知识融合等知识组织的新技术。本章学习的目标包括：①了解传统信息组织面临的挑战；②了解知识组织的概念和目标；③掌握知识组织系统的类型和发展特点；④掌握传统分类法和叙词表改造的基本方法；⑤全面认识新兴的知识组织技术。

6.1　知识组织的发展

6.1.1　传统信息组织面临的挑战

1. 信息组织对象方面

1）信息组织对象范围的变化

传统的文献组织是伴随着文献数量的激增而诞生的。这一阶段主要以图书情报领域的信息组织工作为主流。在传统的信息管理中，图书馆的工作核心是文献组织，即图书馆员根据文献的形式特征和内容特征，通过编制目录、索引、文摘等方法，对文献内容进行概念逻辑划分，将成千上万的文献按其标识排成一个有序的系统，向人们提供手工检索或计算机检索。传统信息组织的对象主要是包含图书、期刊、专利和标准等纸质版资源，而网络环境使得信息组织的对象发生了很大变化。信息组织的对象已从单纯的实体信息资源（含实体数字资源）转向既包含实体信息资源也包含网站、微信、微博等社交媒体的网络信息资源。在信息关联层面，信息组织的对象是独立的个体信息资源，其作用是用格式化的元素描述各种复杂的信息，以便计算机或人能够对其进行识别和处理，所以是一种微观组织法。但信息之间存在各种各样的复杂联系，将这些联系揭示出来能够有效地支持用户对更多相关信息的获取。在信息质量层面，由于纸质文献具有规范的出版格式，其外部特征与内容特征比较容易获取和分析，也比较容易描述、存储和排序等，信息组织质量较高，而网络信息因网络信息空间的复杂性，其质量无法保证，给网络信息组织带来严峻挑战。

2）网络信息空间的复杂性

（1）开放无序。任何联网终端都有机会通过网络创建与发布信息，网络的开放自由性使得网络整体呈现无序化状态。然而，信息组织的目标是做到有序化与结构化，如何在无序网络之上建立内容秩序是首要挑战。目前，网络信息组织能够做到的是宏观无序下的局部有序控制。

（2）海量信息、大量数据。社交网络、移动互联网、物联网等加速了信息生产建设，海量网络信息如果失去有效控制和组织将不再是一种资源，而是一种灾难。另外，网络信息很多是半结构化与非结构化，信息之间还存在着各种各样的关联，传统关系型数据库与信息检索处理技术都无法胜任。在网络时代，信息的组织结构与内容同等重要。分析挖掘信息价值必须具备有效的结构化基础来支撑，需要创新信息组织方法以破解困局。

（3）碎片化、关联化。网络用户参与创建的各种内容片段，如微博、评论、图片、视频等，体现出片段化、碎片化等非系统化特征，这催生了信息碎片化，并且对跨平台跨设备的信息组织集成提出了更高的要求。同时，碎片化信息之间存在某些显性与隐性的关系。因而，如何经由信息组织方法来联系与系统化整合碎片化信息，并搭建语义关联组织，是一个现实应用问题。碎片化信息关联组织的最终目的是让用户获得系统化的高质量信息，有效地促进个体知识吸收和知识发现。

（4）用户信息需求提升。信息易找而知识难寻的现象几乎是每一个信息用户都会碰到的。信息是知识的原料或半成品，知识是经过人脑整序和提炼的。在信息爆炸和信息污染的网络环境中，人们对知识的需求越来越强烈，对信息组织的要求也越来越高。如何将大量的信息进行类似人脑对知识的网状结构处理，给用户提供良好的知识结构和规律经验成为传统信息组织需要解决的问题。

（5）网络信息检索机制多样化。网络信息检索具有多样化、大众化的特点，需要在传统（面向专业人员）分类法的基础上进行面向普通用户网络浏览、导航的适应性改造。计算机参与到更多信息组织环节，需要对传统分类表、叙词表进行机器可理解和可处理的改造。

2. 信息组织方法方面

传统信息组织方法主要是信息描述和信息标引，它们对信息特征的揭示以信息外在特征为主，内容特征多是独立无关的词集合或从整体分类标引得到的学科、领域的类属。这样的信息组织方法无法对信息蕴含的知识单元进行表征，也无法对它们之间的复杂关联进行揭示。

1）信息描述

在信息的主导类型已由印刷型转变为数字型的现实背景下，元数据的研究是十分具有现实意义的课题。由图书馆领域和计算机领域的专家共同提出的 DC 元数据，已经成为数字图书馆、网络信息语义描述的主导标准格式。但在数字图书馆的实际工作中，各机构不同的数据类型之间的描述格式、字段格式、描述标准很难统一，也无法硬性规定必须用一种方式来对信息进行描述。而用户希望能够根据某一主题、某一人物、某一事件将不同信息集中在一起，在语义和知识层面互相融通。甚至可以把档案、书籍、家谱、地方志、老照片、唱片、电影等不同的信息对象基于相同的知识点，动态地链接、关联，在描述标准和元数据规范的基础上建立一个知识融通的框架，将它们融合在一起，形成一个完整的知识体系。在网络信息描述的实践中，更难达到统一，因为有些元数据是由大众提供的。这意味着元数据不能仅仅停留在对信息特征的分析和描述上，而应该适应知识链接、知识融通的需要。

2）信息标引

分类法和主题法是传统的信息组织方法，是哲学家、科学家、图书情报学家集体智慧和经验的结晶。分类法是指依据一定的分类体系，根据文献的内容属性和其他特征，对文献分门别类地、系统地组织与揭示的方法。主题法一般指直接以表示文献主题的词语做标识，提供字顺检索途径，并主要采用参照系统揭示词间关系的标引和检索文献的方法。分类法是语法信息组织和语义信息组织的综合，从学科角度集约信息，便于族性检索；主题法建立在自然语言基础之上，是另一种形式的语义信息与语法信息组织的综合，是从事物角度集约信息，便于特性检索。这两类方法在传统文献组织阶段发挥了巨大作用，并在网络信息组织得到广泛应用。分类法和主题法其实已经具备一定的知识组织能力，如分类法着重于建立知识框架，知识框架可以用于组织文献信息、浏览信息及支持其他的功能，如学习或提供检索词的上下文；主题法着重于词汇控制，词汇控制力图达到概念和表达语词、标引词和检索提问词统一的理想效果。所以传统分类表（如《中图法》）和词表（如《汉语主题词表》）都具有作为知识库、结构库来编制新的知识组织工具的潜能，但也需要根据技术发展进行相应的改造。

3. 信息检索系统方面

信息经过组织后，形成有序的信息检索系统，其主要功能是向用户提供所需的信息。用户对这些系统的主要使用方式为元数据特征项检索、分类浏览、关键词检索等，检索结果展现的方式多以文本列表为主，结果之间的关联无法体现。

1）信息检索系统结构

信息检索系统是有序的，但也是被动的，它只能被动地处理已存在的各种信息，不能处理人的智慧和经验；信息检索系统是一种静态的、列举式的结构，不能展示人类知识创造的动态逻辑过程；信息检索系统缺少推理功能，不能从存储的信息中推理导出其他有用的信息。信息系统中的信息元素是可以重复的，大量相同的信息占据着系统的空间使系统显得臃肿、低效。如果检索系统能够存储人的智慧和经验等隐性知识，并且模拟人的感觉和思维过程的规律进行组织，按照一定的推理策略，提供问题的解决方案，那这样的检索系统威力是巨大的，因为它是动态的，可以自动更新的，符合人类知识处理的路径需求。

2）用户搜索信息的方式

信息检索系统提供给用户搜索信息的方式主要有元数据特征项检索、分类浏览、关键词检索等。如网络搜索引擎具有简洁的搜索界面和搜索框，支持单个关键词、词组和语句的一框式搜索。用户获取信息通过在检索框中输入关键词及规范化的专业检索式来完成，用户需要耗费一定的精力与时间对检索的列表结果自行判断和鉴别，才能得到满意的答案。语义网背景下，搜索引擎未来的发展应支持用户直接以问句等自然语言这类灵活的方式对知识本身进行提问。还可以增加语音搜索方式，运用计算语言学、形式语义学和机器学习技术创建了人机交互界面，用户可以使用自然语言与机器对话。

3）搜索结果的呈现方式

大多数检索系统结果的呈现方式都是文本列表式的。如搜索引擎检索结果的呈现方式主要为页面上端显示检索结果数量、检索时间，下方显示结果链接清单，并提供"日期""相关性"等排序选项。用户得到的信息是碎片、割裂的或者说是简单的罗列组合，知识之间的真实关系无从显示，结果之间的关联无法体现。在语义网背景下，可以考虑从搜索结果中提取到的人物、机构、概念等实体，并使用知识图谱展示搜索结果之间的关联，结果呈现的图形可视化符合人大脑的思维习惯，有助于用户迅速发现重点，减少或避免答案的筛选以提高检索效率。

6.1.2 知识组织概念的提出

1. 知识组织的概念

目前有关知识组织概念的认识还不统一，这个概念早在1929年就由英国的著名情报学家布鲁克斯提出来，随后很多学者对它进行了界定。

布鲁克斯把分析和组织知识视为情报学的逻辑起点。他认为，利用现在的各种分类法和索引法对文献的处理不是知识组织。布鲁克斯指出的知识组织，是对文献中所包含内容进行分析，找到人们创造与思考的相互影响及联系的节点，像地图一样把它们标记出来（即"知识地图"），以展示知识的有机结构，为人们直接提供创造时所需要的知识。

塞恩则建议按"思想基因进化图谱"进行知识组织，结果是构造知识基本单元联系及影响的图。这与布鲁克斯的"知识地图"本质上是一致的，即"找出知识生产和创造过程的关键数据（知识单元），然后用图来标示其联系与结构，实现知识的有序化"。

蒋永福认为知识组织是指为促进或实现主观认识客观化而对知识客体所进行的诸如整理、加工、引导、揭示、控制等一系列组织化过程及其方法。

王知津等认为知识组织有广义和狭义之分。狭义的知识组织是指文献的分类、标引、编目、文摘、索引等一系列程序；广义的知识组织是针对知识的两要素进行的，是知识因子（节点）的有序化和知识关联（节点间的联系）的网络化。

本书借鉴王知津等的观点，认为知识组织是知识因子的有序化和知识关联的网络化，通过知识因子的序化和知识关联的过程或行为的挖掘，最为快捷地为用户提供有效的知识或信息。

2. 知识组织的对象

信息组织的对象是信息，它利用信息特征替代信息。而知识组织的对象是知识，知识组织中的"知识"不是指哲学意义上的"知识"，即"人类对社会实践经验的总结，是人的主观世界对客观世界的概括和如实反映"；也不是人工智能中所定义的"知识"，即"知识＝客观事实＋主观信念＋主观信念与客观事实之间的一致性关系"，而是除去内涵后更加抽象化的知识，即着重从微观角度对知识进行认识。借鉴王知津的观点，可将知识（知识单元，即文献中的数据、公式、事实、结论等最小的独立单位）视为一种网状结构，这种特定意义上的知识单元是由众多节点（即知识因子）和节点间的联系（即知识关联）两个要素组成的。知识因子是组成知识单元的最细微的成分，一个概念、一种事物（如企业、计算机等）都是组成知识单元的一个知识因子，也就是说，知识单元由一个或多个知识因子组成。知识关联则为若干个知识因子之间建立起的联系，形成有机联系的网状结构，而不是各个知识因子的散乱分布。知识关联在产生新知识、形成新文献中起重要作用，是使知识有序化的必要条件。由知识因子和知识关联的网状结构所表示的知识单元是知识组织的基本对象。针对知识单元的两个构成要素进行的序化，就是知识因子的有序化和知识关联的网络化。

3. 知识组织的目标

信息组织提供给用户的是片面的、零散的信息，用户要想加以利用，还必须进一步对其进行分析、选择、加工。而知识组织的目标是对知识进行整序和提供知识，它直接提供给用户直观的、可操作性强的系统化知识。知识组织不再局限于利用片面的信息来满足用户的需求，而是对用户的需求系统分析，向用户提供全面、完善的解决方案，用户可以直接获得这些知识。

4. 知识组织与信息组织的关系

如果从知识组织概念提出算起，早期的知识组织就是针对文献的信息组织，即以文献为基本单元展开有关知识的研究，例如，知识的分布、增长和老化，知识生产的评价和测量，以及知识的描述和整序。跟任何事物一样，人们对知识组织的认识和实践必然有一个发展演变过程，基于文献单元的知识组织之所以延绵了很长时间，是因为受到历史上技术条件的制约，还没有找到知识组织的有效方式，因而，不得不用文献组织来间接地代替知识组织。

基于文献单元的知识组织方法包括分类法、标题词法、元词法、关键词法和叙词法，其相应的产品是各种目录、索引、文摘等。这些方法通过对文献内容的概念分析和转换，将数量巨大的文献按其标识排列成一个有序的系统，向人们提供方便的检索。尽管这些方法经历了从树形结构的分类语言到网状结构的叙词语言的发展，对知识的表达也从间接的人工编码发展到直接的自然语言。但这种组织方式一方面在克服知识和信息的急剧增长及无序累积方面的确发挥了巨大作用，另一方面，它不可避免地存在着难以克服的弊端和不足。

知识组织所研究的最小单元是概念及其词语表达，需要更多理论和技术的支持，因此对知识组织的研究引起人工智能、专家系统、术语学、教育学等领域的关注，出现很多新的知识组织研究成果。从这个意义上讲，可以说知识组织来源于信息组织但又高于信息组织，或者说知识组织是信息组织发展的一个新阶段。

6.1.3 语义网技术对知识组织的支持

1. 语义网的提出

语义网是为了解决 Web 发展中的不足提出的。第一代的 Web 主要实现了文档表示与文档存储格式的分离，这时的 Web 以 HTML 语言、URL 和 HTTP 等技术为标志，以静态页面的形式来展现信息。它的实现尤为简单，即用户只需要学习基本的 HTML 语言，并在一些网页设计辅助工作具帮助下，就能轻松地完成 Web 站点的建设。但 HTML 作为一种简单的标记语言，它只能显示信息而无法表达信息的内容和结构，尤其是信息的语义结构。第二代 Web 以 JavaScript 和可扩展标记语言 XML 等技术为标志。前者可以实现用户与服务器之间的交互，增强了 Web 处理信息的能力。XML 是 Web 发展的一个重要里程碑，它的贡献主要在于解决了结构化与半结构化数据在语法层次上的互操作问题，为信息语义层的互操作打下基础。XML 的应用使得 Web 实现了文档结构和文档表现形式的分析，其自定义的标记结构，使用户可以定义有意义的语义标签，对在 Web 上展示的内容进行有效语义定义。第二代 Web 为语义网的提出奠定了基础，所以根据语义网提出者 Tim Berners-Lee 的观点，语义网并非全新的 Web，而是对现有万维网的扩展。它的目标是让 Web 上的信息能够被机器理解，从而实现 Web 信息在语义层面的自动处理。

在语义网中，所有的信息都具有定义好的含义，更利于人与机器之间的合作。现在万维网上的大部分内容都是设计给人看的，而不是让计算机程序按网页的内容自动进行处理。语义网的目的就是扩展当前的万维网，使其能够表达可以被机器所"理解"的语义，以便于人与机器及机器和机器之间的交互合作。

基于语义网的知识组织是目前最常见的知识组织实现形式，语义网完善的技术架构为知识提供了丰富的技术和工具。也正是在语义网技术的支持下，知识组织得到了进一步发展。

2. 语义网和普通万维网的区别

（1）面向的对象不同。目前万维网主要是供人类阅读和使用的，而语义网则是在万维网之上加入一些可以被计算机"理解"的语义信息，在方便人们阅读和使用的同时，也方便计算机之间的相互交流与合作。因此，万维网面向的对象主要是人，而语义网面向的对象则主要是机器。

（2）信息组织方式不同。由于两者面向的对象不同，因此在信息组织方式上自然会存在很大的差异。万维网在组织信息资源时主要以人为中心，按照人们的思维习惯和方便性组织网络信息资源。语义网在组织信息资源时则必须兼顾计算机对文本内容的理解及其交流。

（3）关注侧重点不同。万维网侧重于信息的显示格式和样式，而不关心所要显示的内容，而语义网则更加侧重于信息的语义内容，对具有特定意义的文本必须进行一定的标注或解释。

（4）主要任务不同。万维网主要是供人阅读、交流和使用的，其主要任务就是信息发布与获取。通过在网络上发布或获取信息来达到共享和交流的目的。语义网的主要任务则是计算机之间的相互交流和共享，从而使计算机可以代替人们完成一部分工作，使网络应用更加智能化、自动化和人性化。

（5）工作方式不同。万维网主要面向人，因此其大部分工作都是由人来完成的，包括信息的收集、检索、整理、排序和分析等。而语义网通过加入一些可以被计算机"理解"的语义信息，则可以把人从上述各类烦琐的工作中解脱出来，利用智能代理帮助完成上述的大部分工作。

3. 语义网七层技术架构

语义网不是由单一技术，而是由一系列技术有机组合实现的，这些技术的有机组合称为技术架构。语义网七层技术架构是目前比较成熟的应用版本，见图6-1。

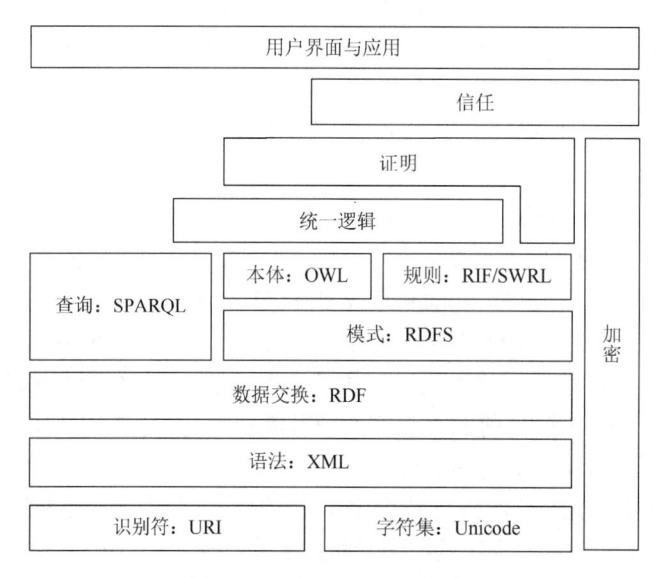

```
┌─────────────────────────────────────┐
│         用户界面与应用                │
├─────────────────────────────────────┤
│              信任                    │
├─────────────────────────────────────┤
│              证明                    │
├─────────────────────────────────────┤
│           统一逻辑                   │
├──────────┬──────────┬──────────┬────┤
│          │本体：OWL │规则：     │加  │
│查询：    ├──────────┤RIF/SWRL  │密  │
│SPARQL    │模式：RDFS│          │    │
│          ├──────────┴──────────┤    │
│          │   数据交换：RDF      │    │
├──────────┴─────────────────────┤    │
│         语法：XML              │    │
├──────────────────┬─────────────┴────┤
│ 识别符：URI      │ 字符集：Unicode  │
└──────────────────┴──────────────────┘
```

图6-1 语义网七层技术架构

（1）第一层（基础层）。从图6-1可见，第一层为基础层。在语义网中，所有被描述的事物都称为资源，主要使用统一资源标识符（Uniform Resource Identifier，URI）来标识资源，使用Unicode进行编码。URI包含三部分，统一命名规则分配体系、资源宿主机器的名称和以路径的形式给出的资源名称。Unicode是两字节的全编码，使得任何语言的字符都可以被计算机接受，解决了计算机跨语言、跨平台进行文本转换和处理的问题，使得语义网具有跨语言能力。通过Unicode编码方式，使得语义网可以适用于全球任何语言，再通过URI给资源一个唯一的名称，以及该资源的位置和存取方式。在网络实践中，最常见的Unicode编码方案是UTF-8。

（2）第二层（句法层）。第二层是句法层，句法层的核心是XML及其相关规范，主要包括XML、命名空间和XML Schema。XML是当前Web上表示结构化文档和数据的一种规范语言，具有结构化、平台无关、易扩展、可伸缩的特性，被广泛地用于网络信息描述和交换。命名空间（Namespace，NS）是一种在多数据源环境下避免名称冲突的方式，由URI标识符决定，能够明确地表示XML文档中来自不同词汇表的元素和属性，有效地保证了资源标识的唯一性。XML Schema是定义XML文档中元素、属性、数据类型及文档结构的一种方式，提供了XML文档的校验机制，保证了XML文档的完整性、有效性和一致性。第二层提供了语义网的句法基础和编码方式，使网络资源的表现形式、数据结构和内容能够分离。

（3）第三层（数据交换）。第三层是数据交换，主要体现资源描述框架RDF的基础重要性。RDF 是语义网中用于资源描述的框架，由"主-谓-宾"三元组的形式组成。在 RDF 中描述资源所需的词汇，需要预先在本体中定义。RDF 是语义网的基石，它所表达的信息主要面向应用程序处理，或者说它提供了一种机器可读可理解的资源描述格式。RDF 有多种序列化格式，其中 XML 类型的序列化是面向机器阅读和处理的格式。

（4）第四层（本体）。第四层是本体，本体是语义网的核心，其本质是一种共享词表，是对一个领域内一组概念及其概念间相互关系的形式化表达，为语义网提供了语义。RDFS（Resource Description Framework Schema）是一种轻量级的本体，提供了定义和描述 RDF 词汇的框架，但是 RDFS 的表达能力较弱，而且不具备推理能力。本体描述语言（Ontology Web Language，OWL）弥补了 RDFS 的不足，是一种高级本体语言，能够描述事物间复杂的关系。而且 OWL 建立在描述逻辑的基础之上，为语义网带来了推理能力。为了查询 RDF 数据，W3C 定义了一种简单协议和 RDF 查询语言（SPARQL Protocol and RDF Query Language，SPARQL），这是一种类似 SQL 的语言。规则交换格式（Rule Interchange Format，RIF）是一种把基于规则的技术引入语义网知识表示的方法，可以提高本体的描述能力，增强信息的语义表达能力。

（5）第五到第七层。第五层包含统一逻辑与证明，主要是人工智能在规则、推理、验证、执行方面的应用。第六层是信任。想面向人与机器的可理解，不管是人本人还是机器代理，都需要信任机制的保障，语义网的数据通过智能代理的语义推理实现可信的应用与服务。第七层是用户界面与应用层，关注面向人的友好前端交互和面向机器的 API 调用。除了七层，加密机制涉及语义网所有技术层。语义网数据要有可靠、稳定的加密机制作保障，才能在有序开放的前提下实现更大效应的数据智能。

前四层的语义网技术已经得到广泛的应用推广，它们有效地支持了知识表示、知识关联等知识组织流程。

6.2 知识组织系统

6.2.1 知识组织系统的定义与类型

1. 知识组织系统的定义

知识组织系统也称知识组织工具，是将人类知识结构进行表达和有组织地阐述的语义工具的统称。知识组织系统是用来组织信息/知识的各种类型模式集合，它将领域内部的知识进行系统化表示，旨在将描述对象中的自然语言表达形式转换成知识组织系统所规定的表达形式，既实现对术语的统一化表述，又充分地展示了术语之间的语义关系，从而支持对信息知识内容的检索与浏览。

2. 知识组织系统的类型

美国的霍奇（Hodge）根据知识组织系统的结构、复杂性、术语间关系及历史功能，将其分为三种类型：术语表、受控词表、关系表。术语表重视术语的定义及罗列，包括名称规范档、词典、字典和地名表;受控词表强调应用规范性词汇表示资源的主题内容,包括分类表和主题词表;关系表关注术语间的关系定义,包括叙词表、语义网络和本体。

曾蕾根据受控程度及语义结构强度将知识组织系统划分为四种类型:词单、分类、大致归类和关联组织,不同的工具在语义结构上的强弱程度是不同的,在受控程度上也不一样,如图6-2所示。从图6-2可以看出,各个知识组织工具之间既有联系,又有区别,在不同时期服务于不同的应用目的,具有不同应用功能。术语表作为基础词表,可以为其他词表提供有用的数据来源,关系模型的形成需借助术语表、受控词表的丰富术语及其可以利用的关系类型。当前环境下这些工具功能逐步走向趋同,通过一定的标准化处理,服务于文献组织的分类表和词表也可以被改造成新的知识组织系统。

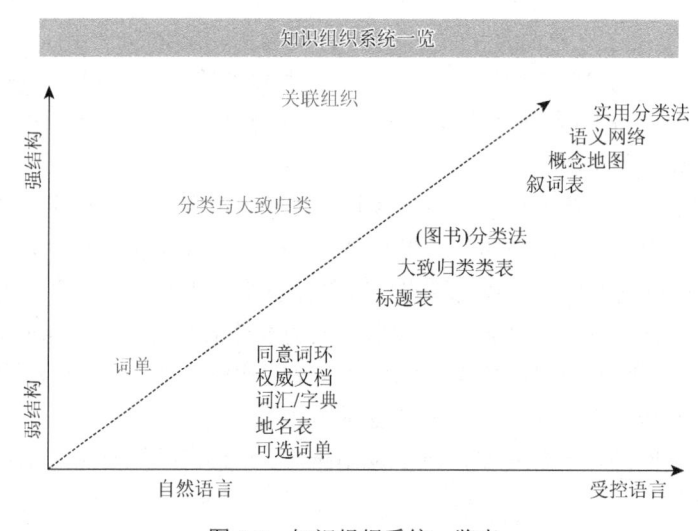

图 6-2 知识组织系统一览表

6.2.2 常用的知识组织系统

这里简单介绍三种常用的知识组织系统,其他知识组织系统,如关联数据、语义网、知识图谱等放在第 9 章详细讲解。

(1)分类表和叙词表。这两类传统的知识组织系统第 4 章已详细讲解。分类语言以组织人类知识资源即图书馆馆藏信息为主要目的,是一种根据信息内容特征对信息进行分门别类、系统地组织和揭示的方法。其主要特征是覆盖人类全部知识门类、带有标记符号和使用复杂。分类表强调的是概念之间的层级聚合与类别体系。主题语言是直接以表达主题内容的语词作检索标识、以字顺为主要检索途径的标引和检索信息的标引语言。分类表和叙词表也可以用来组织网络信息。分类表可以用于建立网络信息浏览的类目体系、提供新的用途等,词表可以用来作为主题网关的标引词汇和浏览知识结构,还可以用来作为知识组织工具的词库或词间关系库,如机构词表和本体的编制。

(2)主题图。主题图技术(Topic Maps)作为标准化的知识组织工具,是一种新型的数字化知识组织方式,它独立于信息资源结构之上构建了一个结构化的语义网,通过主题

（Topics）、关联（Associations）及资源指引（Occurrences）描述主题之间的关系及主题与具体资源的关联，通过揭示概念之间的关系，既可以定位知识概念所在的资源位置，也可以表示知识概念之间的相互关联，具备信息定位和知识链接的作用。主题图是主题的集合，每个主题代表一些概念；主题之间通过关联连接，形成主题的多元组合；一个主题可以通过资源指引出现在与它相关的任何数量的资源中。主题图作为一个多维的主题空间，空间中的各个位置表示不同的主题。从一个主题到另外一个主题需要进行主题转换，通过计算两个主题之间的转换次数，就可以计算它们之间的距离。其中的转换关系定义了两个主题之间的路径，路径用转换的主题来表示。也就是说主题图中包含了各个节点，这些节点代表不同的主题，节点之间的连线表示主题间的关联，由这些节点和连线使主题图成为一个知识网络。主题图目前已被广泛地应用于知识管理、Web应用、语义挖掘等领域。

（3）本体。本体论是一个哲学上的概念，用于描述事物的本质，它是共享概念模型的明确的形式化规范说明。本体不仅关联概念间显性的关系，还具有推理功能，通过隐含关系推导出新知识，但本体构建需要领域专家参与，较为复杂，如何在高效构建本体的同时降低成本是研究的重点。目前研究中的本体构建多是基于特定领域，有助于用户对某一领域的知识达成一致，但通用本体缺乏，且本体语言及构造标准多元化，已构建本体的扩展和共享性、本体的更新演化带来的版本控制等是尚待研究的问题。本体可以用于自动问答、机器翻译、数据挖掘等领域。

6.2.3 知识组织系统的特点

1. 描述对象概念化

从术语表到语义网络、本体，知识组织系统的描述对象从原有的以词汇为中心向以概念为中心转变。概念是人类的思维单元，其由代表一定语言的词汇或符号来表示，可以使用自然语言或者人工语言表示。由于语言表述的丰富性及自由性，不同的语言词汇可以指代同一个概念，同一词汇在不同的语境中含义不同，从而导致词汇与概念不具有一一对应关系。指代物、概念、术语三者构成了对事物的基本认识。概念反映了一定的指代物，术语是用于表述指代物的符号系统。术语表仅罗列现实存在的各种术语，通过释义、注释等方式对词汇含义进行区分，并未从概念角度对词汇进行分类，无法体现出词汇在概念层面的抽象。

叙词表引入了规范词，将指代同一概念的多个词建立用代关系，并建立了概念之间的属分关系、交叉及并列关系，较大程度上体现了以概念为核心的特征。本体则以概念为出发点，所构建的共享概念模型强调知识表达的明确性、形式化，其所定义的函数、关系、公理充分地将概念、属性及其概念之间的关系进行表示，从而为机器可理解及其信息共享提供基础。以概念为核心的知识组织系统描述相关资源，意味着不同资源共享共同的概念体系，计算机非常易于抽取及集成相关信息，一定程度上提高了资源间数据交流及集成的效率。

2. 语义关系多样化

知识组织系统是由代表知识领域的概念及其概念关系构成的。概念之间彼此依赖、互相连接，所形成的关系称为语义关系，这种关系通常由概念之间的外延所决定，而概念的含义可以通过语义关系进一步明确。

在知识组织系统中，从相容及不相容两种概念间关系可以推演出三种基本的语义关系：等同关系、等级关系、相关关系。等同关系又可以细分为同义、同源、反义。同义关系表示两个词汇都指代同一概念，如简称与全称、变异名称、不同语种形式等都属于此类型；同源关系表示随着时间变化而采用不同的术语形式，如机构不同时期的称谓，同义词表、名称规范档、语义网络充分地体现了同义关系及同源关系；反义关系表示两个概念之间互相排斥，外延没有重合，如"生—死"，叙词表中叙词与非叙词关系中包含反义关系。等级关系表示两个概念之间存在包含关系，是知识组织系统中最基本的类型，分为上下位关系、部分整体关系、实例关系。上下位关系中，下位类既具有与上位类同样的属性，又有自己特有的属性，两者属于梯阶层级关系；部分整体关系表示整体概念是由若干部分概念所组成的，如元素-集合、部门-机构、材料-物体等；实例关系表示通过罗列其主要元素定义概念，各主要元素作为个体概念，被看作实例，如"摩托车—大阳摩托车"。等级关系在受控词表、本体中是最突出的语义关系，分类表通过类目层层划分表示其类目的等级关系，叙词表等级关系对其上下位关系、部分整体关系、实例关系不做区分，但本体对这三种关系类型进行了明确区分，在继承、传递、对称性方面体现为不同的特性。相关关系指除等级、等同关系之外的其他关系，语义关系指代不明确，包括参照关系（see also）及其他。参照关系将存在一定联系的两个概念建立关系，如产品与厂家、作品与作者等；叙词表定义了相关关系，本体的严格性限制了对此类关系的引用，其根据不同的情境定义了其他更为具体的语义关系，如疾病本体中会定义医患关系、疾病与治疗等关系类型。

可见，以本体为代表的新型知识组织系统中，语义关系从等同、等级、相关三种关系发展为针对不同领域的多种关系，如因果、来源、代理等。语义关系越丰富，定义越严格，所形成的概念语义网络才能为知识组织系统的进一步应用奠定坚实基础，更好地适应其他数据模型的需求。

3. 描述语言形式化

知识组织系统的形式化描述推动了语义网的发展，为语义网提供了丰富的知识基础设施。早期知识组织系统为纸质的分类表和叙词表，它们虽然可以转换为计算机可读形式，但简单的数字化只是便于数字化存储及管理，并不能使机器理解。本体的形式化表述推动知识组织系统整体向计算机能够理解的形式化方向演进。形式化描述语言有简单知识组织系统、RDF/RDFS、OWL 语言等，其对各个知识组织系统的类、属性及其关系进行明确界定，以增强其语义表述能力，拓展其在数据网络环境下的应用范围，为进一步实现各个系统之间的交互，为外部资源及应用软件集成提供便利。

4. 数据开放关联性

数据集彼此关联为数据深层次开发与利用提供了保障。随着越来越多的机构参与到数据开放中，结构化数据之间的关联而形成的数据网络规模不断扩大，不仅使用户能够无缝浏览到各种级别的数据，而且为创建跨领域、跨部门的数据集成应用提供了可能。知识组织系统中概念体系开放意味着可以被越来越多的资源所应用，未来所产生的价值将更大。

6.3 传统分类表和叙词表的改造

6.3.1 知识组织体系 SKOS

1. SKOS 简介

简单知识组织系统 SKOS 是一个国际标准，它为传统知识组织系统（叙词表、分类法、主题词表、术语表等）提供了一套语义 Web 环境下简单灵活的描述和转换机制，目的是这些知识组织系统的共享和重用。SKOS 建立在 RDF 基础上，扩展了 RDF 的描述能力，提供了表达各种受控词表结构和内容的通用框架，将概念模式及语义关系表达为机器可理解的方式。通过 SKOS 描述语言，受控词表将转换为与 RDF、OWL 兼容的概念模型，词表中的词汇对应转换为 SKOS 模型中的具体概念，并实现语义网中与其他 RDF 数据的合并与融合，从而实现真正意义上的资源共享。SKOS 语言是一种比 OWL 本体描述语言更简单，但又非常容易扩展的知识结构描述语言，通过 SKOS 知识组织方案，可以充分地利用传统知识组织系统的现有成果，并实现与语义 Web 的良好结合。

SKOS Core 是由一系列 RDF 定义的类和属性标签组成的，这些类和属性涵盖了描述各种传统知识组织系统所用到的标签，常用标签见表 6-1，SKOS 还有一些扩展标签，可以为识别、描述和链接词汇条目提供额外支持。

表 6-1 SKOS 常用标签

标签	说明	标签	说明
skos:Concept	概念	skos:ConceptScheme	概念表
skos:OrderedCollection	有序概念集合	skos:Collection	概念集合
skos:hasTopConcept	概念表包含顶层概念	skos:topConceptOf	概念表的顶层概念
skos:inScheme	某概念属于某概念表	skos:broader	上位关系
skos:broaderTransitive	上位传递关系	skos:narrower	下位关系
Skos:narrowerTransitive	下位传递关系	skos:related	相关关系
Skos:semanticRelation	语义关系	skos:member	成员
skos:memberList	成员列表	skos:altLabel	非首选标签
skos:hiddenLabel	隐藏标签	skos:prefLabel	首选标签
skos:changeNote	变更注释	skos:definition	概念定义
skos:editorialNote	编者注释	skos:example	实例
skos:historyNote	历史注释	skos:note	通用注释

2. 使用 SKOS 描述知识组织系统的步骤

（1）确定概念体系。利用 SKOS 核心词汇表完整地表达出知识组织系统的概念体系。每个知识组织系统都可以看作一个概念框架，即知识组织系统内所有概念及概念之间的语义关系的集合，一个概念框架下可以有多个顶级概念，采用 skos:ConceptScheme 表示。因此，通过 skos:ConceptScheme 和 skos:hasTopConcept 对整个知识组织体系进行概括说明，对每个概念通过 skos:inScheme 声明其所属关系。

（2）定义概念。提取知识组织系统的概念、定义、注释、标签等关键项，利用 SKOS 中的类和属性标签分别对其进行语义描述。每个概念均可以用 skos:Concept 来进行标注。skos:prefLabel 用于描述正式的概念名称，skos:altLabel 是用于说明概念类的交替词汇标签，当使用多个词汇标签表示同一概念时，可以采用此词汇标签。分别用 skos:scopeNote 与 skos:notation 对应于叙词的注释和所属范畴号。

（3）描述概念间关系。SKOS 定义了相应的属性标签来描述概念之间的语义关系，skos:broader 和 skos:narrower 仅用来表示概念与其直接上下位概念的链接关系，不具有传递性。但为了兼容各方需求，SKOS 又定义了两个具有传递性的属性（skos:broaderTransitive 和 skos:narrowerTransitive）来表示任意级别的上下位链接关系，这两个属性不能用作断言声明，仅用于推理或查询扩展等应用。skos:related 用来声明具有关联但又不是层级关系的类目的描述相关关系等，其具有对称性，但不遗传给其子关系，且 SKOS 较为松散，允许 skos:related 等属性具有自反性（概念与其自身之间的关系）。

6.3.2 使用 SKOS 描述知识组织系统示例——以《中图法》为例

传统分类表和叙词表能够使用 SKOS 进行规范的形式表达，中国也有学者对《中图法》第五版进行了 SKOS 化的处理。他们结合 SKOS 标签词汇体系，通过提取分类法的概念体系、概念、类目之间的语义关系、类目注释、复分等结构和内容，利用 SKOS 中的类和属性标签分别对其进行语义描述，描述语句采用 RDF 三元组语法格式。

1. 概念体系描述

SKOS 概念体系是一个或多个概念的集合，概念之间的语义关系也是整个概念体系的一部分。SKOS 中描述概念体系的词汇及其含义有 skos:ConceptScheme 用来声明某个资源或知识组织系统是一个概念表，skos:inScheme 用来声明某个概念属于某个概念表，skos:hasTopConcept 可以声明一个概念表中有一个或多个顶层概念，skos:topConceptOf 则可以声明某个概念是概念表中的顶层概念。《中图法》是一部完整的知识组织体系，是众多类目及类目之间多种语义关系的集合，对其描述时可与 SKOS 概念体系对应，将整部分类法看作一个概念表 ConceptScheme，用 clcScheme 来表示。将其 22 个一级类目看作该概念表的顶层概念 topConcept，用 skos:hasTopConcept 来声明；等级类目用 secondConcept 表示，用 SKOS 的扩展语句 skosxl:hasSecondConcept 声明；三级类目用 thirdConcept 表示，用扩展语句 skosxl:hasThirdConcept 声明；三级以下类目用

bottomConcept 来表示，用扩展语句 skosxl:hasBottomConcept 声明；分类法中每一个独立的类目都可以看作一个抽象的实体或一个概念，SKOS 用 skos:Concept 来声明一个概念，上述各类概念都是 skos:Concept 的下位类；每个类目对应的概念都在 clcScheme 表中，用 skos:inScheme 来声明。

2. 类目关系描述

《中图法》是一种层累制的学科分类体系，其类目按照学科之间的内在联系进行排列，类目之间的多种语义关系支撑起整部分类法的结构，使其形成一个等级有序的分类体系，其类目之间的语义关系主要有四种，分别是等级关系、并列关系、交替关系和相关关系。SKOS 定义了相应的属性标签来描述概念之间的语义关系，从 SKOS 词汇表中选取合适的属性标签，如 skos:broader、skos:narrower，来描述《中图法》概念表 clcScheme 中概念类的语义关系。根据 clcScheme 的语义关系，截取《中图法》（第五版）中的类目片段进行编码，可以实现分类法中类目间关系的描述如：clc:中国文学 skos:broader clc:文学。另有 skos:notation 是 SKOS 中专门用来标记一串字符的属性标签，可以用来表示分类法中的分类号，《中图法》分类号设置为 clcSchemeNotation，分类号的描述语句为 skos:notation "分类号" clc:clcSchemeNotation。

3. 类目注释描述

类目注释是对类目的补充说明，主要揭示类目的内容定义、使用范围、修订说明、历史沿革等信息。SKOS 中有对应的概念注释属性：skos:note、skos:definition、skos:scopeNote、skos:changeNote、skos:historyNote、skos:editorialNote、skos:example 等，可用来对《中图法》中的类目注释进行描述。如"P403 高空气象学"下有注释"研究自由大气（下界为500～1500m）入此。"，这条注释是对该条类目的含义加以说明，可用 skos:definition 描述。

4. 复分描述

《中图法》中大量使用复分组配技术，通过制定与依照各种通用复分表和专类复分表，利用分类表中已有的类目号码，对事物进行交叉组配，形成新的类号来表示某些类表中没有的专指类目。采用 SKOS 对《中图法》的复分表进行描述，目前主要有两种方法：一是通过自定义 SKOS 属性对复表进行封装和调用；二是引入 OWL 方法，利用合成或组配属性对主表与附表进行概念组配和类号组合。前者封装和调用的过程比较复杂，后者理论上相对容易实现。由于分类法的复分问题比较复杂，SKOS 现有的词汇无法直接表示，现有的研究基本提到扩展 SKOS 属性或引入外来交叉属性。曾新红就提出了扩展 skos:ConceptScheme 的子类，自定义辅助表标签 skos:Auxiliary，以描述分类法的附表。对《中图法》附表的处理，可将各个复分表作为《中图法》概念表 clcScheme 的顶层概念 topConcept，复分表的具体描述方案可以参照主表描述形式，8 个复分表与 22 个基本大类之间的语义关系也可以参照 clcScheme 的语义关系描述；同时，由于复分表类目需要和主表类目组配使用，可以通过引入或重新定义组配属性来连接主表类目和复分表类目，达到主附表类目交叉使用的目的。

6.4 知识组织技术

知识组织系统类型多样,实现技术也很多,本节主要借鉴语义网和知识工程中对知识加工处理的流程,结合传统信息组织的成果,阐述知识组织的技术。作为人工智能技术的典型应用领域,知识组织与知识工程的研究密不可分。尽管对于知识工程至今也没有严格的定义,但是人们普遍认为,知识工程是以知识为处理对象,借用工程化的思想,应用人工智能的原理与方法,对那些需要专家知识才能解决的应用难题提供求解的手段,恰当地运用专家知识的获取、表达和推理过程的构成与解释,对如何用人工智能的原理、方法、技术设计、构造和维护知识型系统的一门学科,它是人工智能的一个应用分支。新兴的知识组织技术很多来自知识工程和语义网,本节对部分重要技术进行简单介绍,具体内容在第7章和第8章会有详细讲解。

6.4.1 知识表示

知识表示就是对知识的描述,它是专家系统和知识工程中的一个重要研究方面。关于知识表示的概念可以从两个方面来理解:一是知识的概念,即什么是知识,可以参考第1章中的论述。二是表示的概念,表示是为描述世界所做的一组约定,是知识的符号化过程,即表示是将知识编码成一种适当的数据结构。知识表示则是将知识经过一系列的编码过程,形成一种特定的数据结构。恰当的数据结构可以用于存储要解决的问题、可能的中间解答和最终解答及解决问题涉及世界的描述。存储这些描述(符号)的数据结构为符号结构,正是符号结构导致了知识的显性表示。然而,仅有符号结构并不能体现出系统具有知识,因为符号结构本身并不构成意义,只有对其做适当的处理才构成意义。要使系统体现出知识,不仅要定义适当的数据结构(即符号结构),还需定义配套的处理机制去使用它们。因此,知识表示也可以理解为"知识表示 = 表示知识的数据结构 + 处理机制"。

不同的知识可以表示成不同的数据结构,而为了解决实际问题,必须选择一种恰当的数据结构来描述,即寻找知识和表示之间的一种映射关系。它研究的主要问题是设计各种数据结构,即知识的形式表示方法;研究表示与控制的关系;表示和推理的关系及知识表示和其他领域的关系。在现今计算机广泛普及的年代,知识表示的主要研究领域集中在用什么形式将知识存入计算机以便进行处理。

6.4.2 知识建模

知识建模是知识的逻辑体系化过程,主要是确定知识中关键概念及概念之间的关系,即概念模式化,它和知识表示是密不可分的,在某些应用和学术专著中,两者是通用的。本书认为两者有所区别,知识表示主要是把人类语言表示成机器能理解的模式,如框架、规则等,这样便于后续的推理和应用;而知识建模更侧重概念层次的定义,借用面向对象建模的思想,主要包括对领域知识边界的划分、概念建模、关系建模三个部分。

目前基于本体的知识建模是常用的方法。本体构建是建立一个面向具体应用领域的本体模型，明确领域内概念、术语及其相互关系，一般由概念、关系、公理和实例等元素构成。它在知识工程中表现为基础词汇的定义集，也就是某一领域的概念定义集。因此，本体可以实现术语标准化、领域知识规范化，是有效的共享和重用知识的基础。本体的应用可以澄清领域知识的结构，合理规范地表示领域知识，提高知识的利用效率。同时统一的术语与概念定义可以提高知识共享和可能性。

6.4.3 知识抽取

知识抽取研究如何根据给定知识建模的本体模型从无语义标注的信息中识别并抽取与本体匹配的事实知识（知识因子）。它既可以抽取出事实知识用于构建基于知识的服务，也能够为语义网的实现提供必要的语义内容。因此知识抽取技术对于充分地利用现有网络信息是非常必要的。

知识抽取处理的对象按照结构化程度可以分为结构化、半结构化和非结构化（自由）文档。其中，结构化文档具有良好的布局结构，可以很容易地对其执行知识抽取；半结构化文档是指在一定程度上具有某种结构特征的文档，其结构化程度比结构化文档弱，但比非结构文档强；非结构化文档是指由符合某种语言表达规范的自然语言语句组成的文档，这类文档表达方式灵活，可以用不同的形式和词汇表达相同的意思，因此对这类文档进行知识抽取是非常困难的，往往要借助自然语言处理技术对其进行语法和语义分析。

6.4.4 知识关联

知识关联即建立知识与知识之间的联系，是知识活动和知识管理中的重要理论问题，也是知识组织的重要构成。在信息管理领域，人们较早地利用知识关联对知识及其载体进行分类、组织与管理。随着大数据技术的广泛应用，使得人们能够利用知识关联这一特性，从碎片化、多维异构的海量数据中获取并融合成用户所需的系统化或创新性的关联知识，并为用户提供知识定制化服务。知识关联组织法使原本无序的知识变得易于控制且有序，让原本孤立的数据呈现出有机的联系。例如，当在网络阅读中遇到不能理解的专有名词或相关知识时，就希望能够直接阅读到相关知识，关联技术为实现这样的阅读提供了有效的手段，可以将文本中的专有名词与知识库中的相关知识关联起来，并通过一定的组织结构实现这种连接，为提供知识点知识服务奠定基础。如何有效地完成这一过程，不仅需要先进的计算机技术作支撑，更需要知识组织方法论作指导。传统知识组织及知识关联的研究方法偏重知识体系的梳理与粗粒度的知识结构特征分析，其方法与手段很难与大数据处理和知识发现等计算技术相结合，也难以揭示大数据中知识关联的本质特征。

第 7 章　知识表示与知识建模

传统的信息组织手段无法满足用户知识表征和利用的需求,知识组织在业界得到了关注和发展。语义网在互联的超文本文档之间增加语义描述、形式化编码格式与推理能力,通过制定一系列标准,使得机器能够对文本信息具有可读与可理解的能力。语义网提供了一个数据基础设施框架,使得数据的 6 化能力(结构化、语义化、开放化、集成化、关联化与智能化)得以提升。目前语义网相关的数据标准、技术规范已得到普遍应用。XML、RDF 和本体等成为语义信息组织必备的方法与技术,这些方法与技术也成为知识组织中对知识进行表示和建模的主要技术。在知识组织中,可以基于 RDF 三元组和图模型对知识进行表示,也可以基于本体建立特定领域知识概念模式,为知识抽取和知识关联提供相应的概念体系规范。本章学习的目标主要包括:①掌握资源描述框架 RDF 的图模型与 RDF Schema;②学会处理各种 RDF 序列化格式;③了解知识建模的本体语言 OWL;④掌握本体构建工具 Protégé 的基本使用方法。

7.1　知识表示与知识建模概述

7.1.1　知识表示概述

1. 知识表示的重要性

如第 6 章所述,知识表示研究如何采用计算机可理解的特定符号来表示和存储知识,以便计算机进行处理。和信息组织需要进行信息描述一样,知识组织需要先对知识进行知识表示,知识表示是利用计算机对知识进行管理时遇到的第一个问题。知识在人的大脑中可以表示为自然语言、图形、符号、公式和图表等。这些表示形式在人脑中的储存和处理虽未完全揭开,但不影响它们成为人脑所能接受、理解和推理的形式,人们正是利用这些形式实现了人脑对知识的处理及超强的推理。然而,计算机对知识的使用则不同,只有在计算机完全理解并遵循知识的某一形式时,它才能对知识进行智能化的处理。因此这里的知识表示主要指知识的逻辑表示形式,要把这些知识的逻辑形式转换为计算机理解并进行推理的机器源代码,还需要各种编程语言、建模语言和人工智能语言等的支持。

2. 知识表示的方法

20 世纪 80 年代早期,知识库系统的开发被视为一个从人类知识到特定知识的转换过程,研究的热点集中在各种知识表示方法的研究。知识表示研究用机器表示知识的可行的、有效的、通用的原则和方法。即把人类知识形式化为机器处理的数据结构,是一组对知识的描述和约定。知识表示是人工智能研究中最活跃的研究内容之一，无论应用人工智能技术解决什么问题首先遇到的就是所涉及的各类知识如何表示。人工智能研究者在早期阶段重点研究具有因果关系的知识，所以早期专家系统，都是基于产生式的知识库系统，如把化学、医药、探矿等领域知识整理成一条条规则，放进知识库中，然后经过推理寻求答案。

目前常见的知识表示方法主要有三类：①非结构化的知识表示方法，如谓词逻辑表示法、状态空间表示、产生式规则表示法；②结构化的知识表示方法，如框架、语义网络、面向对象的空间等；③以本体驱动，结合语义网络和 XML 思想的基于语义网的知识表示方法，下面重点介绍其中五种方法。

1）产生式规则表示法

产生式表示是专家系统中使用最广泛的知识表示方法，将专家知识利用规则表示，一般表示成 if ... Then...的形式，其含义是若描述的前提或状态成立，再执行结论或动作。常见的结构包括①原因→结果：天下雨，地上湿。②条件→结论：将冰加热到0℃以上，冰会融化成水。③前提→操作：如果能找到合适的杠杆和支点，那么可以撬起地球。④事实→进展：夜来风雨声，花落知多少。(5) 情况→行为：手机开机了，则意味着可以收到别人发我的信息了。产生式规则表示法与人的思维接近，便于理解和人机间的信息交换。规则的维护比较容易，但每条规则只能表示片段知识，不易表达较为复杂或完整的知识。

2）基于谓词逻辑的知识表示

知识库可看作一组逻辑公式的集合。基于逻辑的知识表示包括命题逻辑、一阶谓词逻辑和高阶逻辑。谓词逻辑主要研究规则的精确推理，以谓词形式表示动作的主体和客体，其形式为 $P(x_1, x_2, \cdots)$。谓词逻辑是一种直观、自然且使用方便的表示方法，其局限性在于单调性，难以表达过程和启发式知识。

3）基于语义网络的知识表示

语义网络不是第 6 章提到的语义网，虽然两者名字可能容易混淆，但本质上是不同的，语义网是互联网 Web 服务的发展趋势，语义网络是 20 世纪 60 年代提出的知识表达方法。语义网络将知识表示为节点与边构成的模型，节点表示对象、概念，边表示节点之间的关系，是一种用有向图表示知识的系统。基于语义网络的知识表示方式使用统一的三元组形式对知识内容加以描述，能够做到与知识表示的领域无关，因此可以为知识表示提供借鉴。然而语义网络对节点和边的描述没有统一的标准，多源数据融合比较困难；推理规则不十分明了，不能充分地保证网络操作所得推论的严格性和有效性，一旦节点个数太多，网络结构复杂，推理就难以进行；此外语义网络不适用于表达过程性、控制性的动态知识，因此在对包含大量动态知识的信息进行知识表示时具有局限性。

4）基于框架的知识表示

基于框架的知识表示法是明斯基 1975 年提出来的，其最突出的特点是善于表示结构性知识，能够把知识的内部结构关系及知识之间的特殊关系表示出来，并把与某个实体或实体集的相关特性都集中在一起。框架表示法认为人们对现实世界中各种事物的认识都是以一种类似于框架的结构存储在记忆中的。当面临一个新事物时，就从记忆中找出一个合适的框架，并根据实际情况对其细节加以修改、补充，从而形成对当前事物的认识。框架是描述对象（一个事物、一个事件、一个概念）属性的一种数据结构，有点类似信息描述中的元数据。在框架表示法中，框架被认为是知识表示的最基本单元。

5）基于语义网的知识表示

随着语义网的提出，知识表示迎来了新的契机和挑战，契机在于语义网为知识表示提供了一个很好的应用场景，挑战在于面向语义网的知识表示需要提供一套标准语言用来描述 Web 的各种信息。早期 Web 的标准语言 HTML 和 XML 无法适应语义网对知识表示的要求，所以 W3C 提出了新的标准语言 RDF/RDFS 和 OWL（Ontology Web Language，OWL），这两种语言的语法可以跟 XML 兼容。

不同知识有不同适用的表示方法，研究知识的表示方法，不单是解决如何将知识存储在计算机中的问题，更重要的是为了方便正确地使用知识。因此，在实际应用中，知识表示同知识的组织、知识的结构和知识的使用方式密切相关。合理的知识表示可以使问题的求解变得容易，并且有较高的求解效率。

7.1.2 知识建模概述

如第 6 章所述，知识建模是建立特定领域知识概念模式的过程，相当于关系型数据库的表结构定义。利用知识建模得到的知识模型，可以将某一领域中的知识资源，如结构化数据、信息、文献等通过模型进行抽象和描述，从而实现特定领域内的问题解决和决策制定，知识建模的常见手段是构建本体。

1. 知识建模的方法

（1）自顶向下的方法。自顶向下的方法主要基于领域研究学者的指导和现有本体体系来总结领域数据模式，该方法一般从领域顶层概念开始构建，并逐渐细化次层概念直至定义至底层概念，从而建立具有一定树状结构的知识概念图，最后完成实例与概念的对应。

（2）自底向上的方法。自底向上的构建方法与自顶向下的方法相反，先对领域内实体进行归纳以概括出底层概念，再对底层概念归类总结定义顶层概念。自底向上的方法主要运用于开放领域知识建模过程，可以满足新兴概念增加的需要。

2. 本体与知识建模

1）本体的定义及特征

本体源自本体论，后被广泛地应用于各学科领域。计算机科学与信息科学领域认为"本体是共享概念模型的明确的形式化规范说明"，其中形式化、共享、明确和概念模型是本体的基本特征，这里在第 2 章的基础上给出这些特征更详细的解释。

本体的本质是概念模型，它的表现形式是立足于特定领域对其中的概念和相互之间的关系的形式化表达。如信息组织中使用的目录、叙词表、分类体系、知识体系等可以看作本体论范畴内的具体实例。可以说本体将现实世界与计算机模型进行了联系，对本体的构建就是将现实世界的本质复制到了计算机环境中。

本体的重要特性是明确性，本体一般指领域本体，即每个本体都有自身明确的范围和领域，只对现实世界的某一学科或某一领域的知识、概念、实体和事实进行描述，并揭示概念之间的交互和联系。除了领域本体，还有上层本体，它们可能以词表、元数据规范或是概念模型的形式存在，它们的特征具有通用性，能够被各种各样的领域本体进行复用和扩展。而不同的上层本体可以进行融合形成概念结构，由于上层本体的通用性，这样的融合一般不会造成概念的冲突。

本体是形式化的，它由许多基本元素构成，包括个体、类、属性、关系、函数术语、约束、规则、公理和事件，这些元素相互组合和交互，共同实现对现实世界的抽象。而本体也是切实存在于计算机环境中的，不再是哲学所提出的单一概念，可以被计算机应用中的本体编辑软件进行创建，本体的使用者也可以通过计算机应用对本体进行修改、增添、删减、复用，并且可以通过可视化工具清楚地呈现本体所揭示的语义联系和概念的交互关系。

本体是可共享的，本体具有良好的可拓展性，任何人都可以在符合规范和约束的情况下对本体进行拓展，而创建好的本体一般被存储在本体库中，并经由服务器上传至网络，获得许可的使用者可以查看本体中对实体、概念、事件的描述和关联关系，还能够通过计算机软件对本体进行修改和补充。在创建本体时如果涉及的领域中已有成熟的本体，能够通过复用的方式共享他人已经设计好的定义和规则，且实现本体中的语义互操作。如上海图书馆已经将他们研制多年的本体以关联数据形式开放。

2）本体应用于知识建模

本体最初应用于企业知识建模中，目的是为了获取、表示企业知识并构建和组织知识库，后面延伸到了各个领域。进入 21 世纪以来，随着计算机技术的发展，拥有概念结构的本体为语义网的机器可处理数据提供了关键，语义网技术的成功也取决于快速而高效地构建特定领域的本体。

为保证后续知识处理的质量，在基于本体进行知识建模时通常需要考虑以下关键问题：概念划分的合理性，即如何描述知识体系及知识点之间的关联关系；属性定义方式，即如何在冗余程度最低的条件下满足应用和可视化展现；事件、时序等复杂知识表示，即通过匿名节点的方法还是边属性的方法来进行描述，各自的优缺点是什么；后续的知识扩展难度，即能否支持概念体系的变更及属性的调整等。

7.2 基于 RDF 的知识表示

7.2.1 RDF 概述

1. 资源描述框架 RDF 简介

RDF 是由万维网联盟 W3C 于 1999 年公布的用于表达和描述 Web 资源的数据模型。在语法规则上，RDF 沿用了 W3C 之前推出的元数据标准可扩展标记语言 XML 的语法规则，形成了特定的标记语言 RDF/XML，并且在 XML 语法的基础上具备了结构化的特征，能够更准确地表达关于 Web 资源的元数据。RDF 的设计动因来自 W3C 希望设计一套用于描述 Web 资源的元数据规范，这样的规范应该具有详尽的语法规则和结构化的特征，才能被机器识别和处理，从而能够成为各个应用程序可共享的数据模型。

RDF 数据是关联数据的主要形式，关联数据概念源自万维网之父 Tim Burners-Lee 在 2006 年提出的技术规范，目的是以万维网为基础，以数据为基本单位，将所有事物依据互相的语义联系进行关联，从而实现资源的共享和利用价值，让用户能更高效地发现和利用所需资源。

2. 统一资源识别符

RDF 采用统一资源标识符（Uniform Resource Identifier，URI）来唯一标识信息或知识。URI 能够引用任何资源，URI 的具体形式就像是用于 Web 定位的统一资源定位符（Uniform Resource Locator，URL），也就是俗称的网页链接，如<http://www.example.org>，但 URI 的引用范围要更加广泛，因为 URL 只能用于标识 Web 环境中的资源，而 URI 不仅能标识具有网络位置的实物，还能够引用不能通过网络访问的事物，如人类，或引用物理上不存在的概念，如管理者。

RDF 将 URI 与 XML 中所定义的命名空间（XML-NS）相关联，用户可以自由创建命名空间并与 URI 关联，用于描述自身需求的资源。关于命名空间的介绍请参看 W3C 的官方文件。同时 RDF 在语法规则中赋予具有部分前缀的 URI 特殊含义，如与<http://www.w3.org/1999/02/22-rdf-syntax-ns#>这个前缀相关的 URI 和命名空间都具有特殊含义，它们组成了 RDF 的语法功能，被称作 RDF 属性，是用户不能随意修改的。

3. RDF 三元组

RDF 数据是以三元组形式存在的，一个 RDF 三元组由主体-谓语-客体三个元素组成，用于描述一个陈述，即主体与客体具有谓语表示的联系，或是主体具有谓语表示的属性且属性值为客体。这一点与信息描述中的元数据是密切相关的，因为元数据的数据项就是信息的属性。

在三元组中的主体、谓语、客体三要素都可以表示资源，这些资源能被统一资源识别符 URI 进行标识。三元组以图的形式表示，是由两个节点和一个有向弧组成的，其中有向弧的起始节点是主体，有向弧是谓语，有向弧指向的节点是客体。

图 7-1 为 RDF 三元组。

图 7-1 RDF 三元组

RDF 三元组是 RDF 图的基本元素，它赋予了 RDF 图丰富的语义信息，这些语义信息是由每个三元组所表示的陈述组成的，而整个 RDF 图表示的信息被称作断言。RDF 三元组也使 RDF 图拥有了优秀的连接性，能够直观且易于理解地描述资源间的逻辑关系。此外，在 RDF 三元组中，节点有三种形式（图 7-2）。

（1）节点以唯一标识资源的 URI 形式存在，能够通过 URI 关联到所描述的资源。

（2）节点以空白节点的形式存在，空白节点也有独特的语义，在每个 RDF 图中都是独特的，所以同一个 RDF 图中只有唯一的空白节点存在，只是因为它不具备内部名称，所以在 RDF 图中显示为空白。而当多个具有空白节点的 RDF 图进行合并时，为了保持语义的完整性，需要为空白节点加上名称标签进行区分。

（3）节点还能以 RDF Literal 即文字的形式存在，文字是节点中通过词汇表示数字、日期等具体属性值的格式，所有文字的词汇格式均为 Unicode 字符串，这些以文字表示的值同样可以用 URI 来表示，只是以文字表现更加直观和清楚。

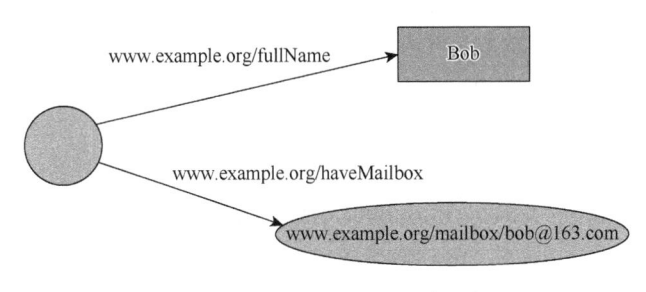

图 7-2 RDF 图节点的三种形式

4. RDF 属性

RDF 的设计初衷是制定具有规范的元数据方案，辅助用户对 Web 环境中的任何资源进行描述和声明。为了实现这个目的，RDF 设计了具有特殊 URI 前缀的 RDF 属性，它们共同构成了规范框架和对资源进行描述的方法。这些 RDF 属性的定义都是预设好的，不能被用户修改，它们的使用不针对具体的资源，对所有资源的描述都具有通用性。

表 7-1 RDF 属性表

RDF 属性	描述
rdf:about	定义所描述的资源
rdf:Description	资源描述的容器
rdf:Resource	定义属性值中的资源
rdf:Datatype	定义一个资源的数据类型
rdf:ID	定义元素的 ID
rdf:Li	定义列表
rdf:_n	定义一个节点
rdf:nodeID	定义节点的 ID
rdf:parseType	定义资源如何解析
rdf:RDF	一个 RDF 文档的起始
xml:base	定义了 XML 基础
xml:lang	定义元素内容的语言

如表 7-1 所示，在用户对任意资源进行描述时，都可以采用 RDF 属性设计好的定义对资源的 URI、属性值、数据类型、关联关系、ID 等进行描述。RDF 属性组成了语法的基本规范，与用户声明的属性共同对资源起到了完善的描述作用。

5. 数据类型

RDF 允许用户通过特定 URI 引用外部已定义完善的数据类型，外部的数据类型可以看作封装完善的工具包，规定好了以下内容：

（1）能够描述哪些数据类型，如字符型、布尔型、浮点型、整数型、时间、日期型等。
（2）每种数据类型的标准格式是什么样的。
（3）代表各种数据类型的独特 URI 是什么样的。
（4）各种数据类型的取值范围是什么样的。
（5）同一个数据类型的字符串如何与取值范围形成映射。

XSD（XML Schema DataType）是经常被 RDF 引用的数据类型集合，用户能够通过标识它的 URI 前缀<http://www.w3.org/2001/XMLSchema#>来引用它包含的数据类型来对资源的属性的值类型进行描述，这些数据类型包含 xsd:string、xsd:Boolean、xsd:decimal、xsd:float、xsd:double、xsd:time 和 xsd:data 等。

7.2.2 RDF 图

RDF 数据模型是由三元组组成的，而三元组的图表现形式是两个节点和有向弧构成的有向边，它的语义陈述了主体和客体存在谓语表示的联系，而多条有向边共同构成一张 RDF 图，所以 RDF 也是一种图数据模型。RDF 图以可视化的方式对资源的属性、资源间的关联进行了直接且清楚地描述，各三元组表示的陈述共同构成了 RDF 图的语义和逻辑关系。图 7-3 以描述作家莫言为例，对 RDF 图进行了展示。

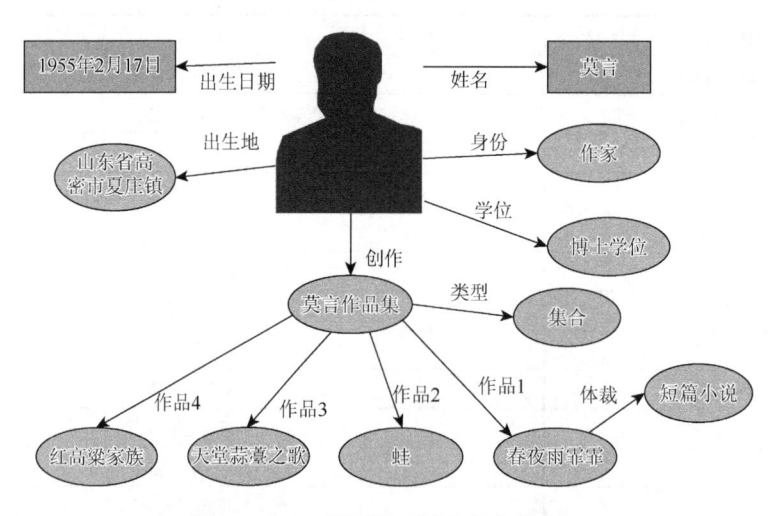

图 7-3 RDF 图示例（描述作家莫言）

图 7-3 莫言的 RDF 图一共由 12 个具有语义的三元组构成，如<莫言, 姓名, 莫言>的第一个"莫言"指被描述的资源对象主体，第二个"莫言"描述了莫言的姓名属性值为"莫言"，是客体；如<莫言, 出生地, 山东省高密市夏庄镇>描述了莫言的出生地是"山东省高密市夏

庄镇",如<春夜雨霏霏,体裁,短篇小说>描述了作品"春夜雨霏霏"的体裁是"短篇小说",这些三元组共同构成了 RDF 图对莫言的属性描述和各资源间联系的陈述。图 7-3 中存在两种节点,一种是椭圆形的资源,另一种是矩形的文字,它们的不同之处在于资源可以通过 URI 进行链接并可再被描述,而文字是具体的属性值,能够被引用的数据类型进行描述。

最后,RDF 作为图数据模型的重要特征是,三元组结构的 RDF 数据除了能存在于关系型数据库中,还能够被图数据库所存储,图数据库是以图数据结构作为存储和查询对象的在线数据库管理系统,能够通过图复杂的内部结构及直观的表现能力来描述数据关系、存储数据、可视化数据。图数据库也具备符合自身数据结构的查询语言,能够使用户对图中节点的关联关系等进行查询。而 RDF 数据在这个过程中,从数据层面对查询、检索、可视化服务提供了支持。它能以三元组的形式被存储在数据库中,而将三元组相同的元素进行合并就能重新将三元组形成 RDF 图,进行推理和查询。

7.2.3 RDF Schema

1. RDF Schema 简介

RDF Schema 简称 RDFS,是由 W3C 于 2000 年提出的对 RDF 的词汇扩展。RDF 是一种数据模型,制定了如何在 Web 环境中对资源的属性和关联进行描述的规范,并提供了一些具有特殊含义的 RDF 属性来描述资源。而 RDFS 是 RDF 的扩展,它具有与 RDF 不同的命名空间,它在 RDF 的基础上扩展了更多的词汇用于描述资源,补充了 RDF 在定义应用程序的类和属性上的方法。

2. 常用 RDF/RDFS 属性

RDF Schema 并不针对特定的应用程序,而是提供了描述应用程序的类和属性的框架。这个框架由 RDF 属性和 RDFS 中新定义的特殊词汇组成,这些词汇的 URI 前缀都是 <http://www.w3.org/2000/01/rdf-schema#>,这些词汇分为两类,一类被称为类,由 rdfs:Class 表示,它与面向对象编程中的类相似,通过类-子类-实例的层级结构清楚地描述资源间的联系。另一类被称为属性,这些属性能够从多个角度描述资源的不同特征,并陈述属性的取值。表 7-2 给出了常用的 RDF/RDFS 类和属性表。

表 7-2 常用的 RDF/RDFS 类和属性表

RDF/RDFS 类	描述
rdfs:Class	代表 RDF 中的类
rdfs:Resource	RDF 描述的事物都被称作资源,是 RDF 中顶级类
rdfs:Literal	用于表示文字的类,是 Resource 的子类
rdfs:Container	用于表示存储容器资源的类,是 Resource 的子类
rdfs:Datatype	rdfs:Datatype 的实例都与 RDF 的数据类型相对应
rdf:Property	表示 RDF 属性类

RDF/RDFS 类	描述		
rdf:List	表示 RDF 列表类		
RDF/RDFS 属性	定义域	值域	描述
rdfs:domain	rdf:Property	rdfs:Class	用于描述属性的定义域
rdfs:range	rdf:Property	rdfs:Class	用于描述属性的取值范围
rdfs:subPropertyOf	rdf:Property	rdf:Property	描述属性是另一个属性的子属性
rdfs:subClassOf	rdfs:Class	rdfs:Class	描述一个类是另一个类的子类
rdfs:comment	rdfs:Resource	rdfs:Literal	人类可识别的资源描述
rdfs:label	rdfs:Resource	rdfs:Literal	人类可识别的资源标签

RDF 属性与 RDFS 共同构成了语法规范和引用方法，而 W3C 允许用户在符合规范的前提下复用外部已经成熟的元数据方案，如 DC 都柏林核心等，具体的复用方式是在语言声明阶段对复用的元数据方案的命名空间及 URI 进行声明，就可以在语言主体中复用它们已经设计完善的类和属性。

3. RDF/RDFS 属性应用示例

依照 RDFS 的规范和词汇定义，来重新描述图 7-3 中的资源和资源间的联系，如图 7-4 所示。这里采用了 Wikipedia 的莫言及其作品的主页来代表它们本身的资源，通过 URI 来标识资源，以 <http://www.example.org#> 作为前缀的 URI 都是为了示例创建的，而以 <http://www.w3.org/1999/02/22-rdf-syntax-ns#> 作为前缀的 URI 则分别代表了 RDF 属性，如 rdf:type、rdf:list、rdf:first 和 rdf:rest。

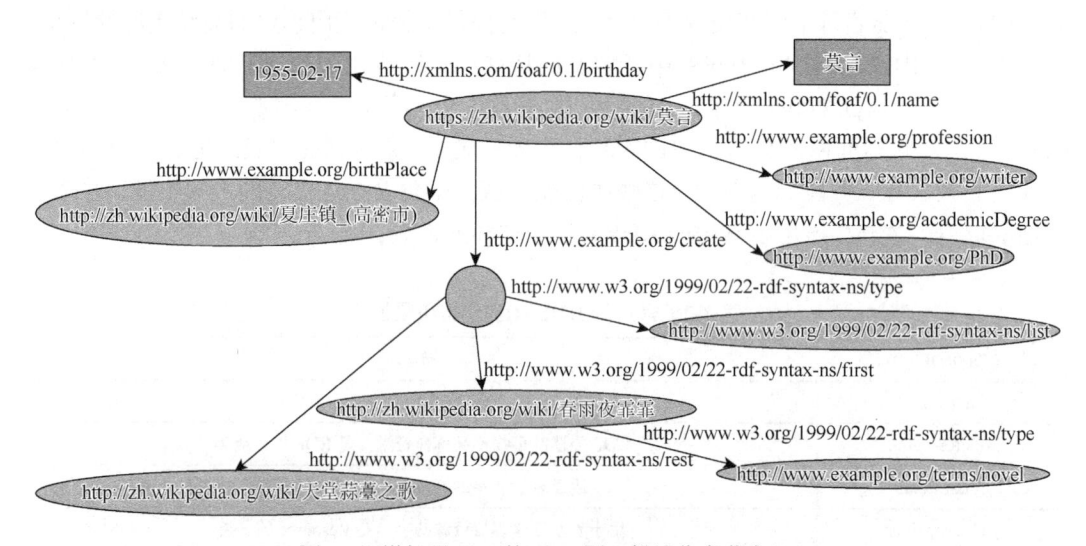

图 7-4 增加了 URI 的 RDF 图（描述作家莫言）

图 7-4 精简了图 7-3 中莫言的作品数量，并且将"莫言作品集"定义为一个空白节点

描述它的rdf:type为rdf:list,证明它是由多个对象组成的列表,而它的资源包含《春雨夜霏霏》与《天堂蒜薹之歌》。此外在对人物资源进行描述时,图7-4中复用了元数据方案FOAF中对人物的属性设计foaf:name和foaf:birthday,用于对莫言的姓名和出生日期进行描述,它们共同的URI前缀为<http://xmlns.com/foaf/0.1#>。

RDFS对RDF属性的定义域和值域进行了约束与规范,这也在一定程度上提升了RDF的推理能力,如rdfs:Lable的值域是rdfs:Literal,那么在三元组中rdfs:Label做谓语时,就可以推理出客体属于rdfs:Literal类。

7.2.4 RDF序列化

1. RDF序列化的含义

序列化源自计算机科学领域,原意是将内存中的对象转换为可以存储或传输的形式的过程,序列化后的对象实例数据可以被其他代码访问或修改。根据RDF1.1 Primer的提法,序列化的内容是对RDF图(即实体及实体间关系)进行序列化,这样就可以对RDF数据进行存储和传输。RDF的序列化存在多种格式,目前主要的序列化格式包括:①Turtle(TURTLE)和TriG(TRIG);②基于JSON的轻量级数据交换格式JSON-LD;③沿用XML语法结构的RDF/XML;④用于HTML嵌入的RDFa;⑤基于行交换格式的N-Triples和N-Quads。

各种序列化编码格式具有共通之处,如大多序列化格式都支持使用XML命名空间中定义的XML QName来表示冗长的URI,所有的QName都是一个命名空间名称,由一个URI和简短的本地名称组成,此外QName可以具有短前缀,或使用默认的命名空间进行声明。使用命名空间的优势在于,在语法的声明阶段对URI及短名称进行声明后,在语法主体就可以使用短名称来替代URI,规避了URI的冗长和复杂导致的理解障碍。

本节重点介绍Turtle、JSON-LD和RDF/XML等三种序列化格式,并应用它们对图7-4中的RDF图进行序列化,从中体现三种格式在语法规则和逻辑结构上的差异性。

2. Turtle格式

Turtle语法实现了将RDF图完全以紧凑自然的文本编写,并制定了简单的语法规则和允许使用命名空间中的短名称来代替URI。Turtle实现了N-Triples的兼容,可以说Turtle将N-Triples以URI表示三元组的语法结构简化了,更便于使用者的阅读和理解。

Turtle语法对RDF图的描述分为两部分,第一部分是声明阶段,能够以@prefix语句对各命名空间进行声明,这些命名空间包含自己创建的,从其他元数据中复用的还有对RDF及RDFS的声明,此外可以通过@base对基本URI进行声明,在语言主体中省略了前缀的资源就是基本URI所引用的资源。第二部分是语言主体,Turtle的语言主体是由紧凑排列的三元组<主体、谓语、客体>构成的,各个资源间使用空格或分号进行间隔并以句号结尾,此外Turtle中存在两个省略规则:

(1)当多个三元组语句的主体相同时,可以对主体进行省略,而除最后一个语句外的语句都以分号结尾。

（2）当多个三元组语句的主体和谓语相同时，可以将这些三元组合并成一个语句，其中主体和谓语不变，而客体排列在一起并以逗号作为间隔。

最后 Turtle 可以在每一句末通过"#＋注释"的方式对语句进行注释，而当 Turtle 中的资源是 Literal 时，后面跟着一个代表格式的标签或代表数据类型的 URI。下面是一个 Turtle 的声明部分代码。

代码清单 7-1　Turtle 命名空间声明

```
@base<http://www.example.org/>.
@prefix rdf:<http://www.w3.org/1999/02/22-rdf-syntax-ns#>.
@prefix rdfs:<http://www.w3.org/2000/01/rdf-schema#>.
@prefix foaf:<http://xmlns.com/foaf/0.1/>.
@prefix wiki:<https://zh.wikipedia.org/wiki/>.
```

此声明部分的代码清单 7-1 一共由五个语句组成，第一句声明了基础 URI，在主体中省略前缀的资源的 URI 前缀都是<http://www.example.org/>，后面几句声明分别引用了 rdf、rdfs 和元数据方案 foaf 及 wikipedia。它们的作用是在主体中用短名称来替代冗长的 URI，如 rdf:type 就代表了<http://www.w3.org/1999/02/22-rdf-syntax-ns#type>。经过了命名空间的声明，图 7-4 简化为图 7-5。

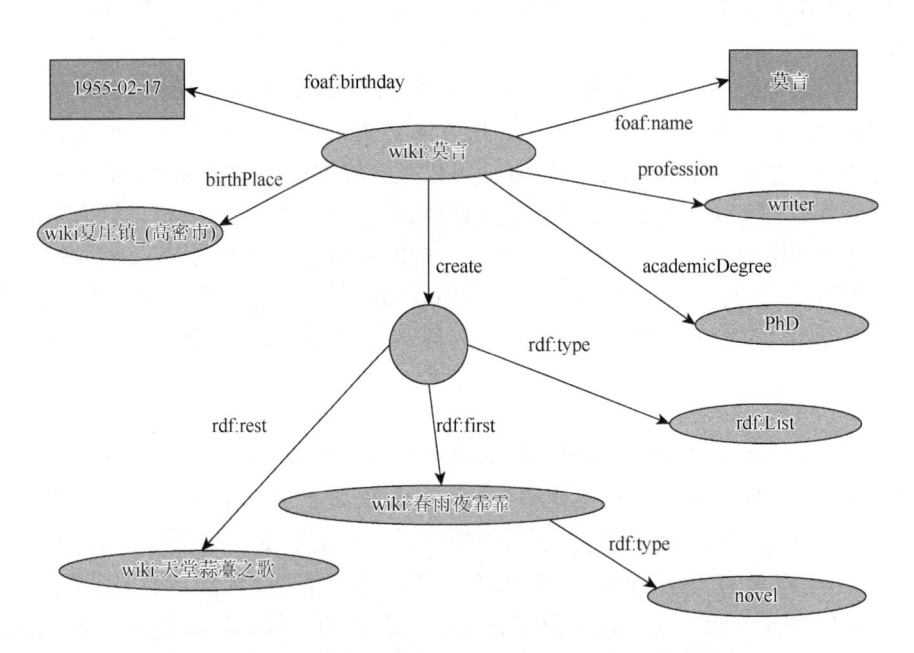

图 7-5　经 Turtle 命名空间声明后的 RDF 图（描述作家莫言）

代码清单 7-2 中有两个语句，第一句是三个由 URI 标识的资源构成的三元组，第二句是通过短名称简化后的三元组，这两个三元组在语义上是完全等效的，Turtle 语言主体全部由这样的三元组语句排列构成，而在书写方式上更倾向于第二句的简便写法。代码清单 7-3 是图 7-4 中的 RDF 对应的完整 Turtle 代码。

代码清单 7-2　Turtle 三元组

```
<https://zh.wikipedia.org/wiki/莫言><http://www.example.org/profession><http://www.example.org/writer>.
wiki:莫言<profession><writer>.
```

代码清单 7-3　使用 Turtle 对图 7-4 中的 RDF 序列化

```
@base<http://www.example.org/>.
@prefix rdf:<http://www.w3.org/1999/02/22-rdf-syntax-ns#>.
@prefix rdfs:<http://www.w3.org/2000/01/rdf-schema#>.
@prefix foaf:<http://xmlns.com/foaf/0.1/>.
@prefix wiki:<https://zh.wikipedia.org/wiki/>.
wiki:莫言
    foaf:birthday 1955-02-17^^xsd:date;
    foaf:name "莫言" ^^xsd:string;
    <profession><writer>;
    <birthPlace>wiki:夏庄镇_(高密市);
    <academicDegree><PhD>;
    <create>   _:1; #这里 _:1 代表空白节点
_:1
    rdf:type rdf:list;
    rdf:first wiki:春雨夜霏霏;
    rdf:rest wiki:天堂蒜薹之歌.
wiki:春雨夜霏霏  rdf:type<novel>.
```

在以上的代码中，"_:1"代表了空白节点。通过 10 个三元组共同陈述了图 7-4 中的 RDF 中的语义关系，而在代码中有以下几个值得注意的点：

（1）由于有前面几个三元组的主体都是 wiki:莫言，所以对它们的主体进行了合并和省略，前面语句都以分号结尾，最后一个语句以句号结尾。

（2）由于 URI 是仅支持英文的，而在代码中出现了中文，这里的 URI 应该更换成支持中文的国际资源标识符（Internationalized Resource Identifiers，IRI）。IRI 也是对资源进行引用的标识符，它在英文的基础上扩展了 Unicode 字符，可以由世界上任何书写字符组成。

（3）对于图 7-4 中的空白节点在 Turtle 中的表示方式是以"_:加上标记符号"的方式表示的，而标记符号在代码清单 7-3 中是 1，在实际的编写中以任何符合规范的符号都可以对空白节点进行标识。

（4）代码中虽然对 rdfs 进行了声明，但是在主体阶段并没有对 rdfs 进行复用。

（5）对于 rdf:Literal 文字类型的资源，如"莫言"和"1955-02-17"，引用了数据类型 xsd 来对它们的数据格式进行标识，具体的方式是在文字后加上^^xsd:string 等来进行字符串的格式注释，Turtle 还能够进行语言注释，如在文字后加上@en 则代表使用的语言是英文。

3. JSON-LD 格式

JSON 是一种高效的数据序列化和信息传递格式，而 JSON-LD 是基于 JSON 用于序列化关联数据的 RDF 语言格式，它旨在成为一种在 Web 的编程环境中使用关联数据，构建实现互操作的 Web 服务及将关联数据存储在基于 JSON 存储引擎中的方法。

JSON-LD 在 JSON 提供的所有功能基础上，引入了使用国际化资源标识符 IRI 的通用标识符机制，引入了通过引用 Web 资源作为 JSON 对象的值和描述的机制，引入了通过数据类型来关联日期或时间等具体值的方法，引入了在单个文档中表达多个有向图的工具。通过对 Turtle 的学习，可以发现 JSON-LD 在 JSON 基础上的功能扩展都是符合 RDF 数据特征且与 Turtle 的语法规则相似。

JSON-LD 的语法由它制定的语法标记和关键字所支撑，这些是语言的核心部分，其中 IRI 的加入非常重要，它在 JSON-LD 中的功能与 URI 在 RDF 中是一致的。下面展示一个 JSON 实例：

代码清单 7-4　JSON 编码示例

```
{
    "@type":"person",
    "name":"莫言",
    "birthday":"1955-02-17"
}
```

上面的 JSON 编码示例对一个人物进行描述，描述了他的类型是人，姓名叫莫言，生日是 1955 年 2 月 17 日。

JSON-LD 在 JSON 的基础上制定了一些扩展关键字：@base、@container 和@context 等。在语法规则上，JSON-LD 同样能够复用其他的元数据方案，从而体现关联数据将多个文档进行关联的能力，而在语法陈述上，JSON-LD 同样强调使用 IRI 对资源进行标识，而为了保证叙述的紧凑性，使用@context 将字符串通过大小写敏感的术语进行简称，@context 的使用也很好地将各个文档数据进行了链接。

代码清单 7-5 是图 7-4 的 JSON-LD 编码，也同时实现由代码清单 7-3 中 Turtle 语法到 JSON-LD 的转换。

代码清单 7-5　使用 JSON-LD 对图 7-4 中的 RDF 序列化

```
{
"@context":{
    "foaf":"http://xmlns.com/foaf/0.1/",
    "wiki":"https://zh.wikipedia.org/wiki/",
    "xsd":"http://www.w3.org/2001/XML Schema#",
    "name":"http://xmlns.com/foaf/0.1/name",
    "birthday":{
        "@id":"http://xmlns.com/foaf/0.1/birthday",
        "@type":"xsd:date",
    },
    "@base":"http://www.example.org/"
},
"@id":"wiki:莫言",
"name":"莫言",
"birthday":"1955-02-17",
"profession":"writer",
"birthPlace":"wiki:夏庄镇_(高密市)",
"academicDegree":"PhD",
"create":{
    "@id":"_:1",
    "@list":["wiki:春雨夜霏霏","wiki:天堂蒜薹之歌"]
    }
}
```

通过以上示例可以看出 JSON-LD 的编码特点：①将@context 嵌入在资源描述中，对冗长的 IRI 进行了简化。②对于 Literal 型的属性，对它的数据类型使用 xsd 进行了描述。③同样使用@base 制定了基础 IRI，并对相对 IRI 形成了参照。④空白节点的表示方法是将@id 后的 IRI 更改为"_ + 标识符"，如代码中的"_:_1"。⑤资源和属性都可以呈现嵌套结构，如对莫言的描述中又描述了以空白节点呈现的列表，其中包含的元素是莫言的两本作品资源。

4. RDF/XML

RDF/XML 语法完全继承了 XML 的语法规则，能够清楚地展示 RDF 图所表现的断言和资源描述情境。它的语言结构是通过前后对应的 XML 标签，标签中的属性和属性的值来体现<主体，谓语，客体>的三元组结构。RDF/XML 将 RDF 图视作覆盖整个图形的由节点、谓语弧、节点……这样交替形成的路径集合，而 RDF/XML 语法将这些路径视作序列化的元素，通过从外层元素层层解析，最终将路径中的所有元素进行描述和解构。代码清单 7-6 基于 RDF/XML 对图 7-4 进行了序列化。

代码清单 7-6　使用 RDF/XML 对图 7-4 中的 RDF 序列化

```
<?xml version = "1.0"?>
<rdf:RDF xmlns:rdf = "http://www.w3.org/1999/02/22-rdf-syntax-ns#"
        xmlns:ex = "http://www.example.org/"
        xmlns:foaf = "http://xmlns.com/foaf/0.1/"
        xmlns:base = "http://www.example.org/">
<rdf:Description rdf:about = "https://zh.wikipedia.org/wiki/莫言">
        <foaf:name>莫言</foaf:name>
        <foaf:birthday>1955-02-17</foaf:birthday>
        <ex:profession rdf:resource = "writer"/>
        <ex:birthPlace rdf:resource = "https://zh.wikipedia.org/wiki/夏庄镇_(高密市)"/>
        <ex:academicDegree rdf:resource = "PhD"/>
        <ex:create>
            <rdf:List rdf:nodeID = "abc">
                <rdf:first rdf:resource = "https://zh.wikipedia.org/wiki/春雨夜霏霏"/>
                <rdf:rest rdf:resource = "https://zh.wikipedia.org/wiki/天堂蒜薹之歌"/>
            </rdf:List>
        </ex:create>
</rdf:Description>
</rdf:RDF>
```

从以上编码可以看出，RDF/XML 编码语法特点如下：

（1）所有标签都是前后对照的，从 rdf:RDF 开始对命名空间进行声明，以/rdf:RDF 结束。

（2）RDF/XML 同样支持以 xmlns:base 对基础 IRI 的声明，如代码中的 writer，完整 IRI 应该是<http://www.example.org/writer>。

（3）RDF/XML 对空白节点的表示方式是将 rdf:about = IRI 更改为 rdf:nodeID = "标记符"，实现对空白节点的标识，而上述代码的标记符是 abc。

（4）上述代码弱化了对文字的数据类型说明，但这可以通过 RDF/XML 语法实现。

7.2.5 RDF 存储

随着计算机技术的进步和语义网与知识图谱技术的兴起，RDF 数据因其三元组的结构能清楚地表达语义并体现资源间的关联关系，得到了广泛的应用。为了支持 RDF 数据越来越多样的应用场景及在各个应用软件中的适配性，RDF 数据的存储成为热门的研究方向。而围绕着 RDF 数据存储的主要问题是，以什么样的数据结构或数据库来实现 RDF 数据的存储，如何对大规模的 RDF 数据进行管理和查询。RDF 数据目前主流的存储方式分为两种：关系型数据库或 NoSQL 数据库。

1. 通过关系型数据库存储 RDF 数据

关系型数据库是现在主流的数据库形式，并在长期的发展中形成了许多应用广泛的成熟关系型数据库软件，如 Oracle、MySQL 和 Microsoft SQL Server 等，它们采用的数据存储结构是二维表，也就是将信息通过二维表格的方式进行存储并且支持通过 SQL 等查询语言对数据进行查询。

目前通过关系型数据库对 RDF 数据进行存储的方式有：①通过一张全局表来记录整个 RDF 文档；②通过垂直表来存储所有 RDF 断言，每个记录对应一个三元组；③为 RDF 中每个类提供对应的表进行存储；④按照属性建表进行存储；⑤基于 RDF 图的路径进行存储等。此外还有一些特殊的基于关系型数据库的 RDF 数据存储方式，如聚簇属性表模式、三元矩阵模式、基于分布式数据模式等。

然而使用关系型数据库对 RDF 数据存储存在一些问题。首先，以表结构存储 RDF 数据，如果是以一张表进行存储，代表 RDF 属性的列将会有很多，使表格空白的元素过多，造成数据库浪费。其次，如果以多张表存储 RDF 数据或路径，那么在查询时，需要将多张表进行链接并执行遍历，严重降低了查询效率。最后，现有的关系型数据库主要采用 SQL 语言进行查询，SQL 查询方式与表的特征相符合，但并不适用于 RDF 数据结构化的三元组结构。

目前市面上的数据库软件为了应对这些问题，采取了公开发布支持 RDF 数据管理的技术文档，通过第三方 API 支持 RDF 数据管理，提供 RDF 数据和关系型数据转换工具等方式来支持 RDF 数据的存储和查询。然而随着 RDF 数据量的飞速增长，关系型数据库的存储能力显得力不从心，而 NoSQL 型数据库成为 RDF 数据存储的全新选择。

2. 通过 NoSQL 数据库存储 RDF 数据

NoSQL 数据库泛指非关系型数据库，它们通过分布式存储等方式能有效地应对大规模数据的存储，而对于 RDF 数据的存储，主要的 NoSQL 存储方式有键值存储、列式存储、文档存储和图存储。列式存储模式又分为三元组存储结构、多索引结构和属性表存储结构等。有学者通过 Jena 的属性表存储实现了对 RDF 数据的存储，也有学者通过 Hbase 的属性表存储实现对 RDF 数据的分布式存储模式设计。而像介于关系型数据库与 NoSQL 数据库之间的 MongoDB 支持通过文档存储的方式对 RDF 数据进行存储，还有学者实现了将

RDF 数据存储在 Hadoop 分布式文档系统中。而对 RDF 数据进行存储应用最多的是图数据库。

图数据库是以图作为数据结构的数据库，目前有许多成熟的图数据管理应用，如 Neo4j 能够以属性图的数据模型存储 RDF 数据，并提供基于图查询语言 Cypher 的查询服务。Trinity 是微软研发的分布式图数据管理系统，能够以键值对作为数据结构对 RDF 进行数据存储和管理。

采用图数据库对 RDF 数据进行存储的优势在于，能够以图模型的视角对 RDF 数据进行分割，与关系型数据库以表结构存储相比，直观地存储 RDF 图的语义和关联关系，并能支持 RDF 图的可视化展现。许多图数据库软件能够提供第三方接口引入 RDF 查询语言 SPARQL，充分地提高了 RDF 数据查询效率。图数据库中采用的图模型与 RDF 图刚好对应，将 RDF 数据以图进行存储，有效地利用了数据库的存储空间。最后，对大规模 RDF 数据的存储最好采取分布式存储的方式，而许多图数据库软件还不支持分布式存储，还存在改进空间。

7.2.6 RDF 应用

RDF 作为一种数据描述模型，应用场景十分广泛。而由 RDF 数据模型衍生出的具有三元组结构的 RDF 数据也同样在大数据背景下的各个领域发挥着价值。

从信息检索方向来看，RDF 数据模型支撑了语义网和知识图谱技术的发展与推广，通过描述资源之间的关系，为数据之间的互操作和可扩展性提供了可能。而在这个过程中，RDF 表示的结构化数据，能够建立起数据的连接，为数据的重用和共享提供基础。此外 RDF 对资源的描述能够用于各种情况下的数据建模，如在 Web 上发布或交换数据时。RDF 数据模型还能在电子商务等场景下对资源进行建模，辅助决策的制定。

RDF 数据大多数为结构化或半结构化，富含语义信息及逻辑关系，能够成为医学、人工智能、数据分析等学科的良好数据样本。RDF 数据能够作为机器学习的样本，通过算法和模型改进从而支持数据挖掘任务，如类成员预测、属性值预测、关联预测等。RDF 数据还能够作为数据样本，发挥它语义丰富的优势，用来评估推理信息和公理的可信度。RDF 数据集还能在医学中的 PET-CT 图像作为样本，利用 SPARQL 提升简单图像特征查询的精度。

由于 RDF 数据模型对资源属性和关联关系的出色描述能力，语法格式的多样性，对所有资源都能进行引用的通用性，它能够在各个学科场景中发挥作用。同时它强调语义，具有约束和逻辑结构，具备一定推理能力的特征，这使它在人工智能、语义网、知识图谱等与语义和推理相关联的新生技术发展中起到了推动作用。随着资源向共享化、集群化、关联化的方向发展，RDF 的应用场景将会越来越广泛。

7.3 基于本体的知识建模

7.3.1 本体描述语言 OWL

本体的主要目的是构建领域内术语、概念的语义关系规范。OWL 是 W3C 组织推荐的国际通用的标准本体描述语言。它建立在 XML/RDF 等已有标准基础上，通过添加大量的基于描述逻辑的语义原语来描述和构建各种本体。所以基于 OWL 建立的本体有丰富的语义表达能力并具有完善的推理机制，比用其他本体描述语言（如 XML 和 RDFS）建立的本体更清晰完整地表达领域内的概念和概念之间的联系。

1. W3C OWL 概述

网络本体语言（Web Ontology Language，OWL）是 W3C 开发的本体表示语言，它是一种语义 Web 语言，旨在表现事物、事物组和事物间关系的丰富而复杂的知识。OWL 本体包括类、属性及其实例的描述。OWL 语言是实现描述的工具，它没有专门的语法，而本质是知识描述方法。作为语义网活动的重要组成部分，OWL 中提供了更多定义完善的词汇，使它在 Web 描述的机器可理解性上比 XML、RDF、RDFS 要更强。为了保证 OWL 能够兼容 RDFS 等语言，还要具备语义描述和推理能力，W3C 的开发人员根据不同的需求，设计了 OWL Lite、OWL DL 和 OWL Full 三种表达能力不同的子语言。

（1）OWL Lite 面向需要分类层次结构和简单约束功能的用户，它是 OWL DL 的一个子集，表达能力最弱，但优势在于降低了 OWL DL 中的公理约束，维持了推理的高效性。如 OWL Lite 虽然支持基数约束，但它仅允许基数值为 0 或 1。OWL Lite 为叙词表或其他分类法提供分类层次结构的工具时要比其他两种子语言更快捷和高效。

（2）OWL DL（OWL Description Logic）面向的是那些希望实现最大表达能力且不损失推理系统的计算完整性和有效判定性的用户。它包括了 OWL 中所有的语言成分，也就受到更多的约束和限制，为了保证推理能力它也牺牲了对 RDFS 的兼容性。此外，它的命名与描述逻辑相对应，为 OWL 提供了推理功能。

（3）OWL Full 面向的是那些不追求计算完整性而想要实现 RDF 的最强表达能力和句法自由化的用户。OWL Full 消除了 OWL DL 中对语法的限制，可以将类视为个体的集合或是单一个体，但是正因为失去了语法的限制和基数限制中对可传递性质的约束，OWL Full 失去了推理的有效判定性。OWL Full 允许本体扩充预定义的 RDF 和 OWL 词汇含义。目前所有的推理软件都不能完全支持和实现 OWL Full 的全部功能。

采用 OWL 的本体开发人员应该首先确定采用的 OWL 子语言，主要考虑的因素是要表达的知识本体是否需要强大的表达能力、是否要为了推理系统的计算完整性而受到约束与限制、是否较大程度地兼容 RDFS 等。由于规范的 OWL 交换语法是 RDF/XML，OWL 也被设计为与 RDF 及 RDF Schema 具有最大的兼容性，所以可以说 XML 和 RDF/XML 是 OWL 标准的组成部分。

2. W3C OWL 的构成

OWL 的基本元素是类、属性和实例。OWL 在 RDF 和 RDFS 的基础上又扩展了 OWL 词汇用于对类、属性和实例的描述，由于词汇数目众多，具体的定义和约束请参考 W3C 官方文件。

OWL 类表示为 owl:Class，是 OWL 语言的基本要素。每一个 OWL 类都是在本体中需要进行定义和描述的对象，最终要实现的目标是通过对类定义的丰富，让本体中的类完全符合所抽象事物的特征和规范。而要实现这个目标，能采用的方法是：

（1）利用 RDF、RDFS 和 OWL 的词汇对类的属性进行描述。

（2）通过实体的定义和命名空间的引用来简化冗长 IRI。

（3）复用已经成熟的本体中对类和属性的定义来完善自身的本体。

（4）通过 rdfs:subClassOf，owl:unionOf，owl:disjointWith，owl:complementOf 等词汇对类的子类、类包含的类、类的成员、类的交集等进行描述，使类之间形成具有包含、并列、继承关系的层级结构。

与 RDF 不同的是，OWL 还定义了 Individuals（或称它为个体），用来描述类的成员。实例也是 OWL 的基本组成要素，实例用 owl:Thing 来定义实例，同时通过 rdf:type 等词汇指定它为某个类的成员。类描述一类实体共同的特征和属性，而实例则更加具体，如莫言的小说《蛙》是一个类，它存在书名、出版日期、出版社、版本、页数、作者等属性，而由浙江文艺出版社于 2020 年发行的第三版的《蛙》则是有具体属性值的类的实例。

OWL 属性也是 OWL 的基本组成要素，OWL 属性分为对象属性 owl:ObjectProperty 和数据类型属性 owl:DatatypeProperty。数据类型属性能够像 XML Schema Datatype 一样对 OWL 中的文字形式值的格式进行描述，而对象属性则是用于描述类的特征，也可以对属性进行定义和描述，使属性更符合抽象对象的原本特征，具有更强的资源描述和关联能力，能采用的方法有：

（1）用 rdf:ID 为对象属性制定代表它的名称。

（2）通过 rdfs:domain 与 rdfs:range 对属性的定义域和值域进行约束。

（3）通过 xsd 等数据类型对属性值的格式规范进行约束。

（4）对属性的性质进行定义，如 owl:inverseOf、owl:inverse、FunctionalProperty 等在属性基础上赋予它们自反、函数性、对称性等特征。

最后，属性也是具有实例的，属性的实例体现在更具体的名称、具体的数据类型，还有具体的取值。

3. OWL 推理能力

OWL 的推理能力主要是通过属性的定义实现的，当 OWL 属性的定义域与值域经过了定义和约束，就可以应用相应的推理规则。如当一个属性被应用于 A 类中，取值为 B 类时，就可以推理出 A 类是该属性的定义域而 B 类是该属性的值域。此外当属性具有可传递性、自反、函数性等特征时，就具有了特殊的推理规则：

（1）当一个属性 P 是对称的，那么它所表示的关系是双向相等的，且定义域和值域相同，存在 $P(x, y)$ 推理出 $P(y, x)$。如"紧挨着"这个属性不存在发起者和接受者的差异，且定义域和值域都是人，那么说 A 紧挨着 B 同时可以推理出 B 紧挨着 A。

（2）当一个属性 P 是可传递的，那么它的定义域包含值域，存在 $P(x, y)$ 和 $P(y, z)$ 推导出 $P(x, z)$。如四川包含成都，成都包含武侯区，那么四川包含武侯区。

（3）当一个属性 P 是函数式的，那么它的值域中的任意取值只有唯一对应的定义域取值，存在通过 $P(x, y)$ 和 $P(x, z)$ 推理出 $y = z$。如一个身份证号对应中国公民 A，它也对应中国公民 B，由于身份证是唯一对应的，所以 A 和 B 是同一个人。

（4）如果一个属性 P 被标记为与 owl:inverseOf_Q，则代表 P 和 Q 是相反属性，P 的值域与 Q 的定义域相等，P 的定义域与 Q 的值域相等，那么可以通过 P(x, y) 推理出 Q(y, x)。如"创作"和"被创作"是相反属性，能够通过"莫言创作了《蛙》"推理出"《蛙》被莫言创作"。

代码清单 7-7　酒本体的 OWL 编码示例

```
<! DOCTYPE rdf:RDF [
<! ENTITY wine    "http://www.w3.org/TR/2004/REC-owl-guide-20040210/wine#">
<! ENTITY food "http://www.w3.org/TR/2004/REC-owl-guide-20040210/food#">]>
<rdf:RDF
xmlns = "&wine;"
xmlns:wine = "&wine;"
xml:base = "&wine;"
xmlns:food = "&food;"
xmlns:owl = "http://www.w3.org/2002/07/owl#"
xmlns:rdf = "http://www.w3.org/1999/02/22-rdf-syntax-ns#"
xmlns:rdfs = "http://www.w3.org/2000/01/rdf-schema#"
xmlns:xsd = "http://www.w3.org/2001/XMLSchema#">
<owl:Ontology rdf:about = "">
<rdfs:comment>An example OWL ontology</rdfs:comment>
<owl:priorVersion rdf:resource = "http://www.w3.org/TR/2003/PR-owl-guide-20031215/wine"/>
<owl:imports rdf:resource = "http://www.w3.org/TR/2004/REC-owl-guide-20040210/food"/>
<rdfs:label>Wine Ontology</rdfs:label>
    <owl:Class rdf:ID = "Wine">
      <rdfs:subClassOf rdf:resource = "&food;PotableLiquid"/>
      <rdfs:label xml:lang = "en">wine</rdfs:label>
      <rdfs:label xml:lang = "fr">vin</rdfs:label>
    </owl:Class>
    <owl:Class rdf:ID = "WineGrape">
      <rdfs:subClassOf rdf:resource = "&food;Grape"/>
</owl:Class>
    <owl:Thing rdf:ID = "CabernetSauvignonGrape">
      <rdf:type rdf:resource = "#WineGrape"/>
    </owl:Thing>
    <owl:ObjectProperty rdf:ID = "madeFromGrape">
<rdfs:domain rdf:resource = "#Wine"/>
<rdfs:range rdf:resource = "#WineGrape"/>
</owl:ObjectProperty>
</owl:Ontology>
</rdf:RDF>
```

代码清单 7-7 来自于 W3C 的 OWL 语法说明文件，它是关于酒本体的。OWL 的语法结构与 RDF/XML 一致，只是引入了 OWL 词汇和加入了 OWL 头部说明。上面的示例共分为七个部分，根据 RDF/XML 前后对照的语言结构，最外层的是对实体进行了全局声明，以 wine 和 food 来指代后面的 URI。

第二层通过 rdf:RDF 起始，对短名称关联的命名空间和 IRI 进行声明，此处的作用与 RDF/XML 一致，不加以赘述。

第三层是 OWL 头部，在这个部分说明了本文档是对 OWL 本体的描述，这个部分通过 rdfs:comment 与 rdfs:label 对本体进行了注释和名称说明，这是一个称为 wine ontology 的本体，并且其中复用了其他的本体。

第四层首先定义了 OWL 类 wine，并描述它为 food 指代的 IRI 中 PotableLiquid 类的子类，并对它的标签语言进行了描述，en 代表英文而 fr 代表法语；其次定义了 OWL 类

WineGrape 的实例 CabernetSauvignonGrape；最后，定义了 OWL 属性 madeFromGrape，它的定义域限制为 Wine 类，而值域限制为 WineGrape 类。

虽然示例结构较为简单，仅展示了 OWL 对类、实例、属性基本的定义和描述，但是通过这些方法就足够实现对本体的描述，而随着越来越多的描述补充，最终本体会发展成为一个完善的本体，能完整地对应现实中所抽象的对象，并被其他本体复用。有关 OWL 的更多语法细节和推理公理阐释详见 W3C OWL 推荐标准。

7.3.2 本体构建方法

本体能够被应用于任何领域的知识建模。由于广泛的应用场景和建模对象不同的特征，虽然经过了多年发展，本体的构建方法并没有形成标准化的实践流程。著名的本体构建方法论有企业建模（TOronto Virtual Enterprise，TOVE）法、骨架法、生命周期（Methontology）法、七步法等。它们都有一套完整的构建本体的流程，并且对每个阶段的工作都进行了详细的叙述和文献说明，而最终制定的本体虽然结构有差异，但都能实现对现实对象的抽象并被复用于其他本体构建中。以下对常用的几个本体构建方法论进行介绍。

1. TOVE 法

TOVE 法本来是专门应用于企业本体构建的方法，即通过对企业的对象描述实现将计算机环境中的本体即虚拟企业创建出来，用于辅助企业管理和决策。

TOVE 法共分为四个阶段。第一阶段是定位本体的能力，即通过调研等方式确定本体必须能够回答的问题，从而确定本体构建的需求。第二阶段是确定本体的术语，术语包括对象、属性和关系，本体需要提供用于表达术语定义和应用程序所需约束的语言。第三阶段是在语言的基础上进一步制定术语的定义和约束，并实现一阶描述逻辑和规范。最后，通过检测代表本体功能性的完备性定理来测试本体的能力。

请注意尽管仅分为四个阶段，但是这四个阶段并不是线性经历的，而是具有迭代过程的，如在第三阶段对术语进行定义和约束时发现了语言的不完备性，则需要回到第二阶段对语言进行调整。而在第四阶段发现本体功能性不如人意，则要返回前面阶段对术语和约束进行调整。TOVE 法制定一套用于评估本体设计和能力的规范，如图 7-6 所示。

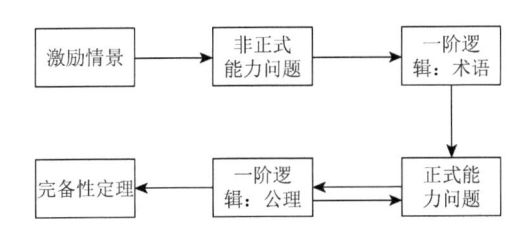

图 7-6 使用 TOVE 法评估本体性能规范图

首先从激励情景入手对本体的设计进行评估，激励情景就是描述本体的具体使用场景,以及如何在场景中对问题提供解决方案。之后分别评估本体对非正式能力问题的解决、术语的构建、正式能力问题的解决、公理的推导和完备性定理来评估本体的能力。

2. 骨架法

骨架法命名源自它的构建流程图绘制得像站立的骨架一样。骨架法的构建流程共分为五个阶段。

第一阶段是目标和范围划分,在这一阶段需要弄清楚为什么要构建本体及本体的预期用途和范围。

第二阶段是本体构建,首先要识别目标领域的关键概念和理清概念间的关系;为这些概念和关系生成精准的文本定义;识别出涉及概念和关系的术语并达成共识。然后要进行编码,即选择某种形式的语言来对术语进行明确表示,术语划分为类、实体、关系等,并形成相应的代码。最后是整合领域内的现有本体,采用复用和协商的方式,使这个领域内所有有关本体构建的工作者对工作目标、术语规范等问题达成一致。

第三阶段是本体评估,评估是对本体关联的软件环境和参考文档进行技术判断。即评估本体的技术定义、语言结构、可行性是否能够达到标准。

第四阶段是文档记录,文档记录的主要工作是根据本体类型和目的的不同来建立用于记录本体的准则,并将本体构建中的概念定义、术语及问题说明形成文档记录。

第五阶段是设计本体的初步准则,这一阶段是对本体构建中的经验进行巩固和留存,需要阐述上面四个阶段涉及的方法、原理、技术之间存在的关系,如建议顺序、输入输出内容等,以便本体的重用和共享及为下一次的本体构建打下基础。

3. Methontology 法

Methontology 法不同于应用于企业知识建模的 TOVE 法,它旨在成为能够构建任何种类本体的通用方法论。Methontology 法实施共分为七个阶段,如图 7-7 所示。

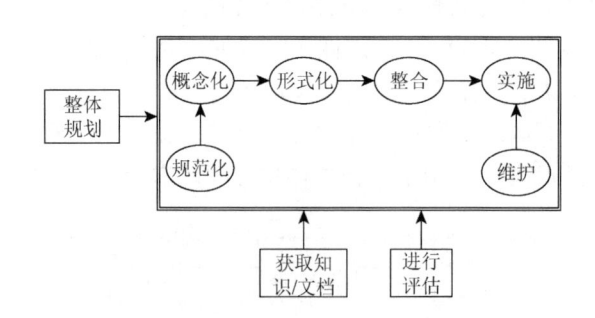

图 7-7 Methontology 法实施的七个阶段

整个生命周期由对本体的规划推动,经过规范化、概念化、形式化、本体整合等流程进入实施阶段,之后根据实施情况对本体进行维护。并且在整个生命周期里不断利用新获取的知识、文档和评估结果对本体进行补充。

(1)第一阶段是规范化。规范化的目标是以自然语言编写非正式、半正式或正式的本体规范文档,包含本体的目的、预期用途、使用场景、最终用户、术语整理、术语含义、术语集范围等内容。

(2) 第二阶段是知识获取。准确地来说知识获取是独立于本体开发活动的,它与其他活动并行,它的主要内容是通过专家、书籍、手册、文献、表格等知识来源获取知识,并补充到本体中。

(3) 第三阶段是概念化。这一阶段的目的首先是构建完整的术语表,包含概念、实例、动词和属性。然后将术语表进行细分,分为概念表、动词表,最终形成公理表和约束表,并进行形式化处理。

(4) 第四阶段是本体整合。对其他本体中完善的定义进行复用,而要确保元本体不要产生冗余等问题。

(5) 第五阶段是实施。选择适合本体的开发环境,将本体编码为如 C++ 等正式的语言。所有的开发环境至少提供句法分析器、编译器、编辑器和浏览器。

(6) 第六阶段是评估。根据一个参考框架对本体、其存在的软件环境和文档进行技术判断。

(7) 第七阶段是文档记录。这也是一个与其他阶段并行的活动,在每个阶段后进行规范化的文档产出、记录本体的准则及构建过程中形成的经验。

4. 七步法

七步法是由斯坦福大学提出的一种实用的本体开发方式,但是该方法没法评价过程,无法迭代更新,主要用于大型的领域本体开发构建,其流程见图 7-8。

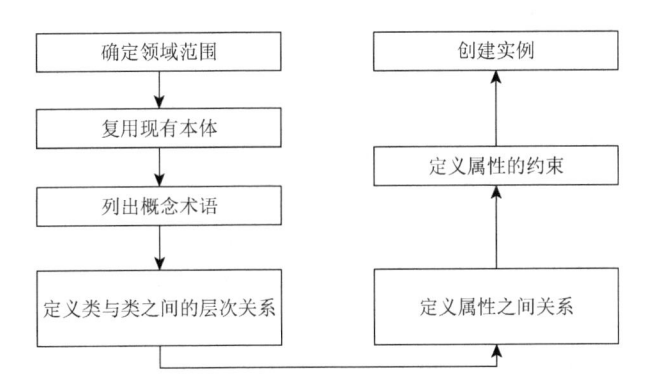

图 7-8 构建领域本体的七步法流程

1) 确定本体的领域和范围

在构建本体之前,团队必须首先明确一些基本的问题,如该本体针对什么领域、用途是什么、要描述什么信息、回答哪一类的问题、谁将使用和维护这个本体等。这些问题通常可以借助能力咨询的方法来获得。需要注意的是,随着开发的进行,这些问题和它的回答可能会发生变化,这时需要考虑什么时候再回到第一步进行迭代开发。

2) 考虑重用现有本体

跟信息描述中需要先进行领域元数据调研一样,本体构建过程中,也需要收集和待开发本体相关的其他本体。一方面可以在现有的本体上进行精练、扩充或修改，从而避免很多不必要的开发工作。另一方面即使现有的本体无法满足当前的应用要求，通常也会从其中得到一些启发和帮助。目前网络上已经有不少的通用型和领域型本体库，从中可以获得很多现有的本体。复用已有本体主要有基于叙词表的领域本体构建和基于顶层本体构建领域本体的构建方法。

3）列出本体中的重要术语

将所关心的术语列举出来是非常有用的。这些术语大致表明建模过程所感兴趣的事物、事物所具有的属性和它们之间的关系等。这些重要术语能保证最终创建的本体不会偏离所感兴趣的领域。

4）定义类和类的继承

如前面所述，类的继承结构的定义可以采用自顶向下的方法，即从最大的概念开始，然后通过添加子类细化这些概念；也可以采用自底向上的方法，即由最底层、最细的类定义开始，然后找到它们的父类；当然也可以采用这两种方法的综合进行定义。在此过程中，需要注意以下问题。

（1）确保类的继承正确。类继承关系通常表示为"is_A"或"kind_Of"关系，如果类A是类B的子类，则A的所有实例也是B的实例。类的继承关系是可传递的，如果B是A的子类并且C是B的子类，那么C是A的子类。有时还需要区别间接子类和直接子类。直接子类是与当前类最接近的子类。此外，领域内的知识是会发生变化的，这可能导致类层次的演化，在发生演化的时候需要维护本体，使得本体与领域知识保持一致。类代表着领域内的概念，而类名则是用来指代这些概念。类的命名可以发生变化，但是变化前后都不能和其他类的命名发生冲突。在一些语言中（如英语），建模过程中对类的命名应该只采用复数或单数的形式，而不能单复数混用。最后，类的继承体系中要避免发生循环，即如果类A有子类B，而同时B又有子类A这类情形。在发生类循环时，等于声明环路上所有的类都是等价的，这造成了本体的冗余。

（2）分析继承结构中的兄弟类。在类继承体系中，同一类的全部直接子类之间称为兄弟类。对于所描述的领域来说，所有的兄弟类都必须具有同样的粒度，即在兄弟类中不能有的类过于泛化，有的却过于细化。此外，兄弟类的数目过多或者过少都是不合适的。如果一个类只有一个直接子类的话，那么说明对该类的建模还不完全；相反，如果一个类有过多的子类，那么就有必要添加一些新类对这些子类进行重新划分。

（3）引入新类的时机。构建本体的整个过程中，一个很困难的建模问题是需要决定何时引入一个新类。子类通常具有一些特有的且父类没有的属性，或者拥有不同于父类的限制条件，或者和父类相比较能作用到不同的关系中。换言之，当目前的本体概念无法满足这些内容时，可以在继承体系中引入一个新类。但是添加新类没有必要一定要引入新属性，例如，一些领域本体仅仅包含大量的通用术语，将这些术语通过继承结构组织起来的目的是方便查阅和使用，这种情况下，本体中的概念便不需要属性，为这样的本体添加新类也不会引入新的属性。最后，没有必要为了每一个额外的限制条件创建子类，需要在创建的新类对类组织是否有用与创建更多的类之间进行平衡。

（4）新类或属性值的取舍。在本体建模过程中，通常需要判断如何处理一些特殊区别点，到底是将它作为属性赋值，还是需要构建一个新类。例如，对于"黑色的啤酒"中"黑色"这一特点，是应该将它作为属性"颜色"的赋值，还是要构建一个新类"黑啤酒"。这一般取决于所定义本体的范围，以及该概念在此领域内的重要程度。如果一个区别点对于建模领域来说很重要，那就需要创建一个具有这个区别点属性的新类。每个实例都有着对应的类，通常添加新的类尽量不要改变实例所对应的类。一般情况下，数量、色彩和位置等信息只可以作为属性的赋值，而不能作为构建新类的理由。

（5）实例或类的取舍。决定本体中一个特定的名词是一个类或一个实例，这取决于本体潜在的应用。通常需要判断在本体的整个表示体系中最细的粒度是什么，粒度的层次反过来则决定本体的潜在应用。也就是说，需要决定本体表达的最精确的术语。单个实例是本体中所能表达的最精确信息。如果概念被组织成继承体系结构，那么这种结构中的概念都应作为类看待，因为只有在层次体系中才可以有类和子类，而不可能有子实例存在。

（6）范围限制。本体定义应该尽可能完整，但并不是说一定要包含领域内的所有信息。继承体系中不必包含所有可能的概念，而只要表达那些最明显和最感兴趣的概念就可以。这一点同样适用于属性建模。

（7）不相交的子类。很多系统要求明确说明一些类之间互不相交。若多个类之间不包含任何相同的实例，那么它们便是互不相交的。相交的类有着共用的实例。明确多个类之间是否不相交会使系统更好地验证本体，及时地发现建模中的错误。

5）定义属性和关系

仅有类不能对很多问题给出回答，通常一旦定义了类，还需要定义概念和概念间的内部联系。这里所指的联系只要通过两类属性进行设定：内在（数据）属性和外在（对象）属性。

（1）内在属性。内在属性是概念自身的属性，如概念 Wine 的味道这种属性可用术语 Flavor 表示，这一类属性通常连接一个概念和一个值，本体语言 OWL 中，这种属性被表示为数据属性（Data Property）。内在属性具有通用性，也就是说该类对应的所有实例都具有这种属性，并且这种属性通常能向下传递，即如果一个类具有一个内在属性，那么它的所有子类都继承了这种属性。这样也就要求在属性建模的过程中，一个属性应该为拥有该属性的最大类所拥有。

（2）外在属性。外在属性，也有的文献直接称为关系，通常用于连接概念间的实例，如概念 Worker 的一个外在属性 work_For 连接了概念 Company，表明对于一对分别来自这两个概念的实例来说，可能会存在 work_For 这个关系。外在属性 OWL 语言中称为对象属性（Object Property）。

属性也可以有自己的特征，如互逆性、传递性、对称性等。互逆性是指其定义域与值域可以相互调换。如属性 produced_By 和 produce 就可以看作一对互逆属性。从知识获取角度来看，逆属性/关系可以方便地获取正反两面的信息，如果知道其中一个的赋值，则能自动地为另一个添加赋值，这可以保证本体的连贯性。

在定义属性和关系过程中，属性值可以设置缺省。如果类中的大部分实例都有着一个相同的属性值，那么就把这个赋值定义为这个属性的缺省值。一旦某个类中有新的且包含该属性的实例加入，那么系统会自动地将缺省值赋予这个属性，当然，缺省值的存在并非不允许进行其他赋值，用户可以根据自己的需要修改赋值，缺省值只要为了使用的方便。

6）定义属性的限制

在这一步中，需要进一步定义属性的一些限制，包括属性的基数、属性值的类型、属性的定义域和值域。

属性基数定义一个属性可以有多少个值。有些本体只区分单数或复数的基数，有些本体则进一步定义基数最大值和最小值。属性值的类型指描述一个属性的值的类型，常见的类型有 String 类型、Number 类型、Boolean 类型、Enumerated 类型和 Instance 类型。需要注意的是，Instance 类型用于表示个体之间的关系，其实就是对象属性的取值，需要定义允许的类的列表。属性的定义域和值域用于表示属性应用的范围与取值的范围。对于 Instance 类型的属性，一个属性所属的类被为该属性的定义域，其值允许的类的列表称为值域。

7）创建实例

最后，还需要为类创建实例。这需要确定与个体最接近的类，然后添加个体进去作为该类的一个实例，同时要为实例的属性赋值。

在上述 7 个步骤中，术语的命名也需要遵循一定准则。在本体中规定合理的命名规则并严格地遵循它们，不仅会使本体易于理解和易于阅读，而且能避免建模中不必要的错误。命名规则一旦确立了，建模过程就必须严格执行。命名规则要考虑系统对大小写的敏感性、单复数、前后缀和分隔符的使用等问题。对于概念名要尽量地避免使用缩写，不能添加如"Class"、"Property"、"Slots"和"Relation"这样的建模元语作为术语。

7.3.3 本体构建工具

1. Protégé 简介

随着语义网的发展，涌现了各种各样的本体构建（编辑）工具。由于语义网发展已有二十年以上，常见的本体构建工具有 Protégé、TopBraid Composer、FluentEditor、Synapitca Graphite、PoolParty 语义网套件等。在众多本体构建工具中，Protégé 是其中最有影响力，也最具生命力的本体构建工具。

Protégé 是斯坦福大学医学院生物信息研究中心开发的开源本体编辑软件。Protégé 为本体的构建者提供了一个灵活性强，有完善支持的强大开发环境。通过使用 Protégé，开发人员和领域专家可以轻松地构建有效的基于知识的系统。

Protégé 作为知识工程领域发展时间最长、业界最为出名的知识建模工具，拥有广泛的用户群体，是目前人工本体构建的首选工具。Protégé 持续进化，不断地对软件的功能进行扩展和改善。Protégé 目前拥有软件安装版和在线网络版，软件安装版最新版本是 5.5.0。在三十余年的发展中，Protégé 设计者始终认为：知识系统是给领域专家使用的，而不是面向专门的知识工程师。其次，针对不同领域的知识获取工具需要从基础领域中生成。最后，对于知识的获取可以采取声明的方式得到而不是一定要依赖推理来解决问题。正是基于这些考虑，Protégé 做得简便易用，即使没有知识处理的技术基础，也能够很快熟悉。

2. Protégé 功能

从功能层面看，Protégé 为用户提供了构建本体类、关系、属性的方法，并且可以对它们进行基本的描述。为了提升用户的易用性，Protégé 是立足在概念层面的本体构建，而不需要用户深入到本体语言层面。Protégé 还能根据用户的需求进行定制，可以将 Protégé 的内部表示方法转化为用户熟悉的语言如 OWL 和 RDF 等。它的具体功能如下：

（1）对本体类的概念和关联关系进行可视化展示。

（2）由领域专家根据类进行实例编辑。

（3）通过定义语义、问题的解决方案、逻辑行为来对本体进行优化。

（4）通过多种格式，如 XML 和 RDF 等对建立好的本体的类与实例进行存储和发布。

Protégé 具有良好的扩展性，允许用户通过插件或基于 Java 的 API 对功能进行扩展，如 Protégé 本身不支持推理，但是可以通过插件实现推理功能和 XML 格式转化等功能。此外 Protégé 在本体编辑软件领域成为常青树的原因还在于它拥有良好的社区氛围，有一个良好的用户与开发人员的交流平台，能够及时地根据用户需求对软件进行迭代和更新。

3. Protégé 的使用

1）下载安装

Protégé5.5.0 的下载地址为 https://protege.stanford.edu。在 Protégé 的官方网站可以下载对应操作系统的 Protégé 版本。本书以 Windows 平台下的 Protégé 作为示范，并主要演示类与属性定义的过程，完整操作需自行下载试用。

2）主要功能演示

根据七步法，手工构建本体最主要的步骤是定义类、定义属性，Protégé 提供对这些步骤的全支持，它还可以用于添加实例。对领域知识建模而言，因为本体只是用于提供领域知识概念体系，可以仅仅定义类和属性，并不需要添加实例。下面简单讲解如何使用 Protégé 来定义类、定义属性，具体实操请自行下载软件并进行熟练学习。打开 Protégé，可以得到如 7-9 所示的界面。

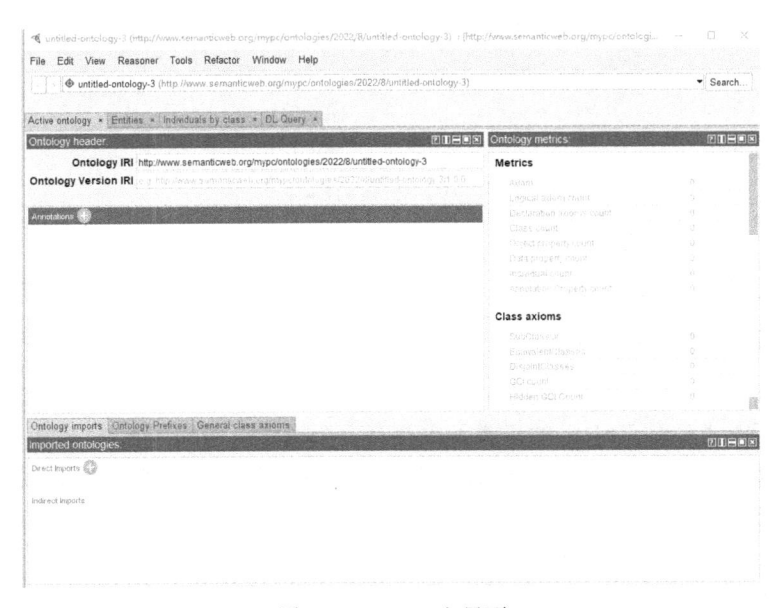

图 7-9　Protégé 主界面

（1）保存本体文件。Protégé 使用国际资源标识符 IRI 作为资源的标识符，前面在 RDF 中提到，IRI 支持中文字符，它用来定义资源唯一的标识符。因此需要首先修改 IRI 为本体网络地址，也就是 Ontology IRI。Annotations 是注释栏，可以对本体添加一些信息注释或者描述。右边 Ontology metrics 会显示一些本体中相关元素的统计信息。如需要构建一个有关 Pizza 的本体，它保存的网络地址为 https://www.pizza.com/ontologies/pizza.owl"（非真实，示例演示需要的地址）。就可以在 ontology IRI 的文本框中输入这个地址，并选择文件 File 菜单中的保存选项，弹出图 7-10 中的对话框，看到提示选择本体编码格式，包括前面学习过的 JSON-LD、RDF/XML、Turtle 等，这里根据需要选择，示例里选择推荐的 RDF/XML 格式，按照提示保存本体的 owl 文件。

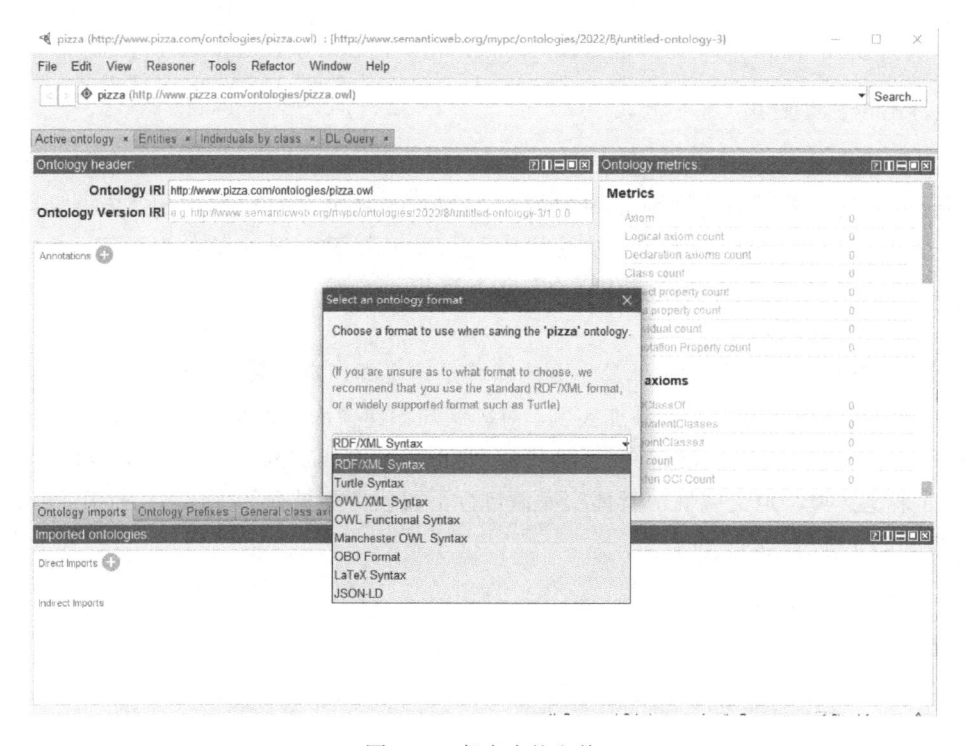

图 7-10 保存本体文件

（2）定义类。保存文件后回到 Protégé 页面，选择标签 Entities 选项，可以看到如图 7-11 所示的界面。在 Protégé 中 Entities 包括标注属性、数据类型、实例、类、对象属性、数据属性等选项。

类的操作是在 Class 这个标签选项下完成的。Thing 类是表示包含所有个体的集合的类。因此，所有类都是 Thing 的子类。主要有三个操作：增加子类、增加同级类和删除类。选择 Classes，鼠标右击 owl:Thing，在弹出的选项中选择 Add Subclass，在弹出的窗口中输入子类名称，并按照提示确认。需要注意的是，类的命名不可以重复。另外 Protégé 目前的版本对中文的兼容性还算比较高，但有时还会出现中文显示为□的情况。在使用的过程中，推荐优先使用英文命名。

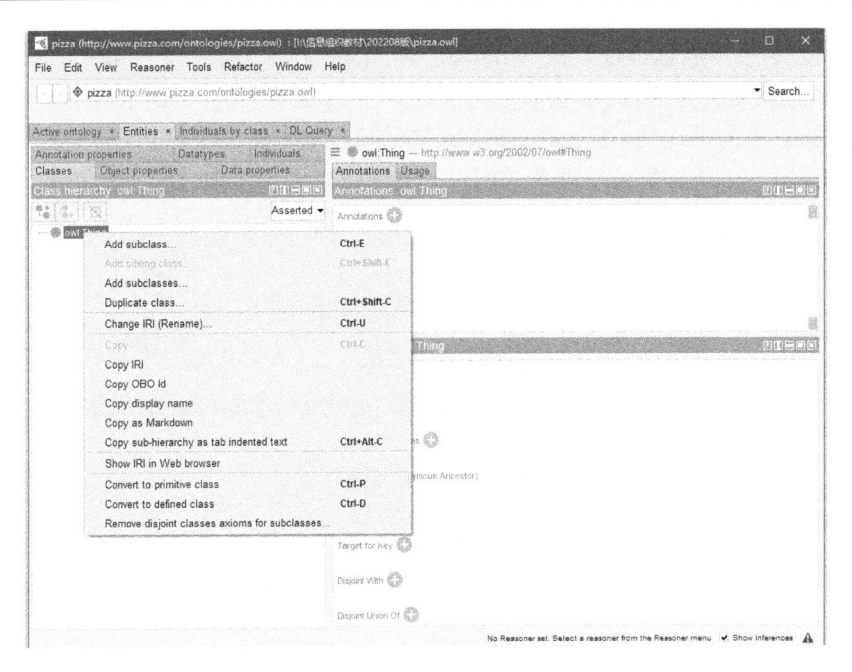

图 7-11　Protégé 中类的添加

根据领域概念及概念关系的分析，按照前面类的添加和删除等操作，可以在 Protégé 中建立起如图 7-12 所示的类目体系。Protégé 还有批量增加类目的功能，不再详述，请自行熟悉。

（3）定义属性。属性的定义跟类的定义一样，选择相应的标签即可。按照前面提到的，Protégé 提供两种属性定义：数据属性和对象属性，topObjectProperty 是所有对象属性的根节点，topDataProperty 是所有数据属性的根节点，对属性的操作也是主要由三个按钮 来完成的。如此例中可以构建如图 7-13 所示的对象属性。和类一样，对象属性的名字是不能重复的，在命名时为了方便管理，最好能够一目了然地反映对象属性所描述的关系。如果是用英文命名，建议是第一个词用小写字母，每个词之间不用空格，从第二个词开始首字母大写（便于区分不同的词，能够更快地理解对象属性的含义），第一个小写单词建议尽量用 is 和 has，因为这是最常见的对象属性。数据属性的定义与该过程类似，不过数据属性更多针对的是事物的内部特征。

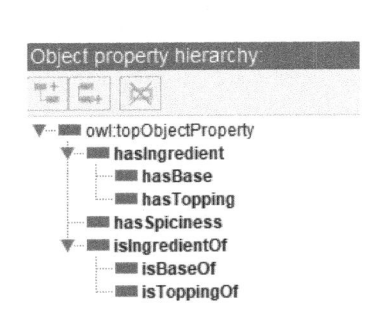

图 7-13　Pizza 本体的对象属性

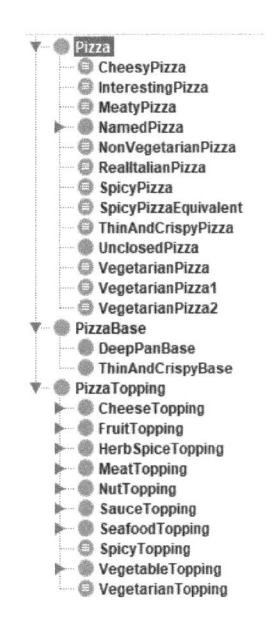

7-12　Pizza 本体类目体系

（4）定义属性的限制和特征。按照七步法说明，属性还需要进一步进行限制或者进行特征选择。选中前面构建好的对象属性，会出现如图 7-14

所示的界面。这里可以选择该属性的 domain 和 range，如当前属性为 hasBase，它适用的类是 Pizza，也就是只有 Pizza 才会有这个属性，Pizza 就是它的定义域 Domain，它的属性值是 PizzaBase 中的某一类，PizzaBase 就是它的值域 Range。针对 Pizza 类定义了这个属性，那 Pizza 类下级所有类目都继承该属性。属性可以进一步地定义它的特征，如图 7-14 所示，包括功能性、互逆性等。数据属性的数据类型等在系统中已有内置，因此没有特殊定义的，可以直接使用。

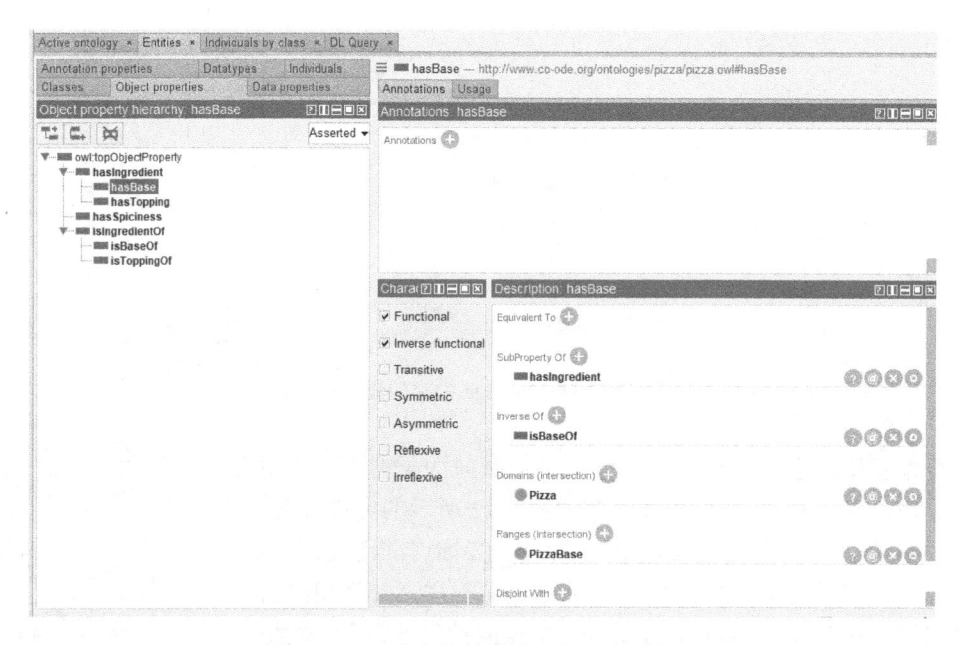

图 7-14　Pizza 本体的属性限制和特征定义

第 8 章 知识抽取与知识关联

如前所述，传统信息组织针对规范化出版的信息资源应用信息描述与信息标引对其外在特征和内容特征进行充分的表征，从而支持多种信息检索技术，而非结构化信息资源一直是处理的难点，从嘈杂、非结构化的信息来源中抽取结构成为一项具有挑战性的任务。由于知识是人的大脑思维活动的产物，而大脑的思维活动具有联想、跳跃、非线性等特点，人类的思维活动所产生的知识体系本质是一个复杂的网络系统。这个知识网络系统由知识节点及节点之间的关联构成，如文献知识网络由文献和文献之间的关联组成；隐性知识网络和人际知识网络由人及其相互关系构成。知识关联是组成知识网络的基本要素之一，也是进行知识组织、知识检索和知识服务等知识管理活动的基础。因此知识抽取与知识关联是知识组织过程中非常关键的环节。本章主要对知识抽取和知识关联进行介绍。在知识抽取中，主要介绍实体抽取和关系抽取的主要方法及工具；在知识关联中，主要介绍知识关联的结构形式、典型的知识关联网络和相关工具。本章学习的目标主要包括：①全面理解知识抽取的概念及知识抽取的方法；②了解知识抽取工具；③全面理解知识关联的概念及知识关联的类型；④了解知识关联的方式和主要工具。

8.1 知识抽取与知识关联概述

8.1.1 知识抽取概述

1. 几个相关概念

1）实体

实体主要作为命名实体的简称，是客观存在且可以被相互区分的事物。通常情况中，实体以名词短语作为主要表现形式，并且在非结构化文本中包含一个到几个象征符号。

最常见的实体形式是人名、地名、机构名等命名实体。第六届信息理解会议（Message Understanding Conference，MUC）首次引入命名实体识别任务，将实体主要分为三大类：人员；位置和组织的专有名称；首字母缩略词、绝对时间术语及货币和其他数字表达式。而随着实体抽取研究领域和范围的不断推进，出现了很多特定领域专用实体的定义，如疾病名称、蛋白质名称、化学物质和商业术语等。就识别难度而言，时间表达式和数值表达式的识别相对简单，识别精度较好。组织机构名、地名和人名等类型的实体，受到开放性、多样性等特点的影响，识别过程较为困难。同时在互联网环境中，新词不断涌现、实体往往以缩写词或者代称表示等情况都给实体的有效识别带来困难。自动抽取会议（Automatic Context Extraction，ACE）列出了100多种不同的实体类型，部分实体类型示例见表8-1。

表 8-1　ACE 提供的部分实体类型示例

实体大类	实体小类	实体实例
PER（Person）	Group，Indeterminate，individual	姚明，李飞飞
ORG（Organization）	Government，Media，Medication Science，Non-Governmental，Religious，Sports	纽约时报，冬季奥运会，中国作家协会
FAC（Facility）	Airport，Building-Grounds，Path，Plant，Subarea-Facility	双流机场，前锋路地铁站，电子科技大学体育馆
GPE（Geo Political Entity）	County-or-District，Population-Center，Special，State-or-Province	广西壮族自治区，西班牙
Loc（Location）	Natural，Address，Boundary，Region-International，Waterbody，Celestial	泸沽湖，太平洋，建设路二段 108 号

2）关系

关系指两个或多个相关的实体之间的语义关系，以预定义方式所定义。例如，"是…的雇员"描述一个人和一个组织之间的关系，"被…收购"描述公司之间的关系，"…爆发的位置"描述疾病或事件和地点之间的关系，"…的价格"描述产品名称与货币金额之间的关系。

从现实世界中抽象出实体之间的联系可以根据实体或关系的数量划分成不同类别。根据实体个数，可以分为二元实体关系和多元实体关系；二元实体关系中仅包含两个实体，多元实体关系中则包含两个以上数量的实体。根据关系个数，可以分为单一关系和多关系；单一关系假定两个实体有且仅有一种关系，多关系则表示两个实体之间可能存在多种关系。具体而言，二元关系可形式化表示为 r（e_1, e_2），其中 r 表示关系，e_1 和 e_2 表示实体。例如，place_of_birth（Kobe Bean Bryant, United States）表示实体 Kobe Bean Bryant 和 United States 具有出生地的关系。多重关系最常见的表现形式出现在事件抽取（Event Extraction）中。例如，在疾病暴发的事件，所包含的多重关系有："疾病名称""暴发的位置""受影响的人数""死亡人数""暴发日期"等。此外，多重关系还有另一种常见形式，即语义角色标记（Semantic Role Labeling），给出句子中的谓词，目标是识别谓词的各种语义参数。例如，在句子中给定一个谓词'接受'："他用颤抖的双手从他父亲那里接受了手稿"，抽取任务是找到由"接受者"，"被接受的东西"和"从哪里接受"组成的谓词的角色集合。ACE 同样定义了不同实体关系类型，部分实体关系示例见表 8-2。

表 8-2　ACE 提供的部分实体关系示例

实体大类	实体小类
Person-Social	Family，Business，Lasting Personal
Physical	Near，Located
General affiliation	Citizen-Resident-Ethnicity-Religion，Org-Location-Origin
Part-whole	Subsidiary，Geographical
ORG affiliation	Founder，Ownership，Membership，Sports-affiliation，Employment，Student-Alum，Investor
Artifact	User-Owner-Inventor-Manufacturer

3）属性

属性是事物本身所固有的性质，随着事物的存在与变化相应地产生、存在及变化，不以人的意志为转移，因此具有明显的客观性。同时，属性往往是从事物的多个方面、多个层次具体显现的，因此也具有多样性和多集合性，与事物之间是多对一的关系，即一个事物（或称实体）具有多个属性。扩展而言，属性可以表示为事物的特征、特点、性质等，主要类别如人物的属性信息、产品的属性信息、企业的属性信息，以及概念的特点属性等。属性特征识别有助于深入了解事物的本质与内涵，通过在无序信息文本中将关注实体的属性特征进行集中的抽取，可以观察和总结出此实体关于此属性的价值信息，相关研究中以将属性抽取转化为特定的关系抽取问题为主。

4）事件

事件是发生在某个特定的时间段、某个特定的地域范围内，由一个或者多个角色参与的一个或者多个动作组成的事件或者状态的改变。事件抽取的主要任务是从描述事件的文本信息中提取人们关注的事件信息并将其以结构化的知识形式展现出来。作为知识抽取技术的重要分支，事件抽取的关键在于从非结构化的文本中提取人们感兴趣的事件信息，并将其以结构化的方式储存。事件抽取在情报分析、智能问答、信息检索和推荐系统等领域有着重要的应用价值。

2. 知识抽取的定义

知识抽取是指自动抽取结构化信息，如实体、实体之间的关系及描述来自非结构化信息的实体属性，也包括对事件的抽取。因此知识抽取主要包括以下四个方面：实体抽取、关系抽取、属性抽取和事件抽取。其中属性抽取的任务是为实体构造属性列表，进而丰富实体的内涵。由于在某些情况下，可以将实体的属性看作实体与属性值之间的名词性关系，所以属性抽取也可以作为关系抽取的一种特例。

1）实体抽取

实体抽取的主要任务从文本里识别带有命名性的指称项，如人名、地名、机构名等专有名称，对其进行分类，并作为关系抽取及共指消解等任务的前提条件。实体识别是自然语言处理中的基本任务，由于通常提到的实体是命名实体，因此一般也称为命名实体识别（Named Entity Recognition，NER），或称实体抽取。随着自然语言处理技术的发展和文本数据挖掘研究的不断深入，文本中语义知识的获取变得非常重要，在信息查询、自动问答、阅读理解、知识图谱、语言翻译等领域中，丰富的语义知识可以帮助这些任务取得更好的效果。命名实体作为文本中的重要信息，包含了丰富的语义知识，如何将其正确地识别和分类成为一个重要的研究课题，而且其识别结果的好坏将会对其他后续自然语言处理任务产生较大影响。

2）关系抽取

ACE 将实体关系抽取定义为发现和识别文本中特定类型的命名实体关系并对这些关系进行规范化表示。实体关系抽取的主要目的在于确定文本中所包含的实体之间是否存在关系，并进一步确定存在关联的实体之间的关系类别，抽取结果以关系三元组，即（实体1，关系类别，实体2）的形式表示和存储，关系抽取是自动进行 RDF 知识表示的基础。具体而言，如 ACE 在定义了五个顶级实体类型，即"人"、"组织"、"设施"、"位置"和

"地缘政治"实体的同时，为实体对定义了五类关系，它们分别是"位于"、"附近"、"部分"、"角色"和"社交"。其中，"位于"关系将"人"或"组织"与"位置"联系起来，"角色"关系将"人"与"组织"联系起来，以此类推。

通常而言，实体关系抽取主要关注实体对（二元）关系抽取，这一问题可以从三个不同的层次进行理解：其一，实体在非结构化文本中被预先标识，对于给定的固定实体对，需要找出实体之间存在的关系类型；其二，给定一个关系类型和一个实体名称，目标是抽取与该实体具有指定关系类型的其他实体；其三，在类似于网络的开放式非结构化语料库中，无法假定标注了实体对，因此基于所给定的一系列固定关系类型，抽取目标是通过适当的过滤和识别技术来抽取实体对之间具有指定关系的所有实例。相关研究中，大部分早期研究着重关注第一类情况，而随着技术的不断发展，第三种情况中的关系抽取也逐步受到重视。

此外，随着研究不断探索与深入推进，关系抽取的研究角度越发多样化：①增加关系类别，从早期研究设定的几大类扩充至上百种关系，有助于算法模型挖掘出更细粒度、更准确的关系；②降低人工花销，通过自动化或半自动化标注方法减少人工标注语料的成本，同时也有助于保障数据集的客观性和标注结果的一致性；③拓展抽取范围，传统的关系抽取通常只关注两个实体之间的关系，并默认实体之间有且仅有一种关系，当前研究逐步对多实体之间关系的抽取及实体之间存在的不同粒度、不同类别的多种关系展开探索，以使关系抽取研究更符合现实情况、更具有应用意义。

3）事件抽取

事件抽取任务总体可以分为两大类：元事件抽取和主题事件抽取。元事件表示一个动作的发生或状态的变化，往往由动词驱动，也可以由能表示动作的名词等其他词性的词来触发，它包括参与该动作行为的主要成分（如时间、地点、人物等）。主题事件包括一类核心事件或活动及所有与之直接相关的事件和活动，可以由多个元事件片段组成。当前主要研究元事件抽取，关于主题事件抽取的研究较少，下面以元事件抽取为主进行讲解。

事件抽取是多元实体关系，它依赖实体抽取和二元关系抽取，相较于实体抽取和关系抽取，事件抽取的难度更大。事件抽取技术涉及触发词（Trigger）、事件/触发词类别识别、事件论元（Event Arguments）和论元角色（Argument Roles）等概念。根据 ACE 的定义，触发词是触发事件的词，通常是一个动词或代表动作的名词和短语。事件论元是与事件相关的实体和实体属性，包括时间、地点、人物等。论元角色是事件论元在事件中充当的角色，即事件论元与事件的关系。事件抽取的目的是确定事件类型，并由机器自动地从非结构化文本中提取具有不同角色的论元。例如，在例句"张三 2022 年在韶华公司成功晋升"中，事件抽取任务具体为检测触发词"晋升"，判断事件类型为"升职"，确定"张三"、"2022 年"和"韶华公司"为事件论元，并确定它们对应的角色分别为"人物"、"时间"和"机构"，具体如图 8-1 所示。

上述事件抽取任务的实现建立在分词、词性标注及命名实体识别等技术基础上，抽取出来的结构化信息可以进一步支持后续的知识抽取任务，如因果、共指、时序等事件关系的抽取，从而实现对非结构化文本更加深入的挖掘和理解。

事件论元 触发词

张三　2022年　在　韶华公司　成功　晋升

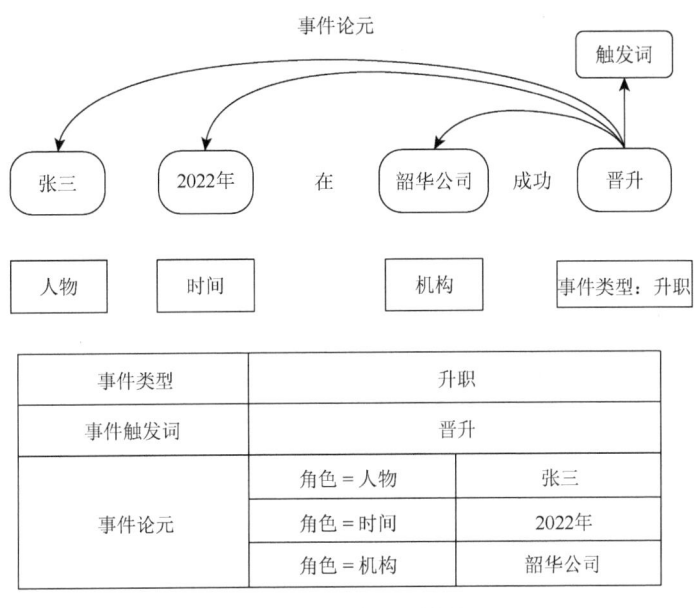

人物　时间　机构　事件类型：升职

事件类型	升职	
事件触发词	晋升	
事件论元	角色＝人物	张三
	角色＝时间	2022年
	角色＝机构	韶华公司

图 8-1　事件抽取样例

3. 知识抽取的输入源

知识抽取的信息源可以是结构化信息、半结构化信息或非结构化信息，它们的知识抽取技术方法差异很大。

1）结构化信息

已知实体和关系的现有结构化信息是提高抽取准确性的宝贵资源，它们往往存储在关系型数据库中。在许多应用程序中，非结构化信息需要在持续变化的基础上与结构化数据库集成，以便在抽取时可以使用大型数据库，参考如 DBLife、Citeseer 和 Google Scholar 这样的门户网站。还有一些应用，它们针对文献进行知识抽取时，也会利用外部数据库，如数字图书馆。其他案例应用结构化信息进行知识抽取的还有使用销售交易数据库与产品数据库来抽取客户电子邮件中的客户 ID 和产品名称等字段；使用联系人数据库从个人信息管理系统的文件中抽取编著信息；使用邮政数据库来识别地址记录中的实体等。

2）半结构化信息

网页中的大量信息是以半结构化的方式呈现的，如表格、逐项列出和枚举列表等，其中所包含的语言知识提示是极为有限的，这类网页称为半结构化网页。半结构化网页的重要特征之一在于，半结构化网页的布局格式对于不同的网站而言是唯一的；换言之，几乎没有通用语法可以描述所有可能的布局格式。在半结构化网页信息的抽取中，主要方法通过利用机器学习技术为每个网站信息源生成专门的抽取器。这些研究得到了准确的抽取结果，但是抽取器的生成仍然需要带有人工标注的网站页面作为训练示例，并且对于每个新网站，都必须收集一组新的带有标签的训练示例。

3）非结构化信息

随着信息技术的飞速发展，非结构化信息的数量急剧增加，主要包括文本、图形、图像、音频和视频等信息类型。与存储在传统数据库系统中并由常规数据结构描述的结构化信息不同，非结构化信息缺少计算机化解释所需的显式语义结构，需要来自人或机器的注释，以便正确地分类和处理此类信息。同时，不同来源、不同类型信息之间的结构、性质等也不尽相同。因此，非结构化信息的管理存储、处理加工等，相较于结构化信息而言要复杂得多。

8.1.2 知识关联概述

1. 知识关联的定义

人们对关联有不同的理解。从通常的意义上来说，关联就是事物之间的联系。现代汉语词典中"关联"词条指出，"关联是指事物相互之间发生牵连和影响"，和"关系""联系"词义相近。从认知的角度来说，关联性就是人们理解话语时在新出现的信息与语境假设之间寻求关联，关联就是指其中的认知与推理过程。从知识组织和检索的角度来说，关联就是通过甲找到乙，通过乙找到丙，通过丙找到丁等，如此层层递进。

知识关联是指知识单元（包括文献、人脑等知识载体和概念、词语等知识内容）之间存在的各种关系的总和。具体地说，知识关联就是指大量的知识单元之间存在的知识序化的联系，以及所隐藏的、可理解的、最终可用的关联。由于知识是人的大脑思维活动的产物，大脑思维活动具有联想、跳跃、非线性等特点。因此，人类的思维活动所产生的知识体系是一个复杂的网络系统。这个知识网络系统由知识节点（指各类知识单元）及节点之间的关联构成，如文献知识网络由文献（图书、期刊、报纸、论文等）和文献之间的关联（包括学科关联、主题关联、字顺关联等外形特征信息关联和知识内容特征关联）组成；隐性知识网络、人际知识网络由人（专家、学者等知识拥有者）及其相互关系构成。知识关联是组成知识网络的基本要素之一，也是进行知识组织、知识检索和知识服务等知识管理活动的基础。随着知识关联的发展，它甚至超出了知识组织和检索的范畴，主要是揭示知识之间隐含的关联与寓意，发现更有价值的知识。

如前所述，知识组织的研究者认为："知识是由众多节点（知识因子）及其相互之间的关联构成的语义网络。知识因子是组成知识单元的基本单位，符号、概念、词语、句群、文献、人等一切事物都可以看成知识因子；知识关联是知识因子之间的特定关系"。从知识组织的角度来看，知识关联是若干个知识因子间建立起来的特定联系，因为知识是有机联系的网状结构，而不是各个因子的散乱分布。因此揭示知识因子之间的关联能够使知识网络化、有序化，能够有效地组织知识。由于知识空间是一个多维的概念和网络，这个多维的概念和网络就是通过知识关联这一纽带凝结在一起的，因此知识关联是构成知识网络系统的重要因素。同时知识关联也是知识组织研究的重要对象，知识组织就是利用知识关联将知识单元组织成有序的知识网络系统。

知识网络的研究者认为，人类社会所拥有的知识体系呈现网络关系，知识网络就是由知识节点和知识关联（知识链）构成的网络知识体系。知识节点可以是各种形式的物质，如人脑、组织、文献等。具体来说，知识网络是以知识元素、知识点、知识单元、知识库等为节点，以知识间的关联为边或链所构成的网络。如果把文献看成一个知识点，用户能看到的不仅是这个点，还有该点所在的线和该线所在的面。这既是一个知识资源的组织框架,又是一个知识信息的浏览和检索的具体知识数据实体。在知识网络中,知识关联就是各个知识单元形态按照需要的因素、层次、结构和功能等关系组织成的有序知识系统。由此可知,知识关联是构成知识网络的核心要素,知识节点通过知识关联形成复杂的知识网络系统。为了表达知识间存在的各种关联,研究者提出了引文网络、认知地图、知识地图、科学知识图谱、思想基因、情报基因、知识基因、概念地图、语义网络等多种方式。

2. 知识关联的特征

(1)知识关联的相互性。知识单元或知识因子之间的关系是双向的、互联的和对等的。例如,在概念知识网络中,概念间的等同关系、并列关系、矛盾关系、对立关系、交叉关系、种属关系等都是相互的。

(2)知识关联的传递性。知识单元间的关系是可以传递的,不相邻的或不具有显在知识关联的知识单元可能通过中介知识单元间的关联而发生联系。小世界现象的存在、引文链关系及非相关文献中的知识发现等都说明知识单元间的知识关联是可以传递的。

(3)知识关联的普遍性。世界普遍联系的观点认为,知识关联是广泛、普遍存在的,构成了知识单元间的复杂联系。知识关联的普遍性是研究知识、管理知识、创造知识的逻辑起点。人类所从事的一切知识活动都是为了发现知识关联,从而利用知识关联。

(4)知识关联的多重性。知识单元间的关系不是简单的、单一的关系,而是复杂的、多重的关系,常常是多种关系并存交织在一起,形成复杂的网络关系。知识关联的多重性正是人们研究知识、管理知识和创造知识的动力。

(5)知识关联的隐含性。知识单元间的关联往往不是直接的、显在的、直观的,而是间接的、隐含的、难以直接和直观表达的。并且随着科学技术的迅猛发展、科学综合发展程度的不断增强、科研领域的不断细分和专业化程度的加深,以及科技知识的爆炸性增长,知识(概念、语义等)及其载体(如人脑、文献、组织等)中可能存在着被人们忽视的某种能导致新知识产生的潜在的关联关系。发现这种新的知识关联是知识创造的源泉。

(6)知识关联的累积性和动态性。知识单元的关联不是静止和固定不变的,而是随着新知识的产生不断递增和累加的,处于动态变化之中。新知识的引入,会改变原有的知识结构和知识关联,并从中可以不断发现和产生新的知识关联,这些新的知识关联又可以产生新的知识。知识关联就是在这种动态循环变化中不断累积,新知识也被源源不断地创造出来。

(7)知识关联的可创造性。新的知识关联能通过不同方式产生和制造出来。为了研究知识、管理知识、利用知识并创造知识,人们采用了不同的方式对知识进行重组,不仅利用了知识间原有的知识关联,而且创造了大量的知识关联。长期以来,为了管理知识,人们创造了大量的知识组织和检索系统,产生了许多新的知识关联。典型的知识组织系统如分类法和主题法,典型的知识检索系统如书目、索引、文摘、数据库系统、搜索引擎等。这些人工知识系统通过对知识单元的重组,发现和创造了大量的知识关联。

(8)知识关联的层次性和结构性。知识关联具有明显的层次性,并且从简单的、单一的知识关联向复杂的、多重的知识关联演变。例如,语法知识关联、语义知识关联和语用知识关联就体现了知识关联的层次性。知识关联还表现出一定的结构性，知识关联具有线性结构、非线性结构、链式结构、等级结构、网络结构等形式，通常这些结构形式会错综复杂地交织在一起。

3. 知识关联的类型

从较为微观视角进行讨论，有学者以专利文本为例，探讨了专利文本中知识元之间存在的隶属、交叉、共现、引用、共被引、耦合等多种关联关系。这些关联关系在其他类型文献中也经常出现。

（1）隶属关联。较大的知识领域涵盖了较小的子知识领域，甚至更小级别的文本、知识元等，如"H"电学知识领域，就涵盖着"H01"基本电器元件子知识领域、"H04J"多路复用通信子知识领域、"H04J1/00"频分多路复用通信系统子知识领域。

（2）交叉关联。较大的知识领域、文本之间，可能存在着内容上的交叉重叠，如"H04J"多路复用通信子知识领域、"H04L"数字信息的传输子知识领域、"H04Q"选择子知识领域之间就存在着内容上的交叉。

（3）共现关联。若较小的两个或多个子知识领域，共同属于上级知识领域，则这些子知识领域之间，就存在共现关联，如"光通信网络"知识元、"频谱路由"知识元如果同属一篇文本，它们之间就存在着共现关联。尽管这种共现关联无法精确地表示任意两个知识元在某一篇具体的文本中的共现中体现出何种语义关系，但是这并不妨碍知识元间共现关系对揭示科学知识领域结构的能力。

（4）引用关联。以科学期刊、科学论文、学术著作、技术专利、网络网页、知识主体（如论文作者、专利发明人）等作为知识元时，它们之间也存在引用与被引用的联系。利用各种数学及统计学的方法和比较、归纳、抽取、概括等逻辑方法，对上面这些知识元之间的引用和被引用现象进行分析，已经成为科学计量学中的一种重要计量方法——引文分析法，其中网络计量学中的链接分析也源于此类。

（5）共被引关联。以科学期刊、科学论文、学术著作、技术专利、网络网页、知识主体（如论文作者、专利发明人）等作为知识元时，当任意两者共同出现在第三个知识元的参考文献或网络链接目录中时，上面的两个知识元就存在共被引关联。尽管共被引联系本质上是一种共现关系，即两个知识元共同出现在第三个知识元的某一部分，但是这种共被引联系深刻地影响了科学计量学的发展，已经衍生为一种重要的计量方法——共被引分析法。

（6）耦合关联。以科学期刊、科学论文、学术著作、技术专利、网络网页、知识主体（如论文作者、专利发明人）等作为知识元时，它们同时引用了相同属性的第三个知识元时，就认为上面的知识元之间存在耦合联系。邱均平等认为"耦合关联"不局限于同时引证的两篇论文本身之间的关系，它还可以揭示一类普遍存在的关系，即两个（或两个以上）不同知识元与同一对象之间的关系。在计量学中，科学论文等知识元之间的耦合现象，使得一些表面看来没有联系的主体对象客观地被耦合起来，从而可以揭示科技体系的内在联系和结构关系。

8.2 知识抽取的方法与工具

8.2.1 实体抽取的方法

与仅使用关键字搜索相比，实体抽取可以在丰富的非结构化信息上实现更丰富的查询形式。当结构化和非结构化信息共存时，知识抽取可以集成两种类型的信息并构成跨越查询。从嘈杂、非结构化的信息中抽取结构是一项具有挑战性的任务。早期抽取任务集中在命名实体的识别，如人和公司名称及它们之间的自然语言文本之间的关系。随着互联网的应用变得更加面向数据，结构抽取的新应用就此出现。

为了满足这些不同应用的需求，结构抽取技术在过去二十年中已经有了很大的发展。早期系统是基于规则的，且主要是手动编码规则。随着手动编码规则变得乏味，业内开发了自动学习规则的算法。由于抽取系统逐渐被用于更嘈杂的非结构化信息，规则效果有限，统计学习应运而生。统计学习主要依赖两种技术：基于隐马尔可夫模型的生成模型和基于最大熵的条件模型。两者在之后都被全局条件模型所取代，通常称为条件随机场。随着抽取系统的范围扩大到需要对文档结构进行更全面的分析，语法构建技术也被广泛应用。目前，在知识抽取领域，基于规则的实体抽取方法和基于统计的实体抽取方法继续并行使用，具体取决于抽取任务的性质，也可以将两者混合使用。同时，深度学习方法也逐渐应用于实体抽取，并表现出较好的抽取效果。

1. 基于规则的实体抽取方法

许多现实生活中的抽取任务可以通过一组规则方便地处理，这些规则可以手工编码或从示例中学到。早期的知识抽取系统都是基于规则的，主要采用语言学家建立的规则知识库或维基百科结构化信息进行实体识别。规则包括根据命名实体的构词结构（指示词、尾词、中心词的组合方式）的规则、根据命名实体和上下文词性用词特点的规则、根据匹配标点符号的规则、根据句式判断的规则等。规则库中的每一个规则都赋有相应权值，以备解决规则之间发生冲突的问题。

典型的基于规则的系统由两部分组成：规则集合和一组控制多个规则触发的策略。规则可以手动编码，也可以从带有标签的示例源中学习。基于规则的系统具有悠久的使用历史，并且多年来发展了许多不同的规则表示格式，包括公共模式规范语言及其派生类、正则表达式、SQL 表达式等。

规则的基本形式通常被表示为"上下文模式→动作"。上下文模式由一个或多个带标签的模式组成，这些模式捕获一个或多个实体的各种属性及它们在文本中出现的上下文。带标签的模式包括一个定义在文本中标记特征上的正则表达式及一个可选标签。这些特征几乎可以是标记的任何属性，或是标记出现的上下文或文档的任何属性。规则的动作部分用于表示各种标记动作，即将实体标签分配给一系列的标记，在某个位置插入实体标签的开始或结尾或分配多个实体标签。大多数基于规则的系统都是级联的。规则在多个阶段中应用，其中每个阶段将输入文档与用作下一阶段输入功能的注释相关联。例如，从两个阶段的规则注释器中创建了一个人的联系地址抽取器：第一个阶段使用实体标签（如人名）、地理位置（如道路名、城市名和电子邮件地址）把标记归类；第二阶段使用第一阶段的输出作为附加特征来定位地址块。

对于规律性强的实体，如数量、时间、日期、货币、疾病等，基于规则的方法准确而高效，基于规则的系统更快也更容易进行优化，因为这些实体书写格式是可以预先判断的。但是，对于规律性不强的实体，如人名、地名、机构名等，规则的编写复杂，识别效果不是很理想。基于规则的方法大多离不开预先知识的积累和人为表示与制定，这使得基于规则的方法虽然原理简单、易于操作且结果准确率高，但是面对全新的领域及大量信息时，旧规则不适用于新命名实体词汇，或者应用于其他语言时，就必须对现有规则进行修订，必要时还需增加新规则以满足新的信息特征，原有的规则方法很难直接扩展到新的语料中去，因而该方法的移植性差、容错率低。同时，人工总结规则尽管更易于解释，但对于人力物力的消耗是巨大的。

2. 基于统计的实体抽取方法

基于统计的方法是将统计方法与概率知识相融合，通过构建复杂的数学模型，结合已有的标注语料学习特征、训练模型的参数，用训练好的模型来识别需要标注的文本信息中的实体。该方法对特征选择有较高的要求，需要从文本中选取出对实体识别有影响的各种特征，使用统计模型对特征进行训练得到模型相应的参数从而实现实体识别。跟前面第 4 章中文自动分词中采用的统计模型一样，这些模型主要有隐马尔可夫模型（Hidden Markov Model，HMM）、条件随机场（Conditional Random Field，CRF）、最大熵（Maximum Entropy，ME）、支持向量机（Support Vector Machine，SVM）等。

该类方法将命名实体抽取任务转换为非结构化文本的设计分解，然后联合或独立地标记各个分解部分的问题。其中最常见的分解形式是通过沿着预定义的分隔符集合（如空格，逗号和点）拆分非结构化文本而获得的标记序列。然后，在分类阶段，每个标记被分配一个实体标签或一个实体子部分标签。一旦标记被分类，就将实体标记为具有相同实体标签的连续标记，称为标记级别的方法，因为它们在标记序列中为每个标记分配标签。分解的第二种形式是分解成单词块，常见方法是通过自然语言解析技术来识别句子中的名词块，在标记过程中，不再是将标签分配给标记，而是将标签分配给块。此方法适用于符合语法规则的自然语言句子，但在结构不规范的句子中表现不佳。此外，处理多实体识别与抽取的一种更通用的方法是将抽取任务视为分段问题，其中每一段都代表一个实体。

基于统计的方法需要大量数据集用于训练学习模型参数，以及特征工程调整模型的学习效果。其优点在于数据集标注门槛低，不需要高要求的语言知识，便于大量收集。但同时数据集的质量和数量也决定了模型的效果。若数据集采样分布均衡、数量覆盖大部分实际情况，训练得到的模型效果比较令人满意；但若数据集较少或者采样不均衡，训练得到的模型往往无法反映实际情况，因而效果不佳。并且，不同的特征组合对于训练得出的模型结果影响较大。因此，针对不同任务设计出与之相适应的特征组合，是模型训练过程中需要不断调整且最为耗时耗力的关键步骤。总结而言，基于统计的实体抽取方法具有较好的可移植性，但是需要大量特征工程的支持。

此外，还有一些学者将统计方法与规则匹配相结合，首先用统计方法对文本信息进行命名实体识别，之后再通过已有规则对识别结果进行校正过滤，相关研究在地名、机构名等命名实体的识别中取得了较好的效果。由于传统统计方法的使用较为普遍，且这些规则均通过人工制定，使得这一方法得以广泛地运用到政治、军事、农业等若干领域；但这些规则往往会受到明显地来自语言环境的影响和所研究领域的条件约束，因此在识别任务的领域迁移过程中会存在明显局限。

3. 基于深度学习的实体抽取方法

深度学习目前已在图像识别、语音识别、信息检索等诸多领域都取得了巨大突破。深度学习的基本工作原理，是通过多层非线性变换从大批量未经标记的信息中自动学习特征，以实现替代人工选择、制定特征的功能，深层的学习结构为其赋予了优秀的表达和学习能力，尤其是在处理多种多样且纷繁复杂的全局特征和上下文知识抽取任务时，它的表现尤为出色，因此利用深度学习模型解决命名实体识别问题已经成为当前的热门趋势。

命名实体识别是典型的文本序列标注问题，循环神经网络（Recurrent Neutral Network，RNN）通过对数据序列信息的有效利用，结合一定的记忆功能，是一个较为适合处理序列化问题的神经网络模型，但因其作为单向向前传播网络，仅考虑序列元素中的历史信息而忽略了未来信息，且无法有效处理长距离依赖问题，存在明显局限。卷积神经网络（Convolutional Neutral Network，CNN）在自然语言处理的分类任务中使用较为广泛且具有较好表现，通常由输入层、卷积层、激活函数、池化层、全连接层、预测层6个部分组成，能够对文本字词层级的信息进行学习和表示，但也存在对前后字词信息考虑范围有限的局限。长短期记忆网络（Long Short-Term Memory，LSTM）模型通过引入门限制机制，通过遗忘门和记忆门计算选择需要丢弃或保留的信息，过滤历史信息进而有效地解决了RNN中的部分问题。但由于LSTM仅利用当前词的上文信息，因此同时使用文本上下文信息的双向长短期记忆网络（Bi-directional Long Short-Term Memory，BiLSTM）模型被提出。BiLSTM模型的基本原理如图8-2所示，模型中包含前向和后向两个LSTM层，可在序列训练中分别从前向和后向对句子进行分析，使得模型能兼顾上下文信息，自动抽取句子特征，在命名实体识别中取得更好效果。

随着深度学习的不断发展，神经网络与传统学习方法相结合的各种衍生模型也在命名实体识别工作中取得了比单一模型更好的效果，其中，与条件随机场模型的结合使用最为广泛，如LSTM + CRF或BiLSTM + CRF及将注意力机制加入的BiLSTM + CRF。

得益于神经网络巨大的表达能力，经过有序搭建，深度学习模型可以具备较强的学习能力和高效的特征表达能力，实现从复杂多样的原始信息逐层抽取信息，直至得到抽象语义概念的过程，从而很好地胜任命名实体识别这样的序列标注问题。尽管基于深度学习的方法对大量信息同样具有需求，但与基于统计的方法不同，神经网络不需要复杂冗繁的特征工程，而是在超参数调整等方面需要更多关注。相较于传统方法，深度学习的显著优势还体现在人工干预的减少，所采用特征通过算法处理自动学习获得，为降低人工成本做出很大的贡献。此外基于深度学习的方法也具有较好的可移植性，新的任务只需重新训练数据集，便可以得到合适的模型，但出于训练大量数据集的计算需要提出了对设备的更高要求。

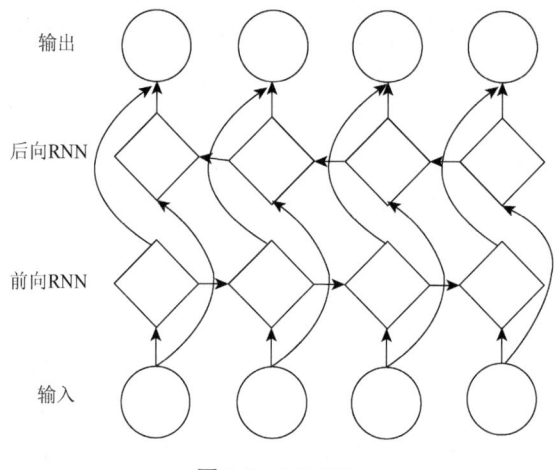

图 8-2　BiLSTM

8.2.2　关系抽取的方法

关系抽取的方法很多，从采用的模型方法角度可以分为三类：基于规则的关系抽取、基于传统机器学习的关系抽取和基于深度学习的关系抽取。而随着近年来开放数据集的增多和广泛应用，基于开放域的关系抽取与基于远程监督的方法也被使用，本节主要介绍这几种关系抽取方法。

1. 基于规则的关系抽取

早期的实体关系抽取主要采取基于规则或模式匹配的方法，在抽取任务正式开始之前需由专业人员人工定义一定数量的规则和模式形成集合，利用关系模式来发现和匹配其中的关系。随着研究发展，通过运用基于字符、单词特征及词法分析、句法依存分析等语言学知识，获取高质量的语法模式匹配模板，优化了文本中现存关系模式的挖掘抽取。

作为早期的主流方法，基于规则的实体关系抽取取得了较好的效果，尤其是在一些专业性较强的领域和范围内，可以较为精准地抽取特定领域内实体之间的关系属性。同时，该类方法也具有明显的局限与不足，主要体现在普适性与可扩展性较差、人力成本高、噪声强和错误信息较多等方面。具体而言，由于语言的复杂多样性特点，基于规则的方法过于依赖专家知识及其标注语料，当从一个领域扩展到其他领域时，抽取效果往往大幅度地降低甚至无法复用，需要针对新的领域重新组织人工编写规则，难以构建一个完整而准确的规则或模式集合适用于多个领域中的关系抽取。

2. 基于传统机器学习的关系抽取

基于传统机器学习的关系抽取方法，本质上是将实体关系抽取问题转化为一个分类或聚类问题，即将实体关系抽取作为关系分类或聚类问题建立在统计模型和机器学习的基础上进行研究。基于传统机器学习的实体关系抽取流程图如图 8-3 所示，通常分为四个主要步骤：①将数据集分为训练集、验证集和测试集三部分，一般情况下其切分比例为 6∶2∶2。

其中，训练集中的样本用于拟合机器学习模型，验证集用于调整模型的超参数、选择合适的特征，测试集用于衡量模型最终的泛化能力。②对文本进行初步处理，选择合适的特征及机器学习算法。③将训练集输入机器学习模型中，根据验证集上的表现，选取最优超参数，得到最终的分类模型。④将测试集输入分类模型，得到最终的关系抽取结果，计算精确率、召回率和 F 值。其中特征构建结果对自然语言处理工具的技术水平具有明显依赖，处理过程中产生的误差也会在抽取中积累和传递，对实体关系抽取的整体性能效果具有极大影响。当前应用于实体关系抽取的代表性机器学习算法模型主要有 K 最邻近（K-Nearest Neighbor，KNN）、支持向量机、最大熵等。

依据训练数据的标注水平，基于机器学习的关系抽取可被进一步划分为有监督、半监督和无监督三类。其中，基于有监督学习的实体关系抽取典型方法主要包括基于特征向量的方法和核函数的方法。基于特征的方法重点在于选取有效的句法语义特征，根据经验构建特征集合，然后将这些特征向量化，形成特征向量，进而选择合适的机器学习方法训练模型。由于不同的领域特征模板各不相同，模型表现的优劣很大程度上由特征选择的好坏决定，因此该方法的泛化性较为有限且需要更多的人工处理劳动投入。基于核函数的方法不需要人工构造显式的特征空间，采用包括句法分析、依存结构分析等方法，得到如实体对间最小公共子树核函数、实体对间最短依存路径核函数等。基于核函数的方法效果超过了基于特征的方法效果，但其采用的隐式高维特征导致计算复杂度较大、模型训练时间较长，因此在大规模语料的训练和测试中存在明显的分析效率瓶颈。基于半监督、无监督的机器学习方法对人工标注样本数据的需求较低，减少了模型训练中对样本数据标签的依赖性。但基于半监督学习的实体关系抽取所需要的初始种子仍需要通过人工选择高质量且覆盖领域相对广泛的种子，因此该类方法仍不足以满足大规模数据扩张的需求。无监督关系抽取方法主要使用聚类方法，虽然方法简单，但是训练过程容易被噪声干扰，降低实体关系抽取性能。

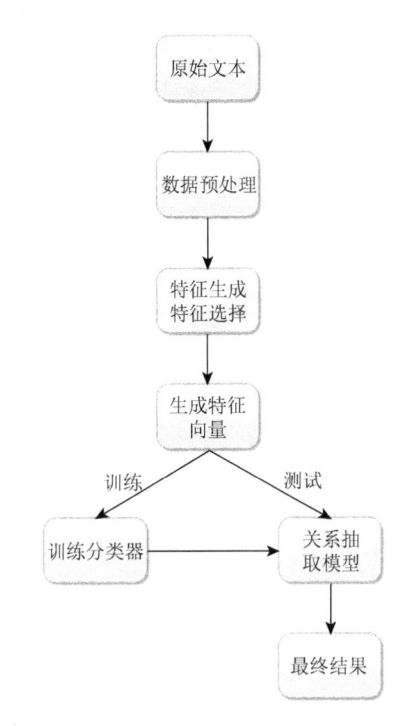

图 8-3 基于传统机器学习的实体关系抽取流程图

3. 基于深度学习的关系抽取

传统机器学习方法通常属于浅层学习，出于表示能力有限的原因，在图像处理、文字识别等问题中难免受到制约。深度学习通过神经单元模拟人脑学习过程，经由多层网络结构拟合更为复杂的函数，不需要人工标注处理即可自主学习并抽取实体间关系特征，相较于传统机器学习方法具有明显优势，因此也是当下实体关系抽取研究中极具吸引力的热门方向和重点内容。目前实体关系抽取中常用的神经网络模型有卷积神经网络、循环神经网络、递归神经网络、长短期记忆网络等，或者以这些神经网络模型为基础进行改进，加入注意力机制，或将两个及以上模型以不同方式结合进行实用，以求尽可能地优化实体关系抽取效果。

以卷积神经网络（CNN）为例，基本结构如图8-4所示，基于该方法的实体关系抽取可以大致分为5个步骤：①输入层。将文本语料中句子依次输入模型，句中每个单词为经过训练的词向量表示，通过使用不在词向量表中的向量进行填充，统一句子长度不一的输入样本。②卷积层与激活层。在卷积层中通过滑动指定大小窗口捕获句中单词之间的局部特征，计算卷积核滑动所表示的窗口片段以抽取特征，其中使用激活函数对数据进行线性或非线性变换处理后输出到下一层继续计算，常用激活函数有ReLU、Sigmoid、Tanh等。③池化层。经前一步骤处理后包含大量特征与参数的数据，在池化层中通过采样压缩以减少参数计算量、降低模型复杂度进而减小过拟合，常用池化操作有最大池化和平均池化。④全连接层。全连接层的输出向量维度为关系类型的数量，每一维度对应一种关系类型的得分值，需在全连接层计算之后对学习获取的所有数据进行标准化处理，生成有关关系类型的预测概率。⑤优化目标。通过卷积神经网络训练模型所得到的关系预测分类标签应当与样本的实际关系类型标签尽可能地重合一致，可以通过将关系预测的准确率转换为预测关系类型与样本实际关系类型之间的交叉熵损失值进行计算，交叉熵损失值越小、模型对关系类型预测的准确率越高，在此评估基础之上，通过如反向传播算法等更新神经网络模型的参数，以实现实体关系抽取性能优化。

单个神经网络模型在使用中有其自身优势，同时也难免存在固有局限，如基于卷积神经网络的实体关系抽取模型可以更高效地抽取局部特征，而基于长短期记忆网络的抽取模型则在长距离序列特征中具有更好的性能表现。将不同神经网络模型进行组合，通过串联方式将输入数据样本用CNN或BLSTM抽取特征，再将学习到的信息输入至另一神经网络模型中进一步学习，或通过并联的方式将输入样本分别采用CNN和BLSTM进行独立学习，然后拼接组合所抽取特征，再通过池化层等其余流程处理输出实体关系类型预测结果；更或是将若干深度学习模型联合起来，从不同角度学习特征获得更加全面、充分的学习能力，进而对所得多个模型的候选关系预测结果进行评估，确定样本最终所属实体关系类型。

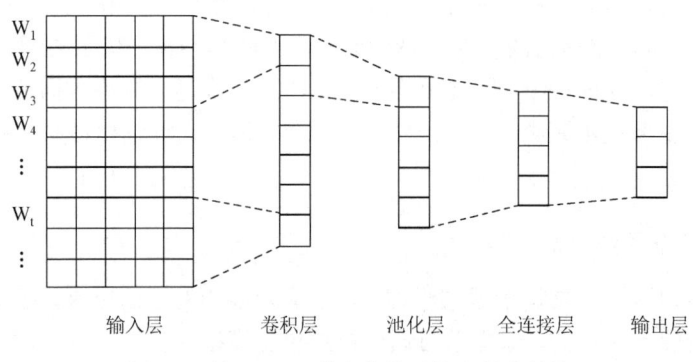

图8-4 基于CNN的实体关系抽取基本结构

4. 基于远程监督的关系抽取

近年来，Freebase、DBpedia、YAGO 等大型知识库被应用于自然语言处理的各项任务中，这些知识库大多由关系三元组构成，远程监督（Distant Supervised Learning，DSL）正是将这些知识库应用到关系抽取领域的方法。真正意义上的远程监督关系抽取通过把知识库中的关系与可靠的文本集进行匹配来构建训练集，而后用这个训练集训练一个分类器来预测关系。此类方法的基本假设是如果实体对在数据库中存在某种关系，那么数据库中所有包含该实体对的句子或多或少均能表达出这种关系，该方法最显著特点在于无须任何人工标注数据过程，训练数据完全由大规模知识库和文本集进行启发式匹配生成所得。

基于远程监督的关系抽取方法的具体实现可分为五个基本步骤：①采用爬虫技术对互联网网页数据进行抓取，抽取出非结构化的文本数据，并使用自然语言处理工具对文本语料数据进行分词和命名实体识别等预处理操作。②从知识库中抽取存在关系的实体对，获得关系三元组；③基于远程监督的思想，将经过预处理的文本语料与上一步获得的关系三元组做匹配，抽取含有实体对的句子作为训练样例；④使用训练样例构成的训练数据集训练关系抽取的分类器模型，如采用深度学习技术并结合注意力机制的关系抽取分类器模型；⑤使用训练完成的关系抽取模型对待抽取的文本语料进行抽取，抽取出关系三元组。其中，启发式匹配、特征抽取和训练分类器是远程监督关系抽取中的三个核心步骤，基本流程图如图 8-5 所示。

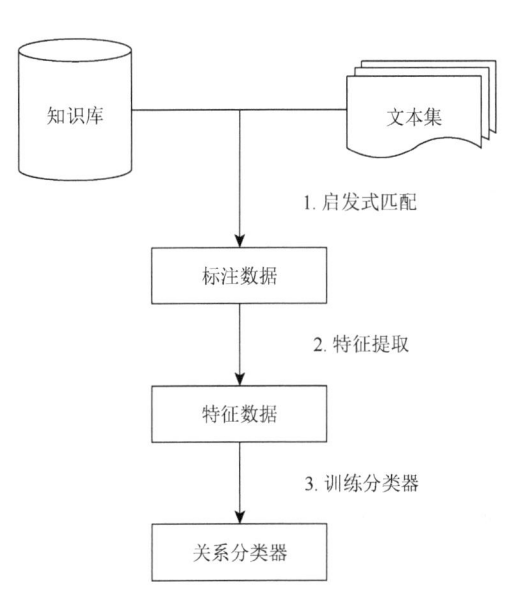

图 8-5 远程监督关系抽取任务基本流程图

远程监督学习的方法整合了有监督和无监督学习抽取实体关系的优点，实现了从海量文本信息中自动抽取出规则化关系，且较易于被复用到其他领域中。但是由于所有训练数据都是通过启发式匹配得到的，所以在信息中不可避免地会带有噪声问题，如两个实体之间可能没有关系或是存在其他关系类型，因此该类方法研究的重点就在于如何减少这些噪声数据对模型的影响，如采用注意力机制为正确样本和错误样本赋予不同权重以减少噪声语句的干扰，或利用生成式对抗网络（Generative Adversarial Network，GAN）训练判别器，以过滤假阳性语句，生成低噪声的关系抽取数据集。

5. 基于开放域的关系抽取

网络环境中，跨领域海量网络信息的指数型增长，促使开放域中的实体关系抽取（Open Entity Relation Extraction，OERE）受到了越来越多的关注。相较于一般实体关系抽取任务着重于识别预先定义的关系类型，开放域实体关系抽取的目标是抽取所有能够抽取到的关系类型，换言之，其中的关系类型无须事先定义。

目前，在开放领域下的关系抽取研究采用的技术方法主要包括：①基于模式匹配的方法；②基于机器学习的方法；③基于推理的方法；④基于句子简化的方法。其中，基于模式匹配的方法和基于机器学习的方法是最主要的也是使用最广的两种方法。基于模式匹配的方法能够使得关系抽取的结果具有较高的准确率，但是该方法需要领域专家的参与，依赖于其专业的语言分析能力，而且在不同领域之间基于模式匹配的关系抽取方法的通用性通常较差。因此，在前两种技术方法中，基于机器学习的方法来实现关系抽取在实际中的应用相对广泛些。

开放域实体关系抽取实现从海量网络信息中快速抽取出被视为"关系"的句子片段，并以结构化格式输出三元组。该类方法可以有效地避免针对特定关系类型需要人工构建语料库的问题，自动发现不同类型的关系，从而完成实体关系抽取的任务；另外，通过该方法获得的抽取结果具有更多的噪声，为了让这种方法获得良好的性能，需要对噪声标注的过滤算法进行深入探讨和改进优化。

8.2.3 事件抽取的方法

这里主要关注元事件。根据实现方式，元事件抽取方法可以分为基于模式匹配的元事件抽取和基于机器学习的元事件抽取和基于神经网络的元事件抽取。

1. 基于模式匹配的元事件抽取

基于模式匹配的元事件抽取是指在元事件模板的指导下对元事件进行检测和信息提取，元事件模板主要用于指明构成目标信息的上下文约束环境。基于模式匹配的元事件抽取包含两个基本步骤：模式获取和元事件抽取。这种方法的关键在于元事件模板的构建。最初，模板构建主要依靠手工进行，这种方法费时费力，需要较强的专业知识。研究人员尝试用机器学习的方法自动构建元事件模板，取得了良好的效果。总的来说，基于模式匹配的元事件抽取在特定领域往往能够取得较好的检测效果，但其跨领域和可移植性较差，因此近年来研究人员更多地利用机器学习的方法进行元事件抽取。

2. 基于机器学习的元事件抽取

基于机器学习的元事件抽取采用机器学习的方法识别事件，就是借鉴文本分类的思想，将事件类别及事件元素的识别转化成为分类问题，其核心在于分类器的构造和特征的选择。但事件分类与文本分类又有所区别，主要表现在以下方面：分类的文本短，大部分都是一个完整的句子；因为是事件表述语句，所以语句中包含的信息量大。对元事件的识别主要包括事件类别的识别与分类及事件元素识别两大核心任务。主要采用的方法有最大熵模型、CRF 模型等。为了提高识别效果，有时将多种机器学习算法混合使用或将机器学习与模型匹配相结合。

基于机器学习的方法虽然不依赖于语料的内容与格式，但需要大规模的标准语料，否则会出现较为严重的数据稀疏问题。但现阶段的语料规模难以满足应用需求，且人工标注语料耗时耗力，为了缓解获取已标注语料的困难，有关学者探究了半监督及无监督的学习研究。另外，特征选取也是决定机器学习结果好坏的重要因素。因此，怎样避免数据稀疏现象及如何选择合适的特征，成为基于机器学习方法研究的重要课题。当前绝大多数研究都是基于短语或句子层级的信息，利用篇章级或跨篇章的信息来提高抽取性能将成为一个新的热点。

3. 基于神经网络的元事件抽取

基于神经网络的抽取方法作为一种有监督多元分类任务，事件抽取方法包括 2 个步骤：特征选择和分类模型。根据所使用特征的范围分类，基于神经网络的事件抽取方法可以分为句子级的事件抽取方法和篇章级的事件抽取方法。总的来说，句子级的事件抽取方法只使用句子内部获取的特征，而篇章级的事件抽取方法则包含了跨句、跨文档抽取的特征信息。一般情况下，句子级特征是所有事件抽取方法通用的特征，而篇章级特征则属于面向实际任务挖掘的特效特征。句子级的事件抽取方法中，句子级别的特征可以分为基于词的特征和基于词对的特征。其中，基于词的传统离散特征包括：①词法特征，如当前词及周边词的一元/二元语法、词性标签、词干、同义词等。②句法特征，如当前词的依存词和核心词、涉及的依存关系、是不是未被引用的代词、句法分析树中路径等。③实体信息，如实体类型、距离最近的实体类型、是不是相同类型论元候选中距离触发词最近的等。基于词对的特征有触发词-触发词之间的共现关系和触发词-论元的多种依赖关系等。篇章级事件抽取方法额外考虑了跨句子或跨文档的特征辅助任务实现。例如，相同/类似事件对应的论元一致性，同一文档内的相同单词触发的事件类型一致性特征，相同类型的实体参与的事件一致性特征。

8.2.4 知识抽取工具

1. 知识抽取工具概况

当前国内外用于知识抽取的开源工具很多，实体抽取和关系三元组抽取为主要功能。面向英文语料的知识抽取系统主要有美国华盛顿大学人工智能实验室开发的 TextRunner、ReVerb、OLLIE；卡内基·梅隆大学开发的 NELL；德国马克斯普朗克研究中心开发的 PATTY 等。

面向中文语料的知识抽取工具受中文句法结构的差异性和单词短语组合的复杂性的影响比较大，因此目前实体抽取工具较多，关系和事件抽取的开源工具较少。中文实体抽取工具主要有哈尔滨工业大学社会计算与信息检索研究中心推出的语言技术平台（Language Technology Platform，LTP）、pyhanlp、BosonNLP 等。关系抽取的开源系统主要有浙江大学知识引擎实验室开发的中文关系抽取开源工具 DeepKE（Deep Knowledge Extraction，DeepKE）、Jiagu 和 DeepDive。事件抽取的工具主要有清华知识工程实验室推出的 OmniEvent 开源工具包。商业化应用有微软亚洲研究院的"人立方关系搜索"、搜狗知立方、百度知心等。商业化应用中的搜索引擎知识抽取工具基于互联网中的海量网页信息自动学习抽取实体信息及其间关系，多以提供搜索引擎联想推荐等服务方式呈现。

2. 知识抽取工具简介

1）LTP 简介

LTP 是哈尔滨工业大学社会计算与信息检索研究中心历时十年研制的一整套开放中文自然语言处理系统。LTP 提供自然语言处理的一系列技术，包括中文分词、词性标注、命名实体识别、依存句法分析、语义角色标注等。目前，LTP 已经被 500 多家国内外研究机构和企业使用，多家大企业和科研机构付费使用。

LTP 的官方地址是 http://ltp.ai，以前面使用过的"张三 2022 年在韶华公司成功晋升"为例，在 LTP 在线演示平台进行测试，得到图 8-6 所示的结果页面。

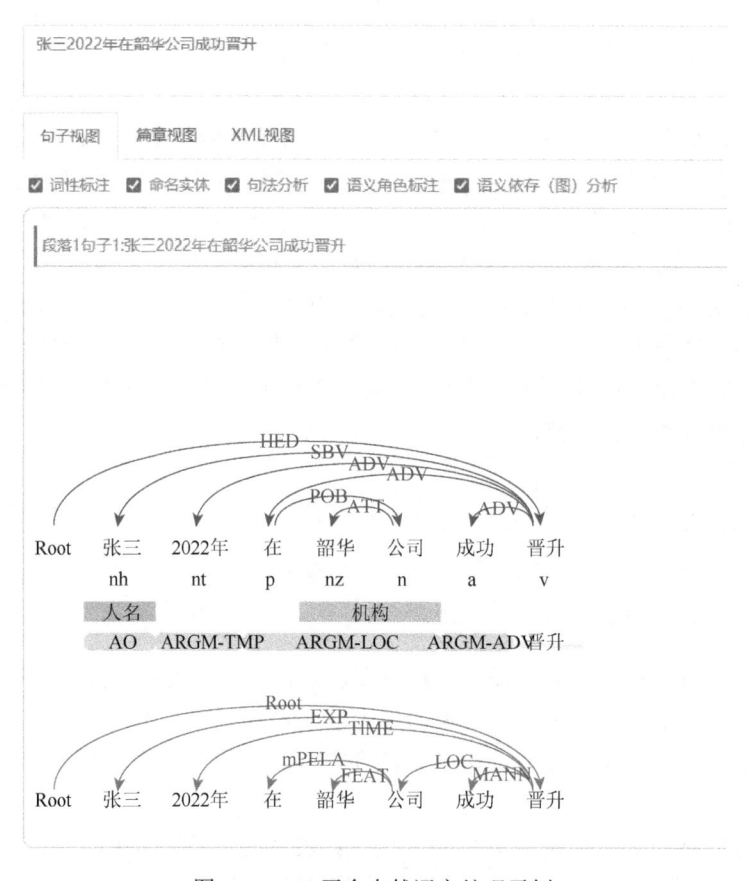

图 8-6 LTP 平台自然语言处理示例

从图 8-6 中可见，LTP 成功识别了人名"张三"和结构名"韶华公司"，并给出了句子成分的词性标注、句法分析及语义依存图分析的结果。

2）DeepKE 简介

DeepKE 是一个开源和可扩展的知识图谱抽取工具，支持常规全监督、低资源少样本、长篇章文档和多模态场景，覆盖各种知识抽取任务包括命名实体识别、关系抽取和属性抽取。DeepKE 允许开发人员和研究人员通过一个统一的框架自定义数据集和模型，并根据需求从非结构化文本中抽取信息。DeepKE 针对不同的功能与场景提供了各种功能模块和模型实现，以保持足够的模块化和可扩展性。

DeepKE 源码可以到 github 下载，并根据官网提供的说明和手册进行安装配置，它同时提供了在线演示平台，图 8-7 为 DeepKE 主要功能（部分）。从图 8-7 中可以看到，DeepKE 主要功能分为三个类别：单句、篇章级、多模态。对于单句支持常用的实体抽取、属性抽取、关系抽取三个任务，对于篇章支持文档级关系抽取，还可以进行多模态的关系抽取。当然，DeepKE 目前还有很多不完善的地方，如抽取的实体类型、关系还比较有限，没有事件抽取的功能，知识抽取成功率并不是很高等，但 DeepKE 是面向中文的知识抽取工具的尝试，值得业界关注。

图 8-7　DeepKE 主要功能

3）OmniEvent 简介

根据清华大学知识工程实验室的介绍，OmniEvent 可以帮助初学者快速入门，调用常用的模型实现事件抽取，让研究者和开发者能够快速构建、开发、评测自己的模型。OmniEvent 既可以针对中文文本，也可以处理英文文本。它具有以下特色：①功能方面，它支持事件抽取、事件检测和事件论元抽取任务的中英文常用数据集，覆盖分类、序列标注、阅读理解、序列到序列四种主流算法范式。②操作方面，它比较简单，支持一键调用主流模型、一键处理数据。③评测方面，它可以为不同的算法和数据集提供统一的、公平的评测。④支持用户开发模型方面，它以模块化的方式实现了主流事件抽取算法，用户可以搭配不同的模块开发自己的模型。⑤大模型赋能方面，它实现了基于 BMTrain 的大模型快速训练和推理。作为新的知识抽取领域，中文事件抽取的研究和工具还需要进一步发展。

8.3 典型知识关联结构与工具

8.3.1 知识关联的结构形式

知识关联关系通常表现为以一种拓扑结构形式存在的网络结构，具有一定的结构特征。知识关联的结构形式有线性结构和非线性结构。线性结构包括链式结构、等级结构，非线性结构主要指网络结构。因此知识关联的结构主要有三种形式，即链式结构（称为知识关联链）、等级结构（称为知识关联树）和网络结构（称为知识关联网络）。知识关联链组合形成知识关联树，知识关联树组合形成知识关联网络。这三种结构在知识组织、知识检索和知识管理中具有广泛的应用，反映了知识单元间的基本关联方式。如果将知识单元作为文献内容的表征，传统的信息组织也是这些结构中的一部分。

1. 链式结构的知识关联

链式结构的知识关联，即知识关联链，是指知识单元间通过单向或双向线性知识关联构成的链状结构，也可以称为知识链接关系。单向线性知识关联链可以称为开放链，可无限扩展延伸。双向线性知识关联链可以称为闭环链，结构相对稳定。典型的知识关联链有工具书的链式结构和引文链，形成了丰富的知识链接关系，如图 8-8 所示。

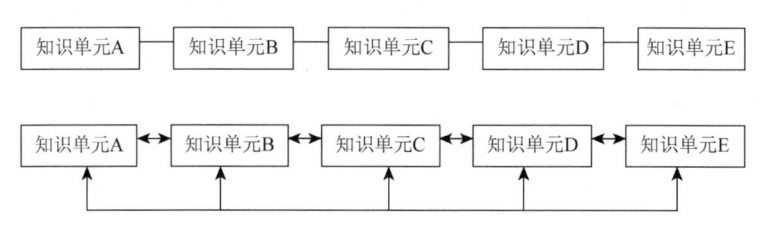

图 8-8　开放链（上）和闭环链（下）示意图

1）工具书的链式结构

链式结构是目前文献知识管理中广泛应用的一种知识组织方式，工具书是文献知识组织和检索的基本形式，是文献知识管理的基础，工具书的链式结构具有代表性。工具书一般是由知识单元（文献款目或知识项）和知识关联（组织编排系统）构成的链式结构。组成工具书的知识单元可能是有关文献的全部信息，由文献的外部特征和内容特征构成，如书目款目和文献款目，也可能是文献中部分信息，或文献中的知识项，如题名、著者、机构、分类号、关键词、主题词、期刊、书中人名或地名、专业术语等。知识单元通过知识关联序化形成知识系统，一环接一环，较少交叉、跳跃，具有较为稳定的结构和位置，利于存储、检索和管理。工具书采用的是文献目录的链式组织方式，即一本书的目录就是一条知识关联链，数据库中基于顺序文档各字段排序所形成的索引文档也吸收了工具书链式组织方式的优点。

2）引文链

引文链（Citation Link）是由引证关系形成的科学文献之间的一种链状关系。如文献

A 引用了文献 B，文献 B 引用了文献 C，文献 C 引用了文献 D，则文献 A、B、C、D 由引证关系构成引文链：A→B→C→D。引文链是文献引证关系的基本结构，众多错综复杂的引文链交织在一起就构成了引文网络。通过引文链可以将一批具有相关关系的文献联系在一起，如果将引文链中的知识单元，即文献换成网站、网页、关键词、主题词、人、机构，甚至是文献中的知识项，那么也会形成相应的反映知识单元链接、引用关系的网站链、网页链、关键词链、主题词链、人际关系链、机构链、知识元链等。

3）知识链接

知识链接（Knowledge Linking）是以知识关联为基础构成知识网络的一种技术措施、手段和行为。具体有知识元链接、引证链接、作者链接、机构链接、网站链接、网页链接、关键词链接等。这里，知识链接是指从一个知识单元链接到另一个知识单元，一般特指期刊文章、主题之间的链接关系。其发展与互联网的出现息息相关，知识链接是网络资源的核心，是实现从网络信息服务向知识服务转型的关键技术。相对于通过检索方式直接获取信息的信息服务方式而言，通过链接方式获取信息更符合人类通过"关联"获取信息的天性，更为直接和准确，更接近用户问题，因而逐步成为知识服务的一个主题。

2. 等级结构的知识关联

知识关联树是指知识单元间呈现出树状关联结构。知识关联树是一种典型的线性、层次、等级、簇性结构体系，表现出明显的树状结构。问题树、层次结构分析（体系分类系统的等级结构和主题词的族性关系）等是具有代表性的知识关联树，如图 8-9 所示。

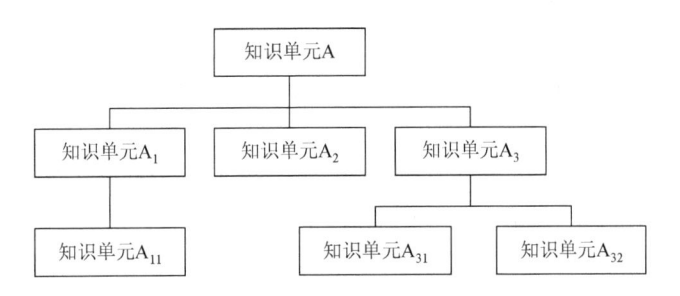

图 8-9 知识关联树结构示意图

1）问题树

问题树是解决各类问题中最常用的分析工具之一。其基本方法是在问题解决过程中从最初的假设开始利用知识关联将母问题分叉为每一系列子问题，然后对每一个子问题进行再分叉，最终形成的一种树状图。在问题分析中，在确定了需要解决的问题之后，问题中涉及的因素往往会显得千头万绪，让人觉得无从下手。这时问题树和知识关联可以用来帮助梳理解决问题的思路，把最终要解决的问题一层一层地分解，把一个复杂的问题分解成一个个通过资料收集与分析便能论证（或推翻）的问题。问题树清晰地反映了母问题与子问题及子问题之间的相互关系，实质上是利用了知识单元间存在的各种关联来对母问题进行层层分解，是一种典型的知识关联树。

2）层次结构分析

当对某个复杂现象的结构进行分析时，人们常常发现该结构中各元素及它们之间相互联系非常庞杂，超出了人们对全部信息清晰理解的能力。在这种情况下，人们往往将大系统分解为一些相互关联的子系统，这种问题分析方法称为层次结构分析。层次结构分析就是根据人类的辩证思维过程，模仿人脑的思维方式，将一个复杂的研究对象或问题划分为多层次的树状结构，或称递阶层次结构，如图 8-10 所示，同一层的各元素具有大致相等的地位（如并列关系），不同层次的元素间具有某种联系（如种属关系、整部关系等），系统地反映了元素间的各种关系，是一种典型的知识关联树。体系分类系统中的等级结构与主题词的族性关系都是层次结构的代表。

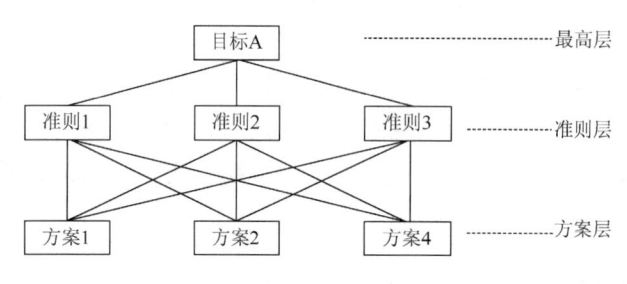

图 8-10 递阶层次结构模型

（1）体系分类系统的等级结构。体系分类系统是以科学分类为基础，依据概念的划分与概括原理，将所有类目组织成一个层层隶属的等级系统，并采用尽量详细列举的方式进行编制，从而将类目体系组织成一个树状结构。结构中的每次划分都使用一个特定的分类标准，按照划分的等级层次依次列出专指类目。它利用概念划分与概括原理，将概括知识单元内容与事物的各种类目组成一个纵向为层层隶属、横向为并列列举、纵横交织的等级结构体系；既体现了类目的从属关系，又体现了类目的并列关系，从而形象化地表现出各种客观事物及其内容联系。体系分类系统较为精细和系统地反映了知识单元间的知识关联，因而是目前知识分类、知识组织和知识检索中使用最为普遍的一种类型。

（2）主题词的族性关系。主题词的族性关系（包括属种关系、整部关系、包含关系三种），或称为从属关系、等级关系，是主题词和概念关系中最基本的知识关联形式。族性关系也是一种典型的树状结构，在主题词关系中广泛存在。通过将词间关系按其等级和联系以树形展开，族首词位于最上部，其下依次列出相关的子项，每个子项下依次列出下位概念，树形结构可以准确地反映主题词间的族性关联。同时，族性关系还可以用环形图表示。作为一种变形的树状结构，环形图用若干个同心圆展示词族，族首词位于中心位置，每一个圆代表词族的一个等级，相关词列于同心圆之外，用箭头将同心圆中的主题词与其连接。

3. 网络结构的知识关联

知识关联网络是指知识单元间表现出复杂的、非线性网络结构关系。知识单元间通过多重、多维、动态的知识关联错综复杂地交织在一起，形成一个庞大的网状知识体系，如

图 8-11 所示。典型的知识关联网络有引文网络、概念地图、知识地图、语义网络、科学知识图谱、超文本链接网络、社会网络等。

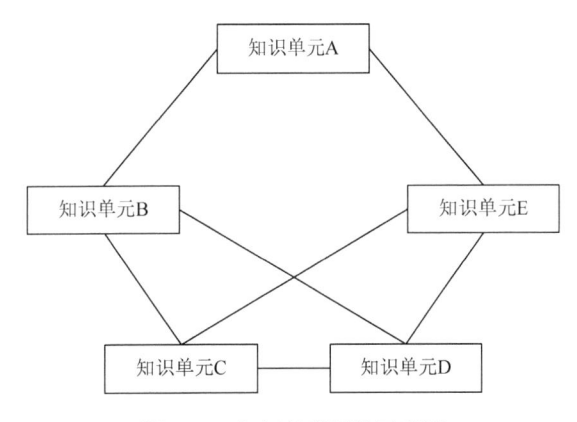

图 8-11　知识关联网络示意图

（1）引文网络。引文网络（Citation Network）是由无数引文链构成的引文关系网络。学术论文之间的引用与被引用现象，具体地、定量地体现了科学知识在纵向上的继承与发展关系和横向上的各学科知识之间的差别与联系。引文链和引文网络将某一学科或某一主题相关的文献，大致地按学科或主题联系在一起，使整个科学知识体系形成一个跨越时空的完整系统。

（2）概念地图。概念地图是一个概念集与概念关系网络图。概念地图思想最早是在 20 世纪 70 年代初由美国康奈尔大学的诺瓦克教授提出的一种教学工具。通常认为，概念地图是针对特定主题的个人结构化知识的一种图示方法。可以说，概念地图是利用概念及概念之间的关系来表示某个主题的结构化知识的一种可视化图示方法。它用节点表示概念，用连线和连接语表示概念之间的关系；节点和连线按照宽泛概念在上、具体概念在下的顺序，形成等级结构，众多的概念连接和交织在一起就形成了一个概念网络。

（3）知识地图。知识地图（Knowledge Map）也称为知识分布图，本质上是由专家整理的一种知识索引，是对组织知识资源总体分布情况的可视化描述。知识地图能够有效地为用户提供组织拥有的各种知识资源库的集成逻辑视图，其所显示的知识来源可能是部门、小组、专家、相关人员、文件的名称，也可能是参考书目、事件代号、专利号码、知识库索引等，但不包含知识内容本身。知识地图的功能在于揭示知识节点之间及知识节点与人或特定事件相互之间的关系，如等级关系、相关关系、因果关系、逻辑关系、评价关系等，并通过款目之间关系的揭示实现知识的抽取和共享。每个知识节点与其他存在关系的节点相连、与相关的人员相连、与相关的事件相连，这样就构成了一个知识网络，顺着这个网络，可以找到所有与节点相关的东西。

（4）语义网络。语义是指语言学的符号和表达式同它所描述的对象之间的关系，而语义网络是一种以网络形式表示人类知识构造的一种形式。语义网络是知识表示中最重要的方法之一，语义网络就是表现物体及它们之间彼此关系的图表。语义网络既可以作为人类联想记忆的心理学模型，又可以作为计算机内部表达知识的一种格式，是一种表达能力很强而且灵活的知识表达方法。一个语义网络 SN 可形式化地描述为 $SN = \{N, E\}$；其中 N 是以元组或框架标识为节点的有限集；E 是连接 N 中节点的带标识的有向边的集合。节点上的元组或框架描述了该节点的各种属性值，有向边上的标识描述了该有向边所代表的语义联系的语义。

8.3.2 典型知识关联网络

基于 8.3.1 节对网络结构知识关联的介绍，典型知识关联网络包含但不限于不同学科的引文网络、早期知识库项目及知识图谱等。

1. 引文网络

引文网络中，通常使用圆圈代表"节点"（引用文献与被引用文献），按照时间先后编以序位，用连线代表文献之间的引用关系。加菲尔德等曾根据 15 篇核酸论文编制了一个引文时序网络图，清晰地反映了从 1941 年到 1960 年共 20 年间核酸领域发展的脉络，如图 8-12 所示。其后诸多学者纷纷基于引用关系等，从文献、主题、关键词等角度绘制引文网络，用于揭示某一学科或领域的结构关系、演变规律等。

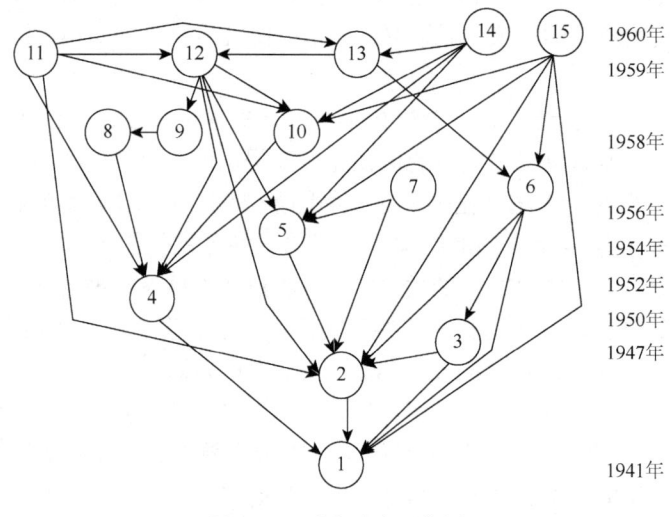

图 8-12　引文时序网络图

2. 早期知识库项目

知识库有两种含义：一种是指专家系统设计所应用的规则集合，包含规则所联系的事实及数据，它们的全体构成知识库。这种知识库是与具体的专家系统有关，不存在知识库的共享问题；另一种是指具有咨询性质的知识库，这种知识库是共享的，不是一家所独有的。知识库的概念来自两个不同的领域，一个是人工智能及其分支知识工程领域，另一个是传统的数据库领域。人工智能和数据库两项计算机技术的有机结合，促成了知识库系统的产生和发展。知识库是基于知识且具有智能性的系统（或专家系统）。并不是所有具有智能的程序都拥有知识库,只有基于知识的系统才拥有知识库。许多应用程序都利用知识,其中有的还达到了很高的水平,但是,这些应用程序可能并不是基于知识的系统,它们也不拥有知识库。一般的应用程序与基于知识的系统之间的区别在于:一般的应用程序是把问题求解的知识隐含地编码在程序中,而基于知识的系统则将应用领域的问题求解知识显式地表达,并单独地组成一个相对独立的程序实体。在知识组织发展历史上,有很多知识库项目。

Cyc 项目始于 1984 年,由当时的微电子与计算机技术公司开发。该项目最开始的目标是将上百万条知识编码成机器可用的形式,用于表示人类常识。CycL 是 Cyc 项目专有的知识表示语言,这种知识表示语言是基于一阶关系的。Cyc 知识库主要由术语(Terms)和断言(Assertions)组成,术语包含概念、关系与实体的定义,断言则用来建立术语之间的关系,既包含事实描述,也包含规则描述。早期 Cyc 项目大部分的工作仍然是以知识工程为基础的,大部分的事实是通过手工添加到知识库中,并在这些知识基础上进行高效推理的。

WordNet 是一个大型的英语词汇数据库,也是当前著名的词典知识库之一,由普林斯顿大学认识科学实验室于 1985 年开始开发。WordNet 表面上类似于一个同义词库,通过将名词、动词、形容词和副词分类为认知同义词集定义其间语义关系,但实际上与同义词库存在重要区别。一方面,WordNet 不仅链接单词形式(字母字符串),还链接特定的单词含义,使得在网络中彼此紧邻的单词在语义上被消除了歧义;另一方面,WordNet 标记了单词之间的语义关系,而同义词库中的单词分组除了含义相似没有遵循任何明确的模式。

类似知识库项目还有微软公司的智网(Mind-Net)、美国加利福尼亚大学伯克利分校的框架网(Frame-Net)、国内的知网(HowNet、Know-Net)和概念层次网络等。

3. 知识图谱

互联网的出现与发展为传统知识工程突破其自身局限,尤其是在知识获取方面的瓶颈提供了新的机遇。知识图谱以结构化的方式描述客观世界中的概念、实体及其间的关系,提供了一种更好的组织、管理和理解互联网海量信息的能力,将互联网的信息表达成更接近于人类认知世界的形式。在维基百科的官方词条中,知识图谱是 Google 用于增强其搜索引擎功能的知识库。本质上,知识图谱是一种揭示实体之间关系的语义网络,可以对现实世界的事物及其相互关系进行形式化地描述。现在的知识图谱已被用来泛指各种大规模的知识库,本书第 9 章专门介绍知识图谱和知识库案例。

8.3.3 知识关联相关工具

知识关联的相关工具与知识组织工具/系统密不可分,因为知识关联是在知识表示的基础之上进行的,它甚至包括了知识组织工具的整体架构。针对知识之间广泛存在的关联,知识关系建立工具提供了语义关系标注的解决方案,并支持机器理解与推理,即提供知识推理服务。并且,通过与为用户提供知识点推送服务的基础知识和知识架构类工具,以及对数据、文本进行处理和分析的知识处理类工具组合,共同构成了数字化背景下面向知识服务的知识组织工具整体架构,如图 8-13 所示。

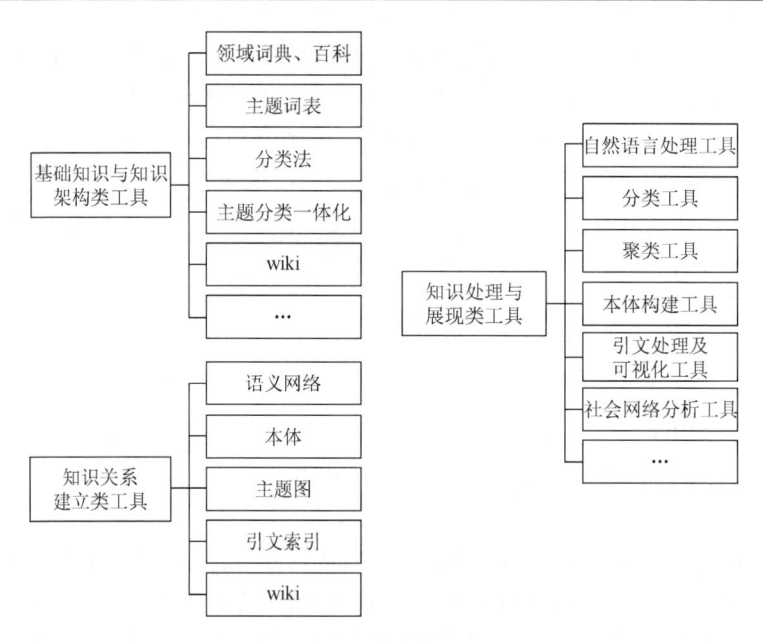

图 8-13 面向知识服务的知识组织工具分类及架构

知识架构类工具强调系统化地构建知识体系，知识关系建立类工具更多侧重于知识之间的关联呈现。但同时，知识架构类工具可以通过对其上下位类关系、附属索引的转化完成知识关系建立，即知识架构类工具通过转化可以成为知识关系建立类工具，其关系为分类中的上下位关系及相关附属索引。知识关系建立类工具侧重于揭示数据、信息、知识间的关系，提供这些关系的呈现，并以此进行知识组织，而这些关系的识别和标识，则需要通过知识处理类工具完成。

知识关系建立类工具通过对信息间关系的建立，将原本无关联的信息连接起来，进而通过知识展现类工具提供基于这些关系的知识呈现，这些关系体现了信息间潜在的、深层的语义关系。通过知识关系的建立，提供更为多元的检索入口，也为机器理解与推理提供了支持，如语义网络、本体、主题图、引文索引、Folksonomy 等，这些内容在前面已有详解，不再赘述。

第 9 章 知识组织实践与应用

第 7 章和第 8 章分别介绍了知识表示与知识建模、知识抽取与知识关联的关键技术,这些技术已经在诸多实践项目中得到应用,知识库、关联数据和知识图谱是这些具体应用实践的典型代表。知识库是存储、组织和处理知识及提供知识服务的重要知识集合。关联数据作为一种连接数据、赋予数据语义的方式,为知识表示提供了技术和语义资源,是一种新的知识单元互联方式,为知识序化提供了重要保障。知识图谱是结构化的语义知识库,用于以符号形式描述物理世界中的概念及其相互关系。知识库、关联数据和知识图谱三者之间存在密切联系,关联数据为知识库的资源发现服务提供了途径与方法,而知识图谱以关联数据集等知识库为支撑,对数据资源进行语义标注和关联,通过可视化界面为用户提供方便智能的浏览检索等服务,本章将全面分析这些知识组织实践的相关项目。本章学习的目标主要包括:①了解知识组织在现实生活中的具体实践项目与应用方向,并能结合具体案例进行分析;②了解国内外典型知识组织应用项目,尤其是 DBpedia 知识库服务平台、上海图书馆家谱关联服务平台等;③了解知识图谱及其构建流程;④了解知识图谱在信息检索、智能问答等平台的应用。

9.1 知识库实践——以 DBPedia 为例

9.1.1 知识库简介及发展

如第 8 章提到,在知识工程中,知识库是结构化、易操作、易利用的全面有组织的知识集群,是针对某一领域或某些领域问题求解的需要,采用某种或若干知识表示方式在计算机存储器中存储、组织、管理和使用的互相联系的知识片集合。这些知识片包括与领域相关的理论知识、事实数据,由专家经验得到的启发式知识,如某领域内有关的定义、定理和运算法则及常识性知识等。

知识工程是一门专门研究开发知识系统的理论、方法和技术的工程性学科。1977年,知识工程的概念在第五届国际人工智能大会上被提出,以专家系统为代表的知识库系统开始被广泛研究和应用,直到 20 世纪 90 年代,机构知识库的概念被提出,自此关于知识表示、知识组织的研究工作开始深入开展起来。机构知识库系统被广泛地应用于各科研机构和单位内部的资料整合及对外宣传工作。在国内知识库的已有研究中,知识库概念的起始应用来自智能控制研究领域。1994 年黄苏南等发表了《智能控制的理论和方法》一文,详细阐述了基于知识的专家系统、模糊控制、神经元网络控制等理论。随后知识库研究围绕着实际工程问题迅速扩展开来,涉及水利、电力、测绘、机械、农业等众多领域。2000 年左右,计算机领域的学者加入了知识库研究行列,随后知识库的相关课题在图书情报领域开始出现，如李蕾等介绍了一种基于语义网络的中文搜索引擎概念检索模型。与此同时，知识库研究还扩展到了企业管理与企业信息系统研究领域及其他相关的领域。

知识库构建方法有很多，早期的知识库需要大量的人工参与，并通过产生式系统、框架结构、逻辑等构建知识模型，但这些方法存在知识表示不充分及所限定的推理机制效率较低的问题，知识库的建设一度面临很大瓶颈。但语义网的概念提出后，基于语义技术构建语义知识库成为新的发展，目前已经有非常多语义知识库构建方法的研究和应用。如一些手工构建的比较知名的语义知识库有同义词词林、Cyc、WordNet、HowNet、现代汉语述语动词机器词典、ILD3、FrameNet 和 SinicaBow 等。自动构建的知识库有 MindNet。其中有部分语义知识库是基于维基百科的相关语料自动构建的，如 DBpedia、ZhiShi.Me、Yago、WOE、FreeBase 等。其中 DBPedia 是目前世界上最常用的常识语义知识库之一。下面以 DBPedia 为例介绍知识库构建过程中使用的知识组织技术。

9.1.2 DBpedia 知识库

1. DBpedia 简介

维基百科是因特网上最大的开放式电子百科全书，领域覆盖广泛，知识增长和更新速度快，为构建语义词典或知识库等应用提供了丰富、可靠、低成本的内容资源。DBpedia 将维基百科中包含的内容转变为结构化知识从而形成大型的、跨领域的本体知识库。DBpedia 知识库中包含专有的本体类和本体实例。DBpedia 知识库网站首页及能够提供的资源如图 9-1 所示。从图 9-1 中可见，DBpedia 提供知识图谱下载及关联数据查询的功能。

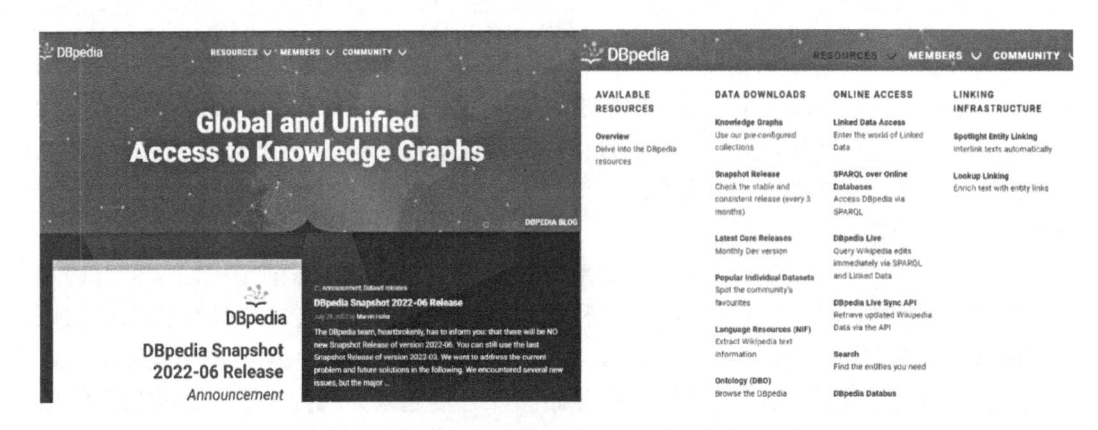

图 9-1 DBpedia 知识库网站首页及能够提供的资源

DBpedia 数据来源于维基百科，主要因为人在知识创造中具有不可替代的地位，为了提高 DBpedia 数据集的语义处理能力，最初是以人工方式建立本体，避免计算机自动创建本体的局限性，支持用户对数据进行反馈和修改操作，增强计算机的语义处理能力；

DBpedia 通过知识抽取框架（DBpedia Knowledge Extraction Framework）自动抽取维基百科的标签、摘要、语言链接、图片等数据项，并进行一定的语义处理，以三元组的形式存放到知识库中，发挥了计算机对结构化程度较高的数据的重复操作能力。DBpedia 支持定时抽取和实时抽取两种抽取模式，前者以一个月为周期，而后者可以动态监测维基百科中的数据变化，进而保证 DBpedia 与维基百科的同步性。DBpedia 知识库具有跨领域、多语种、富文档的特点，是网络知识库的中心节点之一，它利用关联技术与语义网中各种关联数据进行了互联。它在关联数据云图（The Linked Open Data Cloud，LOD）原则指导下互联，将网上其他数据集和维基百科的数据关联起来，使得这些信息以关联数据的形式在 Web 上共享。

DBpedia 在实际应用中发挥了很大的作用，它可以用于 Web 数据浏览、爬取与融合，同时对自然语言处理也很有帮助。DBpedia 有助于构建语料库及概念词典，可用于识别命名实体、计算语义相关度及实现语义消歧。此外，利用 DBpedia 可以开发出不同特色的应用系统，典型应用可归为四类，即用户界面应用、语义标注、数据挖掘和跨域共享与服务。下面从知识表示、知识建模和知识抽取等方面详细讲解 DBpedia 知识库的知识组织技术。

2. DBpedia 的知识建模

DBpedia 的本体为了实现不同的应用要求，包括四类模式：①维基百科类，包括维基百科类的 SKOS 表示；②YAGO 类，其中包含 20 多万个类；③UMBEL 类，是一个轻量级的本体，它是通用知识库和常识推理引擎 opencyc 的一个简化版本，它采用 rdf/owl/skos n3 语法来提供语义数据；④DBpedia 本体类，包含 170 个类，其中包括 940 个属性。具体的 DBpedia 本体库可以通过 https://databus.dbpedia.org/ontologies/dbpedia.org/ontology-- DEV 进行查询。

每一个 DBpedia 本体由一些属性及相应的属性值来描述，这些属性包括一般属性和 infobox 定义的属性。这些属性从维基页面中抽取，并且在 DBpedia 中重新定义。DBpedia 的描述资源所使用的属性几乎包含了百科全书的所有主题，以无歧义的形式定义。

为了对数据集进行语义分类，提高分类效果，DBpedia 采用 OWL 语言创建了本体，更好地支持基于语义 Web 的知识组织活动。在维基百科中，元数据以信息框（Infobox）的形式记录和保存，不同的信息框应用度可能不同。维基百科从这些 Infobox 中找出一些最常用的数据项，分析相互关系，用手工方式创建 DBpedia 数据集的本体库。目前，该本体库包括 170 个类和 720 个属性。在 DBpedia 本体中采用元素<owl:Class>、<rdfs:label>、<rdfs:subClassOf>、<owl:ObjectProperty>、<owl:DatatypeProperty>、<rdfs:domain>、<rdfs:range>和<owl:unionOf>分别代表了类、类的标签、父类、对象属性、数据属性、属性的定义域、属性的值域和类间的合并操作。

3. DBpedia 的知识表示和知识抽取

1）知识表示-RDF 三元组

DBpedia 以维基百科作为主要知识来源，它结构化了维基百科中的所有知识。这些知识都以 RDF 三元组的形式发布,并支持基于 SPARQL 语法的知识查询。目前,DBpedia 知识库已包含超过十亿的 RDF 三元组。DBpedia 的 RDF 三元组数据能够以文档的形式提供下载。DBpedia 数据集分为核心数据集与提供外部资源链接的数据集,它利用 RDF 三元组建立的从各种数据源到 DBpedia 的联系,使得 DBpedia 成为在互联网上可利用数据的中心结点之一。使用 SPARQL 语言在 DBPedia 查询 "German musicians who were born in Berlin",得到图 9-2 的检索结果。SPARQL 查询语句见代码清单 9-1,具体代码含义可以参考 SPARQL 手册。

代码清单 9-1   SPARQL 查询语句

```
PREFIX owl:<http://www.w3.org/2002/07/owl#>
PREFIX xsd:<http://www.w3.org/2001/XMLSchema#>
PREFIX rdfs:<http://www.w3.org/2000/01/rdf-schema#>
PREFIX rdf:<http://www.w3.org/1999/02/22-rdf-syntax-ns#>
PREFIX foaf:<http://xmlns.com/foaf/0.1/>
PREFIX dc:<http://purl.org/dc/elements/1.1/>
PREFIX:<http://dbpedia.org/resource/>
PREFIX dbpedia2:<http://dbpedia.org/property/>
PREFIX dbpedia:<http://dbpedia.org/>
PREFIX skos:<http://www.w3.org/2004/02/skos/core#>
SELECT?name?birth?description?person WHERE {
?person a dbo:MusicalArtist .
?person dbo:birthPlace:Berlin .
?person dbo:birthDate?birth .
?person foaf:name?name .
?person rdfs:comment?description .
FILTER(LANG(?description) = 'en').
} ORDER BY?name
```

2)知识抽取-结构化知识

维基百科有固定的句法构成,每个页面利用 MediaWiki 编辑而成。每个维基百科页面不仅包含一些自由文档,还包含一些结构化的信息,如标题、摘要、infobox 模板、相对应的其他语种的页面信息、图片信息及地理位置信息等。MediaWiki 利用特定的句法构成将元数据的编辑、链接和标注附加到文本正文中。所以通过分析 MediaWiki,可以解析文本的句法结构,以获得结构化的信息。DBpedia 从维基百科中抽取的结构化知识以三种页面的形式存储,分别是对维基抽取结构化信息的描述页面、DBpedia 资源页面和属性描述页面,共有 300 多万的实体资源。DBpedia 根据维基百科每个页面本身的编辑方式及编辑特点,确定从维基百科中抽取结构化知识的方法。

(1)利用存储的关系数据表抽取,维基百科每个月都会定期转存所发布的页面,并将一些信息放入关系数据表中。数据表中的关系可以直接映射为 RDF 三元组,同时会根据每个月维基百科数据转存的变化情况定期更新 DBpedia 知识库。

(2)直接从维基页面中抽取其他信息。维基百科提供的元数据收割的 OAI-PMH 在线更新反馈系统会及时地向 DBpedia 项目报告维基百科所有页面的变化情况。DBpedia 在延迟 1~2min 之后针对维基百科的实时修改信息,对相应 DBpedia 页面进行映射更新。直接从维基页面中抽取信息可以分为两种基本的方法。

```
SPARQL | HTML5 table
name                            birth        description
"Adel Tawil"@en                 1978-08-15   "Adel Salah Mahmoud Eid El-Tawil (born 15 August 1978) is a German singer, songwriter and producer. Besides his solo career, he is part of the popu…
"Alban Gerhardt"@en             1969-05-25   "Alban Gerhardt (born 25 May 1969, Berlin) is a German cellist. From a musical family, Gerhardt is the son of a mother who sang coloratura soprano,…
"Albert Hague"@en               1920-10-13   "Albert Hague (born Albert Marcuse, October 13, 1920 – November 12, 2001) was a German-American songwriter, composer, and actor."@en
"Alexander Marcus"@en           1972-07-26   "Alexander Marcus (born 26 July 1972 in Berlin as Felix Rennefeld) is a German music producer. He became popular in Germany after producing and upl…
"Alexander von Schlippenbach"@en 1938-04-07  "Alexander von Schlippenbach (born 7 April 1938) is a German jazz pianist and composer. He came to prominence in the 1960s playing free jazz in a t…
"Alfred Bittins"@en             1909-10-07   "Alfred Bittins (1909 - 1970) was a German film producer and production manager. He also co-directed the 1959 film ."@en
"Aljoscha Rompe"@en             1947-10-20   "Arthur Alexander "Aljoscha" Rompe (20 October 1947 in Berlin-Buch – 23 November 2000 in Berlin-Prenzlauer Berg) was the lead singer of the East Ge…
"Andreas Schmidt"@en            1967-03-21   "Andreas Schmidt (born 21 March 1967) is a German pianist, composer and arranger."@en
"André Previn"@en               1929-04-06   "André George Previn KBE (/ˈprɛvɪn/; born Andreas Ludwig Priwin; April 6, 1929 – February 28, 2019) was a German-American pianist, composer, and co…
"Andy Gee"@en                   1950-09-01   "Andy Gee (born Andreas Gröber, 1 September 1950 in Berlin) is a German guitarist and musician, best known for his time with Peter Bardens, Steve E…
"Andy Malecek"@en               1964-06-28   "Andy Malecek is a German guitarist who has played in the bands Fair Warning and Last Autumn's Dream."@en
"Baby Gray"@en                  1907-12-20   "Baby Gray was a German singer and film actress. Born on December 20, 1907, she became popular for her work in early German films."@en
"Becoming Phill"@en             1981-10-19   "Tshuutheni Emvula (born October 19, 1981 in Berlin, Germany), sometimes known as Becoming Phill is a Namibian entrepreneur, hip hop record produce…
"Bibi Bourelly"@en              1994-07-14   "Badriia Ines "Bibi" Bourelly (born July 14, 1994) is a German-American singer-songwriter signed to Def Jam Recordings. She has co-written several …
"Bülow"@en                      1999-12-25   "Megan Bülow (German pronunciation: [ˈmeːɡan ˈbyːlo]; born December 25, 1999), known professionally as bülow (stylized in lowercase letters), is a …
"Carolina Eyck"@en              1987-12-26   "Carolina Eyck (born 26 December 1987) is a German-Sorbian musician specialising in playing the Theremin, an electronic instrument. Her performance…
```

图 9-2　DBpedia 中的 RDF 三元组

①一般的 Infobox 抽取方法，infobox 模板通常以属性-值的形式位于维基页面的右下侧，是一个独立的区域，是最重要的结构化数据来源。MediaWiki 针对这部分信息，利用模式匹配的方法予以识别，从而转换为 DBpedia 资源页面的信息。图 9-3 显示了电影红海行动在维基百科中的 Infobox，可以看到，Infobox 中已经提供了电影名称、演员、导演、发行日期等结构化的属性信息。

②基于映射的 Infobox 抽取方法，主要用于克服同名问题及对同一类实体的多个模板的问题。其实现过程是将维基模板映射为一个手工创建的本体，同时手工整理 350 多个固定使用的模板，然后将 2350 多个维基属性映射到 720 个 DBpedia 本体类所对应的属性中。同时 DBpedia 将维基百科中 infobox 模板类型、图片、地理等信息以及指向其他外部 Web 页面的链接和指向不同语言版本的维基链接等从维基百科中抽取出来，转变为 DBpedia 页面。

每一个 DBpedia 资源描述页面由通用属性和 Infobox 指定的属性及相应的属性值构成。属性描述页面中的属性来源于 DBpedia 中使用到的本体类。这些本体类包括维基类、YAGO 类、UMBEL 类和 DBpedia 自身定义的类。有些类的命名空间在 DBpedia 资源中重新定义。维基百科中的 Infobox 指定的属性页面 URI 形式为 https://DBpedia.org/property/namespace。基于映射的属性页面 URI 形式为 https://DBpedia.org/ontology/namespace。DBpedia 中采用不同的属性表示资源的不同信息，表 9.1 列出了一些常用的属性 URI 及其所代表的含义。DBpedia 定义了全球唯一的标识符，这些标识符可以通过 LinkedData 原则解析。DBpedia 使用英语名来创建每个资源的标识符。每个资源创建相应的 URI，这个 URI 根据模板 http://DBpedia.org/page/name 创建。资源名和维基中相应的 URL 文章的 name 相同。这样做的好处是覆盖主题广泛、命名统一、便于管理、扩展的维基定义便于查找。

图 9-3　电影红海行动在维基百科中的 Infobox

表 9-1　DBpedia 常用属性

序号	属性（或属性集）	含义
1	http://DBpedia.org/resource	资源的名称信息
2	http://www.w3.org/2000/01/rdf-schema#label	资源的标签信息
3	http://www.w3.org/2000/01/rdf-schema#comment	资源的简短摘要（500 字符以内）
4	http://DBpedia.org/ontology/abstract	资源的详细摘要
5	http://DBpedia.org/ontology/thumbnail	资源所对应的图片

续表

序号	属性（或属性集）	含义
6	http://www.w3.org/1999/02/22-rdf-syntax-ns#type	对应维基百科资源的所属类型
7	http://DBpedia.org/ontology	对应维基百科信息框属性
8	http://xmlns.com/foaf/0.1	指向维基百科的属性
9	http://www.w3.org/2004/02/skos/core#subject	资源的 SKOS 分类
10	http://DBpedia.org/property/reference	相关外部资源链接地址
11	http://xmlns.com/foaf/0.1/homepage	资源的主要地址
12	http://DBpedia.org/property/wikilink	指向对应的维基百科文章
13	http://xmlns.com/foaf/0.1/14	指向对应的 foaf 属性
14	http://DBpedia.org/property/redirect	维基百科重定向信息
15	http://DBpedia.org/property/disambiguates	消除歧义属性
16	http://DBpedia.org/property/pageId	维基百科中的页面 ID

DBpedia 抽取是实时的、动态的，其实时抽取框架如图 9-4 所示。

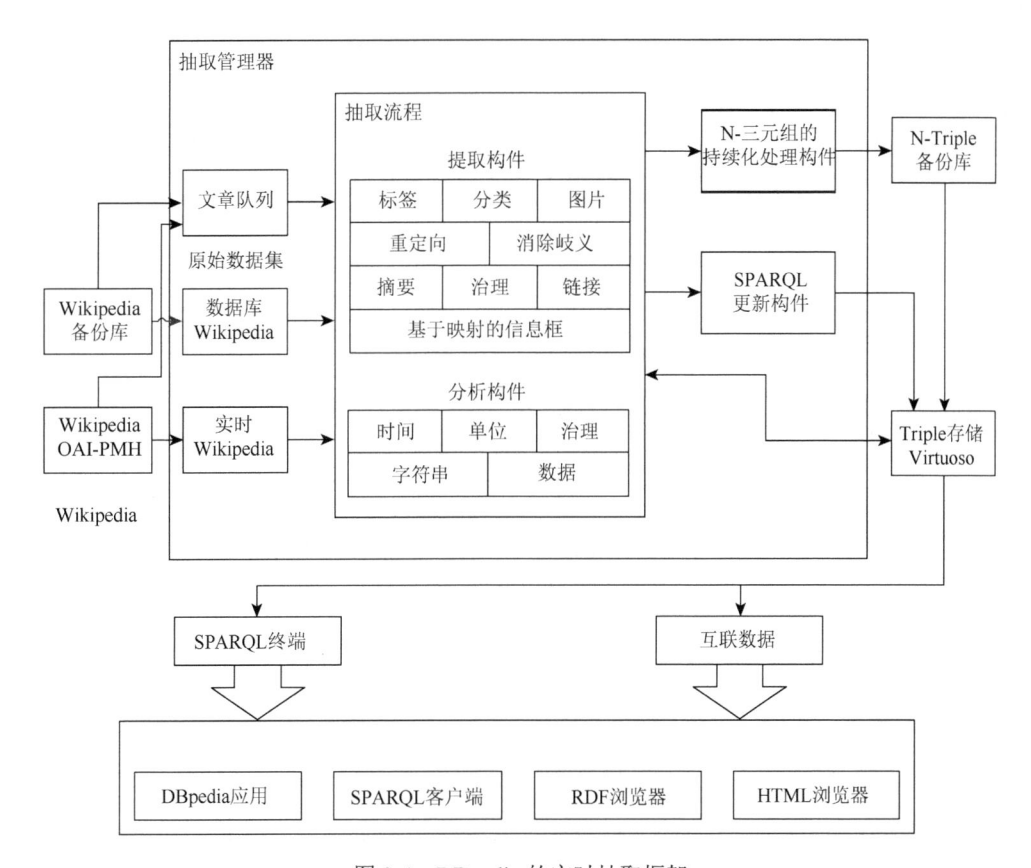

图 9-4 DBpedia 的实时抽取框架

可以看出，DBpedia 实时抽取框架主要由原始数据集、目标数据集、抽取构件、分析构件、抽取管理器、更新构件等组成，其中 SPARQL 更新构件负责完成向 DBpedia 插入或替换新提交的三元组工作。根据相关文献，维基百科数据更新的平均速度为 1.4 篇文章/秒。因此，DBpedia 实时抽取框架至少以 0.71 秒/篇的速度进行抽取。

4. DBpedia 的知识关联

通过 DBpedia 可以连接到其他开放关联数据集。近年来，LOD 项目在海量数据和语义本体的连接方面进行了大量的探索性工作，具体见 9.2 节。根据 LOD 云图，DBpedia 可以直接或间接地连接包括 Freebase、Flickr、WordNet、GeoNames 和 MusicBrainz 在内的不同的数据集，表 9-2 中列出了 DBpedia 与几个重要的数据集之间的 RDF 链接情况。

表 9-2 DBPedia 中的 RDF 链接

序号	数据源	RDF 链接数
1	Freebase	2400000
2	Flickr Wrapper	1950000
3	WordNet	330000
4	GeoNames	85000
5	OpenCyc	60000
6	UMBEL	20000
7	Bio2RDF	25000
8	WikiCompany	25000
9	MusicBrainz	23000
10	Book Mashup	7000
11	Project Gutenberg	2500
12	DBL PBibliograghy	200
13	CIA World Factbook	200
14	EuroStat	200

9.2 关联数据实践——以上海图书馆家谱关联数据服务平台为例

9.2.1 关联数据简介及发展

1. 关联数据概念的提出

关联数据的概念是 Tim Berners-Lee 于 2006 年在《关联数据笔记》中首次提出的，在该文中，他分析了 Web 的发展与演变，提出了发展数据网络的思想，而数据网络的核心和关键就是关联数据。2009 年，在 TED 大会上他提出关联数据就是一箱箱数据，当通过开放标准关联在一起时,从中可以萌发出很多新事物和新应用。有学者认为关联数据更侧重语义,如白海燕认为关联数据主要用来在语义网中使用 URI 和 RDF 发布、分享、连接各类资源,强调建立已有信息的语义标注和实现数据之间的关联,具有框架简洁、标准化、自助化、去中心化、低成本的特点,为构建人机理解的数据网络提供了根本性的保障,为实现语义网远景奠定了坚实的基础。还有一些学者则认为关联数据是一类实践活动,或者是一类基于语义的知识组织产品。不管是理论、实践或产品层面的认知,都不影响关联数据核心的内容,即通过各种手段,尤其是语义技术,将各类资源链接起来。

2. 关联数据的四个原则

Tim Berners-Lee 提出的关联数据遵循四个方面的基本原则获得了业界的广泛认同。
（1）使用 URI 作为任何事物的标识名称。
（2）使用 HTTP URI 让任何人都可以访问这些标识名称。
（3）当有人访问某个标识名称时,提供有用的信息（采用 RDF、SPARQL 标准）。
（4）尽可能地提供相关的 URI 链接,以使人们可以发现更多的信息。

3. 关联数据开放云图

从上面可以看出,关联数据是语义网的实现,主要使用 RDF 资源描述模型描述 Web 上的知识资源,并通过丰富的 RDF 链接,构建资源的庞大关联网络。关联数据在统一的网络结构与标准的前提下被发布和链接,它逐渐被应用于各领域。想要了解关联数据发展的情况,最直观的呈现方式就是关联数据云图（https://lod-cloud.net）,该云图将各种开放数据集发布为 RDF 格式,并把来自不同数据源的数据间建立 RDF 链接,从而扩展至整个网络。截至 2022 年 8 月,LOD 云图中共有 1568 个关联数据集,它们之间有 17000 + 个链接。关联数据按数据涉及的主题领域有多媒体、文献出版物、生命科学、地理数据、用户产生的内容、政府数据、社交网络及跨领域的数据等。目前关联数据网络还在不断扩大,语义网与关联数据所发挥的作用吸引了学术界、工业界及政府部门的关注,图书馆也不例外。中国上海图书馆利用关联数据建设家谱关联数据平台,将具有中国特色的文献资源通过关联数据形式发布共享,取得很好的效果,后面主要介绍该平台构建过程中使用的知识组织技术。

9.2.2 上海图书馆家谱关联数据服务平台

1. 上海图书馆家谱关联数据服务平台简介

1）上海图书馆家谱关联数据服务平台开发的背景

中文家谱是上海图书馆最重要的特色文献之一。经过长期的研究和整理,上海图书馆已取得了一批具有影响力的成果,例如,编纂（或主持编撰）出版了《上海图书馆馆藏家谱提要》《中国家谱总目》《中国家谱通论》《中国家谱资料选编》等。尤其《中国家谱总目》收录了来自港、澳、台地区和日本、韩国、美国、德国、加拿大、澳大利亚等地近 600 家机构收藏的五万四千余种家谱,包含 608 个姓氏,析出先祖名人七万多个,谱籍地 1600 多处,堂号三万余支。它不仅是一部华人家谱的联合目录,还是一部中华家谱知识的百科全书。这些宝贵的整理成果目前仅以纸质和影像文件的形态存在，大量的内容研究与标引揭示也只是以出版和提供简单的字段检索为目标，但这些成果正好为开发基于关联数据的知识服务平台提供了一个很好的基础。

经过数年的调研和探索，上海图书馆的技术研发团队认为，应用以关联数据为代表的新型数据管理技术时机已经成熟。这些技术能够帮助图书馆充分地利用长期积累的文献研究成果，将其中的数据、事实和其他知识点进行细粒度描述，利用知识组织的编码方法和技术手段，对馆藏资源进行重新组织，利用全网域的互联网平台实现图书馆的书目控制。对于家谱数据而言，在满足普通用户寻根服务的同时，针对人文研究学者提供分面可视化浏览、语义搜索乃至知识挖掘服务，有助于打破图书馆各类资源库相互隔离的封闭状态，推进数据开放，促进知识流动，在开放利用中充分地发挥其多方面的潜在价值。

2）上海图书馆家谱关联数据服务平台开发使用的技术

上海图书馆选择利用关联数据技术来实现家谱知识服务平台，是因为它基于领域概念体系（知识本体）而非文献来组织知识，用主谓宾这种普适的数据模型（RDF）来表示和检索知识，借助发展成熟的数据校验和知识挖掘工具支持知识的维护与更新，允许用户访问文献中的部分数据而非整个文献。另外，关联数据已在图书馆界得到了广泛而深入的应用，形成了一整套基于元数据和知识本体、RDF 数据转换、RDF 数据存储和查询、数据可视化的实现技术、方法和流程，可以很好地满足书目控制和规范控制、数据重用和共享、知识组织和知识发现的需求。

上海图书馆家谱知识服务平台的设计，经历了如下流程。首先，设计一个向下兼容、易于扩展、便于重用和共享、支持家谱数据重组和知识建模的家谱知识本体，明确定义家谱资源中涉及的人、机构、地、事件等概念及其相互关系。然后，对已有的家谱元数据进行数据清洗，提取各类概念实体，赋予 HTTP URI。基于本体和 RDF 抽象数据模型，对实体及实体间的关系进行描述，必要时与外部数据关联，丰富数据的语义。数据以机器可读的 RDF 序列化格式编码后，存储于专用的 RDF 数据库中。最后，基于关联数据四原则发布数据，利用语义技术开发框架存取操作数据，利用可视化技术展示数据，利用 Web 2.0 技术支持用户贡献知识，实现知识导航、知识发现和知识进化的功能。

2. 上海图书馆家谱关联数据服务平台的知识建模

1）本体复用情况

上海图书馆的家谱本体主要基于美国国会图书馆的书目框架 BIBFRAME 2.0，复用了 FOAF、Geonames、Schema.org 等词表的部分术语，之后自定义了一批家谱资源特有的属性。

家谱知识本体以 BIBFRAME 20 为基础框架，一方面，书目框架是美国国会图书馆牵头开发的下一代书目数据格式标准，用于取代 MARC，并能为图书馆、档案馆、博物馆、美术馆等相关"人类文化记忆机构"共同使用，有良好的包容性、可扩展性和开放性，其词表能很好地描述家谱资源的文献特征；另一方面，BIBFRAME 2.0 同时还是一个为书目数据关联数据化而设计的关联书目数据模型，其"作品（Work）-实例（Instance）-单件（Item）"的核心模型是书目记录功能需求 FRBR 的简化，能很好地满足书目控制的需求，其数据模型包含人、机构、家族、事件等概念，也适用于家谱资源内容相关实体的描述，满足规范控制的需求。

家谱本体还复用了 FOAF 中的术语，用来描述家谱中的先祖名人，自定义了"谱名、字、号、谥号"等中国历史人物特有的属性予以补充。复用 Geonames 的术语来描述家谱中的谱籍地，复用 Schema.org 和 W3C Organization 的术语来描述家谱资源涉及的收藏机构，复用 W3C TimeOntology 来描述时间信息，自定义了一些属性来描述家谱资源涉及的中国历史朝代信息。

为了便于家谱本体的共享和重用，上海图书馆已将家谱本体以 RDFS 和 OWL 编码在 Web 上公开发布。为了方便业内专家深入了解家谱本体，网站提供三种视图模式供用户浏览。模型视图（Model View）可视化地展示了家谱本体类和属性间的关系；类视图（Class View）通过父类与子类的层级关系浏览类和属性；列表视图（List View）按照类与属性名的首字母顺序排列展示类和属性。网站上也可以打包下载家谱本体的全部 RDF 数据，如图 9-5 所示。

图 9-5　以关联数据发布的上海图书馆家谱本体

2）家谱本体与家谱元数据对应关系

上海图书馆的家谱本体需建立在上海图书馆的家谱元数据方案之上，表 9-3 是上海图书馆家谱元数据与家谱知识本体的对应关系。从家谱元数据中可以发现家谱资源与图书馆其他资源相比的共性和特殊性。共性表现在题名项、责任者项、出版项、载体形态项、馆藏项等文献特征，这在书目框架术语词表中有足够的类和属性与之相对应。特殊性表现在和家族相关的属性如始祖、始迁祖、散居地等，人的属性如姓、名、字、号、兄弟排行等属性是家谱甚至是我国家谱所独有的信息，书目框架的类和属性不足以描述这些特有属性，现有的家谱本体及应用最为广泛的描述人的本体 FOAF 也没有相应的属性来描述这些特性，因而需要自定义家谱资源专有的类和属性。在自定义类和属性时，尽量地用继承的方式继承书目框架已有的类及其属性，这样就能继承父类中已有的属性，并保证与书目框架兼容。

表 9-3 上海图书馆家谱元数据与家谱知识本体的对应关系

家谱元数据		家谱知识本体	
元数据项	元数据元素	类	属性
标识	标识符	bf:identifier（标识符）	bf:identifierType（标识符类型） bf:identifierValue（标识符值）
题名项	书名 书名来源 异书名 异书名来源	bf:Title（题名）	bf:titleType（题名类型） bf:titleValue（题名值） bf:workTitle（作品题名）
地理信息	谱籍	bf:Place（地点）	bf:place（地点）
责任者项	责任者 责任者时代 责任方式 其他责任者 其他责任者时代 其他责任者责任方式	shlgen:Person（人）	shlgen:familyName（姓） shlgen:ming（名） shlgen:temporal（时代） bf:role（角色）
版本项	版本		bf:editon（版本）
出版项	年代 堂号 镌刻者	bf:Provider（提供者）	bf:providerName（提供者名称） bf:providerDate（提供时间） bf:providerPlace（提供地点）
载体形态项	装订 数量	bf:Category（类别）	bf:extent（容量） bf:category（分类） bf:carrierCategory（载体类型） bf:categoryType（类别） bf:categoryValue（分类值）
附注项	谱载内容	bf:Summary（提要）	bf:hasAnnotation（注释）
馆藏项	收藏者 索书号	bf:HeldItem（馆藏单件） bf:Organization（机构）	bf:heldBy（收藏者） bf:shelfMarkDdc（杜威十进制分类号）
家族信息	迁徙信息 始祖 始祖时代 始祖原居地 始祖迁居地 始迁祖 始迁祖时代 始迁祖原居地 始迁祖迁居地 支祖/房祖 支祖/房祖时代 散居地 姓氏 名 字 号 行 名人 名人时代	bf:Event（事件） shlgen:Family（家族） shlgen:Person（人） shlgen:FamilyName（姓氏）	bf:eventAgent（事件主体） bf:eventDate（事件发生日期） bf:eventPlace（事件发生地点） shlgen:migration（迁徙） shlgen:ancestor（始祖） shlgen:branchAncestor（支祖） shlgen:familyAncestor（房祖） shlgen:notableAncestor（名人） shlgen:firstMigratedAncestor（始迁祖） foaf:name（名称） shlgen:family（家族） shlgen:temporal（时代） shlgen:originalLocality（原居地） shlgen:locality（迁居地） shlgen:otherLocalities（散居地） shlgen:familyName（姓） shlgen:givenName（名） shlgen:courtesyName（字） shlgen:pseudonym（号） shlgen:orderOfSeniority（排行） shlgen:event（生平事迹）

家谱中的迁徙信息一般由人（始祖或始迁祖）、地（原居地和迁居地）、时（何时迁往何地）三要素构成，因此被作为事件（bf:Event）来处理。始祖、始迁祖、支祖、房祖、名人等人有所处时代、原居地、迁居地、名、字、号、排行等特性，可以用一个特定的类及其属性来建模。始祖、始迁祖、支祖、房祖、名人、散居地等属于某个家族的信息，可用家族类来建模。因而自定义了三个类：shlgen:Family（家族）；shlgen:Person（人）；shlgen:FamilyName（姓氏）。shlgen 是上海图书馆家谱本体命名空间的前缀，带有该前缀的类与属性即为自定义的类和属性。其中 shlgen:Family 继承 bf:Family，shlgen:Person 继承 bf:Person，bf 是书目框架命名空间的前缀，带有该前缀的类和属性即为书目框架所定义。之所以要把姓氏 shlgen:FamilyName 也定义为一个类，是因为在家谱数据中，姓氏是非常重要的资源，上海图书馆的家谱数据中包括 335 个姓氏，张、陈、王、李、刘、吴等姓的家谱文献均在 500 种以上，而周、朱、徐、黄、杨、胡等姓也达数百种之多，冷僻姓氏有 90 余种。将姓氏作为资源对象来处理，有利于将关于姓氏的信息，如发源地、地域分布等数据结构化、语义化。

3）家谱本体模型

书目框架本体对家谱文献特征描述的类和属性较为充足，无须做进一步扩展。遵照书目框架的核心数据模型，将家谱分为作品、实例两个主要部分。家谱元数据中的题名项、责任者项、附注项及其他与家谱文献内容有关的人、地、时、事、家族信息等属性归于作品，将与文献载体有关的出版项、载体形态项、版本项归于实例，而规范与注释都通过作品和实例各自的属性所定义的关联关系与作品和实例相关联，见图 9-6。

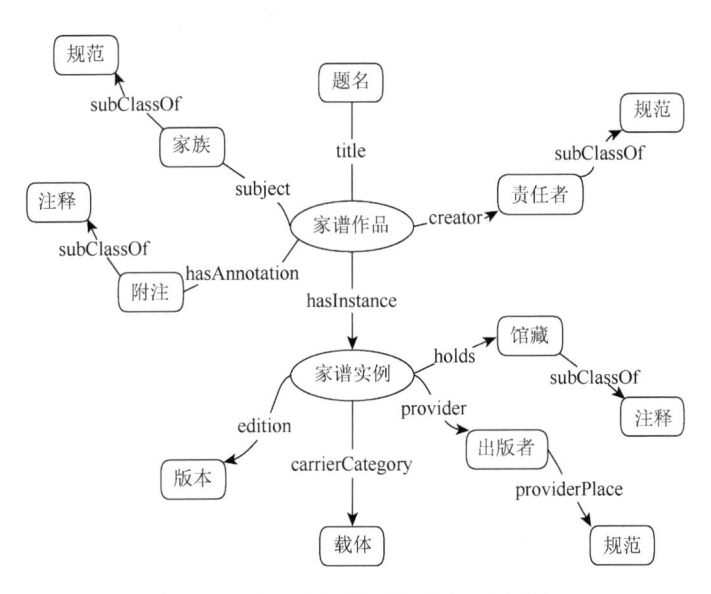

图 9-6　基于书目框架的家谱本体模型

4）作品相关的类、属性和关系

图 9-7 是用来展现作品、实例、家族、人之间的实体关系的，图中圆角矩形表示类，用带箭头的有向线条表示属性，用直角矩形表示文本串（Literal），子类用 rdfs:subClassOf

表示，类及其属性的域（Domain）和范围（Range）可以从图中的有向线条及其起止点看出。例如，代表属性"bf:creator（责任者）"的有向线条从 bf:Work 类指向 bf:Agent 类，那么属性"bf:creator（责任者）"的域是类"bf:Work（作品）"，表示该属性是用于描述该类的，其范围是 bf:Agent 类，表示该属性的取值属于 shlgen:Person 类，而属性 bf:role（责任方式）的取值是一个文本串，用直角矩形表示。

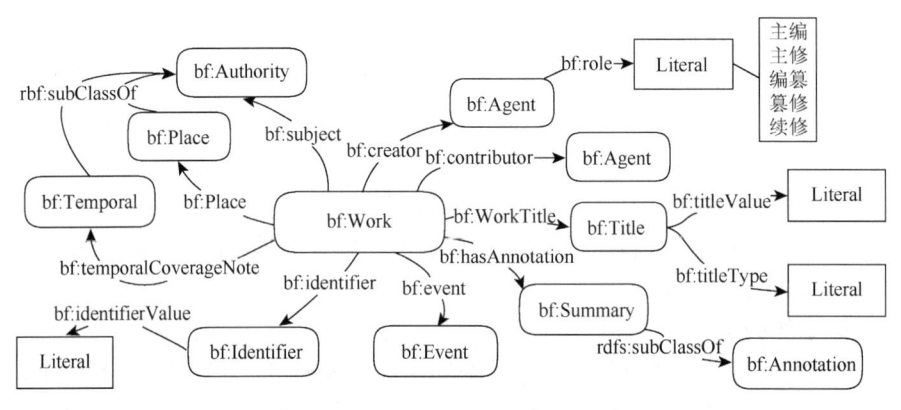

图 9-7 作品相关的类、属性及其关系

自定义的 shlgen:Family 类和 shlgen:Person 类（图 9-10）是这样与 bf:Work 类发生关联的：作品的主题属性（bf:subject）的范围是 bf:Authority，而 shlgen:Family 类继承了 bf:Authority 的子类 bf:Agent 的子类 bf:Family，所以也继承了 bf:Authority，故可以将 shlgen:Family 作为作品主题的一种加以揭示。作品的责任者属性（bf:creator）的范围是 bf:Agent，而 shlgen:Person 继承了 bf:Agent 的子类 bf:Person，因而可以将 shlgen:Person 作为责任者的一种。

5）实例相关的类、属性和关系

地点和时间通过属性 bf:place 和属性 bf:temporalCoverageNote 来与 bf:Work 发生关联，这两个属性的范围分别是地点（bf:Place）和时间（bf:Temporal），都是规范（bf:Authority）的子类。图 9-8 中的收藏者属性（bf:heldBy）所指向的机构（bf:Organization）和出版地属性（bf:providerPlace）所指向的地点（bf:Place）也是如此。对注释（bf:Annotation）来说，作品的附注（bf:Summary）（图 9-7）是它的子类，实例的馆藏信息（bf:HeldItem）（图 9-8）是它的子类 bf:HeldMaterial 的子类。

值得注意的是，对责任者和相应的责任者角色的对应处理，在书目框架里有两种方式：一是 bf:creator 直接指向责任者实体对象；二是 bf:creator 的范围是一个抽象的中间类 bf:Related（关系），由关系类的属性 bf:relatedTo 来指向责任者实体对象，由 bf:relatedType 来表示相应的责任者角色，这里采用第一种方法，最新的 BIBFRAME 本体词表中也将 bf:creator 的范围定义为 bf:Agent 类。bf:Agent 是 bf:Authority 的子类，子类可以继承父类的属性，因而用从 bf:Authority 类继承过来的属性 bf:role 来表示责任者的角色，其范围是一个文本串，取值约束定义为一个列表：主编、主修、总纂、纂修、续修（图 9-7）。对取值约束的定义在实例的版本（bf:edition）属性和载体形态属性（bf:categoryValue）上也有体现（图 9-8）。

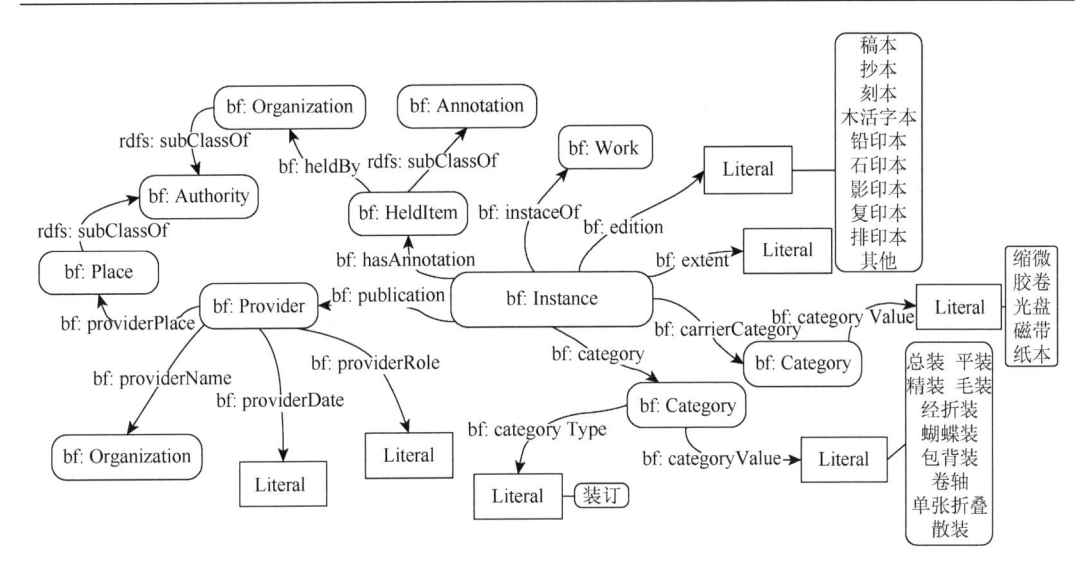

图 9-8　实例相关的类、属性及其关系

在书目框架中，很多在元数据记录中取值范围为字符串的属性被作为实体对象来处理，如标识符、题名、版本项、载体项、出版者项。以题名为例，作品的题名属性 bf:workTitle 的范围不再是一个文本串，而是 bf:Title 类，该类的两个属性 bf:titleType 和 bf:titleValue 分别定义题名的类型（缩写、封面、书脊…）和值。对于上海图书馆家谱数据来说，当一个作品有多个书名时，用这种面向对象的方式更易于处理书名类型和值的对应关系。家谱中题名 RDF 三元组示例如表 9-4 所示。

表 9-4　家谱中题名 RDF 三元组示例

主体	谓词	客体
作品 0010012	bf:workTitle	题名1
题名1	bf:titleType	卷端
题名1	bf:titleValue	维扬安阜洲丁氏重修族谱六卷
作品 0010012	bf:workTitle	题名2
题名2	bf:titleType	版心
题名2	bf:titleValue	丁氏族谱

6）家族、人和姓氏相关的类、属性和关系

家族 shlgen:Family、人 shlgen:Person、姓氏 shlgen:FamilyName 这三个类及其属性如图 9-9 和图 9-10 所示。

3. 上海图书馆家谱关联数据服务平台的知识表示

家谱知识服务平台的 RDF 数据是基于已有的元数据生成的，除了《中国家谱总目》的元数据，还有上海图书馆新增的馆藏家谱元数据。首先要从元数据中提取作品、实例、

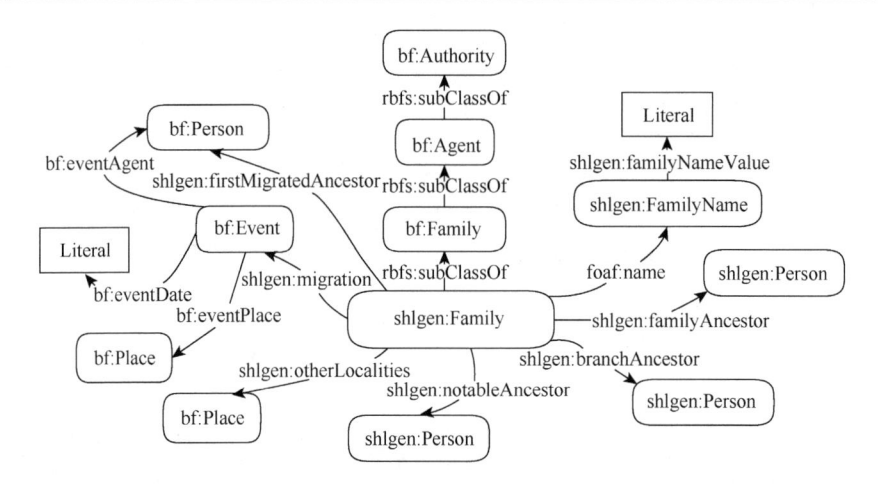

图 9-9　上海图书馆家谱本体中家族相关的类、属性及其关系

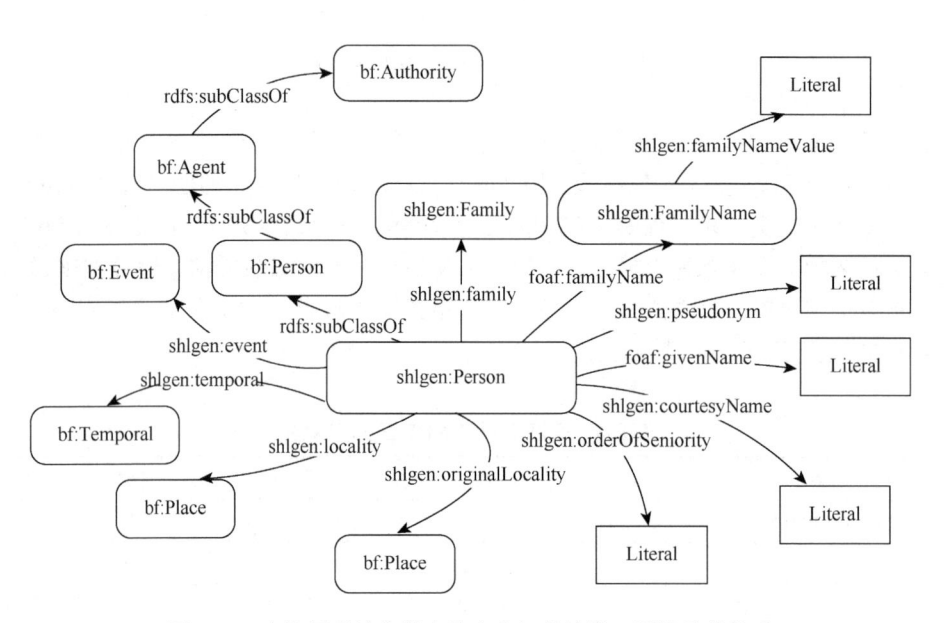

图 9-10　上海图书馆家谱本体中人相关的类、属性及其关系

单件、人、机构、地名等实体，分别赋予 HTTP URI，用家谱本体定义的类和属性来描述这些实体及实体间的关联关系。

《中国家谱总目》数据存储于 EXCEL 表格中，馆藏家谱数据以 MARC 格式存储于 SQL Server 中，都可以看作"记录-字段-字段值"的关系型数据库（RDB）数据格式，因此需要将 RDB 格式的数据转换为 RDF 格式（这个过程一般称为 RDB2RDF）。主要使用两种开源的自动转换工具来完成 RDB2RDF 工作：一个是支持 W3C RDB2RDF 标准规范的 DB2Triples，另一个是 OpenRefine。

这两个工具都支持将 RDB 中的表与字段与家谱本体中的类和属性建立映射，定义 URI 的生成规范，自动生成 RDF 数据。不同的是 DB2Triples 应用了 W3C 的 R2RML 标准规范，支持一次性获取多个关系数据库表的数据，生成多类实体的 RDF 数据，缺点是本体的映射需要用 JSON 语言编辑文本格式的配置文件，缺少友好的用户界面。而 OpenRefine 不方便同时操作多个表的数据，但有所见即所得的用户界面。因此，在转换存储于 SQLServer 中多个关系数据库表的馆藏家谱数据时，采用的是 DB2Triples，在转换存储于单个 EXCEL 表格中的《中国家谱总目》数据时，采用的是 OpenRefine。

系统实现上基于成熟的语义技术和开源框架。利用 RDB2RDF 和 OpenRefine 等工具对原来存储于关系数据库与 EXCEL 表格中的元数据记录进行清洗和转换后，以 Tuttle 格式输出生成的 RDF 数据，存储于专用的 RDF 存储库中（OpenLink Virtuoso）。RDF 存储库与可视化展示层之间用 RDF 查询语言 SPARQL 实现数据的查询和存取，利用 Jena 作为开发工具来实现对 RDF 数据的处理，并利用 SIMILE Timemap、Baidu Echarts、高德地图等工具实现数据的可视化展示。基于语义技术的上海图书馆家谱关联数据服务平台开发框架如图 9-11 所示。

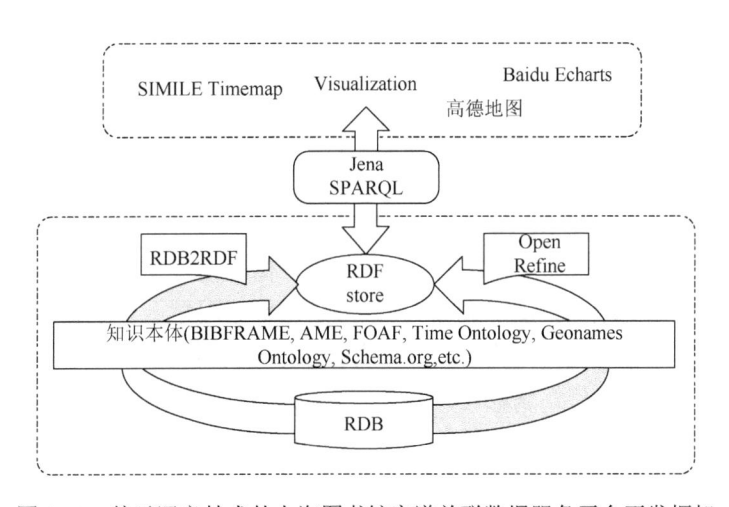

图 9-11　基于语义技术的上海图书馆家谱关联数据服务平台开发框架

9.3　知识图谱实践——以中医药知识服务平台为例

9.3.1　知识图谱简介及发展

1. 知识图谱的概念

知识图谱的概念是由谷歌公司提出的。2012 年 5 月 17 日，谷歌发布知识图谱项目，并宣布以此为基础构建下一代智能化搜索引擎。其中的关键技术包括从互联网的网页中抽取出实体及其属性信息，以及实体间的关系，这些技术特别适用于解决与实体相关的智能问答问题，由此创造出一种全新的信息检索模式。

虽然知识图谱的概念较新，但它并非一个全新的研究领域，它本质上仍然是一种语义网络，但是它是非常大规模的语义网络。之前的语义网络受限于处理的方法，更多是依赖于专家的经验规则去构建，在规模方面受限于特定领域的数据。而知识图谱借用语义网的理念和相关技术，通过自动化手段实现对 Web 资源的知识组织，从而达到大规模的知识存储。

关于知识图谱的认知，现有研究有些不同的定义，有学者总结梳理后认为知识图谱是结构化的语义知识库，用于以符号形式描述物理世界中的概念及其相互关系。其基本组成单位是"实体-关系-实体"三元组，以及实体及其相关属性-值对，实体间通过关系相互联结，构成网状的知识结构。通过知识图谱，可以实现 Web 从网页链接向概念链接转变，支持用户按主题而不是字符串、关键词进行检索，从而真正实现语义检索。基于知识图谱的搜索引擎，能够以图形方式向用户反馈结构化的知识，用户不必浏览大量网页，就可以准确定位和深度获取知识。借鉴该定义，可以看到知识图谱和知识库、关联数据关系非常密切，知识图谱同样使用基于语义的知识组织技术，并且通过资源的相互链接形成网状知识结构。因此，在很多场景下，三者很难截然区分，如前文中的 DBPdedia，既是关联数据集，也是知识库，也是知识图谱。

2. 知识图谱的逻辑结构

知识图谱的构建需要先了解知识图谱的逻辑结构，从逻辑上看，知识图谱可以划分为 2 个层次：数据层和模式层。在知识图谱的数据层，知识以事实陈述为单位存储在图数据库，如谷歌和微软的知识图谱都是典型的图数据库。如果以"实体-关系-实体"或者"实体-属性-值"三元组作为事实的基本表达方式，则存储在图数据库中的所有数据将构成庞大的实体关系网络，形成知识的"图谱"。模式层在数据层之上，是知识图谱的核心，也是第 8 章知识建模探讨过的主要内容。在模式层存储的是经过提炼的知识，通常采用本体库来管理知识图谱的模式层，借助本体对公理、规则和约束条件的支持能力来规范实体、关系及实体的类型和属性等对象之间的联系。在这样的逻辑结构上，常见的知识图谱技术架构如图 9-12 所示。

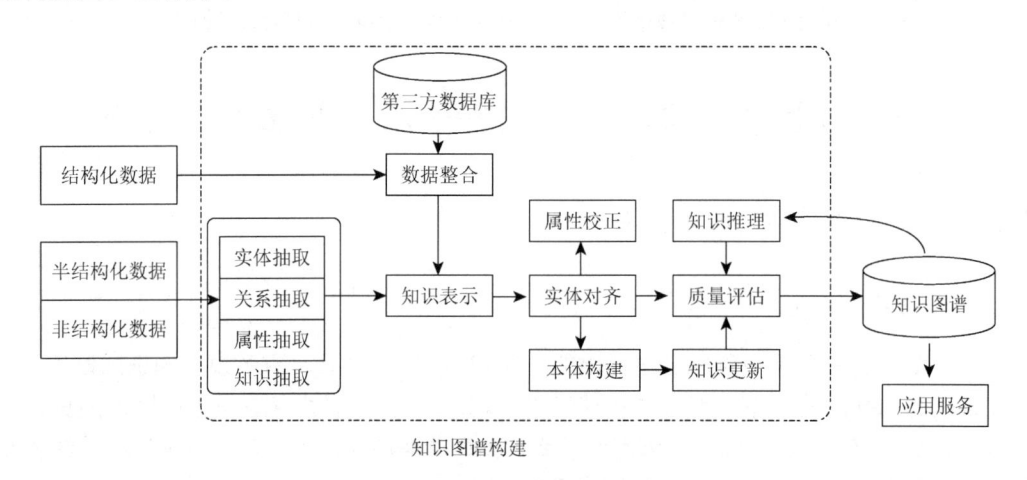

图 9-12 常见的知识图谱技术架构

从图 9-12 中可见，知识图谱的构建过程是从原始数据出发，采用一系列自动或半自动的技术手段，从原始数据中提取出知识要素（即事实），并将其存入知识库的数据层和模式层的过程。从中可以看到第 7 章、第 8 章探讨的知识组织技术，如知识表示、知识抽取等在此过程中的应用。

3. 中文知识图谱的发展

由于中文语言的特性，国外对知识图谱的研究和应用并不完全适合我国，不过对于中文知识图谱的研究已经起步并取得了许多有价值的研究成果。早期的中文知识库主要采用人工编辑的方式进行构建，如中国科学院计算机语言信息中心的知网（HowNet）项目，其知识库特点是规模相对较小、知识质量高，但领域限定性较强。由于中文知识图谱的构建对中文信息处理与检索具有重要的研究和应用价值，近年来吸引了大量的研究。在业界，出现了百度知心、搜狗知立方等商业应用，在百度搜索引擎中，部分特定检索式的检索结果中已经融入了百度知识图谱的检索结果。百度知识图谱是在百度百科及其他百度资源基础上构建而成的。如在百度搜索框中输入"世界上最高的人"，调用百度知识图谱，百度会直接给出"罗伯特·潘兴·瓦德罗"（可能会随时间动态变化）的答案。在学界，也有复旦大学的 CN-DBPedia、Zhishi.me、PKUBase 等知识图谱项目。这些项目的特点是知识图谱规模较大，涵盖的知识领域较广泛，并且能为用户提供一定的智能搜索及问答服务。

知识图谱为互联网上海量、异构、动态的大数据表达、组织、管理及利用提供了一种更为有效的方式，使得网络的智能化水平更高，更加接近于人类的认知思维。因此知识图谱在智能搜索、深度问答、社交网络、个性化推荐及很多垂直行业，如金融行业、医疗行业、电商行业及教育行业等都得到了广泛应用。后面将以中医药知识图谱服务平台为例探讨知识组织技术在知识图谱构建过程中的应用。

9.3.2　中医药知识服务平台

1. 中医药知识服务平台简介

1）平台开发背景

中医药相关知识是中国传统文化知识的重要组成部分，但中医药信息化面临的诸多问题，其根源在于缺乏一体化的电子科学基础设施来整合各种计算和数据资源，无法向全行业提供全面的信息与知识服务。面向中医药领域的知识服务平台就是针对中医药信息化中面临的核心问题，希望能够提供科学解决方案，在传统文化传承、个体化医疗和大众健康等方面做出贡献。2003 年起，浙江大学计算机学院计算机系统结构研究所和中国中医科学院中医药信息研究所进行了若干语义网应用的尝试，包括中医药本体平台、中医药语义查询平台和中医药语义搜索平台等，取得了良好的示范性效果，并积累了宝贵的经验。

2）平台作用

中医药知识服务平台是一个开放性、多样性和动态性的虚拟空间，允许大量用户动态参与，建立信任关系、对话关系和合作关系，通过知识服务发表、交换和消费知识。中医药知识服务平台的发展策略是：以中医药本体为核心整合中医药知识资源，面向跨领域知识互联、支持多样性智能应用。在中医药领域专家的协作之下，对中医药领域知识进行深入辨别和分析，设计并构建中医药领域本体。以中医药本体为核心，整合中医药领域的核心知识资源,包括中医药术语系统、中医临床知识、中医药理论知识、中药方剂知识和中医疾病知识等。建立中医药知识体系与相关领域知识的关联。这些领域包括:语言学、中国传统文化、其他传统医学、现代科学(如社会学、心理学、生物学和化学)和现代医学等。构建语义维基、语义搜索、知识地图等系统,面向中医药领域专家、临床医师、知识分析师、科研人员和社会大众等用户,提供知识共建、共享、发现和可视化等服务。目前,平台集成了方药、名医经验、循证、指南与规范、养生、诊疗技术、文献、临床知识等十余个知识图谱,数据总量逾 200 多万条,提供中医药各类知识一站式检索,便于用户全面、快速地获取中医药各领域知识;提供结构化的知识详情,包括基本信息、知识图谱及相关概念模块,满足用户多维度的知识浏览需求;能够以图形方式凸显核心概念间关系,快速呈现知识结构和相关性,节约知识获取时间;还可以根据用户需求,变换图谱节点数量与关系维度,满足用户个性需要。图 9-13 为中医药知识服务平台知识图谱的可视化效果图。

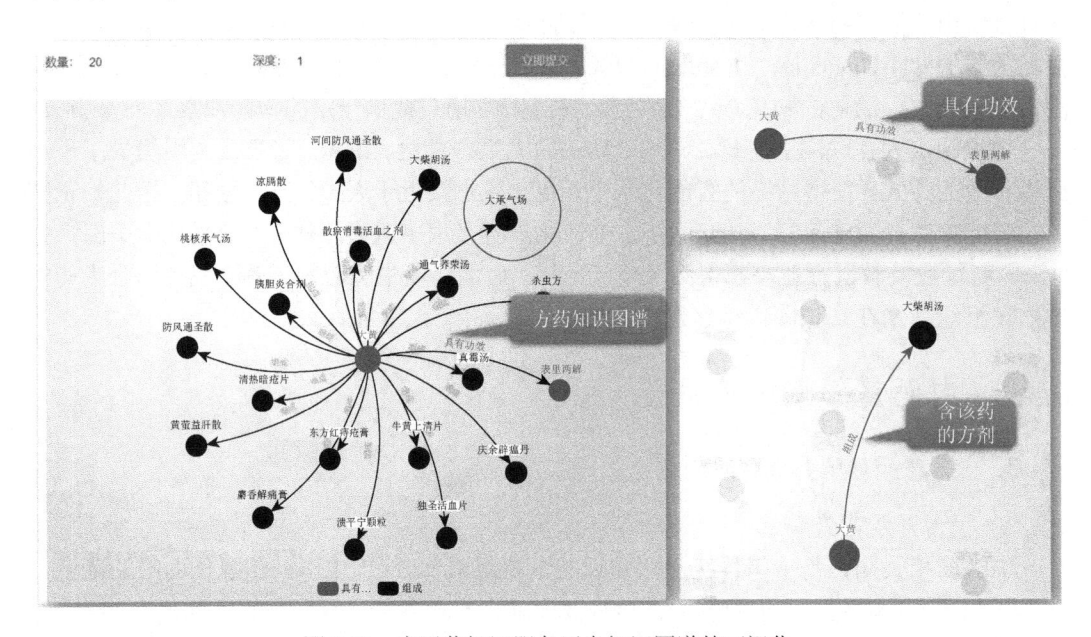

图 9-13 中医药知识服务平台知识图谱的可视化

2. 中医药知识服务平台的知识建模

1)中医药领域本体构建

中医药知识服务平台进行了非常规范的知识建模,设计领域本体作为平台基础。平台构建了一个简单的中药领域顶层本体,作为实现中药数据库集成的基础。如图 9-14 所示,它主要包括"中医疾病""方剂""中药""中药化学成分""医学专家""中医药文献""药理作用""化学实验"等基本的类。鉴于方剂、中药、化学成分都属于药用物质,在本体中引入"药用物质"作为"方剂""中药""化学成分"等类的共同父类。在本体中只需建立"药用物质"与其他类之间的关系,其子类即可继承这些关系。因此,引入"药用物质"这一父类,实质上简化了本体的结构。

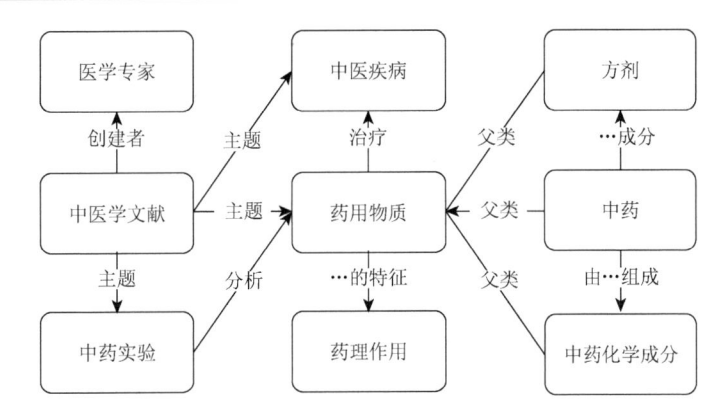

图 9-14　中医药领域本体示意图

中药本体复用了知名统一医学语言系统（Unified Medical Language System，UMLS）中定义的本体类，利用它们的语义关系在类之间建立关系。例如，在"中药"和"方剂"之间，建立"…成分（ingredientOf）"关系；在"中药"和"中药化学成分"之间，建立"由…组成（consistsOf）"关系；在"药用物质"和"中医疾病"之间建立"治疗（Treats）"关系。另外，该本体还重用了都柏林核心元素 DC 中的"主题（Subject）"和创建者"（Creator）"来定义"中医药文献"的属性。

2) OWL 本体描述

中医药知识服务平台使用 OWL 作为本体描述语言。OWL 通过类（Class）、个体（Individual）和属性（Property）描述某个领域的知识。个体（如"大黄""肾阳虚""李时珍"等）为某个领域的基本元素；类（如"中药""证候""医家"等）则定义一组具有共同特征的个体（这些个体被称为这个类的实例）。属性用于对各种资源的特征进行描述：owl:ObjectProperty（对象属性）用于表达各种对象间的二元关系（如 Treats 用于描述药物和疾病间的治疗关系）；owl:DatatypeProperty（数值属性）用于表达各种对象的数值特征（如 Dosage 用于描述方剂中各种药物的剂量）。

除了声明"药物""疾病"等基本类，OWL 还提供了描述复合类的构件（Construct）和方法。OWL 提供了 owl:unionOf、owl:intersectionOf 和 owl:complementOf 等构件，分别对应并集、交集和补集等集合操作符；还提供了 owl:allValuesFrom 和 owl:someValuesFrom，分别对应谓词逻辑中的全称量词（∀）和存在量词（∃）。通过这些构件，可以将复合类定义为基本类和属性的逻辑组合，其一般形式如下：

Class:A

EquivalentTo:C_1 and/or C_2 and/or...and/or C_n

也就是说，将 A 定义为 C_1, C_2, …, C_n 这 n 个类的交集/并集。可将 OWL 类的定义理解为一棵树：通过 C_1, C_2, …, C_n 的组合来定义 A，进而通过其他类的组合来定义 C_1, C_2, …, C_n 等类，以此类推；这种语义的延伸止于一些无须定义的基本类。例如，"疏肝健胃汤"概念的 OWL 公式如下：

Class:疏肝健胃汤

EquivalentTo:汤 and（疏 some 肝）and（健 some 胃）

另外，可以通过 rdfs:subClassOf 给出类的部分定义（必要但不充分定义）。例如，"方剂包含某些中药""症候表现为某些症状""证候被某些疗法治疗"分别被表示为

Class:方剂

SubClassOf:包含 some 中药

Class:证候

SubClassOf:表现为 some 症状

SubClassOf:被治疗 some 疗法

OWL 可以声明 2 个类是互斥的："A owl:disjointWith B"表示任意一个 A 的实例不可能同时是 B 的实例；还可以声明一组类之间是两两互斥的："DisjointClasses:方剂证候脏腑"。另外，OWL 可以通过枚举其所有实例方式来定义一个类。如可将"五行"定义为包含"金、木、水、火、土"这 5 个实例的枚举类型：

Class:五行

EquivalentTo:{金，木，水，火，土}

OWL 能定义属性间的互逆关系。若可以将"治疗"和"被治疗"间的互逆关系定义为"治疗 owl:inverseOf 被治疗"，则推理机可以根据"人参治疗糖尿病"推出"糖尿病被人参治疗"。另外，可以规定属性具有传递性（owl:TransitiveProperty）、对称性（owl:SymmetricProperty）、函数性（owl:FunctionalProperty）等性质，以实现相应的推理机制。

OWL 为声明个体、类和属性之间的等价关系提供了 owl:sameAs、owl:equivalentClass、owl:equivalentProperty 等元语。例如，可以通过"人参 owl:sameAs 土精"来声明"人参"和"土精"这两个个体是等价的；通过"证 owl:equivalentClass 证候"来声明"证"和"证候"这两个类是等价的；通过"治 owl:equivalentProperty 治疗"来声明"治"和"治疗"这两个属性是等价的。与之相对，owl:differentFrom 和 owl:AllDifferent 等元语用于声明事物间的不等价关系。这些等价/不等价关系对建构严格的概念体系规范至关重要，并能明确本体间的映射关系，从而实现 Web 本体的共享、重用和融合。

3. 中医药知识服务平台的知识表示

中医药知识服务平台也使用 RDF 作为中医药知识的表示框架。如"人参为一种草药，性温、味甘，可以治疗肾阳虚证"的知识可以将其描述为以下几个三元组陈述：

<人参，rdf:type，草药>

<肾阳虚，rdf:type，证候>

分别表示"人参为一种草药"和"肾阳虚为一种证候"的事实，其中'rdf:type'（简写为"a"）是 RDF 标准中表示实例与类的隶属关系的属性）；

<人参，味，'甘'>

<人参，治疗，肾阳虚>

分别表示"人参味甘"和"人参治疗肾阳虚证"的事实；

<草药，rdfs:subClassof，植物>

<草药，rdfs:subClassof，药物>

分别表示"草药既为植物也为药物"的事实,其中属性"rdfs:subClassof"表示"父子类关系"。

4. 中医药知识服务平台的知识抽取

1) 知识抽取的类型

中医药知识服务平台使用本体驱动的文本信息抽取方法。中医药知识服务平台利用前面构建的中医药领域本体,将领域本体与文本分析技术相结合,从而改进文本信息抽取的效果。中医药知识服务平台的知识抽取主要有两种情况:①显性关系抽取。即理解作者在文本中直接提出的显性关系;②隐性关系抽取。通过假设生成,即根据显性关系推理出文本中并未直接提出的隐性关系。显性关系抽取比较简单,可以参考第8章相关方法,隐性关系涉及领域文本特征,需要若干步骤。

2) 隐性关系抽取步骤

(1) 提取关键性词汇。文本中仅有部分词汇有助于机器理解文本中蕴含的语义关系,这部分词汇称为关键性词汇。首先,根据应用需求,从本体中导出关键性词汇,创建领域词库。例如,在药物发现应用中,"药物组成""感冒""甘草""主治"等词汇往往用于表示领域专家关切的医药学关系,而"西藏"等地理名称一般不可能构成有意义的医药学关联。又如,中医古籍文献中的某些关键动词(如"主")往往对应概念之间的语义关系(如"管理"),因此需要找出这些关键动词,并建立关键动词与语义关系之间的对照表。在建立关键性词汇的词库后,利用一种词库驱动的最大匹配算法,从文献中提取关键性词汇,从而将原始的中文文本转化为词汇序列。

(2) 识别关键性概念。为了消除领域知识表达中的歧义性,领域本体中定义了概念和词汇之间的语义关系,包括概念的正名和异名等。机器根据领域本体从词汇序列中识别对应的概念,并判断概念的语义类型。例如,根据本体中定义的异名关系<甘草,藏名,'相额尔'>(即甘草在藏医药学中称为'相额尔'),将藏医药学文本中出现的词汇'相额尔'理解为概念'甘草';并根据本体中定义的类型关系<甘草,rdf:type,草药>,将概念甘草归属于草药这个类。此后,将概念及其类别加入词汇序列中的对应位置,生成文本对应的概念序列。

(3) 抽取语义关系。通过一系列预先定义的语义模板与概念序列进行匹配,若匹配成功则生成对应的陈述。该过程分为3步:①基于领域本体生成一个语义模板库,其中的每个语义模板是由领域概念和词汇构成的三元组;②根据资源序列中出现的概念在模板库中检索对应的一系列语义模板;③将每个模板与资源序列匹配,如果匹配成功,那么生成对应的陈述。例如,针对文本"[七十味珍珠丸]的[药物组成]为……[相额尔]……",首先提取出其中的3个关键词,并识别对应的概念;其次根据本体中定义的概念类型<七十味珍珠丸,类型,方剂>和<甘草(相额尔),类型,药物>,获取相应的模板<方剂,'药物组成',药物>;最后,将模板与资源序列匹配,从而推出陈述:<七十味珍珠丸,包含,甘草>。将所获得的陈述融合为一个图,并将其加入索引结构中。

(4) 推导假设性语义关系。根据文本中的语义信息,使用领域规则进一步推导出假设性的语义关系。领域规则形如 Body→Head,在 Body 和 Head 中均可以出现变量。例如,规则 R1：<? x，包含，? y>—><? y，属于，? x>表示对于任意 x 和 y，如果 x 包含 y，那么 y 属于 x；根据规则 R1 和陈述<七十味珍珠丸，包含，甘草>，可以推出<甘草，属于，七十味珍珠丸>。又如，规则 R2：<? x，包含，? y><? y，具有功效，? z>—><? x，具有功效，? z>表示如果某种药物 x 的成分 y 具有功效 z，则 x 具有功效 z；根据规则 R2 和<七十味珍珠丸，包含，当归>、<当归，具有功效，补血>可以推出<七十味珍珠丸，具有功效，补血>。

3）知识抽取实例

下面通过一个关于方剂生化汤的案例来解释上述过程。例如《中华药典》中描述传统方剂生化汤的组成和功效的部分文本："……[生化汤]中重用[当归]，补血活血，祛瘀生新为[君]；[川芎]行血中之气，[桃仁]活血祛瘀为[臣]；[黑姜]入血散寒，温里定痛为[佐]；[炙甘草]调和诸药为[使]。[功效]为[活血化瘀]……"。

首先，根据中医领域本体，从词汇序列中提取对应的概念，并对概念归类。据本体可知，生化汤为方剂的实例，当归、川芎、桃仁、黑姜和炙甘草为中药的实例，活血化瘀为功效的实例。进而，提取文中的语义关系。例如，根据模板<方剂，药物，'君'>（君臣佐使是方剂学中的专用术语，表明药的不同作用），和序列（生化汤，当归，'君'），推出：<生化汤，君，当归>。最后，根据已知的语义关系生成假设。例如，根据陈述〈生化汤，具有功效，活血化瘀〉和规则<? x，具有功效，活血化瘀>—<? x，治疗，血瘀证>，推出假设：<生化汤，治疗，血瘀证>。从文本中抽取出的关于方剂生化汤的知识如图 9-15 所示。

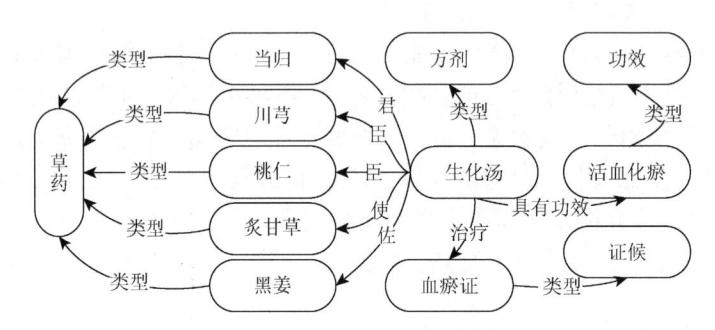

图 9-15　从文本中抽取出的关于方剂生化汤的知识

参 考 文 献

艾丹祥，张玉峰，2003. 利用主题图建立概念知识库[J]. 图书情报知识（2）：48-53.
曹树金，罗春荣，2000. 信息组织的分类法与主题法[M]. 北京：北京图书馆出版社.
朝乐门，张勇，邢春晓，2011. DBpedia 及其典型应用[J]. 现代图书情报技术（3）：80-87.
陈谷川，陈豫，2006. 语义网知识组织系统的研究与构架[J]. 现代图书情报技术（4）：24-28.
陈丽萍，2005. 书目记录功能需求模型及其应用[J]. 图书馆理论与实践（5）：62-64.
陈涛，2014. 基于用户标签本体构建的交互式信息服务研究[D]. 广州：华南理工大学.
陈烨，赵一鸣，姜又琦，2016. 基于关联数据的知识组织研究述评[J]. 情报理论与实践，39（2）：139-144.
陈颖，白淑琴，张学福，2009. 基于共词分析的中文信息检索可视化研究[J]. 情报科学，27（2）：227-230，235.
崔雷，李丹，冯博，2005. 运用主题词/副主题词关联规则在医学文献检索系统中抽取知识的尝试[J]. 情报学报，24（6）：657-662.
邓敏，2014. 基于主题图的标签语义挖掘研究[D]. 武汉：华中师范大学.
邓三鸿，2003. 知识地图的构建与使用[D]. 南京：南京大学.
邓志鸿，唐世渭，张铭，等，2002. Ontology 研究综述[J]. 北京大学学报（自然科学版），38（5）：730-738.
丁君军，郑彦宁，化柏林，2011. 国内外属性抽取研究综述[J]. 情报科学，29（5）：793-796.
杜小勇，李曼，王珊，2006. 本体学习研究综述[J]. 软件学报，17（9）：1837-1847.
范文，2015. 机器翻译：原理、方法与应用[J]. 广西师范学院学报（哲学社会科学版），36（3）：106-109.
冯艳红，于红，孙庚，等，2018. 基于 BLSTM 的命名实体识别方法[J]. 计算机科学，45（2）：261-268.
高继平，丁堃，潘云涛，等，2015. 知识关联研究述评[J]. 情报理论与实践，38（8）：135-140.
高翔，2019. 面向领域的实体识别与关系抽取设计与实现[D]. 成都：电子科技大学.
耿海英，肖仙桃，2006. 国外共引分析研究进展及发展趋势[J]. 情报杂志，25（12）：68-69，72.
郭春霞，2015. 大数据环境下高校图书馆非结构化数据融合分析[J]. 图书馆学研究（5）：30-34.
郭华，宋雅雯，曹如中，等，2016. 数据、信息、知识与情报逻辑关系及转化模型[J]. 图书馆理论与实践，(10)：43-46，51.
何娟，2014. 社会标签的规范控制及其应用研究——以豆瓣中文图书标签为例[D]. 南京：南京农业大学.
何炎祥，罗楚威，胡彬尧，2015. 基于 CRF 和规则相结合的地理命名实体识别方法[J]. 计算机应用与软件，32（1）：179-185，202.
化柏林，郑彦宁，2012. 情报转化理论（上）——从数据到信息的转化[J]. 情报理论与实践，35（3）：1-4.
黄佳，2008. 自组织理论框架下的 Web2.0 信息有序化研究[J]. 图书情报知识（3）：13-18.
贾君枝，2019. 面向数据网络的信息组织演变发展[J]. 中国图书馆学报，45（5）：51-60.
贾君枝，崔西燕，2019. Wikidata 属性特征及关系分析[J]. 情报科学，37（6）：80-86，118.
贾君枝，李衍，2020. 传统知识组织系统的关联数据化发展[J]. 数字图书馆论坛，(3)：33-40.
江畅，李华锋，2022. 重建知识论[J]. 社会科学动态（1）：19-26.
江畅，宋进斗，2022. 重新认识知识论的性质[J]. 江汉论坛（7）：49-59.
姜磊，刘琦，赵肄江，等，2022. 面向知识图谱的信息抽取技术综述[J]. 计算机系统应用，31（7）：46-54.
姜永常，金岩，2015. 知识构建中基于自然语言理解的全信息获取与利用[J]. 图书情报工作，59（6）：

104-112.
金海, 袁平鹏, 2010. 语义网数据管理技术及应用[M]. 北京: 科学出版社.
鞠英杰, 2005. 网络信息分类体系: 立体结构论[J]. 中国图书馆学报, 31 (4): 86-87.
鞠英杰, 2010. 信息描述[M]. 合肥: 合肥工业大学出版社.
赖璨, 陈雅, 2020. 我国近十年知识组织技术研究进展分析[J]. 数字图书馆论坛 (12): 9-16.
李创, 2019. 基于深度学习的实体关系抽取方法研究[D]. 武汉: 华中科技大学.
李红春, 2010. 系统论与知识组织[J]. 现代情报, 30 (6): 20-23.
李红亮, 2013. 基于规则的百科人物属性抽取算法的研究[D]. 成都: 西南交通大学.
李宏轩, 2000. 信息自组织理论探讨[J]. 情报科学, 18 (2): 108-110, 120.
李雷, 张亚茹, 2012. 浅析知识组织工具的发展趋势[J]. 河南图书馆学刊, 32 (1): 52-54.
李蕾, 王楠, 钟义信, 等, 2000. 基于语义网络的概念检索研究与实现[J]. 情报学报, 19 (5): 525-531.
李敏, 王振蒙, 闫晨刚, 2013. 分面分类法在电子商务网站中的应用调查分析[J]. 图书馆研究, 43 (1): 55-58.
李婷, 2012. 分众分类与书目记录的结合研究[D]. 太原: 山西大学.
李晓新, 2006. 新编文献编目[M]. 天津: 南开大学出版社.
李旭晖, 凡美慧, 2019. 大数据中的知识关联[J]. 情报理论与实践, 42 (2): 68-73, 107.
刘丹, 包平, 2007. 国外主题图研究综述[J]. 现代图书情报技术 (12): 39-44.
刘嘉. 2002, 元数据导论[M]. 北京: 华艺出版社.
刘丽佳, 郭剑毅, 周兰江, 等, 2014. 基于 LM 算法的领域概念实体属性关系抽取[J]. 中文信息学报, 28 (6): 216-222.
刘鹏博, 车海燕, 陈伟, 2010. 知识抽取技术综述[J]. 计算机应用研究, 27 (9): 3222-3226.
刘峤, 李杨, 段宏, 等, 2016. 知识图谱构建技术综述[J]. 计算机研究与发展, 53 (3): 582-600.
刘素清, 2004. IFLA 书目记录功能需求 (FRBR) 初探[J]. 大学图书馆学报, 22 (6): 65-69.
刘炜, 2011. 关联数据: 概念、技术及应用展望[J]. 大学图书馆学报, 29 (2): 5-12.
刘晓娟, 李广建, 化柏林, 2016. 知识融合: 概念辨析与界说[J]. 图书情报工作, 60 (13): 13-19, 32.
龙卫东, 赵丹僖, 叶春芳, 2010. 文献分类法、信息分类法和分众分类法探究[J]. 情报探索 (4): 6-8.
鲁晓明, 王博文, 詹刘寒, 2013. 淘宝网商品信息组织分析[J]. 图书情报工作, 57 (S2): 244-248.
陆晓华, 张宇, 钱进, 2016. 基于图数据库的电影知识图谱应用研究[J]. 现代计算机 (专业版) (7): 76-83.
马春明, 李秀红, 李哲, 等, 2022. 事件抽取综述[J]. 计算机应用, 42 (10): 2975-2989
马费成, 1983. 论布鲁克斯情报学基本理论[J]. 情报学报, 2 (4): 314-324.
马费成, 1989. 知识组织系统的演进与评价[J]. 知识工程 (2): 39-43.
马费成, 宋恩梅, 赵一鸣, 2018. 信息管理学基础[M]. 3 版. 武汉: 武汉大学出版社.
马建霞, 2007. 主题图技术与相关知识组织方法的比较研究[J]. 图书馆杂志, 26 (2): 47-53.
马骊, 2004. 中国机读目录 (CNMARC) 的研究[D]. 天津: 天津师范大学.
马张华, 2008. 信息组织[M]. 3 版. 北京: 清华大学出版社.
马张华, 侯汉清, 1999. 文献分类法主题法导论[M]. 北京: 北京图书馆出版社
马张华, 侯汉清, 薛春香, 2009. 文献分类法主题法导论[M]. 修订版. 北京: 国家图书馆出版社.
欧石燕, 2017. 语义网与数字图书馆[M]. 南京: 南京大学出版社.
潘正高, 2012. 基于规则和统计相结合的中文命名实体识别研究[J]. 情报科学, 30 (5): 708-712, 786.
钱起霖, 1985. 《汉语主题词表》标引手册[M]. 北京: 科学技术文献出版社.
乔芸瑶, 020. 基于领域本体的大规模 RDF 数据分布式存储研究及应用[D]. 成都: 电子科技大学.
邱均平, 刘国徽, 2014. 国内耦合分析方法研究现状与展望[J]. 图书情报工作, 58 (7): 131-136, 144.
邱君瑞, 2001. 受控词表网络应用现状分析[J]. 情报科学, 19 (11): 1230-1232.

参 考 文 献

萨蕾, 2015. 数字图书馆元数据基础[M]. 北京：中央编译出版社.
余恒, 2019. 基于深度学习的中文文本实体关系抽取研究与实现[D]. 北京：北京邮电大学.
申小龙, 2003. 语言学纲要[M]. 上海：复旦大学出版社.
司莉, 2020. 信息组织原理与方法[M]. 2版. 武汉：武汉大学出版社
宋蓓玲, 2004. 浅析构建网络信息分类体系[J]. 情报杂志, 23（8）：110-111, 114.
苏娜, 2009. 基于共词分析的数字图书馆领域研究主题及进展分析[J]. 情报杂志, 28（6）：15-19.
苏新宁著, 2014. 面向知识服务的知识组织理论与方法[M]. 北京：科学出版社.
孙更新, 2006. 文献信息编目[M]. 武汉：武汉大学出版社.
孙萍, 2003. 谈大型关系数据库在数字图书馆中的应用[J]. 情报杂志, 22（7）：70-71, 73.
孙坦, 鲜国建, 黄永文, 等, 2020. 面向外文科技文献的科技知识组织体系建设与应用[J]. 数字图书馆论坛（7）：20-29.
孙晓菲, 韩子静, 曹玉霞, 等, 011. 数字时代的元数据实践[M]. 杭州：浙江大学出版社.
王红旗, 2008. 语言学概论[M]. 修订版. 北京：北京大学出版社.
王军, 周妍, 2016. 电商平台的分面元数据研究[J]. 情报学报, 35（3）：317-325.
王丽珺, 汤亮亮, 2009. 网络信息分类体系构建策略研究[J]. 中国科技信息，（23）：115-116.
王松林, 2002. 元数据及有关思考[J]. 情报学报, 21（4）：465-469.
王松林, 2005. 信息组织论[J]. 图书馆学刊, 27（6）：1-4.
王松林, 2006. 从图书馆的角度看信息组织和知识组织[J]. 中国图书馆学报, 32（5）：61-66.
王松林, 2009. 信息组织及其与主题编目等的关系[J]. 图书馆杂志, 28（3）：20-23, 36.
王松林, 2010. 图书馆组织对象及其层次研究[J]. 中国图书馆学报, 36（1）：40-44.
王松林, 2012. 论文献编目与资源组织的异同[J]. 山东图书馆学刊（5）：1-4, 8.
王松林, 2013. RDA的结构与特点[J]. 山东图书馆学刊（4）：1-6.
王松林, 2013. AACR2和《中国文献编目规则》的结构与特点[J]. 山东图书馆学刊（3）：1-5.
王玮, 1990. 分类语言规范化的研究（摘要）[J]. 图书情报工作（1）：40.
王一真, 2010. 论概念逻辑在知识组织中的应用[D]. 大连：辽宁师范大学.
王知津, 李培, 李颖, 等, 2010. 知识组织理论与方法[M]. 北京：知识产权出版社.
王知津, 王乐, 1998. 文献演化及其级别划分——从知识组织的角度进行探讨[J]. 图书情报工作（1）：5-8.
魏敏, 2018. 信息组织4.0：变革历程和未来图景[J]. 国家图书馆学刊, 27（1）：78-85.
温有奎, 成鹏, 2007. 基于知识单元间隐含关联的知识发现[J]. 情报学报, 26（5）：653-658.
温政, 2019. 基于深度学习的实体关系抽取研究[D]. 太原：太原理工大学.
文庭孝, 龚蛟腾, 张蕊, 等, 2011. 知识关联：内涵、特征与类型[J]. 图书馆（4）：32-35.
文庭孝, 侯经川, 汪全莉, 等, 2009. 论信息概念的演变及其对信息科学发展的影响——从本体论到信息论再到博弈论[J]. 情报理论与实践, 32（3）：10-15.
文庭孝, 刘晓英, 刘灿姣, 2011. 知识关联的结构分析[J]. 图书馆（2）：1-7.
吴礼志, 2004. 网络信息分类体系研究进展[J]. 图书馆学研究（2）：54-57.
夏翠娟, 金家琴, 2015. 从关系数据库到关联数据：W3C标准应用探析[J]. 图书馆杂志, 34（5）：85-94.
夏翠娟, 刘炜, 陈涛, 等, 2016. 家谱关联数据服务平台的开发实践[J]. 中国图书馆学报, 42（3）：27-38.
夏翠娟, 刘炜, 张磊, 等, 2014. 基于书目框架（BIBFRAME）的家谱本体设计[J]. 图书馆论坛, 34（11）：5-19.
项灵辉, 顾进广, 吴钢, 2014. 基于图数据库的RDF数据分布式存储[J]. 计算机应用与软件, 31（11）：35-39.

谢靖，钱爱兵，韩普，等，2013. 面向知识服务的知识组织工具：现状与未来[J]. 现代图书情报技术（9）：8-14.
谢文慧，2019. 基于图结构的实体关系抽取方法研究[D]. 长春：吉林大学.
熊回香，2007. Web2.0环境下的网络信息组织[J]. 情报资料工作（5）：29-32，50.
熊回香，金晓耕，2012. Web2.0环境下信息组织的优化研究——以豆瓣网为例[J]. 现代情报，32（4）：19-24.
熊回香，杨梦婷，李玉媛，2020. 基于深度学习的信息组织与检索研究综述[J]. 情报科学，38（3）：3-10.
薛春香，何琳，侯汉清，2015. 基于《中图法》知识库的自动分类相关问题探析[J]. 图书馆建设（6）：16-20，26.
薛春香，侯汉清，2013. 叙词表词汇控制机制变革的探讨[J]. 图书馆杂志，32（11）：38-44.
杨皓东，江凌，李国俊，2011. 国内自然语言处理研究热点分析——基于共词分析[J]. 图书情报工作，55（10）：112-117.
杨梅，2017. 中文开放域关系抽取研究与实现[D]. 南京：南京师范大学.
杨琴，2010. 基于关系数据库的RDF存储与查询的研究与实现[D]. 成都：电子科技大学.
杨雪莉，2015.《中国图书馆分类法》的SKOS化描述研究[J]. 图书馆论坛，35（10）：43-48.
杨玉麟，2004. 信息描述[M]. 北京：高等教育出版社.
叶继元，2015. 信息组织[M]. 2版. 北京：电子工业出版社
殷章志，2019. 中文命名实体识别研究[D]. 大连：大连理工大学.
于彤，陈华钧，姜晓红，2017. 中医药知识工程[M]. 北京：科学出版社.
于彤，崔蒙，杨硕，等，2013. 基于Web本体语言的中医证候知识建模初探[J]. 中国数字医学，8（8）：41-44.
于彤，刘静，刘丽红，等，2015. 面向中药数据库的语义集成框架[J]. 中国数字医学，10（1）：78-80.
于彤，朱玲，李敬华，等，2015. 中医文本信息抽取系统[J]. 中国医学创新，12（21）：108-110.
余本功，顾佳伟，2014. 基于Folksonomy和RDF的信息组织与表示[J]. 现代图书情报技术，（11）：24-30.
余凯，贾磊，陈雨强，等，2013. 深度学习的昨天、今天和明天[J]. 计算机研究与发展，50（9）：1799-1804.
曾建勋，常春，吴雯娜，等，2011. 网络环境下新型《汉语主题词表》的构建[J]. 中国图书馆学报，37（4）：43-49.
曾蕾. 2002. 元数据与专业置标语言在数字图书馆中知识表述方面的功能[J]. 图书情报工作（10）：14-22.
曾伟忠，何乐，2015.《中国文献编目规则》（第2版）与ISBD（统一版）、AACR2R-2002著录方式比较[J]. 图书馆建设（6）：48-51.
曾文，韩红旗，张运良，等，2017. 知识组织系统及其构建技术应用研究[J]. 情报科学，35（4）：79-83.
张斌，魏扣，郝琦，2016. 国内外知识库研究现状述评与比较[J]. 图书情报知识（3）：15-25.
张春红，2009. 基于DC的高校图书馆网络信息资源组织应用分析[J]. 长春师范学院学报（人文社会科学版），28（12）：195-197.
张春云，2015. 实体关系抽取算法研究[D]. 北京：北京邮电大学.
张帆，2005. 信息组织学[M]. 北京：科学出版社.
张海英，2005. 超文本链接及其在网络信息组织中的应用[J]. 大学图书情报学刊，23（6）：31-33.
张静，2009. 自动标引技术的回顾与展望[J]. 现代情报，29（4）：221-225.
张娟，陈人语，2018. 语义网背景下基于单元信息的知识组织框架研究[J]. 国家图书馆学刊，27（6）：54-59.
张联民，2012. 文献检索与利用[M]. 苏州：苏州大学出版社
张梅，郝佳，阎艳，等，2010. 基于本体的知识建模技术[J]. 北京理工大学学报，30（12）：1405-1408，1431.

参 考 文 献

张奇，2010. 信息抽取中实体关系识别研究[D]. 合肥：中国科学技术大学.

张琪玉，2004. 情报检索语言实用教程[M]. 武汉：武汉大学出版社.

张树铮，2012. 语言学概论[M]. 武汉：武汉大学出版社.

张苇如，孙乐，韩先培，2012. 基于维基百科和模式聚类的实体关系抽取方法[J]. 中文信息学报，26（2）：75-82.

张文亮，郭金婷，2012. 近5年我国知识组织研究综述[J]. 图书馆学研究（2）：2-5，11.

张晓林，2002. 元数据研究与应用[M]. 北京：北京图书馆出版社.

张秀兰，2013. RDA与我国编目工作的变革[J]. 情报资料工作（1）：86-89.

张燕飞，2005. 信息组织的主题语言[M]. 武汉：武汉大学出版社.

张振森，程灏，李丽，2009. 网络信息分面分类体系的理论与应用研究[J]. 情报杂志，28（8）：62-66.

章成志，2007. 自动标引研究的回顾与展望[J]. 现代图书情报技术（11）：33-39.

赵红，2016. 豆瓣阅读平台研究[D]. 南京：南京大学.

赵京胜，朱巧明，周国栋，等，2017. 自动关键词抽取研究综述[J]. 软件学报，28（9）：2431-2449.

赵蓉英，2007. 知识网络及其应用研究[M]. 北京：书目文献出版社.

周宁，余肖生，吴佳鑫，2017. 信息组织[M]. 4版. 武汉：武汉大学出版社.

周滋楷，2019. 面向开放领域文本的实体关系抽取技术研究[D]. 广州：华南理工大学.

朱礼军，陶兰，黄赤，2004. 语义万维网的概念、方法及应用[J]. 计算机工程与应用，40（3）：79-83，119

朱艺娜，曹阳，钟靖越，等，2022. 事件抽取技术研究综述[J]. 计算机科学，49（12）：264-273

CHANG C，HSU C，LUI S，2003. Automatic information extraction from semi-structured web pages by pattern discovery[J]. Decision support systems，35（1）：129-147.

DENG L，YU D，2013. DEEP LEARNING：Methods and applications[J]. Foundations and trends in signal processing，7（3-4）：197-387.

DODDINGTON G R，MITCHELL A，PRZYBOCKI M A，et al.，2004. The Automatic content extraction（ACE）Program-tasks，data，and evaluation[C]//Proceedings of the 2004 international conference on language resources and evaluation. Lisbon，Portugal：European Language Resources Association：837-840.

FELDMAN R，ROSENFELD B，FRESKO M，2006. Teg-a hybrid approach to information extraction[J]. Knowledge and information systems，9（1）：1-18.

GENNARI J H，MUSEN M A，FERGERSON R W，et al.，2003. The evolution of Protégé：an environment for knowledge-based systems development[J]. International journal of human-computer studies，58（1）：89-123.

GRUBER T，2007. Ontology of folksonomy：：A mash-up of apples and oranges [J]. International journal on semantic web and information systems，3（2）：1-11.

HSU C N，DUNG M T，1998. Generating finite-state transducers for semi-structured data extraction from the web[J]. Information systems，23（8）：521-538.

KAOUDI Z，MANOLESCU I，2015. RDF in the clouds：a survey[J]. The VLDB journal ：The international journal on very large data bases，24（1）：67-91.

KLEIN D，MANNING C D，2002. Conditional structure versus conditional estimation in NLP models[C]. Proceedings of the ACL-02 conference on empirical methods in natural language processing：9-16.

LI W，LANG B. 2010. A tetrahedral data model for unstructured data management[J]. Science china information sciences，53（8）：1497-1510.

MAEDCHE A，STAAB S，2001. Ontology learning for the Semantic Web[J]. IEEE Intelligent systems，16（2）：

72-79.

MICHELSON M，KNOBLOCK C A，2008. Creating relational data from unstructured and ungrammatical data sources[J]. Journal of artificial intelligence research，31（1）：543–589.

NAKASHOLE N，WEIKUM G，SUCHANEK F，2013. Discovering semantic relations from the web and organizing them with patty[J]. ACM SIGMOD Record，42（2）：29-34.

PENG F，MCCALLUM A，2006. Accurate Information Extraction from Research Papers using Conditional Random Fields[J]. Information Processing and Management，42（4）：963-979.

PATRICK L B，王松林，2006. 美好的 FRBR 新世界[J]. 国家图书馆学刊，15（4）：82-86，96.

PENG N，POON H，QUIRK C，et al.，2017. Cross-sentence N-ary relation extraction with graph LSTMs[J]. Transactions of the association for computational linguistics，5：101-115.

SARAWAGI S，2007. Information extraction[J]. Foundations and trends in databases，1（3）：261-377.

USCHOLD M，GRUNINGER M，1996. ONTOLOGIES：Principles，methods and applications[J]. The knowledge engineering review，11（2）：93-136.

XU K，YANG Z，KANG P，et al.，2019. Document-level attention-based BiLSTM-CRF incorporating disease dictionary for disease named entity recognition[J]. Computers in biology and medicine，108：122-132.

YATES A，CAFARELLA M，BANKO M，et al.，2007. Textrunner：Open information extraction on the web[C]//Proceedings of human language technologies：The Annual Conference of the North American Chapter of the Association for Computational Linguistics. Rochester，New York，USA：Association for Computational Linguistics：25-26.